Inge Tempelmann

Religiöser Missbrauch

Inge Tempelmann

RELIGIÖSER **MISSBRAUCH**

Auswege aus frommer Gewalt

Ein Handbuch
für Betroffene und Berater

SCM

Stiftung Christliche Medien

SCM Hänssler ist ein Imprint der SCM Verlagsgruppe, die zur Stiftung Christliche Medien gehört, einer gemeinnützigen Stiftung, die sich für die Förderung und Verbreitung christlicher Bücher, Zeitschriften, Filme und Musik einsetzt.

Anmerkung der Autorin:

Es ist mir ein Anliegen, dass die Texte in diesem Buch leicht zu lesen sind. Daher kann es vorkommen, dass manchmal nur die männlichen Bezeichnungen stehen. Es sind aber immer beide Geschlechter gemeint.

Max-Eyth-Straße 41 · 71088 Holzgerlingen
Internet: www.scm-haenssler.de; E-Mail: info@scm-haenssler.de

Lektorat: Imke Früh
Umschlaggestaltung: Stephan Schulze, Stuttgart
Titelbild: Red Charlie, unsplash
Satz: typoscript GmbH, Walddorfhäslach
Druck und Bindung: GGP Media GmbH, Pößneck
Gedruckt in Deutschland
ISBN 978-3-7751-6205-0
Bestell-Nr. 396.205

Dieses Buch widme ich
den Menschen,
die in frommen Settings
Verrat und Missbrauch erlebten,
deren spirituelle Autonomie untergraben wurde.

All denen, die tief erschüttert sind.
Wütend.
Und die vielleicht nicht mehr wissen,
was sie glauben sollen.

Ihnen wünsche ich einen Weg,
der zu ihnen passt.
Der sie durchatmen lässt.
Sichere Orte in stürmischen Zeiten.
Überrascht von Gutem und dem,
was ihnen Leben gibt.

Bei der Auseinandersetzung mit dem Thema Missbrauch spiritueller Autorität im Raum der katholischen Kirche und während unserer Tagung »Gefährliche Seelenführer? Geistiger und geistlicher Missbrauch« im Jahr 2020 in Leipzig war die Pionierinnenarbeit von Frau Tempelmann auf diesem Feld für uns eine sehr wichtige ökumenische Anregung und Horizonterweiterung.

Jonatan Burger,
Katholische Akademie des Bistums Dresden-Meißen

Dürfen Menschen, die behaupten, von Gott berufen und dadurch beinahe unantastbar zu sein, denn überhaupt infrage gestellt oder gar kritisiert werden? Heiligt der Zweck die Mittel auch dann, wenn ihre Behauptungen und Handlungen religiösen, geistigen, spirituellen Missbrauch zur Folge haben? Wenn Menschen im Namen einer göttlichen Autorität verletzt werden? Inge Tempelmann legt mit diesem Buch erneut genau hier den Finger in die Wunde. Und geht mutig und entschlossen noch weiter. Hervorragend!
Denn: Die Würde des Menschen ist es, die unantastbar ist.

Dieter Rohmann, Diplom-Psychologe (Univ.),
Ausstiegsberater und Seminarleiter in freier Praxis, München

Als Moderator mehrerer bundesweiter Arbeitstreffen mit Betroffenen nach erlebtem geistlichem Missbrauch konnte ich Frau Inge Tempelmann als Referentin gewinnen. Ihre überragende Kompetenz war sowohl für die Gruppe als auch für mich ein Glücksfall. Als Fachfrau hat sie durch ihr systemisches Vorgehen bei den Teilnehmern und Teilnehmerinnen einen deutlichen Erkenntnisgewinn erzielt und ihnen hilfreiche Perspektiven für eine Befreiung aus ihren seelischen Nöten vermittelt. Der LINDD-Verein hat Frau Tempelmann sehr viel zu verdanken.

Rainer Ballnus, Ehemals Vorstand LINDD e. V.

Inhalt

Einleitung

Der Relaunch meines Buches ist fertig – das Buch, das ich in den Jahren 2004 und 2005 schrieb und das 2007 als eine der ersten Stimmen zum Thema des religiösen Missbrauchs im deutschsprachigen Raum veröffentlicht wurde. Seither ist vieles geschehen: an Entwicklung rund um die Thematik, aber auch an eigener Entwicklung. Neue Erfahrungen konnten in mein Nachdenken einfließen. Deshalb schreibe ich immer noch hoch motiviert, jedoch als eine Person, die das Leben mit der Realität dieses notvollen Phänomens verändert hat. Ich war mit Menschen in verschiedenen Betroffenheiten unterwegs. Begegnungen haben mich in der Tiefe berührt. Diese Jahre waren ein Ringen um nützliche Perspektiven und voller Sehnsucht, dass sich der theologischen und therapeutischen Community hilfreiche Perspektiven für den Umgang mit dem Missbrauch im frommen Gewand auftun.

Ich bin dankbar für manches, was an Aufklärungsarbeit stattgefunden hat – dankbar für alles, was in guter Weise angestoßen und auf den Weg gebracht werden konnte.

Rückblick – Ausblick

Damals stellte ich Fragen: ob es im Kontext des christlichen Glaubens nicht erquicklichere Dinge gäbe als die Beschäftigung mit dieser unerfreulichen Thematik? Oder ob nicht viel sinnvollere Aufgaben unsere Zeit und Energie eher verdienten als dieses leidliche Thema? Oder ob es sein könnte, dass es sich hier um ein Modeschlagwort handelt, das in den vergangenen Jahren viele unnötige Diskussionen verursacht und eher Probleme geschaffen hat, als sie zu lösen?

In Recherchen und in dem persönlichen Kontakt zu Menschen ist für mich in diesen Jahren deutlich geworden, dass das Ausmaß viel größer ist, als ich seinerzeit annahm und als allgemein vermutet wird. Je mehr betroffene Menschen sprachfähig wurden, desto klarer wurden die Erscheinungsbilder und Facetten übergriffiger Dynamiken in christlichen Kontexten. Daher gibt es meinerseits ein erneutes klares Ja: Ja, dieses Thema muss Aufmerksamkeit bekommen.

Bei der Überarbeitung der damaligen Texte ging es mir darum, meine Ausführungen mit neuen Erkenntnissen und Materialien zu ergänzen und auch aktuelle Forschungsergebnisse zu resümieren, die sowohl für die von religiösem Missbrauch als Opfer Betroffenen als auch für Fachleute wichtig sein können, und somit einen neuen Beitrag für die Diskussion über dieses Thema zu leisten.

In Fachkreisen wird der Opfer-Begriff in der Regel vermieden, und es wird stattdessen von Betroffenen gesprochen, weil Menschen in ihrer Opferrolle verständlicher- und wertschätzenderweise nicht festgeschrieben werden sollen. Gleichzeitig gilt es in den Blick zu nehmen, dass es verschiedene Betroffenheiten gibt. Die Bezeichnung »Opfer« kann Menschen die Erkenntnis eröffnen, dass andere an ihnen ein Unrecht begangen haben, an dem sie nicht selbst schuld sind. Das ermöglicht ihnen, das Unrecht zu benennen und die Schuldigen zur Verantwortung zu ziehen.[1] Vor diesem Hintergrund werde ich in diesem Buch für Menschen, die religiösen Missbrauch erlebt haben, achtsam beide Begriffe benutzen sowie auch den Begriff der Missbrauch-Überlebenden.

Im Kontext dieses Missbrauchsphänomens gibt es unterschiedliche Arten von Betroffenheit[2]: Menschen können als Opfer betroffen sein, als Begleitende, Mitwissende, Täter und Täterinnen und als Verantwortliche diverser Communities, die in ihren jeweiligen Bezügen gefordert sind.

Durch eine interdisziplinäre Sicht aus psychologisch-therapeutischer und theologisch-spiritueller Perspektive auf die zu bewältigenden Aufgaben bemühe ich mich, eine ganzheitlichere Be- und Verarbeitung des Themas für alle Beteiligten zu ermöglichen.

Da negative Erfahrungen von Aussteigern und Aussteigerinnen aus neuen religiösen und weltanschaulichen Gemeinschaften vieles gemeinsam haben mit christlichen Settings, in denen religiöser Missbrauch vorkommt, generiere ich Information auch aus diesen für die Thematik wertvollen Quellen.

Die Entwicklung der Diskussion

In der Beschreibung dieses Missbrauchsphänomens erscheint mir ein kurzer Blick in die Entwicklung der Auseinandersetzung damit wichtig. Die Thematik des Missbrauchs im frommen Gewand – ob wir ihn nun als religiösen, geistlichen oder spirituellen Missbrauch bezeichnen – wurde in den 1990er-Jahren nach langen Zeiten des Schweigens intensiv diskutiert, zunächst eher im angloamerikanischen Bereich, wo man sich mit dem Begriff des »Spiritual Abuse«[3] auseinandersetzte, später auch im deutschsprachigen Raum. Die christliche Szene in Deutschland verhielt sich im Blick auf das Thema jedoch insgesamt eher zögerlich und mit viel spürbarer Ambivalenz.

Religiöser Missbrauch wird fachlich als Oberbegriff des Phänomens wahrgenommen. Er wird tendenziell eher mit Institution assoziiert, während geistlicher Missbrauch eher ein Binnenbegriff ist, der sich auf schwierige Prozesse innerhalb geistlicher Begleitung bezieht. Spiritueller Missbrauch wiederum weitet die Thematik aus auf Missbrauchsphänomene innerhalb jeder Art von Spiritualität. Eine genaue Trennschärfe existiert nicht. Alle Begriffe beschreiben letztlich jedoch dieselben Dynamiken. In der Verarbeitung der Literatur folge ich jeweils dem vorgegebenen Sprachgebrauch.

Die Diskussion erlebte einen wahrnehmbaren Aufschwung, als der spirituelle Missbrauch in der katholischen Kirche thematisiert wurde, was im Zusammenhang mit der öffentlichen Diskussion um sexualisierte Gewalt an Erwachsenen und Kindern geschah. Beide Phänomene wurden von Fachleuten aufgegriffen, sie wurden vielfältig untersucht, und es gab zahlreiche Veranstaltungen und Publikationen, die die notwendige Auseinandersetzung in der katholischen Kirche förderten. Fachleute und Gremien, die dieses Unrecht begriffen haben, sind seither zielstrebig dabei, das Leid betroffener Menschen zu würdigen und Wege der Verarbeitung zu eröffnen.

Im protestantischen Lager konnte die Beschäftigung mit religiösem Missbrauch lange als sehr schleppend wahrgenommen werden. Die Gründe, warum sich Kirchen und Freikirchen eher schwertaten, sich diesem Phänomen zu stellen, sind vermutlich vielfältig und in einer eigenen Logik nachvollziehbar. Sie ließen den Blick für die Missbrauch-Überlebenden jedoch verschwindend klein werden. Dass die Geschädigten kaum gehört wurden, war und ist ein Dilemma, das Verantwortliche aller Kategorien im Blick auf ihre Glaubwürdigkeit herausfordert.

Persönlicher Standpunkt

Ich schreibe als jemand, der durch das Thema selbst betroffen ist. Dazu gehören Episoden meiner Kindheit und Jugend, in der durch mein christliches Umfeld in mir belastende Gottesbilder entstanden – Vorstellungen von Gott, die mich viel kosteten. Wie recht Martin Buber hat, wenn er sagt:

»Nichts verdeckt Gottes Angesicht so wie Religion.«

In meinem jungen Erwachsenenleben stieß ich auf eine Gemeinde, die ich als eine lebendige Glaubensgemeinschaft kennenlernte und in der ich in den ersten Jahren viel Heilsames erlebte. Diese Gemeinde verwandelte sich jedoch im Laufe der Jahre fortschreitend in ein System, in dem religiös missbräuchliche Dynamiken in verschiedenen Variationen mehr und mehr an der Tagesordnung waren. Menschen, die diese Veränderungen und Probleme ansprachen, wurden als Problem behandelt. So kam ich schließlich zu einem Punkt, an dem es für mich dort nicht weitergehen konnte.

1996 begann für mich ein Weg intensiver Beschäftigung mit der Thematik, jahrelanger Recherchen im In- und Ausland und guter Begleitung, in der ich persönlich Erfahrenes sortieren, verarbeiten und einen guten inneren Abstand davon gewinnen konnte.

Meine eigene Spiritualität im Kontext des christlichen Glaubens war vor, während und nach den religiös missbräuchlichen Erfahrungen für mich Rückhalt und Ressource. Ich gehöre zu der Gruppe von Menschen, die zu einem persönlichen Glauben fanden, der auch durch das erlebte Unrecht nicht verloren ging. Nach allen Erschütterungen spürte ich die Aufgabe, mich mit Theologie, Gott selbst und den Aussagen der Bibel in neuer Tiefe auseinanderzusetzen und das Phänomen des Missbrauchs im frommen Gewand zu erforschen. Meine Beheimatung in unterschiedlichen »christlichen Lagern« war für mich in diesen Jahren eine Horizonterweiterung, die mir viel Einblick verschaffte. Als diese Person bin ich unterwegs – auch in meinem Beruf: Seit Jahren begleite und berate ich Menschen, die mit dem Missbrauch im frommen Gewand in unterschiedlichen Betroffenheiten in Berührung gekommen sind, in unterschiedlichen Settings. Zu diesem Schwerpunkt meiner Arbeit gehören auch entsprechende Projekte. In der Begegnung mit Menschen ist das Achten ihrer spirituellen Autonomie ein hoher Wert, dem ich mich verpflichtet sehe. Ihr Weg ist *ihr* Weg. Menschen darin zu unterstützen, diesen Weg zu finden oder wiederzuentdecken, ist ein Ziel, das ich achtsam im Blick habe.

Risiken, das Thema zum Thema zu machen

Mir ist bewusst, dass wir uns bei der Aufklärung über religiösen Missbrauch in einem Zwiespalt befinden: Wenn wir es wagen, das Problem missbräuchlicher Dynamiken im christlichen Kontext öffentlich zu thematisieren, müssen wir damit rechnen, dass manche Menschen das Thema fälschlicherweise auf sich beziehen. Deshalb ist es wichtig, klare, differenzierte Orientierungshilfen zu geben. Aber selbst damit können wir einen falschen Umgang mit der Thematik nicht völlig ausschließen.

Wenn wir andererseits das Problem in unseren eigenen Reihen nicht öffentlich ansprechen, werden vom Thema wirklich betroffene Menschen ganz sicher weiterhin nicht unerheblichen Schaden nehmen. Sie werden in ihrem zerstörerischen Umfeld bleiben, da sie nicht erkennen, was mit ihnen geschieht. Außerdem werden sie aufgrund des Schweigens der übrigen Christenheit verunsichert und vielleicht erst sehr spät, zu spät oder nie den Ausstieg schaffen – nicht selten zu dem Preis, dass sämtlicher Glaube, der ihnen einst wertvoll war, gänzlich zerstört wird.

Festhalten möchte ich, dass große Zahlen von Christen, die Jesus als ihren persönlichen Herrn und Erlöser kennengelernt haben, heute nicht mehr in offiziellen Gemeinden organisiert sind: eine Tatsache, die es ernst zu nehmen gilt und die wir nicht einfach mit viel zu kurz greifenden Stigmatisierungen vom Tisch fegen dürfen. Viele dieser Menschen haben den Missbrauch im frommen Gewand oder andere schwerwiegende Missstände handfest erlebt. Manche sind trotz allem fest entschlossen, ihr Leben mit Christus weiterzuführen – in Kontexten, die für sie lebbar sind. Andere jedoch sind zu verletzt oder desillusioniert, um weiter als Christen leben zu wollen.

Es ist meine Sehnsucht, dass die Texte dieses Buches ein Stück Orientierung geben – sowohl in der Einschätzung missbräuchlicher Situationen als auch in der Verarbeitung verletzender Erlebnisse. Allen in irgendeiner Weise Betroffenen wünsche ich verantwortliche Wege des Umgangs und den Missbrauch-Überlebenden heilsame Wege und neue Perspektiven.

Inge Tempelmann

Kapitel 1

Was ist religiöser Missbrauch?

Eine genaue Begriffsbestimmung, auf die sich Fachleute inzwischen geeinigt hätten, gibt es noch nicht. Die aktuelle Forschung dazu setzt sich noch mit unterschiedlichen Fragen und Meinungen auseinander. Die Definitionsversuche, die ich hier zusammentrage, beleuchten das Phänomen aus interdisziplinären Perspektiven, in die psychologische und theologische Deutungen einfließen.

Missbräuchliche Dynamiken in der Kirchengeschichte

Die Probleme, für die der Begriff steht, sind nicht neu. Es handelt sich um ein altes Problem, das uns in der Kirchengeschichte seit Jahrhunderten bekannt ist, und zwar mit sehr unterschiedlichen Gesichtern. Auch im Alten und Neuen Testament ist von diesem Phänomen die Rede:

- Im AT spricht Gott die Menschen in Leitungsverantwortung immer wieder an. Sein Wort richtet sich an die, die seine Botschaft und seinen Bund durch ihr Leben verdreht und in den Schmutz gezogen haben. In Hesekiel 34 finden wir beispielsweise ein ganzes Kapitel, in dem Gott mit den schlechten Hirten Israels scharf ins Gericht geht. Er wirft ihnen unter anderem vor, dass sie sich selbst weiden, anstatt sich um ihre Schafe zu kümmern.

- Im NT finden wir die sehr vehementen Auseinandersetzungen Jesu mit der geistlichen Führungsschicht seiner Zeit: den Pharisäern und Schriftgelehrten, die in ihren religiösen Überzeugungen so gefangen waren, dass sie ihre Aufgabe, Menschen geistlich anzuleiten, völlig verfehlten. Statt den Menschen Wege zu Gott zu eröffnen, bürdeten sie ihnen schwere Lasten auf, setzten sich selbst in Szene und missbrauchten dazu die Schrift.
- Aus dem weiteren Verlauf der Kirchengeschichte kennen wir tragisch weitreichende missbräuchliche Entwicklungen, die so viele Menschen unendlich viel kosteten und die ihnen großen Schaden zufügten: die Kreuzzüge, Glaubenskriege oder die Lehre vom Ablass zur Zeit Luthers; die Hexenverfolgung, die lange zur Praxis der Kirche gehörte, oder bis heute die vielen Regularien, mit denen Menschen belastet werden, ohne dass ihnen die Liebe Gottes wirklich nahegebracht wird. All das sind gelebte Phänomene, die auf der Verdrehung biblischer Aussagen, bizarren religiösen Überzeugungen und dem Machthunger von Menschen gründen.

Grenzen und Grenzverletzungen im Kontext persönlicher Spiritualität

Wenn religiöser Missbrauch geschieht, werden persönliche Grenzen von Menschen in ihrem spirituellen Leben unrechtmäßig überschritten: ein sehr persönlicher, »heiliger« Bereich wird in unlauterer Weise berührt.

Für den Begriff der Spiritualität gab es bisher unterschiedliche Ansätze und Versuche, ihn zu beschreiben. Spiritualität kann als innere Instanz gesehen werden, mit deren Hilfe Menschen mit etwas, das größer ist als sie selbst, in Verbindung treten können. Dazu gehören Gefühle, Handlungen und Erfahrungen, die auf Transzendenz bezogen sind. Andere beschreiben Spiritualität als die »menschliche Antwort auf Gottes gnädigen Ruf zu einer Beziehung mit ihm selbst«[4] oder als Suche nach dem Heiligen (»search for the sacred«)[5].

Der Spiritualitätsbegriff hat in den vergangenen Jahren eine Bedeutungsverschiebung erlebt: Die Spiritualität innerhalb christlicher Glaubenszusammenhänge war bis in die 1960er-Jahre ein Spezialbegriff für innerchristliche Frömmigkeitsformen, wie Mystik, persönliche Erfahrungen oder Orden. Nach dem »spiritual turn«[6] in den 1980er-Jahren wurde Spiritualität zum Breitbandbegriff eines individualisierten Transzendenzbezugs[7], den ich in meinen Ausführungen zugrunde lege.

Es ließe sich noch viel mehr zur menschlichen Spiritualität sagen. Doch diese kurze Begriffsklärung soll an dieser Stelle genügen.

Die Spannbreite religiösen Missbrauchs

Bevor verschiedene Fachleute zu Wort kommen und das Phänomen des Missbrauchs im frommen Gewand beschrieben wird, ist mir der Hinweis auf seine Spannbreite wichtig. Wenn wir uns das Phänomen auf einer Skala vorstellen, finden wir an einem Ende gelegentliche verletzende Dynamiken unterschiedlicher Intensität, die von der jeweiligen Person bei Bewusstwerdung eingesehen werden und für die sie Verantwortung übernimmt, indem sie diese Dynamiken beendet, sich dafür entschuldigt und sich um Wiedergutmachung bemüht. Am anderen Ende der Skala befinden sich Übergriffe ebenfalls unterschiedlicher Intensität, die jedoch innerhalb bestimmter Beziehungen oder Systeme mehr und mehr an der Tagesordnung sind, gegen Überführung verteidigt werden und ganze Systeme erfassen können.[8]

Um mit dem Thema verantwortlich umzugehen, braucht es immer wieder ein genaues Hinsehen und auch eine passende Differenzierung. Wo genau können irritierende Geschehnisse auf dieser Skala einordnet werden? Wie ist das zu werten, was geschieht? Und wie kann aufgrund dessen damit umgegangen werden?

Religiöser Missbrauch ist Missbrauch

Der Grund dafür, dass ich bei der Erarbeitung dieses Themas viele Fachleute zu Wort kommen lasse, liegt in dem Wert unterschiedlicher Perspektiven und Wahrnehmungen, die – zusammengetragen – viel gute Information ermöglichen.

Beginnen möchte ich mit der Beobachtung, die die Psychologin Lisa Oakley vom *National Centre for Post Qualifying Social Work* an der Bournemouth University nach ihrer empirischen Studie mit ca. 1 500 Teilnehmenden[9] beschäftigte: Sie stellte fest, dass religiöser Missbrauch nach wie vor nicht als Missbrauch mit schwerwiegenden Konsequenzen für das Leben und die Gesundheit der Betroffenen gesehen wird und daher kaum Beachtung findet.[10]

In ihren Veröffentlichungen und Vorträgen erklärt Oakley, dass religiöser Missbrauch wirklich Missbrauch ist: »Es wird immer klarer, dass die Merkmale spirituellen Missbrauchs, wie sie von Überlebenden beschrieben werden, eine auffallende Ähnlichkeit mit dokumentierten Merkmalen anderer Formen des Missbrauchs aufweisen.«[11] Ein weiterer Hinweis auf die Missbräuchlichkeit des Geschehens sei auch dessen Auswirkung auf die Betroffenen: »Überlebende beschreiben spirituellen Missbrauch als einen Angriff auf sich selbst und den Kern dessen, was sie aus ihrer Sicht selbst sind.«[12]

Nach ihren umfangreichen Untersuchungen hat Oakley folgende Definition für spirituellen Missbrauch (»spiritual abuse«) entwickelt:

> *Spiritueller Missbrauch ist Zwang und Kontrolle eines Individuums durch ein anderes in einem spirituellen Kontext. Die betroffene Person erlebt den spirituellen Missbrauch als zutiefst emotionalen persönlichen Angriff. Dieser Missbrauch kann Folgendes umfassen: Manipulation und Ausbeutung, erzwungene Rechenschaftspflicht, Zensur der Entscheidungsfindung, Forderung von Geheimhaltung und Schweigen, Druck zur Anpassung, Missbrauch der Heiligen Schrift oder der Kanzel zur Kontrolle des Verhaltens, Forderung von Gehorsam gegenüber dem Täter, die Andeutung, dass der Täter eine göttliche Position hat, sowie Isolation von anderen, insbesondere von Menschen, die sich außerhalb des missbräuchlichen Kontexts befinden.*[13]

Oakley weist darauf hin, dass die Entwicklung von Definitionen komplexe Prozesse beinhaltet und dass derartige Begriffsbestimmungen innerhalb der historischen und kulturellen Kontexte zu formulieren sind, in denen sie auftreten.[14]

Die nächste, recht weit gefasste Definition erwähne ich, weil sie zu den allerersten gehört, die in den 1990er-Jahren zum Thema des religiösen Missbrauchs veröffentlicht wurden. Johnson und VanVonderen beschreiben genau betrachtet ein Spektrum von Missbrauch, in dem es um schädigende und falsche Behandlung anderer geht, die sich sowohl in aktivem, ggf. übergriffigem Verhalten oder auch durch Vernachlässigung ausdrücken kann – mit der Konsequenz, dass das Gegenüber geistlich nicht erstarkt, sondern geschwächt wird:

> *Geistlicher Missbrauch ist der falsche Umgang mit einem Menschen, der Hilfe, Unterstützung oder geistliche Stärkung braucht, mit dem Ergebnis, dass dieser betreffende Mensch in seinem geistlichen Leben geschwächt und behindert wird. Es gibt geistliche Systeme, in denen die Meinungen, Gefühle und Bedürfnisse eines Menschen nicht zählen. Sie bleiben unbeachtet. In diesen Systemen sollen die Mitglieder die Bedürfnisse ihrer Leiter befriedigen – das Bedürfnis nach Macht, Ansehen, Nähe, Wert –, also sehr egozentrische Bedürfnisse. Diese Leiter versuchen im religiösen Wohlverhalten der Menschen, denen sie eigentlich dienen und weiterhelfen sollten, Erfüllung zu finden.*[15]

Den Fachleuten Matthew Linn, Sheila Fabricant Linn und Dennis Linn sind ebenfalls beide Aspekte wichtig. Sie beziehen sich in ihrer Definition auf Ignatius, der seinerzeit geistliche Begleiter entließ, wenn sie Novizen ihren eigenen Weg zu Gott auferlegten.

> *Der heilige Ignatius verstand, dass es Missbrauch ist zu versuchen, den spirituellen Weg einer anderen Person zu kontrollieren. Im Gegensatz zum heiligen Ignatius benutzen geistlich missbrauchende Eltern oder religiöse Führer Kinder oder Mitglieder, um ihre eigenen Bedürfnisse nach Kontrolle und Selbstwertgefühl zu befriedigen, anstatt die spirituelle Entwicklung derer zu fördern, die zu ihnen aufschauen […] Emotionaler oder körperlicher Missbrauch kann auch Vernachlässigung beinhalten, d. h. auch etwas, das nicht getan wird. Gleiches trifft auch auf spirituellen Missbrauch zu.*[16]

Eine solche Vernachlässigung kann beispielsweise darin bestehen, dass Eltern oder geistliche Begleiter kein positives Modell gesunder Spiritualität vorleben noch lehren, wie Menschen ihrem inneren Selbst Vertrauen schenken können.[17]

Auch die Theologin und ehemalige katholische Ordensfrau Doris Wagner nimmt die Vernachlässigung in ihre Beschreibung spirituellen Missbrauchs mit auf. Sie sieht diesen als Verletzung spiritueller Autonomie, die sie als grundlegendes Selbstbestimmungsrecht jedes Menschen bezeichnet. Jeder Mensch müsse entscheiden dürfen, wie er lebt, was er denkt, welchen Sinn er seinem Leben geben und welcher Religion er angehören möchte und wie er diese dann auszuleben gedenkt.[18] Spirituell selbstbestimmt ist, wer sich seine spirituellen Ressourcen frei suchen und sie so verwenden kann, wie er oder sie will, und wer seine Spiritualität nicht von anderen Menschen einschränken lässt.[19] Dieses Recht werde gefährdet durch einen Dreiklang des Missbrauchs, den sie in Vernachlässigung, Manipulation und spirituelle Gewalt einteilt.[20]

1. Spirituelle Vernachlässigung beinhaltet mangelnde Hinführung zu einer eigenverantwortlichen Gottesbeziehung bzw. zu einem eigenständigen geistlichen Leben.
2. Spirituelle Manipulation geschieht durch Wertungen und Bewertungen einer Person mit frommer Argumentation, durch Drohungen, durch das Ausspielen von Machtgefällen sowie Umdeutungen geistlicher Wahrheiten und Bräuche.
3. Spirituelle Gewalt beinhaltet erzwungenen Verzicht, gewaltsame Trennungen und erzwungene Isolation, Ausbeutung der Arbeitskraft, Pathologisierung und erzwungene Therapien sowie Dämonisierung vorhandener Probleme.

Für die Psychologin und langjährige Ordensoberin Katharina Kluitmann ist geistlicher Missbrauch ein Schirmbegriff »für verschiedene Formen emotionalen Missbrauchs oder des Machtmissbrauchs im Kontext des geistlichen, religiösen Lebens, vor allem in Formen der Begleitung (Beichte, Seelenführung, geistliche Begleitung) und in Gemeinschaften und Gemeinden«.[21]

Das Bistum Osnabrück formuliert auf seiner eigens für Betroffene eingerichteten Webseite:

> *Geistlicher Missbrauch beginnt deshalb dort, wo jemand einen Menschen, der von ihm Wegweisung erwartet, stattdessen mithilfe biblischer Aussagen, theologischer Inhalte oder spiritueller Praktiken manipuliert und unter Druck setzt. Statt in eine befreiende und erfüllende Beziehung mit Gott wird die missbrauchte Person auf solche Weise in die Irre, in Enge und Isolierung geführt. Das Ergebnis ist Abhängigkeit statt Autonomie. Das aber ist eine Form von Machtmissbrauch, weil Grenzen, die gesetzt sind, durch den Täter unter Ausnutzung seiner Rolle oder Aufgabe überschritten werden, ohne dass sich Betroffene dagegen wehren können.*[22]

Die Supervisorin und Therapeutin Hannah Schulz beklagt in ihrer Beschreibung der Dynamiken rund um das Thema des geistlichen Missbrauchs die Perfidität desselben, die sich aus der Verdrehung von Aspekten des Glaubens ergibt:

> *Biblische Aussagen, theologische Inhalte und spirituelle Erfahrungen, die zum Wesen des christlichen Glaubens gehören und eigentlich Leben in Fülle, bedingungslose Liebe und innere Freiheit ermöglichen sollen, werden so verdreht, dass sie das Gegenteil bewirken.*[23]

In ihrer Definition sieht sie geistlichen Missbrauch als «andauernde Manipulation, Unterdrückung und Ausnutzung anderer ›im Namen Gottes‹, um sie für das Erreichen eigener Zwecke und Ziele gefügig zu machen. Dies geschieht durch ungesunde emotionale Abhängigkeiten und mentale Manipulationen, bei denen christliche Lehren, Werte und Begriffe entstellt werden, um sie zur Untermauerung der Machtansprüche einzusetzen.«[24]

Aus der Sicht von Pater Klaus Mertes basiert der geistliche Missbrauch auf einer tieferliegenden Verwechslung von geistlichen Personen mit der Stimme Gottes selbst, wobei er auf drei mögliche Varianten der Verwechslung hinweist: »Erstens: Der Seelenführer verwechselt sich selbst mit der Stimme Gottes. Zweitens: Die Seele verwechselt den Seelenführer mit der Stimme Gottes. Drittens: Beide unterliegen zugleich derselben Verwechslung.«[25]

Mertes beschreibt geistlichen Missbrauch als Verstoß gegen das erste Gebot. Der Name Gottes und der Name Jesu werden missbraucht, um Macht über Menschen zu gewinnen.[26] Daraus ergibt sich das Ziel des Missbrauchs, alles zu instrumentalisieren, um sich die Seele zu unterwerfen.[27] In dieser Beschreibung wird deutlich: Menschen nehmen die Stelle Gottes ein – eine Form der Götzenverehrung.

Daraus folgert auch Hannah Schulz, dass geistlicher Missbrauch eine Form der Idolatrie ist, bei der entweder Menschen zu Idolen erhoben werden, oder auch Konzepte, Ideen und Ideale, christliche Zeichen und Symbole, die verehrt und letztlich zum Ziel der Anbetung werden und die in geschlossene Systeme führen, die Ordnung und Sicherheit bieten: Kleidervorschriften, Fragen der Kopfbedeckung, die Anzahl der tägliche Rosenkränze, die genaue Wortwahl eines Gebetstextes, ein klar definierter Sinn im Leben (die Rettung der Seelen, die Erneuerung der Kirche, die Evangelisation Chinas), die Zugehörigkeit zur wahren Kirche oder

Gruppe, Reichtum und Ansehen – (z. B. im Kontext des *prosperity gospels*, etc.).[28]

Diese verehrten Menschen oder Konzepte können wichtiger werden als alles – so wichtig, dass man nicht mal mehr auf die Idee käme, Gott selbst dazu zu befragen.

In dem von der Deutschen Evangelischen Allianz 2021 veröffentlichen Leitfaden für den Umgang mit religiösem Machtmissbrauch heißt es:

> *Religiöser Machtmissbrauch liegt dann vor, wenn Menschen zu etwas gedrängt werden, was sie von sich aus nicht tun würden. Im christlichen Umfeld kommt dann oft noch der Missbrauch von geistlichen Themen hinzu. Menschen werden mit geistlichen/religiösen Inhalten gedrängt, etwas zu tun oder zu lassen, weil es den Bedrängenden nützt. Dabei wird die persönliche Grenze eines missbrauchten Menschen übertreten und verletzt. Die machtmissbrauchende Person erweckt regelmäßig den Eindruck, dass das, was sie (zum eigenen Vorteil) erreichen will, der Wille Gottes sei, entweder aus der Bibel begründet und/oder prophetisch offenbart, oft auch gerechtfertigt durch eine vermeintlich generelle von Gott übertragene Vollmacht.*[29]

Der langjährige Mitarbeiter eines Beratungszentrums für Kultaussteiger, Lawrence Pile, bevorzugt in seiner Beschreibung der Thematik eine religionssoziologische Definition[30], die neben den verführenden Elementen auf der soziologischen Ebene auch den Aspekt beinhaltet, dass dem biblischen Befund bzw. der sich daraus ergebenden Lehre Gewalt angetan wird – mit der Konsequenz der Verführung und Benachteiligung von Menschen.[31]

Die Theologin Hildegart König beschreibt dieselbe Beobachtung, dass »Missbrauch im kirchlichen Kontext auch mit einem

Missbrauch der Heiligen Schrift einhergeht«[32]. Und sie beschreibt diesen geradezu als Grundmerkmal des geistlichen Missbrauchs. Die Bibel wird in einer missbrauchenden Beziehung für eigene Zwecke und Ziele instrumentalisiert. Der Gebrauch der Bibel ermöglicht es, destruktives Verhalten zu legitimieren.

Der Facharzt für Psychiatrie und Psychotherapie, Rolf Senst, weist in seiner Beschreibung missbräuchlicher Dynamiken allgemein darauf hin, dass Missbrauch immer dann geschieht, »wenn ein Mensch einen anderen Menschen dazu benutzt, eigene Bedürfnisse zu befriedigen, ohne dafür das bewusste, freie und entwicklungsangemessene Einverständnis des anderen zu haben. Er bedient sich dabei eines vorhandenen Machtgefälles und vernachlässigt damit verbundene Fürsorgepflichten gegenüber dem anderen«[33] – ein wichtiger Hinweis dafür, dass als Opfer Betroffene Dynamiken zugestimmt haben, die sie von ihrem Kenntnis- oder Entwicklungsstand her nicht überschauen konnten. Bei religiösem Missbrauch leiten sich das benutzte Machtgefälle und die missachtete Fürsorgepflicht von einem geistlichen Amt/Dienst oder aber einer Rolle der Fürsorge (z. B. Eltern, Seelsorger etc.) ab.

In meiner eigenen Definition war mir der Aspekt wichtig, dass durch religiösen Missbrauch neben der Verletzung von Persönlichkeitsgrenzen, also Grenzen emotionaler und spiritueller Intimität, auch Gottes gute Absichten mit einem Menschen angetastet werden:

> *Von religiösem (geistlichem) Missbrauch spreche in dann, wenn Grenzen, die Gott selbst jedem Menschen zugedacht hat, aus religiösen Gründen überschritten werden und/oder wenn der ihm zugedachte Lebensraum wiederum aus religiösen Gründen eingeengt wird.*[34]

Zusammenfassung

Die unterschiedlichen Definitionsversuche haben in christlichen Zusammenhängen schwerpunktmäßig folgende Inhalte. Es geht

- entweder um das Untergraben spiritueller Autonomie durch fromme Argumentation und derart gestützte Praktiken,
- um Machtmissbrauch in einem geistlichen Amt oder einer geistlichen Rolle der Fürsorge (falscher Umgang mit spiritueller Autorität)
- um den Machthunger von Menschen, der im Namen der Religion bzw. im Namen Gottes ausgelebt wird,
- um Vernachlässigung von Menschen, die (in ihren spirituellen Bedürfnissen und Nöten) geistliche Begleitung brauchen
- oder um eine unverantwortliche und massiv defizitäre Weitergabe religiöser Lehrinhalte, die Menschen schaden, weil ihnen entweder wichtige Inhalte vorenthalten werden oder diese in einer einseitigen und aus dem Gesamtkontext der Bibel herausgerissenen Interpretation vermittelt werden.

Abgrenzung

Gleichzeitig ist es wichtig, diese hochkomplexe Thematik von dem abzugrenzen, was sie nicht beinhaltet. Denn es geht um einen differenzierten Umgang damit. Nicht alles, was ggf. nach missbräuchlicher Dynamik aussieht, ist am Ende auch als Missbrauch einzuordnen.

Der Missbrauch mit dem Missbrauch

Dieser Begriff sollte sehr besonnen gewählt werden, um ihn nicht missbräuchlich einzusetzen. Denn wenn er als Schlagwort für jedes Missverhalten im geistlichen Amt verwendet und mit jedem Autoritätskonflikt in Zusammenhang gebracht wird (so verletzend solche Situationen auch sein können), würde ein sehr reales Problem verwässert werden. Die mögliche Folge einer unangebrachten und pauschalisierenden Verwendung des Begriffes kann schwerwiegende Folgen haben:

- Menschen werden zu Unrecht verdächtigt, und sie werden dadurch verwundet.
- Tatsächlich missbräuchliche Situationen werden möglicherweise aufgrund unangebrachter, falscher Vorwürfe der Vergangenheit in der Gegenwart nicht mehr ernst genommen.

Das Phänomen des Missbrauchs mit dem Missbrauch, das es gibt, kann sich z. B. darin äußern, dass manche das Thema des religiösen Missbrauchs für sich funktionalisieren, um in nicht missbräuchlichen Konflikten die Oberhand zu gewinnen. Ein anderes Motiv kann darin bestehen, den eigenen Mangel an Bereitschaft, sich in passender Weise in Gemeinschaft einzuordnen, zu verbergen und eigene Wünsche auf Biegen und Brechen durchsetzen zu wollen. Solche Dynamiken sind unschön und können viel Leid mit sich bringen.

In der Missbrauchdiskussion sollte der mögliche Missbrauch mit dem Missbrauch nicht zu stark betont werden. Denn es besteht die Gefahr, dass die Opfer dadurch von vornherein verdächtigt werden und sich aufgrund der möglichen

Skepsis ihnen gegenüber gar nicht trauen, sich Gehör zu verschaffen. Zusätzlich liefert diese Betonung Tätern ein willkommenes Totschlagargument, um berechtigte Missbrauchsvorwürfe abzuwehren.

Das Phänomen der Übertragung

Im Rahmen der Abgrenzung des Begriffes ist als weiteres Phänomen, das Prozesse verzerren kann, die sogenannte Übertragung zu erwähnen. Eine Übertragung[35] ist letztlich eine falsche Verknüpfung, in der z. B. Erfahrungen der Vergangenheit aufgrund eines aktuellen Geschehens und Auslösers emotional so wachgerufen werden, dass Betroffene das Gefühl haben, die gegenwärtige Begegnung sei wieder genau wie die missbräuchliche Situation von damals. Diese Tatsache ist der betroffenen Person jedoch nicht bewusst. Das gute oder ungute Erleben der Vergangenheit wird in einer solchen Situation auf die gegenwärtig anwesende Person übertragen, was u.U. sehr problematisch werden kann. Wenn die Person, auf die negativ übertragen wird, dann noch mit einer Gegenübertragung reagiert, ist das Chaos perfekt. Professionelle Hilfe ist in solchen Situationen sehr empfehlenswert.

Wichtige Fragen sind hier: Handelt es sich um ein reales Problem im Hier und Jetzt? Oder wird ein vergangenes Erleben gerade wieder lebendig, ohne dass die aktuelle Situation tatsächlich missbräuchlich ist? Oder reagiert jemand aufgrund einer alten Erfahrung und ist deshalb sinnvollerweise besonders sensibilisiert für missbräuchliche Dynamiken?

Was religiöser Missbrauch nicht ist

Es ist eine Tatsache, dass es bei jeder Art geistlicher Leitung – und generell in Beziehungen – zu Konflikten kommen kann, die nichts Missbräuchliches an sich haben müssen.

David Johnson und Jeff VanVonderen, die sich in ihrer Veröffentlichung mit dem Phänomen des religiösen Missbrauchs aus christlicher und pastoraler Perspektive auseinandergesetzt haben, nennen einige praktische Beispiele, die ihres Erachtens nach keine Grenzverletzung beinhalten und die das Thema Missbrauch besser ab- bzw. eingrenzen. Sie schreiben:

- »Es ist kein Missbrauch, wenn ein geistlicher Leiter, dem Verantwortung obliegt, Entscheidungen zu treffen, nach bestem Wissen und Gewissen eine andere Entscheidung als die von einem Gemeindeglied vorgeschlagene trifft. Missbrauch ist jedoch, wenn die entgegengesetzte Meinung eines Menschen dazu benutzt wird, den geistlichen Stand des Betreffenden infrage zu stellen.
- Es ist kein Missbrauch, wenn ein Christ (Leiter oder nicht) einen anderen Christen mit einer Sünde, einem Fehlverhalten oder einem Fehler konfrontiert, der korrigiert werden muss. Das Ziel sollte natürlich nicht sein, zu beschämen oder in Misskredit zu bringen, sondern zu heilen, zu retten und zu erneuern.
- Es ist auch kein Missbrauch, wenn eine Person, die eine Führungsrolle einnimmt, gebeten wird, wegen emotionaler, körperlicher oder geistlicher Probleme von ihrem Amt zurückzutreten. Das Ziel muss jedoch sein, dem Betreffenden zu helfen, Hilfe zu finden, damit er schließlich sein Amt wieder übernehmen kann.

- Es ist kein geistlicher Missbrauch, wenn man mit Lehrmeinungen oder anderen Themen nicht einer Meinung ist und diese gegensätzliche Meinung auch öffentlich äußert. Bedenken Sie jedoch, dass man den Respekt vor dem anderen behalten und ihn niemals heruntersetzen oder angreifen sollte.
- Es ist kein Missbrauch, an bestimmten Maßstäben des Gruppenverhaltens festzuhalten (wie z. B. Kleidung). Zum Missbrauch wird es erst, wenn andere aufgrund dessen geistlich bewertet, degradiert oder beschämt werden, weil sie diese Ansicht nicht teilen.
- Ein starker Leiter übt nicht automatisch Missbrauch aus, weil er oder sie stark und entschlossen ist.«[36]

Zusätzlich sei an dieser Stelle auf eine Beobachtung hingewiesen, die mir angesichts aktueller gesellschaftlicher Veränderungen bedeutsam erscheint. Ich nehme wahr, dass es in den vergangenen Jahren immer enger werdende Meinungskorridore gibt. Wo in früheren Zeiten Meinungsfreiheit normal und es akzeptiert war, unterschiedlich zu denken, wird dies hinsichtlich bestimmter Themen immer schwieriger. Und diese Tendenz überträgt sich auch auf das Kirchen- und Gemeindeleben. So geschieht es, dass Gemeindeleitungen angegriffen werden, weil sie für bestimmte ethische Werte stehen. Ihnen wird sogar religiös missbräuchliches Handeln vorgeworfen, wenn sie innerhalb ihres Verantwortungsbereiches nicht alles zulassen, was gewünscht wird oder dem Narrativ des (christlichen) Mainstreams nicht entspricht.

Hier braucht es m. E. wiederum ein differenziertes Hinschauen. Gemeindeleitungen aller Zeiten tun gut daran, sich selbst immer wieder zu reflektieren und Entwicklungsbereitschaft zu leben – genauso wie Gemeindemitglieder: Warum glauben wir, was wir glauben? Auf welchen Grundlagen basieren unsere Überzeugungen? Gibt es Aspekte, mit denen wir uns neu auseinandersetzen sollten? Wie verstehen wir die Aussagen der Bibel? Was und wen wollen wir ggf. für die Auseinandersetzung mit bestimmten Fragen hinzuziehen? Welche Relevanz haben diese Aussagen für unsere Situation? Lassen wir einen breiten Diskurs mit unterschiedlichen Meinungen zu und wählen unsere Ratgeber entsprechend? Oder laden wir nur solche Stimmen ein, die bereits unsere Meinung vertreten? Ist es uns wichtig, herauszufinden, was Gott – so gut wir ihn verstehen – in den schwierigen Kontexten wichtig ist?

Es bedarf hier m. E. einer achtsamen Einschätzung, wo wir es schlichtweg mit einer Wertekollision zu tun haben und wo mit religiös missbräuchlichem Handeln. Beides ist herausfordernd. Als ein wichtiges Kriterium erscheint mir die Bereitschaft, Lösungen zu finden, die Andersdenkende für ihre Haltung nicht abwertet. Menschen sollten die Erlaubnis haben, für den Bereich, in dem sie verantwortlich sind, auch Verantwortung zu tragen. Dass sich aufgrund der Unterschiede ggf. Wege trennen, ist eine mögliche Konsequenz.

Fazit der Abgrenzung

Mir erscheint es wichtig, dass mit dem Begriff des religiösen Missbrauchs nicht inflationär, sondern achtsam umgegangen wird:

- Nicht jedes Missverhalten von Menschen in religiösen Kontexten oder von geistlich Verantwortlichen ist Missbrauch.
- Das Phänomen der Übertragung sollte ausgeschlossen werden, um die Dynamik im Hier und Jetzt realistisch einzuschätzen.

- Es gibt Wertekonflikte, die sehr schmerzlich sein können, die aber – wenn sie in gegenseitigem Respekt ausgefochten werden – nichts Missbräuchliches an sich haben müssen.
- Menschen respektvoll auf Fehlverhalten hinzuweisen, kann gemäß eines christlichen Wertekodex eine angemessene und nicht missbräuchliche Intervention darstellen.

Kapitel 2

Wo finden religiös missbräuchliche Dynamiken statt?

Religiös missbräuchliche Dynamiken können in allen Settings auftreten, in denen religiöse Inhalte eine Rolle spielen, seien es (neue) religiöse Gemeinschaften, Kirchen, Gemeinden, Werke und Organisationen sowie Beziehungen in Familien, Freundschaften, Seelsorge, geistlicher Begleitung und Therapie.

Religiöser Machtmissbrauch kann in unterschiedlichen Konstellationen stattfinden. Er kann von offiziell Leitenden gegenüber Mitarbeitenden und Mitgliedern ausgeübt werden sowie von Mitgliedern gegenüber Leitenden oder Menschen untereinander, z. B. als ein Wegmobben missliebiger Meinungen, Einflüsse und Personen – in religiösen Kontexten mit frommer Argumentation.[37]

Letztlich kann jeder Mensch zum Opfer von religiösem Missbrauch werden, je nachdem wie die Machtverhältnisse aussehen.

Anfällige Gruppierungen und Settings in der christlichen Landschaft

Settings, die im christlichen Kontext für religiösen Missbrauch anfällig sind, zeichnen sich in der Regel durch einen Mangel an

Reflektiertheit aus. Ihnen ist nicht klar, was sie gefährdet. Beobachten lassen sich folgende Schwerpunkte:

- Gruppen, die aufgrund ihrer theologischen Auslegung unterschiedlichster Inhalte davon ausgehen, dass sie allein die Wahrheit besitzen, mit der sie aus »guten Gründen« andere meinen überwältigen zu dürfen – in der Regel verbunden mit einem Leistungs- oder Anforderungskatalog, den es zu erfüllen gilt. Die spirituelle Autonomie von Menschen wird dabei nicht geachtet
- Menschen, die sich inneren Entwicklungen ihrer Persönlichkeit nicht stellen wollen oder können und die den Glauben als »quick fix« innerer Nöte wie ein Suchtmittel benutzen
- geistliche Einflussnehmer und Verantwortliche, die mit besten Absichten in Begleitung und Verkündigung die Glaubensentwicklung ihres jeweiligen Gegenübers nicht im Blick haben
- Menschen, die ihre Macht missbrauchen, weil sie ihre Leitungsfunktion völlig überhöht verstehen und Verantwortung leben, die sie nicht haben – oder weil sie schlichtweg Machtmenschen sind
- Menschen, die sich ihrer Verantwortung gar nicht stellen und Menschen in ihrer (spirituellen) Not allein lassen
- geistlich Verantwortliche, die im Kontext ihres Glaubens Gott entweder gänzlich ausschließen oder Theologie für die eigenen Vorstellungen passend machen, indem sie sich leichtfertig eher am Mainstream, an gesellschaftlich akzeptierten Denkweisen orientieren – und dies ohne jedes Ringen um Wahrheit, das in Ehrfurcht vor dem Schöpfer mit den Angelegenheiten des Lebens umgehen möchte.

Monopol auf die Wahrheit – Missachtung spiritueller Autonomie

Zu den grundsätzlichsten Fakten des christlichen Glaubens gehört das Angebot Gottes an jeden Menschen, eine persönliche, vertrauensvolle Beziehung zu ihm einzugehen und das im Vertrauen anzunehmen, was Christus durch seinen geheimnisvollen, stellvertretenden Tod der Menschheit erworben hat: eine ewige Liebesbeziehung und Freundschaft, Erlösung, Amnestie, verlässliche Begleitung im Leben und Sterben und eine geborgene Ewigkeit. Dieses Angebot ist erstaunlich und freiwillig. Die Christenheit scheint es unter bestimmten Einflüssen jedoch immer wieder zu schaffen, dieses wertvolle Werben Gottes durch Interpretation und Verhalten völlig verzerrt darzustellen. Statt die Tür zu öffnen und Menschen einzuladen, sich auf eine Entdeckungsreise des Glaubens zu begeben, werden unter dem Deckmantel von Frömmigkeit Gesetze, Vorgaben und Regeln zum Inhalt des Glaubens deklariert. Dabei ist Freiheit »die Bedingung des Glaubens und damit auch der Art und Weise seines Vollzugs.«[38]

Doris Wagner beschreibt sehr engagiert, dass in diesem Entdeckenwollen, wer Gott für mich sein will und wer ich für ihn bin, die eigene Persönlichkeit eine wichtige Rolle spielt. Ohne sie oder an ihr vorbei werde niemand Gott finden. Genau das mache ja Beziehung aus, dass zwei Personen einander in Freiheit begegnen, anstatt mit einer Liste von Vorschriften auf den anderen zuzugehen. Wenn es Gott nur um Gehorsam ginge, würde er sich selbst der Möglichkeit berauben, die Liebe eines Menschen zu erfahren. Dann würde es um Unterwerfung und Dominanz gehen und nicht um Vertrauen und tiefste Zuneigung. Die Frage jedes Suchenden darf lauten: Wie kann ich Glauben leben? Welche Bilder und Geschichten von Gott finden in mir einen Widerhall? Welche Lieder sind meine?

Welche Worte kommen aus meinem Herzen, wenn ich mich Gott zuwende? Nichts anderes bedeutet es, den eigenen Glauben auszudrücken, statt unreflektiert irgendwelche Auftragslisten und Vorgaben abzuarbeiten.[39] Glaube bedeutet somit Begegnung mit Gott und ihn kennenzulernen. Christus selbst scheint es um eine liebevolle, lebendige Beziehung zu gehen, die er im Erklären des Vaterschaftsbegriffes immer wieder betont.

Gesunder Glaube und heilsame Spiritualität können sich dort entwickeln, wo Menschen darin gefördert werden, ihren persönlichen Weg des Glaubens und der Beziehung zu Gott zu entdecken, wo persönliche Wahrnehmung gestärkt wird und wo die Inhalte christlicher Spiritualität und ihre Werte erklärt und ohne Druck vermittelt werden.

Nur so können ein intrinsischer Glaube – ein Glaube, der von innen kommt – und wahre spirituelle Autonomie entstehen: ein Glaube, der echt ist und im Leben durchträgt, ein Glaube, der »mein Glaube« ist. Dieser steht im Gegensatz zu extrinsischem Glauben, der von außen erwartet und aufgedrückt wird, der aber letztlich nur eine Attrappe darstellt, weit entfernt von Echtheit und Eigenverantwortlichkeit.

Der Neurowissenschaftler und Psychiater Raphael Bonelli thematisiert diesen Gegensatz in einem Buchbeitrag, der die Begriffe extrinsische und intrinsische Religiosität folgendermaßen unterscheidet: »Die extrinsisch motivierte Person benutzt ihre Religion, während die intrinsisch motivierte ihre Religion lebt.«[40] »Extrinsische Religiosität« – so Bonelli – »gibt also – durchaus unbewusst – Glaube vor, wo keiner ist, und bedient sich der Religion für eigene Zwecke.«[41] Ein solcher Zweck könnte sein, sich aufgrund eigener religiöser Leistung als etwas Besonderes oder erhaben fühlen zu wollen, oder Vorgaben von außen zu erfüllen, in dem Glauben, sich nur so die Akzeptanz von Gott und von Menschen sichern zu können.

Extrinsische Religiosität lässt sich von außen bestimmen, während ein intrinsischer Glaube das eigene persönliche Leben aus Überzeugung und in Freiheit Gott und der Beziehung zu ihm unterstellt und nach seinen Werten ausrichtet – auch dann, wenn es etwas kostet.[42]

Intrinsischer Glaube will in Kontakt sein mit dem Leben: mit dem, was wirklich da ist an eigener Identität, was da ist an Nöten, Sehnsüchten und Bedürfnissen, und besonders mit Gott als lebendigem Gegenüber. Intrinsischer Glaube ermöglicht Autonomie, während extrinsischer Glaube sich von außen bestimmen lässt.

In christlichen Kontexten, in denen hohe Anforderungen an Menschen gestellt werden, auch »High-Demand-Systems« genannt, wird es beide Gruppen von Menschen geben: solche, die inmitten des Drucks dennoch zu einer persönlichen Gottesbeziehung finden, und solche, die vorwiegend »extrinsisch motiviert (von außen bestimmt) funktionieren«. Beide Wege sind von dem beschriebenen Umfeld sehr belastet, das in der Regel von missbräuchlichen Dynamiken gekennzeichnet ist, und werden sich von toxischem Gedankengut und dem daraus resultierenden Lebensstil Stück für Stück zu lösen haben, wenn sie nicht dauerhaft Schaden leiden und unter ihren Möglichkeiten leben wollen.

Die Merkmale einer Frömmigkeit, die aufgrund einer theologischen Auslegung meint, anderen den Glauben überstülpen zu müssen oder ihnen direktiv sagen zu können, was sie zu tun haben und was gut für sie ist, finden wir in sehr unterschiedlichen christlichen Lagern. Die beschriebene Verzerrung der christlichen Botschaft hat zur Folge, dass Menschen geradezu zum Missbrauch motiviert werden, und sie bringt gleichzeitig die als Opfer Betroffenen dazu, den Missbrauch zu tolerieren, als wäre er normal und »biblisch«.

Einsatz des Glaubens als Suchtmittel: Religiöse Sucht

Eng angelehnt an diese Ausführungen möchte ich einen weiteren Aspekt nennen, der Menschen für religiösen Missbrauch anfällig anmacht: die religiöse Sucht.

Suchtdynamiken allgemein bestehen darin, eine Substanz oder einen Prozess zu benutzen, um vor einer schmerzlichen Realität in unserem Leben zu fliehen oder sie zu kontrollieren.[43] »Das Ziel einer Sucht ist es, uns nicht mehr mit uns selbst in Kontakt sein zu lassen.«[44] Im Rahmen jeder Sucht möchte die betroffene Person die eigenen »Schmerzen und Sorgen lindern, Angst unterdrücken oder die Realität in ein besseres Licht rücken«. Sie wählt die Sucht, »um einer Sache die Schärfe zu nehmen, um Dinge zu unterdrücken, um Schwung zu kriegen, anders formuliert, um Stimmungen zu ändern und Gefühle zu ersticken«. Sucht ist ein »Versuch, Spannungen und Gefühle zu vermeiden«. Die Betroffenen wollen ihren »eigentlichen Problemen aus dem Wege gehen«.[45]

Mögliche Suchtkategorien:

1. substanzgebundene Süchte: z. B. Alkohol, Drogen (inkl. Medikamente), Nahrung, Nikotin, Koffein etc.
2. Prozessgebundene Süchte: z. B. Spielsucht, Sexsucht, Arbeitssucht, Beziehungssucht, religiöse Sucht etc.

Die Psychotherapeutin Anne Wilson Schaef weist darauf hin, dass nahezu jeder (an sich positive) Prozess zur Sucht werden kann –

nämlich dann, wenn er benutzt wird, um den eigentlichen Problemen aus dem Weg zu gehen bzw. der eigenen Lebensrealität zu entfliehen oder sie zu kontrollieren. Sie sagt:

> *Auch Religion kann zur Sucht werden [...] Ich spreche nicht von Menschen, die religiös oder spirituell sind. Meine Sorge gilt vielmehr den »Schnellschuss«-Religionen, solchen also, die besinnliches Gebet, Meditation und Dialog ausschließen und trotzdem behaupten, auf alles eine Antwort parat zu haben.*
> *Der Religionssüchtige unterscheidet sich sehr deutlich von einer Person, die sich mit ihrer spirituellen Weiterentwicklung beschäftigt. Wer von einer Religion abhängig ist, verliert seine persönlichen Wertvorstellungen und entwickelt an anderen Stellen Verhaltensweisen, die denen von Alkoholikern und Drogensüchtigen gleichen – rigides Urteilen, Unehrlichkeit und Kontrollbedürfnis. Auch hier gilt: Gebrauch verwandelt sich in Missbrauch.*[46]

Wie kann es also dazu kommen, dass die Religion – oder der Glaube selbst – zur Droge unserer Wahl wird? Dass Glaube falsch gebraucht wird?

Glaube entartet dort zur religiösen Sucht, wo das Leben nicht mehr aus dem Kontakt innerhalb einer liebenden Gottesbeziehung gelebt wird, sondern wo einzelne Rituale, Prinzipien und Patentantworten zum *quick fix* oder zur »allgemeingültigen Lösung« aller Lebensumstände werden.

Wir können uns eine Person vorstellen, die sehr darunter leidet, dass sie nirgends hingehört, oder einen Menschen, der Gefühle der Scham, der Einsamkeit und der Angst empfindet, denen er einfach nicht ins Auge schauen kann. Um diesen Gefühlen nicht begegnen und sich damit auseinandersetzen zu müssen, bauen diese Personen fromme Hilfskonstrukte auf, die ihnen helfen, sie wegzuschieben. Sie lesen in solchen Situationen vielleicht zwanghaft die Bibel oder halten sich streng an die Lehren der Gemeinde, zitieren ein halbes Dutzend Bibelverse oder den Papst, proklamieren bestimmte Glaubenswahrheiten, werfen eine Lobpreis-CD ein, besuchen eine Messe oder den Gottesdienst, gehen zur Beichte und bekennen ihre Verfehlungen etc., während sie damit rechnen, dass sich ihr Gefühlszustand dadurch positiv verändert. Dabei schauen sie nicht an, was diesen Gefühlen zugrunde liegt und in welcher Weise sie sonst Verantwortung zu übernehmen hätten. Wann immer dieser Schmerz auftaucht, wenden sie an, was sie gelernt haben, damit sie nicht weiter fühlen müssen, was sie fühlen.

So gut und so sinnvoll die genannten Dinge (Bibel lesen, beten, Lobpreislieder hören, Schuld bekennen, etc.) sein mögen, wenn wir sie aus einer Vertrauensbeziehung zu Gott heraus leben, so destruktiv sind sie, wenn wir sie als Patentantwort und als Schnelllösung für innere Nöte anwenden, ohne den Ursachen unserer Gefühle auf den Grund zu gehen. Dann benutzen wir Religion, religiöse Dinge bzw. »Glauben« (oder das, was wir dafür halten) in genau derselben Weise wie Drogen oder Alkohol: um dem zu entfliehen, was eigentlich in uns los ist.

Sheila F. Linn schreibt dazu:

> *Die zugrunde liegende Sucht ist, kontrollieren zu wollen. Religiöse Sucht versucht, die schmerzliche innere Realität durch ein rigides religiöses Glaubenssystem zu kontrollieren […] Weil mein Bedürfnis, die innere Realität durch ein strenges Glaubenssystem zu kontrollieren, so verzweifelt ist, bestehe ich darauf, dass jeder andere in derselben Weise glaubt wie ich. Jeder, der dies nicht tut, bedroht mein System der Kontrolle meines inneren Schmerzes […] Wenn ich Kinder habe oder falls ich ein geistlicher Leiter bin, kann es sein, dass ich diejenigen geistlich missbrauche, die zu mir aufsehen.*[47]

Mit geistlichem Missbrauch ist hier gemeint, dass die geistliche Freiheit des anderen ignoriert oder verleugnet wird, indem ihm gesagt wird, dass es nur eine Möglichkeit gibt, mit Gott zu gehen – nämlich die eigene. Oder indem ihm vorgeschrieben wird, wie er sein Leben mit Gott zu leben und zu gestalten hat. Alles andere erscheint zu bedrohlich.

Religiöse Sucht versucht, die schmerzliche innere Wirklichkeit durch ein rigides religiöses Glaubenssystem zu kontrollieren. Die Beziehung zu Gott spielt bei den religiös Süchtigen in Wirklichkeit kaum noch eine Rolle.

Die Autoren Arturburn und Felten beschreiben religiös Süchtige als Menschen, deren Glaube vergiftet wurde:

> *Die vergiftet Glaubenden halten an einer vergifteten Religion fest, um dem emotionalen Aufruhr in sich auszuweichen, der zustande kommt, wenn sie der Realität ihrer Umstände ins Auge sehen. Ihr Leben konzentriert sich auf die Religion und nicht auf Gott. Die Religion verschlingt sie, und sie verlieren sich in deren Ausübung.*[48]

Hier wird einerseits die Verdrängung der eigenen Lebenswirklichkeit deutlich sowie die Entfremdung vom eigentlichen Ziel des Glaubens: dem Leben in der Liebe und in der engen Gemeinschaft mit Gott.

> *Wie jede andere Sucht wird die Ausübung der Frömmigkeit (Religion) zentral für jeden anderen Aspekt des Lebens. Alle Beziehungen drehen sich um die Religion. Wie ein Alkoholsüchtiger seine Lieblingskneipe betritt, so findet der religiös Abhängige völlige Annahme in der Gemeinschaft gleichgesinnter Gläubiger. Sie bieten Unterstützung und Ermutigung. Sie erlauben ihm Ablenkung*

von Verantwortung und persönlichem Wachstum. Jedes Zeichen von Schmerz oder Konflikt wird zu einer Ausrede, um sich in die Gemeinschaft der irregeführten Nachfolger zurückzuziehen, die ihm versichern, dass am Ende alles gut wird. Der religiös Süchtige ist gebunden an diese Menschen, die seine Sucht unterstützen [...] Abhängigkeit von der religiösen Praxis und ihrer Mitglieder entfernt das Bedürfnis nach Abhängigkeit von Gott. Der Gläubige wird süchtig nach einem Ersatz [...] Die Frömmigkeit (Religion) und die, die sie ausüben, werden die zentrale Kraft des Süchtigen, der mit Gott nicht länger in Kontakt ist.[49]

Die amerikanischen Fachleute Linn erzählen in einem ihrer Bücher die Geschichte von Ann[50], die eine ihrer Bekannten darum bat, mit ihrem Ehemann zu beten. Sie litt darunter, dass er niemals mit zur Gemeinde oder einem Gebetsmeeting kam. Stattdessen saß er ständig vor dem Fernseher und schaute sich Fußballspiele an. Anns Bitte an Gott war es, dass er ihren Mann geistlicher machen sollte. Schließlich sei es ja so, dass Jesus immer betete – so ihr Denken. Und dasselbe tat auch sie. Je mehr sie sich in das hineinvertiefte, was ihr wichtig war, desto uninteressierter wurde ihr Mann im Blick auf geistliche Dinge. Ann war nicht sehr amüsant, und ihr Mann ging davon aus, dass dasselbe auf Jesus zutraf.

Die Bekannte ahnte, dass in Wirklichkeit Ann diejenige war, die Heilung brauchte, und bot ihr an, mit ihr zu beten. Plötzlich brach schallendes Lachen aus Ann hervor. Sie erzählte, dass sie vor ihrem inneren Auge Jesus gesehen hatte, wie er in ihr Haus kam. Er war durch die Küche ins Wohnzimmer gegangen, in dem das Chaos herrschte, was ihn in keiner Weise zu stören schien. Jesus fragte Ann, wo ihr Mann sei, und Ann antwortete ihm, dass er im Keller wäre und fernsähe. Jesus ging daraufhin nach unten. Als er nach einer Weile nicht wieder auftauchte, ging sie ebenfalls die

Stufen hinunter. Dort saß Jesus auf der Couch neben ihrem Mann und schaute sich das Fußballspiel an.

Ann verstand in dieser Situation, dass Jesus sich dasselbe von ihr wünschte. Er wollte, dass sie aufhörte, Gebet und Gemeindebesuch in übermäßiger Weise zu praktizieren, und dass sie begann, sich gemeinsam mit ihrem Mann über das Leben zu freuen und es zu genießen.

Es ist nicht bekannt, warum Ann eine reale Beziehung zu ihrem Mann durch ständige geistliche Aktivitäten ersetzte. Wenn sie es tat, um schmerzlichen Gefühlen in ihrer Ehe zu entkommen, können wir davon ausgehen, dass Ann eine religiöse Sucht entwickelt hatte. Ihre Bemühungen, Religion zu benutzen, um andere zu kontrollieren, z. B. indem sie versuchte, ihre religiösen Praktiken ihrem Mann aufzudrängen, bestätigen diese Annahme.

Entwicklungsstadium oder Sucht?

Zu dieser Frage möchte ich nochmals die Autoren Linn zitieren:

> *Ein Verhalten, das in einer Person als Symptom religiöser Sucht auftritt, mag für eine andere Person im Blick auf eine bestimmte Phase der eigenen Glaubensentwicklung normal sein. Zum Beispiel ist das Sichstützen auf eine externe religiöse Autorität ein übliches Symptom religiöser Sucht, ist zugleich aber auch typisch für ein frühes Stadium der Glaubensentwicklung. Wenn das Sichverlassen auf eine externe Autorität eine Zeit lang hilft, um Sicherheit und Struktur für fortgesetztes Wachstum hinein in weitere Stadien zu gewährleisten, erscheint es uns als Teil einer gesunden Entwicklung. Wenn jedoch das Sichverlassen auf eine externe Autorität ein Weg ist, zwanghaft seine eigene Realität zu vermeiden, scheint es aus unserer Sicht eher ein Symptom religiöser*

Sucht zu sein. Ein Maßstab, ob ein bestimmtes religiöses Verhalten gesund und für eine bestimmte Phase angemessen ist oder aber Sucht erzeugend, mag die Fähigkeit sein, die Menschen zu tolerieren, die anders sind, und sich allmählich auf sie zuzubewegen – hin zu einem Respekt ihnen gegenüber und sogar zu einem Dialog.[51]

Die Rolle der religiösen Sucht im Rahmen des religiösen Missbrauchs

Ich sehe die religiöse Sucht als einen »Motor« bzw. ein Einfallstor für religiösen Missbrauch.

Schauen wir zuerst auf die Seite derer, die den Missbrauch ausüben und durchsetzen. Ob deren Sucht nun in Form eines Machtstrebens im frommen Gewand oder einer engen Gesetzlichkeit gelebt wird, ob Machtmenschen dabei im Rampenlicht stehen oder »nur« rigide, fundamentalistische Glaubensinhalte als Wahrheit propagiert werden, ohne dass dabei einzelne Machtmenschen eine Rolle spielen – all diese Aspekte fallen unter die Definition religiöser Sucht. Denn es geht letztlich so gut wie immer um den Versuch, der eigenen schmerzlichen Lebenswirklichkeit zu entkommen, indem die innere Not durch ein rigides Glaubenssystem kontrolliert oder das eigene innere Identitäts- und Selbstwertdefizit durch Macht kompensiert wird.

Die Sucht bringt geistliche Verantwortungsträger dazu, Menschen ihre Sicht der Dinge überzustülpen – jeweils mit den daraus resultierenden Vorteilen für sich selbst, z. B. einem guten Gefühl, weil sie nach ihrem Dafürhalten Gott gehorsam sind oder die Situation in seinem Sinn beeinflussen und kontrollieren.

Auf der »Opferseite« des religiösen Missbrauchs kann die religiöse Sucht ebenfalls eine wichtige Rolle spielen – als Eigenanteil. Häufig hoffen Opfer religiösen Missbrauchs nämlich darauf, die eigene Lebenswirklichkeit (z. B. der Scham, des Unwertes, der diversen Schuldgefühle) dadurch bewältigen zu können, dass sie im Sinne des Systems funktionieren und tun, was erwartet wird. Eine entsprechende Verkündigung (Einfluss von außen) kann hier eine nicht zu unterschätzende Rolle spielen.

Reife und Mündigkeit – ein geistliches Ziel

In der Realität nehmen Betroffene in missbräuchlichen Systemen die Tatsache selten wahr, dass nicht mehr Gott ihr Herr und ihre Kraftquelle ist, sondern – wie soeben ausgedrückt – in Wirklichkeit die Religion und die, die sie ausüben, bzw. die Gemeinschaft, der sie angehören. Das hat nicht zuletzt damit zu tun, dass innerhalb des Systems die Abhängigkeit von der Religion oder denen, die sie ausüben, mit der Abhängigkeit von Gott gleichgesetzt wird.

Gesunde Spiritualität und christlicher Glaube können sich dort entwickeln, wo Menschen Raum gegeben wird für ihre einzigartige, persönliche Reise des Glaubens, wo sie darin gestärkt werden, ihren eigenen Wahrnehmungen zu vertrauen und ihre Empfindungen in Freiheit vor Gott zu bewegen und sie ihm anzuvertrauen.

Ich glaube, dass Gott nicht an Perfektion interessiert ist, sondern an Herzen, die authentisch sind und sich in der Beziehung zu ihm prägen lassen. Gefühle dürfen sein, auch schmerzliche, zornige Gefühle. Sie müssen nicht (im Rahmen frommer Rituale) weggedrängt werden, sondern dürfen gefühlt, betrauert und vor Gott ausgedrückt werden. Jesus weint mit. Er ist mindestens so zornig über das, was Menschen an Unrecht erlebt haben, wie die Betroffenen selbst. Jesus möchte uns begegnen, verstehen, helfen, trösten und neue Wege in die Zukunft weisen. Er weiß, dass es nicht hilft, wenn einem Menschen Wahrheiten – und seien sie noch so wahr – übergestülpt werden, oder wenn seine Lebenswirklichkeit durch rigide Vorschriften reglementiert wird. Jesus lädt dazu ein, authentisch zu leben und sein Wirken an uns geschehen zu lassen, wodurch dann eine wirkliche Wandlung und Heilung in uns Realität werden kann.

Dem Apostel Paulus war es in seinem Brief an die Gemeinde in Ephesus sehr wichtig zu betonen, dass die Aufgabe geistlicher Leitung bzw. des fünffältigen Dienstes (der Apostel, Propheten, Hirten, Lehrer und Evangelisten) darin besteht, die Gemeinde als mündige Christen zum Dienst zuzurüsten (vgl. Epheser 4,11-16).

Mangelnder Blick für die persönliche Glaubensentwicklung

Um Glauben angemessen zu vermitteln, braucht es zudem eine alters- und entwicklungsgerechte Verkündigung Kindern und Erwachsenen gegenüber sowie eine entsprechende Begleitung.[52] Dazu bedarf es immer wieder einer gewissenhaften Einschätzung, wo genau Menschen auf ihrer Lebens- und Glaubensreise stehen.

Der Theologe und Entwicklungspsychologe James W. Fowler untersuchte das Phänomen religiösen Glaubens im Entwicklungsprozess des menschlichen Lebens. Die stufenähnlichen, entwicklungsmäßig aufeinander bezogenen Glaubensstile[53] oder Strukturen beinhalten unterschiedliche innere Voraussetzungen oder Verarbeitungsmuster – die ein Mensch je nach Zeitpunkt in seinem Werdegang mitbringt –, mit dem Leben, seinen Herausforderungen und seinen Inhalten umzugehen. Je nach Entwicklung braucht es unterschiedliche Zugänge bzw. achtsame Vermittlung des Glaubens und seiner Inhalte. Wer nicht achtsam im Blick hat, wen er vor sich hat, riskiert die Verwundung des Gegenübers.

Fowler nahm als Theologe und Entwicklungspsychologe speziell die religiöse Entwicklung von Menschen und deren Suche nach Sinn in den Blick. In seiner Forschung ging es ihm um das Schaffen einer nachvollziehbaren Theorie, anhand derer die Entwicklung eines Menschen in seiner Fähigkeit zu glauben deutlich gemacht werden kann. Fowlers Glaubensbegriff umfasst auch nicht religiöse Formen eines persönlichen verbindlich gewordenen Lebensglaubens (Glaube im Sinn von Vertrauen und Loyalität »zu einem transzendenten Wert- und Machtzentrum«). Sein Originalwerk lautet »Stages of Faith« (Stufen des Glaubens).

Die Linns betonen in ihrer Publikation:

> *Genauso wie es emotional missbräuchlich ist, wenn man von einem 2-jährigen Kind erwartet, dass es sich wie ein 10-jähriges verhält, oder wenn man ein 10 Jahre altes Kind so abhängig hält wie ein 2-jähriges, so geschieht religiöser Missbrauch, wenn man versucht, Menschen in eine Entwicklungsphase des Glaubens hineinzudrängen, für die sie noch gar nicht bereit bzw. zu der sie noch nicht in der Lage sind, oder wenn man versucht, sie in einem Entwicklungsstadium festzuhalten, über das sie längst hinausgewachsen sind.*[54]

Ich habe Aussteiger und Aussteigerinnen vor Augen, die auf eine geradezu traumatische Kindheit zurückblicken. Hintergrund waren biblische Lehren, die in einer bestimmten Weise präsentiert wurden. Zum Beispiel wurde die Lehre der Entrückung am Ende der Zeit, wenn Christus glaubende Menschen zu sich holt[55], mit einer Art Leistungskatalog kombiniert. Die Kinder und Jugendlichen wussten nie, ob sie gut genug waren, um bei der Entrückung dabei sein zu dürfen, und so erlebten sie eine unvorstellbare Panik, zurückgeblieben zu sein, wenn sie beispielsweise ihre Angehörigen bei einer Rückkehr – nach Schule oder anderen Aktivitäten – nicht zu Hause antrafen. Diese Angst überschattete Jahre ihres Lebens.

Die Vermittlung von Glaubensinhalten muss in Verantwortung für das jeweilige Gegenüber geschehen. Und hier bestehen m. E. noch große Kenntnislücken – Fragestellungen, die es aus meiner Sicht verdienen, not-wendiger-weise (weiter) forschend in den Blick genommen zu werden: damit Not gewendet wird. Dazu gehören Fragen wie: Wo stehen die Menschen, die einer Verkündigung folgen, und was ist ihr Hintergrund? Was könnte dadurch ausgelöst werden? Hat die verkündigende Person selbst den Kern des christlichen Evangeliums verstanden? Oder im Blick auf die Glaubensvermittlung unter Kindern: Wo steht ein Kind im Alter X in seiner inneren Entwicklung? Was wird es aufgrund seiner Wahrnehmung in einem bestimmten Zeitfenster seiner Biografie verstehen und aufnehmen können? Was könnte unnötig belastend sein und seine freie innere Glaubensentwicklung gefährden? Was kann durch die Verkündigung ausgelöst werden? Was ist in Gottes Sinn und was nicht (abgeleitet vom Umgang Jesu mit Menschen)?

So wertvoll es ist, dass sich manche Kinderbuchautoren und Mitarbeitende in der Kinderarbeit bereits Gedanken dazu gemacht haben, so offensichtlich ist auch, dass genau das viel zu oft noch nicht geschehen ist. Es wäre so wegweisend und bahnbrechend, wenn sich Pädagogen, Theologen und andere Fachleute zu solchen Forschungsprojekten entschließen könnten – mit der Fragestellung:

Was sollte christliche Verkündigung zum Inhalt haben, wenn sie die Glaubensentwicklung von Kindern, Jugendlichen und Erwachsenen, die sie heilsam erreichen möchte, im Blick hat?

Machtmissbrauch durch die Überhöhung einer Leitungsfunktion

Besonders gefährdet für religiösen Missbrauch sind auch Menschen und Gruppen, die ein überhöhtes Verständnis von Leitungsverantwortung haben. Das Buch *Erzählen als Widerstand* bringt dazu Beispiele, wo diese Haltung für bestimmte Kirchenämter der katholischen Kirche zutrifft. Im evangelikalen Bereich nenne ich dazu das sog. *Shepherding Movement*[56] der 1970er- und 80er-Jahre, weil es bis heute international Spuren hinterlassen hat. Die Leiter jener Bewegung nahmen für sich in Anspruch, eine erneuerte biblische Sicht von Gottes Regierung zu vertreten, die Gott an sie delegiert hatte. Jeder in der Bewegung war in einer Art Mentoringprogramm einem sog. Pastor zugeordnet[57], mit dem es jede Lebens- und Alltagsentscheidung abzustimmen galt. Nach Jahren massiver Schädigungen wurde die ungesunde Unterordnung (oder besser Unterwürfigkeit), die zu unbiblischem Gehorsam menschlichen Leitern gegenüber[58] führte, endlich als solche verstanden. Obwohl diese »Jüngerschaftsprogramme« von Hunderttausenden fallen gelassen wurden, hat diese Vergangenheit m. E. bis heute in Form einer Vorprägung für neue Bewegungen und deren Sichtweisen großen Einfluss, die die freikirchliche Szene subtil oder auch offensichtlich durchziehen.

Anfällig für religiösen Missbrauch sind auch Menschen und Gruppen, die nicht damit rechnen, dass es mitten in frommen Settings Machtmenschen geben könnte, die für ihre Absichten ein passendes Ambiente benötigen. Diese bedienen sich in der Regel frommer Argumente und haben die besondere Fähigkeit, die Aussagen der Bibel im Sinne ihrer Ziele zu verdrehen und zu interpretieren.[59]

Die Evangelien berichten, dass Christus zu seinen Lebzeiten auf der Erde selbst immer wieder Stellung nahm zu einigen für ihn fragwürdigen Ambitionen, die er im Leben seiner Mitstreiter und Mitstreiterinnen vorfand, sowie zu bestimmten Bedeutungs- und Machtallüren, die ihm zwischendurch begegneten. Hierarchie gehörte nicht zu seinem Konzept. In Matthäus 20 diskutieren die Jünger darüber, wer wohl die Ehrenplätze in Gottes Reich bekäme. Jesus – sichtbar irritiert – sieht die Notwendigkeit einer Grundsatzerklärung zu dieser Frage, die sich leicht auf ähnliche Haltungen übertragen lässt. Er sagt:

> *»Ihr wisst, wie die Großen und Mächtigen dieser Welt ihre Völker unterdrücken. Wer die Macht hat, nutzt sie rücksichtslos aus. Aber so darf es bei euch nicht sein. Im Gegenteil: wer groß sein will, der soll den anderen dienen, und wer der Erste sein will, soll sich unterordnen.«*
>
> Matthäus 20,25-27 (Hfa)

Jesus spricht sich hier gegen ein Machtgefälle von Beherrschen und Beherrschtwerden aus.

Dass Menschen sich im Laufe der Kirchengeschichte immer wieder dazu entschieden und Strukturen geschaffen haben, die genau das mit sich brachten, was Christus als unguten Weg eingeordnet hatte, ist eine Sache, mit der sich die Christenheit auseinanderzusetzen hat – vor allem dort, wo aus dem geschaffenen Machtgefälle ein Missbrauch von Macht in den unterschiedlichsten Formen entstanden ist. Dieser ist zweifellos seit Jahrhunderten bis heute sichtbar und sicher einer der Gründe für die aktuelle Relevanzkrise der Kirche.

Vernachlässigung von Verantwortung

Eine weitere Gruppe, die für religiösen Missbrauch anfällig ist, wird oft beim ersten Hinsehen nicht als »gefährdet für Missbrauch« eingeordnet, weil sie zunächst nichts offensichtlich Übergriffiges an sich hat. Ihr Problem ist die Vernachlässigung ihrer Verantwortung für Menschen, die sie von ihrer Rolle her wahrnehmen müsste. So kann es geschehen, dass Menschen, die in ihren Reihen geistliche Heimat suchen, mit nicht unerheblichen Nöten allein und darin handlungsunfähig bleiben. Doris Wagner setzt sich in ihrer Veröffentlichung ausgiebig mit diesem Thema auseinander.

In dieser Kategorie sehe ich neben diversen Situationen geistlicher Begleitung durchaus manche Gemeinden im (liberalen) protestantischen Bereich, die vermutlich niemals auf die Idee kämen, an dieser Front beteiligt zu sein. Die Erfahrung zeigt aber, dass eine nicht unerhebliche Zahl an Menschen, die für bestimmte Lebensfragen und Probleme vom Glauben her Antworten suchen, diese in dem benannten Lager nicht finden und sich deshalb auf die Suche nach Passenderem machen. Aufgrund ihrer spirituellen Not sind sie gefährdet, dann an Systemen anzudocken, die sie mit gewissen Mogelpackungen erwarten: einem Cocktail aus ersehnten Antworten und schädlichen Dynamiken, von denen Letztere aus Dankbarkeit für das Erfüllen der eigenen Sehnsucht nicht als bedenklich wahrgenommen werden. Auch versäumen es solche Gemeinschaften oft, ihre Mitglieder auf Gefahren hinzuweisen.

In demselben Umfeld gibt es Gruppen und Verantwortliche, die ihren Liberalismus als die Antwort auf Missbrauch feiern, indem sie christliche Werte völlig aushöhlen oder sogar ganz abschaffen, den Glauben und eine persönliche Gottesbeziehung belächeln und ihre eigene Wahrnehmung und Sichtweise zum Nonplusultra für wahre, freiheitliche Theologie erklären.

Und damit wären wir bei einem letzten Punkt von Anfälligkeit für Missbrauch, nämlich bei christlichen Kontexten, die die Vernachlässigung von Verantwortung in einer verzerrten Theologie leben.

Theologie eines fragwürdigen Evangeliums

Nach vielen Jahren der Beobachtung dessen, was in christlichen Kontexten menschenschädigend gelebt wird, ist mir dieser Aspekt sehr wichtig: Ich möchte von Theologie reden, in der Gott entweder ausgeschlossen oder für die eigenen Vorstellungen passend gemacht wird. In solchen Kontexten scheint es nicht darum zu gehen, um Wahrheit zu ringen und zu erkennen, was Gott – so gut wir ihn verstehen – in den aktuellen Bezügen und Fragen wichtig ist. Stattdessen orientieren sich Leitende eher am Mainstream, an gesellschaftlich akzeptierten Denkweisen. Es besteht die Gefahr, mit Lebensfragen großer Tragweite ohne Ehrfurcht vor dem Schöpfer umzugehen.

Warum ordne ich diese Dynamik als missbräuchlich ein? Weil Menschen im geistlichen Amt auch für die Vermittlung des Glaubens und die Auslegung der Schrift Verantwortung tragen. Ein tragisches Beispiel in der Kirchengeschichte war der Ablasshandel der damaligen katholischen Kirche, in der die Theologie der Kirche und ihr Personal sich der klerikalen Macht beugten und deren Interpretation von Erlösung entgegen des biblischen Zeugnisses und wider besseren Wissens weitergaben. Stattdessen hätten sich die betreffenden Personen – wie Luther – damit auseinandersetzen können. Geistliche Verantwortung beinhaltet somit, die Absichten Gottes mit seinem Erlösungsangebot und seinem Wertekodex engmaschig im Blick behalten, anstatt sie zu pervertieren oder zu verwässern.

Kapitel 3

Gesichter religiösen Missbrauchs in unterschiedlichen Settings

Die Erscheinungsformen religiös missbräuchlicher Dynamiken sind sehr unterschiedlich: je nach Frömmigkeitsstil, kirchlichem Umfeld, theologischer Interpretation und Prägung und je nachdem, wo sie gelebt werden – in christlichen Kirchen und Gemeinden oder Organisationen, in geistlichen Gemeinschaften, Familiensystemen, geistlichen Begleitungen und anderen Beziehungen. Überall handeln Menschen aus religiösen Gründen. So manches wird »im Namen Gottes« behauptet, und die Bibel wird funktionalisiert. Häufig geschehen diese Dinge, ohne dass der jeweiligen Person, die sich des Missbrauchs schuldig macht, bewusst wäre, was sie tut. Die Auswirkungen für die Betroffenen sind deshalb aber keineswegs geringer.

In diesem Kapitel werde ich bereits bekannte und neue Inhalte einbringen sowie Erlebnisberichte, die mir zur Verfügung gestellt wurden. Darin geht es um das Benennen schädlicher Dynamiken, nicht darum, schmutzige Wäsche zu waschen, wohl aber um ein detaillierteres Beschreiben von tatsächlich Geschehenem mit dem Ziel, damit umgehen zu lernen.

Die Gesichter und Erscheinungsformen belastender Dynamiken sind vielfältig und können selbst in einem umfangreichen Werk über das Phänomen des Missbrauchs im frommen Gewand nicht alle genannt werden. Dennoch können die folgenden Beschreibungen und Beispiele helfen, sich in dieses notvolle Themenfeld hineinzufühlen und durch eine gestärkte Sensibilität angemessener damit umzugehen.

Nach einem kurzen Überblick zu den verschiedenen Gesichtern des religiösen Missbrauchs werden einige Phänomene näher beschrieben und persönliche Geschichten mit eingebaut. Dieses Erzählen ist Widerstand (wie der Titel des bereits zitierten Buchs über Missbrauch es treffend auf den Punkt bringt) – Widerstand gegen großes Unrecht.

Religiös missbräuchliche Phänomene

Welche Gesichter kann religiöser Missbrauch zeigen?

- Die Weitergabe religiöser Inhalte, die nichts mit der eigentlichen Botschaft der Bibel (Gnade und Annahme des Angebotes Gottes) und ihren Werten (Freiwilligkeit, Achten persönlicher Autonomie) zu tun haben – in einer Rolle, die geistliche Verantwortung beinhaltet (z. B. Menschen in Verkündigung, geistlicher Leitung oder Begleitung, Elternschaft)
- Vermittlung belastender Gottesbilder auf verschiedenen Ebenen: durch verbale oder nonverbale Botschaften des Elternhauses (die i. d. R. unbewusst auf Gott übertragen werden) oder der ersten Sozialisierung im frommen Kontext oder durch die Verkündigung und Atmosphäre einer Gemeinschaft. Es gibt Bilder
  - eines strafenden, unbeherrschten, willkürlichen und unberechenbaren Gottes, der pedantisch menschliche Fehler hochrechnet,

- oder eines emotional fernen und desinteressierten Gottes, der nichts anderes will als Gehorsam und für den persönliche Wünsche nicht zählen,
- oder eines perfektionistischen, kleinlichen Gottes, bei dem Leistung zählt und bei dem Annahme und Segen verdient werden müssen (die »Leistung« hat je nach System unterschiedliche Inhalte),
- oder eines Gottes der Beliebigkeit, der »fünfe gerade sein lässt«, verbunden mit der Bereitschaft, jeden Wert, der gesellschaftlich hinterfragt wird, preiszugeben, ohne sich zu bemühen, die Anliegen Gottes zu verstehen – fehlende DNA eines Christseins, das sich vom Leben und von den Werten Jesu auf Erden ableiten lässt.

- Die Funktionalisierung biblischer Texte, der Verkündigung oder der Geistesgaben, um zu manipulieren (Manipulation = gezielte und verdeckte Einflussnahme): Bibelworte werden aus dem Kontext gerissen und je nach Gutdünken interpretiert – prophetische Worte werden gezielt manipulativ eingesetzt.
- Das Vereinnahmen und Ausnutzen von Menschen, ohne sie mit ihren Bedürfnissen im Blick zu haben – ein Einfordern von »Leistungen« durch fromme Argumentation – im Gegensatz zu achtsamen, angemessenen und freiwilligen Absprachen und Vereinbarungen;
  Die Vereinnahmung wird manches Mal durch die elitären Ansichten einer Gruppe gerechtfertigt (»Weil unser Auftrag / unsere Berufung so wichtig ist, gilt es, sich dem gänzlich unterzuordnen.«); es wird definiert, was das heißt.
- Ein Elitedenken begegnet uns, wo Christen aufgrund bestimmter geistlicher Erfahrungen oder theologischer Lehrmeinungen glauben, ein Monopol auf die Wahrheit zu

haben, statt ihre Erkenntnis als »Stückwerk« zu betrachten und den eigenen Weg nach bestem Wissen und Gewissen zu gehen, während sie andere Christen achten und stehen lassen.
Missbräuchlich sind die Abwertung und die Vereinnahmung von Menschen aufgrund dessen.

- Die Überhöhung einer Leitungsfunktion
  - mit dem Verbot konstruktiver Kritik – Probleme müssen daher totgeschwiegen werden
  - Grundidee: geistliche Begleitung oder Leitung sei von Gott für diese Position berufen worden und könne deshalb nicht infrage gestellt werden;[60] Macht- und Autoritätsansprüche oder Willkür aufgrund eines Amtes / einer Position, das Fordern von Unterordnung im Sinne eines Kadavergehorsams (Unterwürfigkeit)
  - Wirkliche Unterordnung meint hingegen die Bereitschaft, sich einzuordnen verbunden mit dem Übernehmen von Verantwortung, die sich in Mitdenken, einer wertschätzenden Haltung und notwendiger, konstruktiver Kritik äußert.

Auf der Grundlage frommer Argumentation:

- Einflussnahme auf sehr persönliche Entscheidungen (Bildung, Berufslaufbahn, Partnerwahl, Wohnort, Beziehungen, Finanzen etc.)
- Einengung von Lebensraum und die Verletzung von Persönlichkeitsrechten
- Schwarz-weiß-Denken und Härte in der Beurteilung menschlicher Not (»Du hast dieses Problem oder du bist krank, weil …«)

- Druck in der Vermittlung christlicher Werte – Missachtung persönlicher Freiheit und Verantwortung
- Abwertung und Beschämung
- Beschneidung der Entfaltungsmöglichkeiten einer Person aufgrund des Geschlechtes oder der Herkunft
- Kontaktverbote
- Menschen kleinhalten wollen
- Bevormundung von Menschen in ihren Entwicklungsprozessen
- Vernachlässigung einer Fürsorgepflicht
  - kein positives Modell gesunder Spiritualität
  - kein Fördern der Wahrnehmung des eigenen Herzens und des persönlichen Redens Gottes
- das Schaffen von Abhängigkeiten in jeder Art von Begleitung (Seelsorge, Beratung, Mentoring) oder in Bezug auf Gemeindeleitung, sodass Betroffene Übergriffe schließlich nicht mehr als solche wahrnehmen können, spezifisch: das Schaffen von Abhängigkeiten und fromme Argumentation, um Menschen für sexuelle Übergriffe gefügig zu machen (Kombination unterschiedlicher Missbrauchsformen). Täterargumentation: Er solle die Liebe Gottes auf diese Weise teilen, innere Heilung für frühere Mangelerfahrungen würden auf diesem Wege erreicht, eine besonders innige spirituelle Erfahrung des Einsseins mit Jesus könne so erfahren werden oder sexuelle Handlungen an Opfern seien segensreich, da sie ihren Stolz brechen – nur so können sie geistlich weiter kommen etc.
- Übergriffe in Beichtgeschehen und geistlicher Begleitung[61] (indiskretes, nicht notwendiges Ausfragen, ungehörige Neugier, Verurteilung, unangemessene Auflagen danach, Brechen der Schweigepflicht etc.)
- die Suggestion von Gott als Komplize

- die Androhung negativer spiritueller Konsequenzen, wenn Erwartungen nicht erfüllt werden
- Auftrag ohne Macht (Kontext von Mitarbeit in der Gemeinde): Es werden Aufträge formuliert (z. B. die Gemeinde für junge Menschen attraktiv machen), aber dazugehörige Befugnisse verweigert (»Ändere nichts, ohne dass alle oder bestimmte Personen einverstanden sind!«)[62]
- Manipulativer Einfluss seitens der Gemeinde[63] (durch Verleumdung, Mobben, mit Vorteilen locken, mit Nachteilen drohen, gezielte Informationsweitergabe oder -unterdrückung) Ziel: Untergraben von Leitung und Durchsetzung eigener Interessen. Werden dabei »geistliche« Argumente eingesetzt, zugeschriebene geistliche Autorität, Gebet oder andere religiöse Formen zur Manipulation verwendet, handelt es sich um religiösen Machtmissbrauch gegenüber Leitenden.

Durch Definitionsversuche und Beispiele kann die inhaltliche Spannbreite dieses Missbrauchsphänomens sowie auch seine variierende Intensität verdeutlicht werden, wodurch wir uns ihm nähern können. Die groben Eckpfeiler sind: Machtmissbrauch in religiösem Kontext bzw. mit religiöser Argumentation, das Untergraben spiritueller Autonomie, die Vernachlässigung von Menschen in ihren Lebensfragen und der Missbrauch des Namens Gottes sowie des biblischen Befundes.

Darüber hinaus bieten verschiedene Publikationen der letzten Jahre durch das Erzählen konkreter Geschichten[64] eine vertiefte Auseinandersetzung mit dem Thema an. Dazu gehören auch Romane[65], die die Thematik aufbereiten und es dem Leser ermöglichen, das Geschilderte mit einer gewissen inneren Distanz zu betrachten.

Die in den folgenden Fallbeispielen sowie in sämtlichen persönlichen Berichten dieses Buches genannten Namen Betroffener sind grundsätzlich immer geändert. Auch einzelne Aspekte geschilderter Situationen sind dann verändert dargestellt, wenn nur so die Anonymität gewährleistet werden kann. Für alle Geschichten liegt mir die Erlaubnis der Betroffenen vor, sie zu veröffentlichen. Teilweise berichten sie selbst.

Gottesbilder – »Pass auf, kleines Auge, was du siehst!«

Die Vermittlung fragwürdiger Gottesbilder ist bekanntlich ein Aspekt religiösen Missbrauchs. Sie sind fragwürdig, weil sie gemessen an dem, was Christus selbst als zentrale Botschaft über Gott vermittelt hat, nicht haltbar sind.

An das in der Überschrift zitierte Kinderlied erinnerte sich Jessica, als sie darüber nachdachte, warum sie in ihrem Leben so oft mit quälenden Selbstzweifeln zu tun hatte, die sie nur schwer überwinden konnte.

Pass auf, kleines Auge, was du siehst! Pass auf,
kleines Auge, was du siehst!
Denn der Vater in dem Himmel schaut herab auf dich,
drum pass auf, kleines Auge, was du siehst!

Und die weiteren Strophen:

Pass auf, kleiner Mund, was du sprichst! Denn der Vater …
Pass auf, kleine Hand, was du tust! Denn der Vater …
Pass auf, kleiner Fuß, wohin du gehst! Denn der Vater …
Pass auf, kleines Ohr, was du hörst! Denn der Vater …
Pass auf, kleines Ich, werd nicht groß! Denn der Vater …

Dieses Lied hätte in einem ausgewogenen christlichen Kontext nicht unbedingt Schaden anrichten können (da wäre es aber vermutlich auch nicht gesungen worden), doch es bestätigte die von Jessica ohnehin erfahrene Leistungsorientierung in irreführender Art und Weise. Das warnende Element »Pass auf, dass du dich benimmst!« wird darin mit dem Vaterschaftsbegriff gekoppelt. Es handelt sich um eine typische Doppelbotschaft, die den Empfänger verunsichert, weil er nicht weiß, was er glauben soll und wie er sie sinnvollerweise befolgen kann. Ist Gott nun ein vertrauensvoller Vater oder muss man sich vor ihm hüten?

Doppelbotschaften (engl. »double bind«) sind ein paradoxes Muster zwischenmenschlicher Kommunikation, das häufig in »gestörten« Beziehungen auftritt und zwei Botschaften gleichzeitig vermittelt, die einander widersprechen und sich gegenseitig ausschließen.

Während eines Seminars erlebte Jessica, wie diese innere Wunde berührt wurde. Eingebettet in eine Atmosphäre der Annahme erfuhr sie durch einen musikalischen Beitrag den Zuspruch Gottes in einer für sie bis dahin nicht gekannten Weise – ein wichtiger Meilenstein auf dem Weg ihrer Heilung:

»Ich bin in der Lage, mehr für dich zu tun,
als du dir je vorstellen kannst.
Denn ich bin dein größter Ermutiger.
Ich bin auch der Vater, der dich in all
deinen Schwierigkeiten tröstet.

Wenn dein Herz zerbrochen ist, bin ich ganz nah bei dir.
Wie ein Hirte ein Lamm trägt,
so habe ich dich nah an meinem Herzen getragen.
Eines Tages werde ich jede Träne von deinen Augen abwischen.
Ich werde all den Schmerz hinwegnehmen,
den du auf dieser Erde erlitten hast.
Ich bin dein Vater, und ich liebe dich genauso
wie meinen Sohn Jesus.
Er kam, um dir zu zeigen, dass ich für dich bin, nicht gegen dich,
und um dir zu sagen, dass ich deine Sünden nicht zähle.
Jesus starb, damit wir Versöhnung erleben könnten.«[66]

Elitäres Denken, Überhöhung von Leitung und Vereinnahmung von Menschen

In manchen Systemen wird die Vereinnahmung von Menschen aufgrund von elitären Ansichten gerechtfertigt. Die Mitglieder einer Gruppe glauben, dass ihr Mandat und Auftrag so wichtig sind, dass der Zweck die Mittel heiligt. Das tun sie entweder sehr offensichtlich oder eher verdeckt. Verdeckter ist es dort, wo sie Menschen außerhalb des Systems durchaus akzeptieren und offiziell neben sich stehen lassen, aber letztlich aufgrund bestimmter geistlicher Erfahrungen und theologischer Lehrmeinungen in ihrem Herzen davon überzeugt sind, dass sie selbst den »besseren Durchblick« haben. Sie schauen auf andere herab, während sie nicht glauben, dass all unser Erkennen »Stückwerk« ist, d.h. immer nur einen Teil des Ganzen darstellen kann (vgl. Paulus in 1. Korinther 13,9-10; LUT).

Doch auch offensichtlichere Formen eines Elitedenkens existieren, die sich oft fortschreitend entwickeln. Häufig beginnen Gemeinden und Werke nämlich durchaus mit einer guten Motivation und schaffen für Menschen Räume der Begegnung mit Gott. Viel Gutes geschieht. Zu Beginn haben alle noch klar vor Augen, dass an Gottes Segen und Leiten alles gelegen ist. Doch im Laufe der Zeit werden Erfolge zunehmend auf das eigene Konto verbucht, nach dem Motto: »Wenn Gott uns so segnet, dann sind wir etwas Besonderes. Das Mandat, das er uns gegeben hat, ist ein außergewöhnliches. Unsere Berufung ist eine hohe Berufung. Unser Auftrag, unser Dienst ist besonderer als der anderer Gemeinden und Werke.«

Unterstützt wird diese ungute Entwicklung oft noch durch (einflussreiche) Menschen von außerhalb, die große Lobeshymnen auf eine solche Gruppierung singen und sie als etwas ganz Besonderes hervorheben – und dies manchmal sogar mit einem Flair von »Übernatürlichkeit«: Gastredner geben großartige Prophetien weiter, die »im Namen Gottes« betonen, wie unglaublich wichtig jene Gruppierung sei.

Solche »prophetischen Bestätigungen« geschehen nicht selten, während im Hintergrund sehr fragwürdige Entwicklungen im Gange sind. Weil die Gäste Positives wahrnehmen (das missionarische Engagement, den Einsatz und die Hingabe der Menschen und die »geistlichen Erfolge« unterschiedlichster Art), lassen sie sich dazu hinreißen, solche »bestätigenden Prophetien« weiterzugeben, durch die sie Gott als Komplizen feiern, ohne zu wissen, was hinter den Kulissen läuft und dass sie gerade als Handlanger eines Missbrauchssystems fungieren. Leider wird diese Gruppierung dann durch solche bestätigenden Botschaften in ihrer unguten, narzisstischen Entwicklung gestützt, während parallel nicht selten Missbrauch und Grenzverletzung – für Außenstehende nicht sichtbar, aber für die Insider sehr real – bereits in vollem Gange sind. Menschen, die beginnen, den Missbrauch zu spüren, werden durch diese Bestätigungen von außen verunsichert.

Am Ende einer solchen Entwicklung steht in der Regel ein enorm großer Druck, dem die Menschen ausgesetzt sind. Denn das Verlassen einer solchen Gemeinschaft impliziert für sie automatisch das Herausfallen aus dem Willen und Segen Gottes. Und wenn sie Teil dieser Gemeinschaft bleiben, die ja an Bedeutung alles andere übertrifft, müssen andere – an sich wichtige – Dinge im Leben plötzlich zweitrangig werden, was zu weiteren Formen gefährlicher Grenzüberschreitung führt.

Vereinnahmung und Ausbeutung von Menschen

Wie soeben beschrieben ordnen manche christlichen Gemeinschaften ihre Aufgabe aus einem elitären Blickwinkel als außerordentlich wichtig ein. Für sie geht es »um den Auftrag Gottes«, den es zu erfüllen gilt, koste es, was es wolle. Die entsprechenden Personen meinen, aufgrund dieses Auftrags das Recht zu haben, andere für diese Sache zu vereinnahmen, ganz gleich, welche Mittel dazu eingesetzt werden. Oft existiert in diesem Zusammenhang ein enormes Anspruchsdenken im Blick auf Zeit, Geld und den praktischen Einsatz der Mitglieder. Wie es Menschen dabei geht, interessiert nicht. Gesundheit wird oft aufs Spiel gesetzt. Berechtigte Fürsorge für sich selbst und die eigene Familie wird vernachlässigt. Und mancher wird gedrängt und »ermutigt«, auf persönliche Möglichkeiten der Entwicklung »um der wichtigeren Sache willen« zu verzichten, z. B. auf Ausbildung und Karriere, notwendige Erholung, Pflege von Familien- und Freundschaftsbeziehungen u. v. m.

Natürlich kann ein Leben mit Gott den Einzelnen vieles kosten. Was ich hier jedoch infrage stelle, sind der Druck und die Bewertung, denen Menschen in ihren Entscheidungen ausgesetzt sind. Statt innerhalb einer Gottesbeziehung eigenverantwortlich Wege zu wählen, sind Entscheidungen nicht selten das Resultat fromm getarnter Manipulation.

Ich wende mich gegen

- übermäßigen Einsatz oder übermäßigen Verzicht, die als Norm gepredigt werden – während diejenigen, die predigen, nicht selten ein sehr viel bequemeres Leben haben;
- extreme Formen eines Lebensstiles, der als der einzig geistliche deklariert wird: ein Lebensstil, der wichtige Lebensbereiche zum eigenen Schaden und zum Schaden anderer vernachlässigt und in dessen Kontext der Einzelne letztlich nicht bereit ist, für das ganze eigene Leben Verantwortung zu übernehmen (vgl. religiöse Sucht).

Mir sind Ehepaare vor Augen, die über Jahre in einem sehr einseitigen Verständnis von Hingabe Gott gegenüber unglaublich viel Zeit in die Arbeit ihrer sehr leistungsbetonten Gemeinden und Gemeinschaften oder der Mission investieren und dabei z. B. kaum Zeit haben für die Erziehung und Begleitung ihrer heranwachsenden Kinder – quasi in dem Denken: »Wenn wir uns um Gottes Sache kümmern, wird er sich schon um unsere Kinder kümmern!« In gut gemeintem Eifer, in den sie in der Regel durch entsprechende Verkündigung hineingeraten sind, vernachlässigen sie ihre Verantwortung als Eltern mit z.T. sehr notvollen Folgen.

Unangemessene Einflussnahme und Bevormundung

Wenn Meinungen von Leitern, ihre Ratschläge und »geistlichen Eindrücke« so viel Bedeutung gewinnen, dass sie zur hauptsächlichen Grundlage persönlicher Lebensentscheidungen werden – z. B. im Blick auf Zeit, Geld, Partnerwahl, Familie, Familienplanung, Kindererziehung, Wahl des Wohnortes, Karriere, Gesundheit etc. –, ist große Vorsicht geboten. Dies geschieht oft unter dem Deckmantel eines Gebots der Unterordnung unter geistliche Autorität, wobei übersehen wird, dass Gott sich jeden Menschen als mündiges Gegenüber wünscht, das ihm vertraut – ganz besonders dann, wenn es sich um Fragen und Entscheidungen handelt, die in den persönlichen Verantwortungsbereich und Gestaltungsraum fallen, den Gott jedem Menschen zugedacht hat. Anstatt einen Raum zu schaffen, in dem Menschen in guter Weise einander raten, Lebens- und Glaubenserfahrungen austauschen und voneinander lernen können, wird ein System der Kontrolle etabliert.

Einige Beispiele, die mir bekannt sind:

Menschen wurden unredlich beeinflusst, wo ihnen willkürlich ge- oder verboten wurde umzuziehen, weil sie vermeintlich irgendeine Lektion zu lernen hätten oder sie so ihre Mitarbeit in der Gemeinde intensivieren konnten. Oder wo Menschen gänzlich auf Ausbildung verzichten sollten, um »dem Herrn (oder besser dem System) so früh wie möglich zu dienen«, was sie umso abhängiger machte.

Übergriffiges Verhalten erlebten Ehepaare, denen verboten wurde, durch Verhütung verantwortliche Familienplanung zu betreiben, weil sie damit in etwas eingreifen würden, was allein Gott zustehe. Die nicht zugestandene Eigenverantwortung hatte umfangreiche Folgen. Ebenso übergriffig war es, dass es Menschen verwehrt wurde, medizinische Hilfe in Anspruch zu nehmen – oder die Hilfe anderer Einrichtungen, die z. B. das Leben mit einem Kind mit besonderen Bedürfnissen leichter gemacht hätte. Solche Hilfe in Anspruch zu nehmen, hieß es, sei ein Zeichen von mangelndem Glauben und Gottvertrauen.

In manchen Fällen wurden Ehen aufgrund von »Eindrücken« und Erwartungen geistlicher Leiter geschlossen, die die Betroffenen einfach ungeprüft als Reden Gottes interpretierten. Oder

Menschen wurde es schlichtweg verboten, miteinander auszugehen und sich näher kennenzulernen, oft ohne Angabe von Gründen. Oder es wurde Gemeindemitgliedern der Bereich ihrer Mitarbeit vorgeschrieben, ohne sie anzuhören und mit ihren Impulsen ernst zu nehmen. All das auf dem Hintergrund der Überzeugung, dass die Leitenden einen besseren Draht zu Gott hätten.

Rivalität und Einschüchterung

Wenn auf Leitungsebene eine Haltung der Rivalität vorherrscht, ist es unmöglich, dass Menschen ihr volles Potenzial entfalten. Wenn sie versuchen, es zu tun, werden sie von bestimmten Personen als Bedrohung erlebt und bekämpft. Die innere Überzeugung solcher Personen lautet: »Du darfst deine Sache nicht besser machen als ich, nicht mehr Erfolg haben als ich. Wir haben alle unsere Grenzen, und ich bin die deine!«[67]

Die Möglichkeiten, Menschen in Schach zu halten, sind vielfältig. Oft wird jede noch so ungeeignete Gelegenheit dazu genutzt, sie in ihren Motiven zu hinterfragen und damit einzuschüchtern. Oder in der Verkündigung wird damit argumentiert, dass »der Weg nach oben immer erst mal nach unten führt«. Auf diesem »unteren Weg« sind die so Betroffenen – im Gegensatz zu anderen – jahre- oder jahrzehntelang unterwegs und werden dabei benutzt, ausgebeutet und in Abhängigkeit gehalten.

Viele Betroffen erlebten, dass sie über Jahre darauf vertröstet wurden, in »Gottes Berufung für ihr Leben« hineinzukommen, während ihr Leben einer endlosen Warteschleife glich. Innerhalb ihrer Gruppe beinhaltete »der untere Weg« ein Tätigsein in vielfältig unterstützenden Diensten für die ihnen übergeordneten Personen (oft Pastoren), bis hin zu kostenlosem Babysitting und unbezahlter Hausrenovierung, was ganz selbstverständlich als »Dienst für den Herrn« erwartet wurde. Erst der Ausstieg aus dem System ermöglichte ihnen, das in ihrem Leben zu tun, was ihnen und ihren wirklichen Gaben entsprach.

In den USA lernte ich einen Mann kennen, der in seiner Gemeinschaft nach über 20 Jahren »in der Warteschleife« eines bestimmten, ihn völlig unterfordernden Gemeindedienstes diesen unteren Weg ging, bis er verstand, dass er im Sinne des Systems diesen Weg nie verlassen sollte. So stieg er aus, startete mit 40 Jahren sein erstes Studium und promovierte in den folgenden Jahren in Theologie und Psychologie.

Bevormundung und Beschämung

Menschen, die körperliche oder seelische Nöte in ihrem Leben kennen, haben in der Regel genug zu tragen. Hilfreiche Begleitung kann also niemals beinhalten, ihnen noch zusätzliche Lasten aufzubürden – Lasten in Form unbedachter Einschätzungen ihrer Situationen oder liebloser Ratschläge wie: »Dass du krank bist, hat damit zu tun, dass ...« Oder: »Wenn du nur glauben und genug beten würdest, hätte Gott dich längst geheilt.« Oder: »Wenn du nur dies oder jenes tätest, wäre das die Lösung deines Problems!« Mit solchen Aussagen lassen sich in der Regel weder Heilung noch ein Durchbruch für die Situation erreichen – ganz im Gegenteil: Durch diese Schuldzuweisung fühlen sich Betroffene angegriffen und verunsichert. Ihr Leid wird vergrößert. Und niemand nimmt wahr, dass durch solche voreiligen Pseudodiagnosen die geistlichen Grenzen der Betroffenen durch Bevormundung verletzt werden.

Für persönliche Entwicklung und Heilung gibt es keine Patentrezepte und kein Schema F, dem wir zu folgen haben.

In Johannes 9,2 wird Jesus nach der Ursache einer Krankheit gefragt. In Bezug auf einen blind geborenen Mann stellen die Jünger die Frage: »Warum wurde dieser Mann blind geboren? Ist es wegen seiner eigenen Sünden oder wegen der Sünden seiner Eltern?« Weder noch, antwortet Jesus: »Er wurde blind geboren, damit die Kraft Gottes an ihm sichtbar werde« (Johannes 9,3).

Heilungsprozesse sind eine höchst persönliche und individuelle Angelegenheit. Jeder Mensch hat die Freiheit, zu entscheiden, wo er sich Hilfe und Begleitung sucht.

Manchmal werden Menschen vor Psychotherapie gewarnt. Jesus, so heißt es, sei die Lösung aller Probleme. Von daher sei es ein falscher Weg, Hilfe in dieser Form zu suchen. Die Betroffenen sollten nur kräftig beten. Spannend ist, dass dieselben Menschen, die vor diesem Weg warnen, für die meisten anderen Bereiche ihres Lebens in der Regel Fachexpertise in Anspruch nehmen: Sie bringen ihr Auto in die Werkstatt, gehen zum Friseur oder zum Facharzt, nehmen juristische Beratung in Anspruch, schließen eine Versicherung ab und heuern Handwerker für entsprechende Aufträge an. Die Expertise der Psychotherapie lehnen sie jedoch ab. Dabei handelt es sich um eine Kompetenz, die Menschen darin unterstützen soll, sich selbst auf die Spur zu kommen und bessere Entscheidungen für ihr Leben zu treffen. Dadurch werden die Beziehung zu Jesus und das Gebet in keiner Weise abgewertet.

Macht- und Autoritätsansprüche

Das Thema Macht wird an verschiedenen Stellen dieser Veröffentlichung erörtert. An dieser Stelle möchte ich die Argumente nennen, die in bestimmten christlichen Gemeinschaften verwendet werden, um Autoritätsansprüche durchzusetzen.

Ken Blue weist auf ein Leitungsverständnis hin, das viele in die Irre führte.[68] Darin wird die Leitungsfunktion nicht als eine Gabe oder Funktion neben anderen gesehen, die mit eingefügt ist in ein geistliches Gefüge des gegenseitigen Gebens und Nehmens, Ermutigens und Korrigierens. Stattdessen wird die Leitungsaufgabe über allen anderen Gaben eingeordnet, im Rahmen einer Hierarchie. Um dieses Denken zu veranschaulichen, führe ich einige der gängigen Argumentationen als Beispiel an:

Der recht einflussreiche chinesische Christ Watchman Nee, an dem sich viele Leiterpersönlichkeiten über Jahre orientierten, erklärte seltsamerweise, eine hierarchische Gemeindeordnung sei insofern gottgewollt, als Christus das Haupt sei und man deshalb nicht umhinkönne anzuerkennen, dass es nicht nur ein Haupt gäbe, sondern auch Menschen, die in der Gemeinde dieses Haupt repräsentierten. Wer sich demzufolge gegen seinen Leiter auflehne, lehne sich gegen Gott selbst auf.[69] Das ist eine mehr als fragwürdige Argumentation, die sich m. E. aus den zugrunde liegenden biblischen Texten (zu Themen des Leibes Jesu) nicht ableiten lässt. Die Folge dieser Interpretation waren die Forderung blinden Gehorsams gegenüber geistlichen Autoritäten sowie das Urteil, man werde sich bei mangelnder Unterordnung wegen Rebellion vor Gott verantworten müssen.[70]

Im Rahmen des sog. *Boston Movements* wurde die Behauptung aufgestellt, von Christen könne erwartet werden, ihrem Lehrer zu folgen, auch wenn sie nicht verstünden, was dieser von ihnen verlange – selbst wenn es dem widerspräche, was sie selbst normalerweise denken oder tun würden.[71]

Und eine weitere Stimme behauptet, dass Jesus Autorität delegiere und dass Gott von Glaubenden erwarte, sich Leitern unterzuordnen, so wie sie sich Gott selbst unterordneten.[72]

Es ist nicht schwer, sich die Gefahr und Engführung solcher Interpretationen vorzustellen, die einer Deutungshoheit entstammen, die völlig unreflektiert religiösem Machtmissbrauch Tor und Tür öffnet.

Ein weiterer Versuch, geistlichen Leitern eine erhabene Position zuzuordnen[73], die sie ihrer Verantwortung vor der Gemeinde entheben, ist die Argumentation rund um die Bezeichnung »Gesalbter des Herrn«, was so viel impliziert wie: »von Gott direkt eingesetzt; muss mit besonderer Ehrerbietung behandelt werden«. Die Argumentation stützt sich auf das damalige israelitische Klassensystem mit einer Hierarchie aus Propheten und Priestern, das jedoch durch das Neue Testament abgeschafft wurde. Die Salbung ist in neutestamentlicher Zeit auf das gesamte Volk Gottes ausgegossen.

> **»Wer einen heutigen christlichen Leiter mit einem alttestamentlichen ›Gesalbten des Herrn‹ vergleicht, schafft eine neue Klassengesellschaft und verleiht diesem Menschen einen Rang, der ihm nicht zusteht.«[74]**

Verbot von Kritik und Problembenennung

Aufgrund des soeben beschriebenen Leitungsverständnisses existiert in manchen christlichen Kontexten ein Verbot, Personen in Leitungspositionen zu kritisieren oder Probleme in den eigenen Reihen zu benennen – entweder in ausgesprochener oder unausgesprochener Form. Kritisches, eigenständiges Denken ist nicht wirklich gefragt. Das Äußern kritischer Gedanken ist, wenn überhaupt, nur auf vertikaler Ebene erlaubt, also von unten nach oben – sprich: nur den Leitern gegenüber. Auf der horizontalen Ebene, also unter den Mitgliedern, ist diese Art der Kommunikation verboten. Das kann sich z. B. so äußern, dass der Austausch über strittige Themen automatisch als negatives Reden und Tratsch bezeichnet wird, dementsprechend zu unterlassen ist und ansonsten schwer geahndet wird.[75]

Es ist ein typisches Merkmal missbräuchlicher Systeme, dass Menschen, die Probleme ansprechen, als Problem behandelt werden.

In Systemen, in denen diese Art missbräuchlicher Dynamik zu Hause ist, müssen Menschen mit Sanktionen rechnen, wenn sie sich trauen oder sich aus Verantwortung vor Gott dazu durchringen, notvolle Punkte anzusprechen. Die Sanktionen können unterschiedlich aussehen:

- Abwertung und Beschämung
- Entzug von Vertrauen und Verantwortung
- Einschüchterung und Demütigung
- Rufmord und Verleumdung
- undifferenzierte, heftige Anklagen: sie werden z. B. als illoyal, ungeistlich, »Verräter«, »Rebellen«, »Isebels« oder »Absaloms« bezeichnet
- eventuell sogar Fluchworte, die über ihnen ausgesprochen werden.

Übergriffiges Verhalten unter dem Deckmantel der Ermahnung

Diese Haltung wird in der Christenheit vielfach nicht als übergriffig und vermessen eingeordnet. Man beruft sich auf Bibelstellen, in denen betont wird, dass wir uns doch gegenseitig zu ermahnen haben. Dazu einige Gedanken:

Die Frage ist, mit welcher Herzenshaltung wir auf andere zugehen. Geschieht der Kontakt auf Augenhöhe? In Respekt vor dem Leben und Entscheiden des anderen? Gibt es gute Argumente, die dem Gegenüber angeboten werden, sein Handeln ggf. zu reflektieren, ohne ihn zu bedrohen und zu beschämen? Gott selbst achtet die Entscheidungsfreiheit eines jeden Menschen. Umso mehr sollte es Leitlinie für jedes menschliche Intervenieren sein, dem anderen Raum und Freiraum zu gewähren, seinen Weg zu finden.

Befremdlich ist zudem, wie selbstverständlich manche Christen ihre Aufgabe darin sehen, andere zurechtzuweisen oder »in ihr Leben hineinzusprechen«. Wenn dies häufig der Fall ist, wäre eine gründliche Reflexion sinnvoll, um zu ergründen, welche eigentliche Motivation dahintersteckt.

Im Übrigen sollten wir immer im Blick haben, wer unser Gegenüber ist und wo genau er oder sie im Leben und Glauben steht. Ist das, was wir zu sagen haben, aktuell wirklich angebracht? Oder überfordert es den anderen möglicherweise?

Wenn es in strittigen Punkten um eine Wertekollision geht, sollte auch diese respektvoll ausgetragen werden. Dazu habe ich mich bereits an anderer Stelle geäußert.

Als Kontrastprogramm: Guter geistlicher Rat in unsicheren Zeiten

Wie kann guter geistlicher Rat aussehen?

Sheila F. Linn erzählt in diesem Zusammenhang eine Begebenheit aus ihrem Leben[76] – mit positivem Ausgang. Sie war in die Mühlen einer missbräuchlichen Gemeinschaft geraten. Doch schließlich konnte sie sich daraus befreien, u. a. weil sie gute geistliche Begleitung fand.

Sie berichtet, dass sie zu der Gruppe von Menschen gehört, die Elternschaft in ihrem eigenen Zuhause nur sehr inadäquat erlebt haben. Daher war sie empfänglich für fast jeden, der ihr Sicherheit,

Zugehörigkeit und das Gefühl, innerlich genährt und auferbaut zu werden, anbieten konnte. Während ihres Studiums schloss sie sich einer Gebetsgruppe an, die zunächst gesund wirkte, die aber mit der Zeit immer größere Bevormundung und Unfreiheit an den Tag legte. Sich von dieser Gemeinschaft zu trennen, fiel ihr unglaublich schwer. Denn sie wollte verzweifelt gerne dazugehören – zu etwas, das jene Gemeinschaft anzubieten schien.

Als sie in der Gruppe immer unglücklicher wurde, beschloss sie, ihre Not ein paar Menschen anzuvertrauen, die sie von früher kannte und die ihres Erachtens nach eine gesunde Spiritualität lebten. Als sie ihnen ihre Geschichte erzählte, boten sie ihr einen Rahmen von Kriterien an, anhand derer sie die Gebetsgruppe für sich bewerten konnte. Hier erlebte sie Schutz und Raum und eine geistliche Begleitung, die sie darin unterstützte, ihren Weg zu finden. Sie spürte, dass die straffen Strukturen ihrer Gruppe auf lange Sicht ein sehr ungesundes, lebensverneinendes Umfeld darstellten und ihr die Chance nahmen, in ihrer Beziehung zu Gott eigenverantwortlich zu wachsen. Für eine gewisse, begrenzte Zeit war ihr diese Struktur vielleicht hilfreich gewesen. Doch inzwischen brauchte sie diese nicht mehr – mehr noch, sie war ihr geradezu ein Hindernis auf ihrem persönlichen Weg des Glaubens geworden.

Übergriffe in Seelsorge, Beratung und geistlicher Begleitung

Auch hier ist das wesentliche Kriterium für die Bewertung einer Situation, inwieweit die Details der Begleitung uneigennützig der Rat Suchenden Person dienen und zugutekommen und inwieweit eine Beratungssituation von Transparenz und Freiheit gekennzeichnet ist. Wird darauf geachtet, dass die Rat Suchende Person in ihrem persönlichen Entwicklungsprozess gefördert wird? Oder werden ihr Dinge übergestülpt? Hat sie die Freiheit, ihren Weg (vor Gott) persönlich herauszufinden?

Missbräuchlich wird es in solchen Kontexten, wenn es nicht um die zu begleitenden Personen geht, sondern um diejenigen, die begleiten.

Beispiele möglicher Gefahrenquellen:

- Schaffen von Abhängigkeiten
- Brechen der Schweigepflicht – ohne zu berücksichtigen, dass die anvertrauten Informationen der Person gehören, die sie erzählt hat
- zu große emotionale und/oder körperliche Nähe (nicht selten aufgrund des eigenen Nähebedürfnisses der beratenden Person) bis hin zu sexuellen Übergriffen, die in christlichen Kontexten in der Regel mit frommer Argumentation eingeleitet und vertuscht werden
- Missachtung der spirituellen Autonomie des Einzelnen – z. B. durch direktives Vorgehen.

Missbrauch der Bibel

Der Missbrauch der Bibel und die Verdrehung der ursprünglichen Bedeutung des Textes ist im Rahmen christlicher Kreise die wichtigste Grundlage religiösen Missbrauchs. »Im Namen der Bibel und im Namen Gottes« bekommt missbräuchliches Handeln eine geistliche Fassade, hinter der sich die enorme Zerstörung ungehindert ausbreiten kann. Durch diese Verdrehung werden biblische Aussagen zu einer »Sprache der Versklavung«[77].

Die Verdrehung geschieht entweder durch die Umdeutung biblischer Begriffe, oder indem Textaussagen aus dem Zusammenhang gerissen und daher falsch interpretiert und angewandt werden.

1. Umdeutung biblischer Begriffe

Im Bereich des Missbrauchs erhalten biblische Begriffe subtil und fast unmerklich neue Bedeutungen. Aus »Unterordnung« wird inhaltlich »Unterwürfigkeit« oder »blinder Gehorsam« gegenüber allem, was (vermeintlich) geistlichere Menschen sagen. Entsprechende Aufforderungen in der Bibel (z. B. Hebräer 13,17) werden dann demgemäß verstanden.

Weitere Beispiele für Begriffe, die häufig neue Bedeutungen bekommen, finden sich in Kapitel 6 unter »Aufgeladene Sprache«.

Das Schwierige an dieser aufgeladenen oder manipulierten Sprache ist, dass die Veränderung der Bedeutung der Begriffe langsam und schleichend erfolgt. So fällt nicht auf, dass Worte im Laufe der Zeit neue Inhalte bekommen, die im Gegensatz zur sonstigen Bevölkerung oder Christenheit anders verstanden werden.

2. Fragwürdige Interpretation und Anwendung biblischer Aussagen

Um die Forderung eines frommen Systems zu verfestigen, werden Bibelstellen oft aus dem Zusammenhang gerissen. Anstatt das Wort Gottes mitten in den Prozessen des Lebens als Orientierungshilfe einzusetzen, wird es von vielen geistlichen Führern als »Stock« gebraucht, um andere aus einer Vielzahl von Gründen voranzutreiben und ihrem Willen gegenüber gefügig zu machen:

- um andere davon abzuhalten, sie selbst zur Rechenschaft zu ziehen

- um ihr eigenes Image aufrechtzuerhalten
- um eine Lehre zu belegen, auf die sie ihre Arbeit gegründet haben
- um die Spenden im Fluss zu halten
- um ihre Arbeit voranzutreiben, damit sie mit ihren Erfolgen prahlen können[78]
- um sie an ihre Arbeit/Gemeinde zu binden
- um sie zu bewegen, ein großes Maß an Zeit und Energie in ihre Arbeit zu investieren
- um allgemein unangemessene Forderungen durchzudrücken
- um ihre Machtposition zu stärken
- u. v. m.

Beispiel 1: »Tastet den Gesalbten Gottes nicht an!«

Diese Formulierung wird in Anlehnung an 1. Samuel 24,7 gerne zitiert – ungeachtet des Textzusammenhangs in der Bibel – als Warnung vor kritischem Denken geistlichen Leitern gegenüber. Die Warnung verfehlt gewöhnlich ihre Wirkung nicht, denn Christen wollen in der Regel Gott gegenüber gehorsam sein und nichts tun, was ihm missfällt. Deswegen halten sie geschockt die Luft an, und viele beschließen, jeden kritischen Gedanken – wie berechtigt er auch sein mag – in die Verbannung zu schicken.

Die wenigsten jedoch überprüfen den biblischen Kontext dieser Formulierung und fragen nicht, was genau damit gemeint ist: Hintergrund des genannten Zitats ist die Geschichte von David, der vor König Saul auf der Flucht war.

Saul war der von Gott eingesetzte, gesalbte König Israels, der sich zu jenem Zeitpunkt aber bereits mehrfach gegen die Anweisungen Gottes gestellt hatte. In einer Zeit, in der es Saul schlecht gegangen war, hatte David ihm in Selbstlosigkeit vielfach Gutes getan. Doch Saul erlebte David auch als jemanden, der beim Volk beliebter war als er selbst und dem vieles gelang. Das rief Sauls wütende Eifersucht hervor, und so trachtete er David nach dem Leben. David musste fliehen. Doch eines Tages ergab sich eine Gelegenheit, Saul töten zu können. Davids Gefolgsleuten versuchten, ihn dazu zu drängen. David hingegen wehrte ab und »sagte zu seinen Männern: ›Der HERR bewahre mich davor, dass ich dem Gesalbten des Herrn etwas antue. Denn er ist ja der Gesalbte des HERRN.‹«

Hier wird klar, dass das Antasten des Gesalbten für David bedeutet hätte, seinen Widersacher und König umzubringen. Es ging hier nicht um kritische Gedanken Saul gegenüber. Wer die Geschichte zu Ende liest, findet heraus, dass David Saul kurz darauf beweist, dass er ihn hätte umbringen können, es aber nicht getan hat. In diesem Kontext kritisiert David Saul aber sehr wohl und konfrontiert ihn mit seinem Fehlverhalten. Mit anderen Worten:

Die biblische Geschichte zur Aussage »Tastet den Gesalbten des Herrn nicht an!« ist entgegen der missbräuchlichen Interpretation des Textes sogar ein Paradebeispiel für Konfrontation von Menschen in Leitungsverantwortung, die sich falsch verhalten haben.

Beispiel 2: »Gott trennt die Spreu vom Weizen«

In Matthäus 3,12 ist die Rede davon, dass Jesus die Spreu vom Weizen trennen wird. Dieser Vers wird (auch in Kombination mit Matthäus 13,49-50) oft zitiert, wenn Menschen ein System verlassen wollen – aufgrund von zunehmendem Druck, von Unrecht und Manipulation. In den meisten Fällen sind die Aussteiger solche, die sich zuvor stark engagiert und eingebracht, Lasten mitgetragen und häufig versucht haben, die Manipulation und anderes Unrecht anzusprechen – allerdings ohne Wirkung. Wer sich dann schließlich entscheidet, ein solches System zu verlassen – sei es aus Gewissensgründen oder weil der Druck unerträglich ist –, steht in der Gefahr, verleumdet zu werden. Häufig werden dann die größten Unwahrheiten verbreitet, und nicht selten heißt es: »Ja, der Herr reinigt die Gemeinde. Er ist gerade dabei, die Spreu vom Weizen zu trennen.« Den zurückbleibenden Mitgliedern wird eine solche Bewertung dann als Erklärung der Turbulenzen verkauft – eine Erklärung, die meistens geschluckt wird.

Missbrauch von Prophetie oder anderen Geistesgaben

Die übernatürlichen Gaben des Geistes können leider auch missbraucht werden. Entweder versuchen Menschen, ihre eigenen Ansichten als Prophetie zu verpacken und durchzudrücken, oder sie empfangen tatsächlich etwas von Gott, wenden es aber völlig unangemessen an. Das Gefährliche an dieser Art des Missbrauchs ist, dass er schwer durchschaubar ist, weil er von geistlich Verantwortlichen ausgeübt wird und weil sie ja scheinbar die »Unterstützung Gottes« haben. Dadurch bekommt alles grenzverletzende Reden und Handeln eine »geistliche Fassade und Legitimation«. Die Manipulation wird deshalb selten erkannt.

Dort, wo die Gaben des Geistes für manipulative Zwecke missbraucht werden, geschieht das mit zweierlei Zielrichtung:

- Entweder werden sie eingesetzt, um die Zuhörer zu einem bestimmten Handeln zu bewegen
- oder um sie von der »Geistlichkeit« der Person, die sich in jener Gabe bewegt, zu überzeugen. Diese Person hat

scheinbar einen besonderen Draht zu Gott, was ihre Macht stärkt.

Es versteht sich von selbst, wie wichtig es ist, über den Umgang mit Geistesgaben zu informieren: Niemand muss einen (angeblich) prophetischen Impuls ungeprüft annehmen, sondern jeder Mensch hat die Freiheit, ihn auch abzuweisen, wenn er sich nicht angesprochen fühlt oder die Glaubwürdigkeit anzweifelt.

Konkrete Beispiele für diese Art des Missbrauchs

Eine von missbräuchlichen Leitern und Leiterinnen angewandte Masche besteht darin, dass sie so tun, als hätten sie besondere Offenbarungen von Gott für die Situation der Gemeinde oder für Einzelne bekommen, obgleich die Informationsquellen natürlicher Art sind. Nicht selten wird in derartigen Systemen innerhalb der Seelsorge keine Schweigepflicht eingehalten, was dazu führt, dass es für solche Verantwortlichen leicht ist, persönliche Informationen über einzelne Gemeindeglieder zu bekommen. Diese wissen in der Regel nicht, dass ihre Informationen nach oben weitergereicht werden. Wenn dann »ein Wort der Erkenntnis« gegeben wird, hört es sich für die Mitglieder nach tatsächlichem Reden Gottes an.

»Wort der Erkenntnis« oder »Gabe besonderer Erkenntnis« bezeichnet eine Gabe des Heiligen Geistes, die Paulus in 1. Korinther 12,8 erwähnt. Gemeint ist, dass einer Person, die sich in der Gabe bewegt, von Gottes Geist eine Information über eine Situation aus der Vergangenheit oder der Gegenwart offenbart wird, die sie natürlicherweise nicht wissen kann.

Eine weitere Möglichkeit des Missbrauchs von Geistesgaben kann sich darin äußern, dass Verantwortungsträger Informationen als übernatürliche Offenbarung weitergeben, die sich in Wirklichkeit sehr einfach aus der Atmosphäre oder der Beziehungsdynamik einer Gruppierung logisch ableiten lassen. Hier ein Beispiel:

Eine Gemeinde hatte wie viele mit guten Absichten begonnen. Im Laufe der Zeit hatten sich jedoch manipulative Machenschaften eingestellt. Es gab Druck, Leistungsdenken. Viele Mitglieder der Gemeinde waren müde, brauchten Stärkung und Zuspruch, was sie lange nicht erfahren hatten. So stand schließlich eine große Konferenz ins Haus. Es waren verschiedene, zum Teil namhafte Gastredner dazu eingeladen. Hintergrund war zum einen der Wunsch nach einem Gelingen dieses Events und zum anderen die Hoffnung einer gewissen Legitimation nach außen für diese Gemeinde, die wegen manch unguter Entwicklungen bereits im Visier verschiedener Kritiker stand.

Die Veranstaltung begann, und die Verkündigung ließ einen frischen Wind wehen, der guttat und durch den viele berührt und gestärkt wurden. Menschen konnten aufatmen, weil ihnen die Liebe Gottes in erstaunlicher Weise nahegebracht wurde. Und die Mitglieder der Gemeinde waren dankbar. Überaus dankbar. Hinterher äußerten sie sich positiv über jene Tage und dachten, dass sich auch ihre Leiter über diese dankbare Rückmeldung freuen würden. Denn diese waren es ja schließlich gewesen, die die Verkündiger von außerhalb eingeladen hatten. Doch dem war nicht so …

Die positive Rückmeldung rief etwas in den Hauptleitern der Gemeinde wach. Was immer es war, es führte jedenfalls dazu, dass im ersten Gottesdienst nach diesem besonderen Event eine »Prophetie« weitergegeben wurde, die besagte, dass die Gemeindeglieder sich nicht auf andere Menschen oder Leiter konzentrieren dürften. Denn sie würden alle geistliche Versorgung allein von den

Leitern dieser Gemeinde bekommen. Diese Botschaft wurde mit Vehemenz und Theatralik von vorne verkündigt, unterstützt von einem weiteren Leiter Y, der die Wahrheit und Wichtigkeit dieses »Wortes von Gott« bestätigte. Danach wurde das gesamte Leitungsteam der Gemeinde aufgefordert, für alle Anwesenden zu beten (ganz gleich, ob diese es wünschten oder nicht). Die Leiter sollten durch alle Reihen gehen, bis alle Anwesenden aufgrund dieses Wortes Gebet empfangen hatten.

So heftig war der öffentliche Druck noch nie gewesen. Auch einige der Mitglieder des Leitungsteams hatten mit dieser Vorgehensweise Probleme. Aber der Druck war inzwischen so immens, dass die Anwesenden einen »Super-GAU« befürchteten, wenn sie sich in dieser Situation kritisch äußern würden. Bei den Mitgliedern des Leitungsteams herrschte eine große Furcht vor der Anklage, gegen die Hauptleiter zu rebellieren, wenn sie mit diesen Praktiken nicht übereinstimmten. So beteten sie für die anwesenden Gottesdienstbesucher, einige von ihnen jedoch nicht im Sinne der »Prophetie«, sondern einfach schlichte Gebete des Segens – ein zaghafter Versuch, sich diesem Druck nicht zu beugen.

Es gab jede Menge Leute, bei denen die Prophetie einschließlich des danach aufgezwungenen Gebets – zu Recht – Sorge und Empörung auslöste. Doch es herrschte auch eine gewisse Ratlosigkeit, wie es weitergehen sollte. Der folgende Gottesdienst kam. Eine dichte Atmosphäre war spürbar. Menschen hatten sich mit den Vorkommnissen auseinandergesetzt.

Und da kam es: das nächste »Wort der Erkenntnis« von Leiter Y. Diesmal hieß es, Gott habe der Leitung gezeigt, dass sich viele Menschen in der vergangenen Woche kritische Gedanken über die Leiter jener Gemeinde gemacht hätten. Es sei gegen die Leiterschaft geredet worden, und die betreffenden Personen hätten sich damit schuldig gemacht. Den Gemeindemitgliedern waren bis dato viele unausgewogene Auslegungen zum Thema Rebellion und Unterordnung gepredigt worden, die sie so sehr verinnerlicht hatten, dass die Indoktrination sofort wieder griff. Niemand wollte Gott gegenüber rebellisch sein. Und schließlich ging es ja darum, einander sofort zu vergeben, wenn jemand etwas gegen den anderen hatte. In diesem Stil wurde auch diesmal von vorne gepredigt. Und als der Aufruf zur Buße für Rebellion gegen Leiterschaft erging, folgte mehr als die Hälfte der Gemeinde diesem Aufruf.

Der Griff der Kontrolle war wieder einmal gelungen, denn wenn Gott den Leitern etwas von der »Rebellion im Lager« gesagt hatte, musste diese Bewertung ja stimmen. Schließlich war ja wirklich gegen die Leiter geredet worden. Nur wenige durchschauten, dass der Inhalt des angeblichen »Wortes der Erkenntnis« keine besondere Offenbarung war, sondern eine logische Konsequenz aus dem kurz zuvor erlebten Verhalten der Leiter, das jeder klar denkende Mensch kritisch sehen musste.

Missbrauch durch problematische Theologie

An dieser Stelle möchte ich Theologien reflektieren, die m. E. den Kern des Evangeliums vernachlässigen, und möchte zu einer Auseinandersetzung damit anregen.

Auch wenn Glaubenslehren durch unterschiedliche Interpretationen geprägt sein können, ist es eine ernst zu nehmende Frage, ob die Verkündigung im Wesentlichen den Kern der christlichen Botschaft widerspiegelt. Wird Gott selbst darin ausgeschlossen? Oder wird er in allen Bemühungen um eine passende Auslegung und um gelingendes Leben ernst genommen (bei aller menschlichen Fehlerhaftigkeit, die dabei vorkommen kann)? Hier geht es m. E. um eine Herzenshaltung.

Mich bewegt diese Frage aufgrund der sehr vehementen Aussage des Apostels Paulus in seinem Brief an die Gemeinden in Galatien, in der er die Wichtigkeit betont, dass die ursprüngliche Botschaft nicht verfälscht wird (vgl. Galater 1,6-10). Ihm war das Evangelium so wertvoll, dass er es mit sehr steilen Worten verteidigte.

Ich werde im Folgenden zwei Versionen vorstellen, die Menschen heute in die Irre führen und ihnen Schaden zufügen können.

Das Wohlstandsevangelium

Es ist eine Botschaft, die Gesundheit, Reichtum und Glück verspricht und priorisiert, während Opfer, Leid und Mühsal des Lebens verachtet werden. Der Segen Gottes und die Vermehrung persönlicher Ressourcen sind durchaus Teil des biblischen Befundes, sie sind jedoch nicht die zentrale Botschaft der Bibel. Und wie Segen sich im Leben eines Menschen zeigt, kann sehr unterschiedlich aussehen. Im christlichen Glauben geht es nicht darum, in erster Linie eigene Träume umzusetzen und finanzielle Segnungen auf uns herabregnen zu lassen. Auch geht es nicht um eine leidfreie Zone und menschliche Erfolge, die durch den Einsatz von Glauben erreicht werden könnten. Der Kern des Evangeliums liegt vielmehr darin, Menschen den Weg zu Gott zu zeigen, damit sie Heil erfahren für Zeit und Ewigkeit. Dabei geht es aber um die Beziehung zu Gott, nicht um ein möglichst sorgenfreies Leben.

Das Wohlstandsevangelium jedoch negiert die herausfordernden und leidvollen Seiten des Lebens. Es vermittelt Menschen den Eindruck, dass mit ihnen und ihrem Glauben irgendetwas nicht stimmt, wenn sie mit den Schattenseiten des Lebens konfrontiert werden, obgleich diese zum Gesamtspektrum des Lebens dazugehören.

Das Evangelium der Werke

Dieses »Evangelium« ist vermutlich das am meisten gelebte in Zusammenhang mit Missbrauch im frommen Gewand. Im Evangelium der Werke gibt es eine ständige Angst, persönliches Heil und Gottes Gunst zu verlieren. Letztlich ist ein leistungsorientiertes Evangelium ein Ausdruck der Überzeugung, Heil selbst erschaffen und erhalten zu können. Es ist letztlich eine Überschätzung der menschlichen Fähigkeiten, die – wenn wir die biblischen Beschreibungen ernst nehmen – für Gott vermutlich sehr befremdlich ist.

In einem Evangelium der Werke ist das richtige Verhalten wichtiger als ein achtsamer Umgang mit Menschen, die vielleicht gerade dabei sind, ihren Weg zu finden. Anstatt ihnen Raum zur Entwicklung zu geben, werden einfach Maßstäbe an sie angelegt, denen sie ggf. noch gar nicht entsprechen können. Ein solch extrinsisch motiviertes Glaubenskonzept gefährdet Menschen, denn es kann leicht zu einer völligen Ablehnung des Glaubens führen oder aber zu großer innerer Unfreiheit.

In Galater 3,1-14 prangert Paulus die gesetzliche Haltung der christlichen Gemeinden in Galatien an, die zu dem »Evangelium der Gnade« noch andere Forderungen hinzufügen, die erfüllt werden müssen, um vor Gott okay zu sein.

Ken Blue schreibt dazu sehr unverblümt:

> *(Gemeinden) unserer Tage, die meinen, sie müssten der Errettung noch irgendetwas an Vorschriften hinzufügen, sind nicht besser als die damaligen Gegner des Paulus in Galatien. Immer wieder tappen wir in dieselbe Falle: Wir meinen, wir müssten uns kräftig anstrengen, müssten reifer und heiliger werden und hätten dann*

nach erfolgter Leistungskontrolle den Segen Gottes verdient. Doch diese Lehre ist eine Lüge![79]

Derartige Bestrebungen in Eigenleistung sind kein Ausdruck guter Absicht, da sie Glauben zerstören.[80]

Und die Autoren Johnson und VanVonderen schreiben:

Gott hat uns das Gesetz nicht gegeben, damit die Leute aufgrund ihres rechtschaffenen Verhaltens mit ihm ins Reine kommen. Auch ist das Einhalten des Gesetzes nicht der Weg, in der richtigen Beziehung zu Gott zu bleiben. Eine richtige Beziehung zu Gott ist ein Geschenk auf der Basis dessen, was Gott durch Christus getan hat. Man kann sich das nicht verdienen. Man kann es nur als Geschenk annehmen.[81]

Dort, wo die Bibel dazu auffordert, sich Veränderungsprozessen zu stellen, lässt sich aus dem neutestamentlichen Gesamtkontext schließen, dass es hier nicht um ein Sichmühen in Eigenleistung geht, sondern um die Bereitschaft, sich im Unterwegssein mit Gott – im Leben der Beziehung zu ihm – zu entwickeln.

Menschen, die Christus in ihrem Leben erfahren haben, entwickeln einen intrinsischen, persönlichen Glauben, den sie aus Überzeugung leben. Sie nehmen darin Gott als Gegenüber ernst: als Schöpfer des Universums, als erlösende und leitende Instanz, die Lebensweisheit zu vermitteln hat. Aus dieser Verbundenheit heraus sind sie Lernende, sich Entwickelnde, die sich von ihm prägen lassen wollen, damit ihr Leben gelingt und das in ihnen Angelegte zum Aufblühen kommt. Sie wissen: Gott hat den Überblick. Und sie verstehen, dass sie sich überfordern und selbst überschätzen, wenn sie versuchen, ohne diese Lebensweisheit und verändernde Kraft auszukommen. Im Kontrast zu extrinsisch motivierter Gesetzlichkeit haben sie begriffen, dass es um einen Prozess des Wachsens und Reifens in seiner Gegenwart geht.

Ist der christliche Glaube an sich missbräuchlich?

Im Laufe der vergangenen Jahre wurde ich aufgrund meiner Veröffentlichungen und Vorträge von vielen Menschen kontaktiert. Und hin und wieder wurde mir genau diese Frage gestellt: Ist der christliche Glaube nicht an sich missbräuchlich? Denn manche Menschen empfinden ein Glaubensangebot als Zumutung, das vermittelt, dass der Mensch Erlösung und Amnestie braucht, um für Zeit und Ewigkeit sicher und im Leben und Sterben geborgen zu sein.

Manche waren auch verstimmt über die Tatsache, dass ich religiösen Missbrauch in einem Vortrag als Konsequenz einer falsch verstandenen biblischen Botschaft darstellte. Nach dem Motto: »Mal wieder sind die Menschen, die Missbrauch erlebt haben, die Dummen. Sie haben einfach nur etwas falsch verstanden.« Obwohl ich in dem Vortrag sicher nicht den Betroffenen die Schuld gab, sondern denen, die verdrehte Gottesbilder vermitteln. Sie stellten die nachvollziehbare Frage, was mit den Menschen sei, die nach so viel Missbrauch und jahrelanger traumatisierender Angst nicht mehr glauben wollen? Sei dann eine ewige Hölle eine »gerechte Strafe« für diese freie Entscheidung?

Wie gehen wir mit solchen nachvollziehbaren Fragen um? Erahnen wir die Not, die hinter einer solchen Argumentation steckt? Haben wir eine Ahnung, wie der Gott, den Jesus uns nahebringt, darauf antworten würde?

An dieser Stelle möchte ich gern mein inneres Resultat des Nachdenkens darüber einbringen: als meine Meinung, die vielleicht noch im Prozess ist; als ein Statement, über das ich gern auch mit anderen nachdenke; als Versuch, das zum Ausdruck gebrachte Leid zu würdigen, das Menschen – oft in krassester Weise – in frommen Kontexten erfahren haben.

In meiner Antwort möchte ich dazu gern zwei Ebenen in den Blick nehmen:

1. die Ebene einer allgemeinen Auseinandersetzung mit dem Thema »Notwendigkeit von Erlösung«,
2. die Ebene der zum Ausdruck gebrachten persönlichen Not Betroffener mit diesem Konzept christlichen Glaubens.

Zu 1)
Der Frage der Notwendigkeit von Erlösung haben in der Vergangenheit schon viele Menschen nachgespürt: Menschen, die das Leben und seinen Sinn verstehen wollten; die selbst an ihre Grenzen kamen und sich fragten, ob es darüber hinaus mehr gibt und was die christliche Botschaft dazu sagt; Menschen, deren innere Suche andere inspiriert hat. Ich denke, eine solche innere Bewegung könnte für jede Person wertvoll sein, um folgenden Fragen nachzugehen: Was ist wahr? Gehört Erlösung zu den Grundwahrheiten des Lebens? Oder ist sie eine private Meinung von Jesus Christus, der nicht wirklich ernst zu nehmen ist? Vielleicht gibt es keinerlei Grund dafür, dass Jesus sich selbst als Weg zu Gott bezeichnet hat, und dann wäre das Christentum in der Tat eine Farce. Oder stimmt, was Jesus von sich sagt? Dann wäre es wichtig, sich damit auseinanderzusetzen: durch ehrliche Recherchen als Informationszuwachs und auf der Beziehungsebene – mit der Bitte an Jesus selbst, ihn finden und kennenlernen zu dürfen, wenn er wirklich lebt.

Wenn stimmt, was Jesus sagt – dass der Mensch Vergebung und Erlösung braucht, um mit Gott ins Reine zu kommen, und dass jeder Mensch durch Jesus Erlösung angeboten bekommt und diese freiwillig annehmen kann –, ist das ja eigentlich mehr als ein Lottogewinn. Es ist nichts Missbräuchliches, sondern etwas ganz Erstaunliches. Vielleicht vergleichbar mit folgendem Szenario: Jemand verirrt sich bei schlechtem Wetter ohne Rückzugsmöglichkeit in den Bergen und wird von einem entgegenkommenden Wanderer auf eine sichere Route hingewiesen, die unterwegs Schutzhütten bietet, ja wird sogar von ihm sicher zu seinem Ziel gebracht. Niemand würde eine solche Aktion negativ bewerten.

Was, wenn das Angebot der Erlösung durch Jesus in Ansätzen damit vergleichbar wäre? Würde es sich nicht lohnen, sich damit auseinanderzusetzen? Und dazu durchaus die Hilfe des Himmels zu erbitten, nach dem Motto: »Gott, wenn es dich gibt und wenn Jesus in der Tat dieser Lottogewinn ist, würdest du mir helfen, ihn zu entdecken?«

Nach Jahren der Vermittlung übelster Glaubenslehren grenzt es vermutlich bei manchen Betroffenen an ein Wunder, wenn sie es schaffen, Neues zu denken und wahrzunehmen, einst tyrannisierende Gottesbilder loszulassen und einen Zugang zu einem Glauben zu suchen und zuzulassen, der anders ist. Aber Wunder können auch heute noch geschehen.

Zu 2)

Es ist absolut nachvollziehbar, dass Menschen, die in bestimmten Kontexten mit frommen Lehren gepeinigt und durch entsprechendes Personal geradezu drangsaliert wurden, maximalen Abstand von solchen Umfeldern brauchen.

Jeder einigermaßen gesund empfindende Mensch würde von Opfern sexueller Gewalt sicher nicht erwarten, dass sie sich nach dem Trauma zügig wieder an Orte oder in Kontexte begeben, die sie intensiv an den Übergriff erinnern. Körperliche und emotionale

Sicherheit haben hier oberste Priorität. Mit Menschen, die Opfer spiritueller Gewalt geworden sind, verhält es sich nicht anders. Von ihnen zu erwarten, dass sie sich in Situationen begeben und sich mit Themen beschäftigen, durch die sie vielen Triggern ausgesetzt sind, wäre grausam. Es sollte ihnen überlassen bleiben, ob und wann sie das irgendwann wieder wollen und können.

Es kann sein, dass im Laufe der Zeit, vielleicht von Jahren, solche Trigger ganz nachlassen – besonders wenn sie bearbeitet werden – und es den Betroffenen möglich wird, etwas, das früher noch undenkbar war, zu wagen: vielleicht eine Auseinandersetzung mit dem Geschehenen, vielleicht sogar neue Wege des Glaubens, auf denen sie ihr quälendes Gottesbild hinter sich lassen und Gott neu oder erstmals entdecken können.

Ebenfalls verständlich ist aber auch, dass manche Missbrauch-Überlebende ihren Glauben gänzlich dekonstruieren und es nach all der Qual vorziehen, einen anderen Weg zu gehen. Das spirituelle Selbstbestimmungsrecht eines Menschen an dieser Stelle zu achten und jedem seinen gewählten Weg zuzugestehen, hat Priorität. Und ich ahne und glaube, dass Gott, der es gut mit Menschen meint, diesen Weg versteht.

Das Erkennen religiöser Missbrauchssysteme

Menschen, die nie eine Insidererfahrung mit missbräuchlichen religiösen Systemen gemacht haben, fragen sich oft, warum die entsprechenden Systeme von den Betroffenen nicht gleich als missbräuchlich eingestuft werden. Ein Grund könnte sein, dass die zerstörerischen Grenzüberschreitungen häufig dort stattfinden, wo parallel auch manches an Gutem geschieht. Dieses Gute animiert die meisten Christen dazu, den Missbrauch zu entschuldigen, zu ignorieren oder zu bagatellisieren. Daraus schlussfolgere ich: Das Gute ist nach allem, was ich an Leid in diesem Kontext gesehen und begleitet habe, in solchen Zusammenhängen das Gegenteil von gut –, weil es die Wahrheit verschleiert, Menschen verwirrt und sie dazu bringt, den Missbrauch weiter zu dulden, ob als Betroffene oder als Zuschauer.

Was es ebenfalls erschwert, Missbrauch zu durchschauen, ist die unterschiedliche Intensität. Menschen, die vielleicht nur hier und da zu Besuch kommen, erfahren die Dynamik vielleicht gar nicht oder sehr viel weniger intensiv als diejenigen, die als Insider mitarbeiten. Durch den Einfluss des Systems können Insider jedoch in der Regel die Dynamik über lange Zeit nicht als Missbrauch einordnen.

Sehr viele fromme »High-Demand-Systems« lassen sich nicht anhand irgendwelcher eindeutigen Irrlehren erkennen (obgleich es diese durchaus auch gibt), sondern an den manipulativen Dynamiken, die fromm untermauert sind und oft sehr subtil oder hinter den Kulissen stattfinden.

Das folgende Schaubild[82] zeigt zwei Eisberge, deren Spitzen unterschiedliche Erscheinungsbilder haben. Bei dem einen erkennen wir biblische Lehre, zumindest dort, wo der Berg aus dem Wasser ragt – also in dem, was vordergründig, spontan zu sehen ist. Bei dem anderen ist die Irrlehre im Vergleich zur biblischen Botschaft sehr offensichtlich erkennbar. Das, was jedoch unter der Wasseroberfläche existiert, ist letztlich gleich: Unter den Spitzen der Eisberge verbirgt sich die wahre Natur des jeweiligen Systems: die gleichen Dynamiken, die Menschen in derselben Weise verwunden und zerstören, unabhängig davon, ob sie sich in einer klassischen Sekte oder in einer missbräuchlichen Gemeinde befinden, die eine christliche Fassade wahrt.

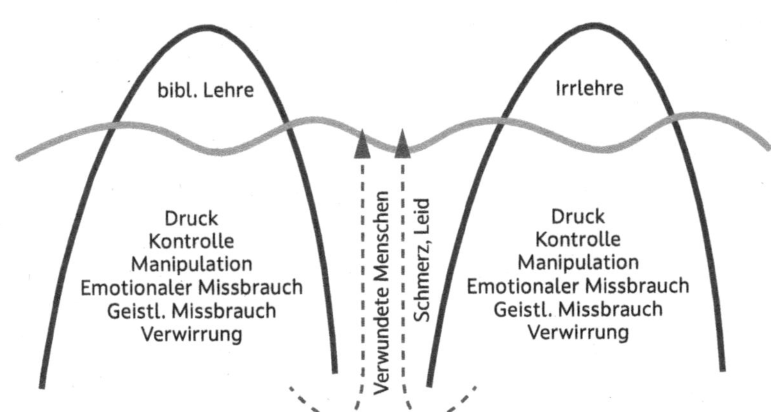
bibl. Lehre
Irrlehre
Druck
Kontrolle
Manipulation
Emotionaler Missbrauch
Geistl. Missbrauch
Verwirrung
Verwundete Menschen
Schmerz, Leid
Druck
Kontrolle
Manipulation
Emotionaler Missbrauch
Geistl. Missbrauch
Verwirrung

Kapitel 4

Ein verantwortlicher Umgang mit religiösem Missbrauch

Als Einstieg in die erneute Auseinandersetzung mit dem Themenbereich des religiösen Missbrauchs habe ich in den vorherigen Kapiteln Definitionsversuche der Fachwelt vorgestellt und viele seiner Erscheinungsformen beschrieben – theoretisch und durch praktische Beispiele. Die Zusammenstellung dieser Informationen war mir aus verschiedenen Gründen wichtig:

- Wir als Christen sollten uns der missbräuchlichen Dinge bewusst sein, die mitten unter uns geschehen.
- Diese Fakten gilt es beim Namen zu nennen, um das Leid Betroffener zu würdigen.
- Sie müssen benannt werden, um die Sprachfähigkeit zu diesem Thema zu fördern.
- Nur wenn das Übel benannt wird, kann es verarbeitet und in Zukunft vermieden werden.
- Nur wenn die Fakten bekannt sind, kann Verantwortung übernommen werden.
- Nur wenn Verantwortung übernommen wird, können als Opfer Betroffene fair behandelt werden.

- Verantwortung ist die Grundlage dafür, dass die längst verloren gegangene Glaubwürdigkeit der christlichen Szene wiedererlangt werden kann.

Nach den vielen Jahren des Schweigens, gibt es nach wie vor eine spürbare Ambivalenz dem Thema gegenüber. Eigentlich ist es kaum nachvollziehbar, dass eine Gesellschaft, die sich zu allen möglichen Themen der Ungerechtigkeit äußert, sich hier so schwertut. Immer noch bestehen Verunsicherungen, wie man sich positionieren sollte. Dies gilt sowohl für die theologische und die therapeutische Fachwelt als auch für die Gesellschaft allgemein.

Bevor wir uns mit weiteren Gründen *für* ein Engagement gegen Missbrauch beschäftigen, soll unser Augenmerk zunächst den Hindernissen gelten – Hindernisse, die ich um der Übersichtlichkeit willen zum Teil nur kurz streifen kann.

Hindernisse für Aufklärung und Übernahme von Verantwortung

1. Das Deutungsparadigma »Täter-Opfer« wird hinterfragt

Es wird hierzulande immer wieder infrage gestellt, ob im Kontext religiösen Missbrauchs von Tätern und Opfern gesprochen werden dürfe, wenn es sich um volljährige Menschen handelt, die sich bestimmten Glaubensgemeinschaften anschließen. Es wird argumentiert, dass es doch sicher eine Passung gäbe zwischen dem »Angebotsprofil« einer Gemeinschaft – oder eines anderen christlichen Settings – und den dominierenden Lebensthemen der Einzelnen.[83] Zum einen wird dabei die persönliche, freie Entscheidung

Betroffener betont, sich bestimmten Systemen anzuschließen, zum anderen werden die Chancen der Lebensbewältigung herausgestellt, die sie in diesen Settings erfahren können.

Diese Argumentation wurde nicht unerheblich durch die Enquete-Studie über »Sogenannte Sekten- und Psychogruppen« beeinflusst, die vom 13. Deutschen Bundestag in Auftrag gegeben wurde. Hier wurde die Frage untersucht, ob neue religiöse und weltanschauliche Gemeinschaften und Psychogruppen eine Gefahr für Staat und Gesellschaft oder für gesellschaftlich relevante Bereiche darstellen. Darin enthalten war auch das Teilprojekt »Attraktivität radikaler christlicher Gruppen der ersten Generation«, das federführend von dem Theologen Wilfried Veeser verantwortet wurde.

Im Endbericht dieser Enquete-Studie (1998) wird das Argument der Passung dazu verwendet, im Blick auf die untersuchte Frage Entwarnung zu geben: Es hieß, dass »gesamtgesellschaftlich gesehen, die neuen religiösen und weltanschaulichen Gemeinschaften und Psychogruppen ›keine Gefahr für Staat und Gesellschaft oder für gesellschaftlich relevante Bereiche‹ darstellen.«[84] Anders als in anderen Ländern der Welt – wie z. B. in den USA, wo Experten das Kultphänomen als für die gesunde Entwicklung eines Menschen durchaus problematisch einordnen – »hat sich [hierzulande] das Erklärungsmodell der sog. Kultbedürfnis-Passung durchgesetzt«[85], das diese Gruppierungen für Menschen eher als Ressource und Lebensbewältigungshilfe einordnet, nicht aber für gefährlich hält. Hier unterscheidet sich unser Land von anderen Nationen, die im Kontext weltanschaulicher Fragestellungen manipulative Dynamiken in den Blick nehmen und hinterfragen, aufgrund derer Menschen Entscheidungen treffen, die sie nicht getroffen hätten, wäre ihnen dieser Einfluss bewusst gewesen.[86]

In dieser Argumentation bleibt m. E. folgende wichtige Frage unberücksichtigt:

Können Menschen in ihren Entscheidungen erfassen, worauf sie sich einlassen, wenn sie bestimmte Angebote nutzen, solange ihnen verdeckte Agenden nicht deutlich sind?

Zudem scheint dieser Ansatz zu negieren, dass durchaus von Missbrauch gesprochen werden kann, wenn sich bestimmte Systeme oder Personen persönliche Vulnerabilität und bestimmte Passungen von Menschen unterschiedlichen Alters zunutze machen, ohne dass den Betroffenen bewusst ist, was geschieht.

2. Verdeckte Einflüsse werden infrage gestellt

Während international derartige Einflüsse in der Bewertung von Systemen mit missbräuchlichen Tendenzen von der Fachwelt ernst genommen werden (verdeckter Einfluss = Manipulation), ist die Bereitschaft hierzulande leider oft gering, ihnen die nötige Aufmerksamkeit zu schenken.

Ein Grund dafür, warum bestimmte Fachkreise die Tatsache von Manipulation in Sekten und religiös-missbräuchlichen Organisationen negieren, scheint darin zu liegen, dass es in der Auseinandersetzung mit dem Thema Manipulation in der Vergangenheit bestimmte Tendenzen gegeben hat, die die Eigenverantwortlichkeit von Menschen, die sektiererischen und religiös-missbräuchlichen Systemen auf den Leim gehen, völlig abgestritten haben[87]. Ein grundsätzliches Negieren aller Eigenverantwortung wäre natürlich fatal: Es würde Fakten verzerren und Entwicklung behindern. Dennoch müssen auch die Einflüsse in den Blick genommen werden, die wirksam sind, ohne dass Menschen sie wahrnehmen. Hier geht es m. E. um ein genaues Betrachten dessen, was in den genannten Systemen geschieht, und damit um Verhältnismäßigkeit in der Zuordnung von Verantwortung.

Diesen Punkt werde ich später noch einmal aufgreifen.

3. Der Einfluss der Angst

In Fachkreisen begegnen mir immer wieder unterschiedliche Ängste.

Angst vor dem Angriff auf christliche Systeme

- Angst vor Missbrauch mit dem Missbrauch
- Angst, schuldig zu werden, wenn man Missbrauch in frommen Kontexten benennt (schuldig darin, andere zu verurteilen und «schmutzige Wäsche zu waschen«)
- Menschenfurcht und Angst vor unbequemen Wegen

Angst vor dem Angriff auf christliche Systeme

Einerseits verstehen manche Menschen in geistlicher Verantwortung, dass von kirchlich-theologischer Seite durchaus Handlungsbedarf besteht. Andererseits geschieht aber nichts. Unbeeindruckt von allen Einblicken in die Not Betroffener gibt es Aussagen wie folgende (ich zitiere): »Dass man keinesfalls Kriterien veröffentlichen darf, anhand derer Menschen erkennen können, ob sie sich in missbräuchlichen Settings befinden, weil dann ja Kirchen und Gemeinden angegriffen werden könnten.« Solche mit Vehemenz geäußerten Ansichten erleben wenig Widerstand.

Die darin zum Ausdruck gebrachte Angst vor berechtigten oder unberechtigten Angriffen zieht sich spürbar durch viele zaghafte Versuche, Betroffenen von kirchlicher Seite Orientierung zu geben, besonders im protestantischen und evangelikalen Bereich. Diese Angst trägt dazu bei, dass das Engagement zur Aufklärung und Aufarbeitung nicht unerheblich ausgebremst wird.

Die Theologin und Religionswissenschaftlerin Hildegund Keul motiviert in ihren Ausführungen[88] dazu, Angst zu überwinden: »In diesem Prozess haben Theologie und Kirche eine spezifische Aufgabe, denn sie fragen nach der wirksamen Präsenz Gottes in dieser Wandlung«[89], die sie darin sieht, dass inzwischen auch innerkirchlich das Schweigen über den Missbrauch gebrochen wurde. Die Frage sei, wie Gewalt gestoppt werden könne. »Zeiten des Umbruchs, wo Unerhörtes zur Sprache kommt, sind Zeiten des Konfliktes. Sie erfordern von Führungskräften, dass sie [...] im Licht des Evangeliums an der anstehenden Weichenstellung mitwirken.«[90] Nötig sei eine Kultur des konstruktiven Konflikts mit Führungswillen und Leitungskompetenz, die konkrete Entscheidungen ermöglichen.[91] Keul betont:

Die Menschwerdung Gottes macht deutlich, dass es die Kirche nicht zur Aufrechterhaltung ihrer eigenen Institution gibt. Die Menschen sind nicht für die Kirche da, sondern die Kirche für die Menschen. Und wo die Kirche an der Erniedrigung von Menschen mitwirkt – ob durch Gewalt oder deren Vertuschung –, verrät sie ihren eigenen Auftrag.

In der Auseinandersetzung mit Missbrauch und Prävention steht die Kirche vor der Aufgabe, sich mit ihrem eigenen Unheilpotenzial auseinanderzusetzen.[92] »Erst wenn sie den Machtzugriff der eigenen Verwundbarkeit überwindet, tritt sie aus der Lähmung heraus und kann ihren Heilsauftrag neu ausrichten.«[93]

Die Angst vor dem Missbrauch mit dem Missbrauch

Bei dieser Angst geht es um das Phänomen des Missbrauchs mit dem Missbrauch, das es durchaus gibt und das ich in Kapitel 1 bereits beschrieben habe. Solche Dynamiken sind unschön und können viel Leid mit sich bringen. Doch wie bereits erwähnt, sollte dieses Phänomen m. E. in der tatsächlichen Missbrauchdiskussion um der wirklichen Opfer willen nicht zu stark betont werden.

Die Angst, schuldig zu werden, wenn Missbrauch benannt wird
Der Wunsch, andere Menschen nicht zu verurteilen, ist ethisch sehr legitim. Die Anweisung »Hört auf, andere zu verurteilen …« (Matthäus 7,1) stammt aus dem Munde Jesu selbst. Aber:

Es gibt einen Unterschied zwischen der Verurteilung von Menschen und dem Benennen von Unrecht, das im Rahmen christlicher Liebe sogar geboten ist.

Für dieses Unrecht muss Verantwortung übernommen werden, weil es Betroffenen ihre Freiheit nimmt und dazu führt, dass Täter und Täterinnen sich immer mehr in Schuld verstricken.

Menschenfurcht und Angst vor unbequemen Wegen
Einen weiteren Grund für das Schweigen vieler in Verantwortung sehe ich darin, dass sie das »heiße Eisen« nicht anfassen wollen, weil sie fürchten, dass es sie vieles kosten könnte. Es besteht die Sorge, als derjenige, der Probleme anspricht, schließlich selbst als Problem behandelt zu werden. Viel attraktiver ist es, sich wohllautenden Zielen zu widmen, die ungefährlicher sind. Zudem würde ein solches Unterfangen die Bereitschaft erfordern, das eigene Handeln selbst kritisch unter die Lupe zu nehmen.

4. Als Christen wollen wir nicht diskriminieren und in »Einheit« leben

Der gesellschaftliche Wert, Menschen nicht zu diskriminieren, ist seit Jahren in aller Munde. Im Allgemeinen Gleichbehandlungsgesetz (AGG) heißt es: »Ziel des Gesetzes ist, Benachteiligungen aus Gründen der Rasse oder wegen der ethnischen Herkunft, des Geschlechts, der Religion oder Weltanschauung, einer Behinderung, des Alters oder der sexuellen Identität zu verhindern oder zu beseitigen.«[94] Wenngleich im Blick auf die gesellschaftlichen Dynamiken der vergangenen Jahre ehrlicherweise gesagt werden muss, dass dieser Wert nicht nur von Einzelnen und bestimmten Gruppen, sondern auch gesamtgesellschaftlich sehr ambivalent und inkonsequent gelebt wird – je nach politischer Korrektheit –, sind die neureligiösen Bewegungen sowie von religiösem Missbrauch betroffene christliche Gemeinschaften und Gemeinden in den Genuss dieses Wertes gekommen.

Innerhalb der christlichen Szene gab es das Bemühen, Gruppen und Kirchen in übergeordnete Verbände zu integrieren, wenn sie bereit waren, ihre Statuten etwas zu verändern, um sich an einen gemeinsamen Wertekodex und an theologische Grundlagen anzupassen – unabhängig davon, ob die Dynamiken im Innern wirklich verändert und für vergangene missbräuchliche, unterdrückende und schädigende Handlungsweisen und theologische Ansätze Verantwortung übernommen wurde. Dies ist eine weitere Hypothek für den Heilungsprozess der in dieser Weise Betroffenen, die erleben, dass einfach zur Tagesordnung übergegangen wird.

Dasselbe gilt auch für christliche Gruppen, deren Lehre im Großen und Ganzen orthodox ist, deren Interpretationen der Schrift und deren interner Umgang mit ihren Mitgliedern jedoch von der christlichen Ethik sehr abweichen. Vor dieser Tatsache verschließt man bisher noch viel zu häufig die Augen – sowohl mit dem Argument, nicht diskriminieren zu wollen, als auch mit dem Argument der Einheit[95], die wir als Christen leben sollten.

Diese Argumentation muss nachdenklich stimmen und die Frage aufwerfen:

Könnte es sein, dass im Namen von Einheit
und Antidiskriminierung »Tätersysteme« geschützt werden,

statt sie um der Menschen willen, die sonst Schaden leiden, zu hinterfragen und zu konfrontieren?

5. Verleugnung oder Wahrheitsverweigerung unter Christen

Ein weiterer Aspekt, der den Umgang mit dem Phänomen des religiösen Missbrauchs bisher sehr verlangsamt, ist die abwehrende Haltung vieler Christen und Christinnen gegenüber den dunklen Seiten ihrer eigenen Szene. Das Thema wird realistischerweise als Last empfunden. Es ist unangenehm, und so scheint das Argument sehr einleuchtend, es sei doch besser, sich mit Konstruktiverem zu befassen.

Die Trauma-Therapeutin Aphrodite Matsakis erklärt dazu, dass manche Menschen einfach nicht stark genug seien, das Negative des Lebens zu akzeptieren:

> *'Sie ignorieren lieber, dass Traurigkeit, Ungerechtigkeit und Verlust genauso zum Leben gehören wie Freude und Güte. Wenn solche Individuen mit einem Trauma-Überlebenden konfrontiert werden, können sie den Überlebenden ablehnen oder verunglimpfen, weil dieser Mensch die Teile des Lebens repräsentiert, die sie zu leugnen gewählt haben.*[96]

Dieses Phänomen könnte auch – oder vielleicht gerade – in christlichen Settings der Hintergrund dafür sein, dass Menschen, die religiösen Missbrauch erlebt haben, auf ihrer Suche nach Unterstützung nicht selten auflaufen. Sie kommen einfach nicht weiter und stoßen in den verschiedensten kirchlichen Kontexten auf eine Haltung der Verweigerung, weil diese die dunkle Seite des Lebens einfach nicht wahrhaben wollen. Diese Verweigerung kann sich auch in dem Argument des Nicht-zuständig-Seins[97] zeigen.

Katholische Betroffene berichten, dass Zuständigkeit und Verantwortung häufig auf andere Stellen im System verschoben werden, die sich auch wiederum nicht zuständig fühlen. Betroffene werden wiederholt weiterverwiesen – mit der Konsequenz einer Zermürbung, aufgrund derer viele irgendwann aufgeben, um weitere Verletzungen zu vermeiden.

Andere Versionen des Nicht-zuständig-Seins drücken sich an diversen kirchlichen Schauplätzen darin aus, das Missbrauch-Phänomen entweder zu ignorieren, zu bagatellisieren oder umzudeuten. Alternativ versuchen sich die jeweiligen Stellen aus der Affäre zu ziehen, indem sie auf fehlende Weisungsbefugnis verweisen und vorgeben, ihnen seien die Hände gebunden. Ideen, wie die eigenen Möglichkeiten der Intervention konstruktiv anders eingesetzt werden könnten, scheinen zu fehlen. Mühen und Risiken auf sich zu nehmen, erscheint zu belastend. Auch fehlt häufig die Bereitschaft, finanzielle Ressourcen für die Begleitung von Opfern und für die Entwicklung passender Konzepte zu generieren, um Unrecht inmitten der Christenheit zu bewältigen.

Matsakis nennt noch einen weiteren möglichen Faktor im Kontext der Wahrheitsverweigerung, der für die aktuelle Fragestellung bedeutsam sein kann: Die Verleugnung eigener nicht aufgearbeiteter Traumata kann dazu führen, dass diejenigen, die das Trauma ansprechen, ignoriert, herabgesetzt oder verunglimpft werden.

> *Wenn Trauma-Überlebende, die sich nicht mit ihrer traumatischen Vergangenheit auseinandersetzen, jemanden sehen, der offensichtlich emotional oder körperlich leidet, müssen sie diese Person möglicherweise ausblenden, um ihr eigenes Verleugnungssystem intakt zu halten.*[98]

Dieses Argument könnte zutreffen, wenn geistlich Verantwortliche entweder persönlich durch Traumatisierung betroffen sind oder sie einer traumatisierten Institution, die mit vielfältigem Übergriff in den eigenen Reihen zurechtkommen muss, vorstehen, als deren Teil sie dann entsprechend verweigernd reagieren.

Die Traumata, die dieser Traumatisierung zugrunde liegen, können vielfältig sein. Ursula Enders beschreibt im Kontext sexualisierter Gewalt[99], wie ganze Institutionen aufgrund von Vorfällen traumatisiert werden und daher nicht mehr handlungsfähig sein können.

Die Theologin Monika Klotz beschreibt in ihrer Dissertation – einer praktisch-theologischen Untersuchung – u. a. ein beachtenswertes Phänomen der Traumatisierung, das innerhalb des Protestantismus der Nachkriegsjahre wahrnehmbar war[100] und das ich hier nur anreißen möchte. Ich erwähne es, um ggf. Transfers zu anderen innerkirchlichen Traumata zu ermöglichen. Sie beschreibt die Reaktionen des Protestantismus als einen ambivalenten Prozess. Es gab seinerzeit sozusagen eine pauschale Abwehr des Entnazifizierungsprozesses und einen generellen Widerwillen gegen ein Schuldeingeständnis, sowohl in der deutschen Bevölkerung allgemein als auch innerhalb des Protestantismus im Besonderen. Gleichzeitig war den Deutschen aller Konfessionen und Parteien bewusst, dass etwas Furchtbares geschehen war. Wahrgenommen wurde, dass nun alles seine Bedeutung verloren und sich als zerstörerisch erwiesen hatte. »Es war etwas verloren gegangen und beschmutzt worden, mit dem man sich identifiziert, das man vielleicht sogar geliebt hatte.«[101]

Monika Klotz beschreibt, dass es angesichts der großen Demütigung des deutschen Nationalstolzes und der Offenbarung des moralischen Versagens der Deutschen nachvollziehbar war, dass sich im Volk Trotz und Scham miteinander mischten und ein Umgang damit kaum zu finden war. Es war ein geradezu widersprüchlicher Prozess. Von diesem Zusammenhang ausgehend ist im weiteren Verlauf davon die Rede, dass der Traumatisierungsbegriff nicht nur für individuelle Schicksale, sondern auch als sozial- und kulturgeschichtliche Kategorie anzuwenden sei. Es sei »möglich und notwendig, die von der Psychoanalyse auf individueller Ebene gemachten Beobachtungen auf die kollektive Ebene einer Kultur oder eines Volkes zu übertragen, um die weitreichenden kollektiven Verlust- und Schmerzerfahrungen angemessen darstellen zu können.[102] Dies würde auf alle Gruppierungen im Protestantismus zutreffen.«[103]

Während die Kirchenkampfzeit von 1933-1945 als schwerste Krise des Protestantismus eingeordnet wird, ist es auf dem beschriebenen Hintergrund »plausibel, dass die innerkirchliche NS-Verarbeitungszeit so verlief, wie sie verlief: schleppend, zögerlich, verdrängend und verschweigend, verklärend und beschönigend«.[104] Diese Adjektive beschreiben traumatisierte Menschen, die von ihren Erinnerungen geplagt sind.

Im weiteren Verlauf ihrer Ausführungen arbeitet Monika Klotz heraus, dass es dem deutschen Protestantismus nur unzureichend gelungen ist, das gesellschaftliche Psychotrauma der NS-Zeit in allen wichtigen Facetten aufzuarbeiten – eine Hypothek, die auch für den aktuelle Handlungsbedarf hinderlich wirken kann.

Zu jeder Aufarbeitung von Missbrauch – welcher Art auch immer – gehört eine passende Übernahme von realer Verantwortung bei gleichzeitiger klarer Zuordnung von Verantwortlichkeiten auch im größeren Kontext.

Bei der Beschreibung der Indizien für Traumatisierung geht es mir nicht um einen inhaltlichen Vergleich zwischen dem Trauma des Nationalismus und dem Trauma religiösen Missbrauchs, der durch und in Kirchen stattfindet, sondern es geht mir um eine genaue Betrachtung der Reaktionen auf die Unerhörtheiten unterschiedlichster Missbrauchszenarien im Kontext von Traumatisierung.

- Unerhörtes hat stattgefunden, und zwar im Zusammenhang mit Werten, Inhalten und Handlungen, mit denen sich die Menschen einst identifizierten.
- Dieses Unerhörte wurde nicht gestoppt, und es gab kein Entkommen daraus. Ohnmacht ist spürbar.
- Die Wahrnehmung dieser unerhörten Vermischung mit der Konsequenz unsäglichen Leides aller Beteiligten ist schier nicht auszuhalten.
- Die Übernahme von Verantwortung im Kontext des Unerhörten (Mitwirken, Wegsehen, Vertuschen) ist zu bedrohlich.
- Eine Sprachlosigkeit im Blick auf die geschehenen Unerhörtheiten ist deutlich.

Fakt ist:

Traumata zeigen Wirkung – ganz gleich, wann sie stattfanden.

Ganz gleich, ob christliche Settings gerade vorwiegend mit den eher aktuellen, zeitnahen Traumata zu tun haben oder mit denen, die länger zurückliegen, jedoch nie verarbeitet wurden, sie sind spürbar. Die häufige Konsequenz ist ein unbeholfener Umgang mit allem, was sich trotz aller Verdrängungsversuche doch immer wieder zeigt, z. B. wenn sich Menschen zu Wort melden, die Missbrauch erfahren haben. Die zuvor genannten Adjektive schleppend, zögerlich, verdrängend und verschweigend, verklärend und beschönigend passen als Parallele dann auch zu dem bisher vorwiegend beobachteten Umgang der Kirche mit dem Missbrauch in ihren eigenen Reihen.

Gründe für ein Engagement gegen (religiösen) Missbrauch

Die Haltung Jesu zu Machtmissbrauch im geistlichen Amt

In der Auseinandersetzung mit religiösem Missbrauch stellt sich die Frage, wo Christen dazu Orientierung finden können. Eine naheliegende Quelle finden wir in der Haltung Jesu selbst, der zu diesem Thema, das ihn offenkundig sehr beschäftigte, immer wieder Stellung bezog. Dies tat er, obwohl ihn dessen Thematisierung zur damaligen Zeit alles kosten konnte.

Jesus war bereit, Stellung zu beziehen, und er wagte es, Partei zu ergreifen.

Es ist bemerkenswert, wie er mit den geistlich Leitenden seiner Zeit umging. Sie waren bekannt dafür, dass sie ihren Glauben sehr ernsthaft und gewissenhaft zu leben versuchten. Diese Tatsache war auch Jesus bekannt. Ihre Ernsthaftigkeit war für ihn jedoch kein Hindernis, ihr religiös missbräuchliches Handeln und ihre zweifelhafte Motivation anzuprangern.

Interessant ist, dass Jesus die Leitenden nicht einfach nur klar, aber unter Ausschluss der Öffentlichkeit mit ihrer Schuld konfrontierte. Nein, er tat es öffentlich und sehr vehement – mit Worten, die im ersten Moment nicht nach Liebe aussehen, obwohl alles, was Jesus tat, immer aus Liebe geschah. Seine Entschlossenheit und Unerschrockenheit, missbräuchlichem Handeln die Stirn zu bieten, sind in der Bibel unverkennbar.

Darf ich Sie an dieser Stelle bitten, kurz innezuhalten und das 23. Kapitel des Matthäusevangeliums zu lesen und bewusst auf sich wirken zu lassen? Für den weiteren Verlauf meiner Ausführungen wäre es schön, wenn Sie den genauen Wortlaut der Rede Jesu in Ihren Gedanken präsent hätten. Das, was da zum Ausdruck kommt, ist massives und ausdrucksstarkes Engagement, dessen Unerschrockenheit dem Unrecht gegenüber bemerkenswert ist. David Seamands kommentiert dazu:

> **»Einem Menschen, der keinen Zorn über das Böse verspürt, mangelt es an der Begeisterungsfähigkeit für das Gute. Wenn wir das Böse nicht hassen können, ist es fraglich, ob wir die Gerechtigkeit lieben. Zorn ist nicht Schwäche; er ist vielmehr eine große Stärke.«[105]**

Jesus liebte die Menschen, die in religiöser Knechtschaft gefangen waren. Sein Herz schlug für die Unterdrückten wie für die Unterdrücker. Doch er stellte sich klar auf die Seite der Unterdrückten und bot ihnen Hilfe an. Er handelte damit nach der Aufforderung im Buch der Sprüche:

> *Tue deinen Mund auf für die Stummen und für die Sache aller, die verlassen sind.*
> Sprüche 31,8 (LUT)

In anderen Übersetzungen steht hier die »Hilflosen«[106] oder die »Schwachen«[107]. Und »die Stummen« kann für all diejenigen stehen, die – aus welchen Gründen auch immer – nicht in der Lage sind, für sich selbst zu sprechen.

Pastor Ken Blue weist darauf hin, dass geistlicher Missbrauch das einzige Problem war, das Jesus wieder und wieder öffentlich anprangerte – eine Tatsache, die umso erstaunlicher ist, wenn wir bedenken, dass die Gesellschaft seiner Zeit von einer Unmenge anderer Probleme betroffen war.

Über das Problem der Schuld des Machtmissbrauchs im geistlichen Amt hatte Jesus offensichtlich mehr zu sagen als über sämtliche andere Übel seiner Zeit.

Jesus prangerte nicht ein einziges Mal die Sklaverei an. Er schwieg zum Rassismus ebenso wie zum Klassenkampf, äußerte sich weder zum Staatsterrorismus noch zur römischen Besatzungsmacht oder zur korrupten Regierung sowie zu vielen anderen Themen jener Zeit. Es gibt jedenfalls keine Quellen, die belegen würden, dass er sich dazu unmittelbar geäußert hätte. Anders die heutige Kirche: Sie hat sich zu all diesen Fragen geäußert. Merkwürdigerweise hat sie jedoch kaum etwas zum Thema des Missbrauchs im geistlichen Amt gesagt – eben jenem Thema, das Jesus offenbar am meisten am Herzen lag.[108]

Jesus ging mit religiösem Missbrauch angstfrei um. Er nannte Böses böse, ohne zu fürchten, sich damit der Sünde des Richtens schuldig zu machen. Er wusste, dass diese klare, kompromisslose Benennung der Schuld für Täter und Opfer in einem möglichen Heilungsprozess eine wichtige Rolle spielen würde – oder es zumindest könnte.

Die Haltung Jesu zu Themen der Unterdrückung

Im Folgenden soll es um zwei Bibelstellen gehen, die im Zusammenhang mit dem Thema Unterdrückung gerne zitiert werden:

Matthäus 5,39-42 und Lukas 6,29. Ich möchte diese Texte mit einer anderen Interpretation anbieten, als ich sie je innerhalb christlicher Verkündigung bisher gehört habe. Diese alternative Auslegung sehe ich als einen Diskussionsbeitrag, der die Christenheit davor bewahren kann, durch eine fragwürde Umsetzung dieser Verse Unrecht und Missbrauch zu zementieren.

Die Fachleute Matthew Linn, Sheila Fabricant Linn and Dennis Linn standen in der Begleitung von Menschen unterschiedlichster Gewalterfahrungen vor genau diesem Problem, was sie zu umfangreichen Recherchen veranlasste. Dabei stießen sie auf einen Kenner des damaligen Orients, Dr. Walter Wink, der diese Verse ganz anders hörte und interpretierte.

> *Ich aber sage: Wehrt euch nicht, wenn euch jemand Böses tut! Wer euch auf die rechte Wange schlägt, dem haltet auch die andere hin. Wenn ihr vor Gericht erscheinen müsst und euer Hemd wird euch abgenommen, gebt euren Mantel noch dazu. Wenn jemand von euch verlangt, eine Meile weit mit ihm zu gehen, dann geht zwei Meilen mit ihm.*
> Matthäus 5,39-41

> *Wenn jemand dich auf die eine Wange schlägt, dann halte ihm auch die andere hin. Wenn jemand deinen Mantel will, biete ihm auch dein Hemd an.*
> Lukas 6,29

Der Hinweis auf die jüdische Praxis, das äußere Gewand als Pfand zu geben (vgl. 2. Mose 22,25-26), zeigt, dass die Ausführungen des Lukas hier korrekt sind.

Nach Auffassung von Dr. Walter Wink bezeugen diese Verse genau das Gegenteil eines fortgesetzten Missbrauchs oder anderen

Unrechts – eine Auslegung, die ich deshalb erwähne, weil sie sich mit anderen biblischen Texten deckt.

Jesus lädt in diesen Versen zu einer Haltung des gewaltlosen Widerstands ein, die

- nichts an sich hat von Passivität und Selbstmissbrauch
- dem Bösen aktiv widersteht
- die Würde des Einzelnen erhält oder wiederherstellt
- die verletzende Person einlädt, sich auf ihre Würde zu besinnen.

Die Ausführungen der Linns[109] und ihre Entdeckungen der Auslegung von Dr. Walter Wink, die ich im Folgenden wiedergebe, beziehen sich auf Winks Buch *Engaging the Powers.*

»Widersteht nicht dem Bösen«

Im Urtext bedeutet diese Aufforderung: »Widersteht dem Bösen nicht mit Gewalt!«

Der Schlag auf die rechte Wange

Warum nennt Jesus hier spezifisch die rechte Wange?

Wenn ein armer Sklave im alten Palästina seinem Meister gegenüberstand und dieser ihn schlagen wollte, so konnte der Meister dafür nur seine rechte Hand benutzen, denn die linke wurde nur für unreine Aufgaben genommen. Mit der rechten Hand konnte er aber nur auf die rechte Wange schlagen, wenn er seinen Handrücken benutzte – nicht die Handfläche oder die Faust. Andernfalls hätte er seinen Arm verdrehen müssen.

In der Kultur zur Zeit Jesus hatte das Schlagen mit dem Handrücken eine sehr spezielle Bedeutung. Diese Geste wurde von denen gewählt, die eine Position größerer Macht innehatten, um diejenigen zu demütigen, die weniger Macht hatten (Meister – Sklaven, Römer – Juden, Ehemänner – Ehefrauen, Eltern – Kinder). Die Botschaft lautete: »Erinnere dich daran, dass du unter mir stehst!«

Wenn nun jemand nach der Anweisung Jesu handelte und seine andere Wange hinhielt, konnte der Meister darauf nicht mehr mit dem Handrücken schlagen, sondern musste seine Faust oder seine Handfläche benutzen. Die Geste, einen anderen mit der Faust zu schlagen, war aber nur unter Gleichen üblich – zwischen Menschen, die sich auf Augenhöhe begegneten. Wer die andere Wange hinhielt, forderte somit die eigene Würde zurück und kommunizierte sehr klar die eigene Weigerung, sich demütigen zu lassen. Gleichzeitig war es eine Einladung an den Meister, sich mit der Lüge auseinanderzusetzen, nach der er lebte, dass ein Mensch mehr wert sei als der andere – und sich somit auf seine eigene Würde zu besinnen. Und all das gewaltlos, ohne zurückzuschlagen.

Vor Gericht – Aufgabe des Untergewandes

Der Kontext dieser Aussage ist das höchst ausbeuterische Wirtschaftssystem zur Zeit Jesu, in dem reiche Landbesitzer arme Menschen durch hohe Zinsen zahlungsunfähig machten, sodass diese ihre Ländereien verloren. Für Menschen, die bereits alles verloren hatten, gab es nur noch ihren Mantel, der als Pfand eingesetzt werden konnte.

In dieser Textstelle ist von einer Situation die Rede, in der eine arme Person im Gerichtssaal aufgefordert wird, das äußere Gewand herzugeben. Jesus fordert diese Person auf, auch noch das Untergewand zu geben, was vergleichbar ist mit der Unterwäsche in unserer Kultur.

In der Kultur Jesu konnte das Untergewand ohne Scham öffentlich getragen werden. Doch wenn dieses auch noch fortgegeben wurde, stand die Person völlig ohne Kleidung da. In der damaligen Kultur war es weniger skandalös, selbst nackt zu sein, als jemanden anzuschauen, der nackt war. Die Aufforderung Jesu, auch dass Untergewand aufzugeben, bedeutete für den Ankläger, im Gerichtssaal einer sehr unangenehmen Situation ausgesetzt zu sein – er schaute auf einen nackten Menschen. Doch damit wurde er mit der Demütigung konfrontiert, die er seinem Untergebenen in anderer Form zumutete, und erhielt somit eine Chance zu Einsicht und Umkehr.

Auch in diesem Beispiel geht es darum, die eigene Würde zurückzufordern, indem die eigene Reaktion gewählt werden kann – und zwar ohne Gewalt –, und darum, dem Unterdrücker eine Gelegenheit zur Umkehr zu bieten.

Die zweite Meile

Zur Zeit Jesu konnten Soldaten der römischen Besatzungsmacht die lokalen Einwohner zwingen, ihr Gepäck zu tragen. Das Gepäck war in der Regel sehr schwer, und die Einwohner hassten diese Praxis der aufgezwungenen Arbeit. Die Römer wiederum wollten keine Aufstände riskieren und erließen deshalb Gesetze zur Begrenzung der aufgezwungenen Arbeit.

Ein solches Gesetz beinhaltete, dass ein Soldat einen Bürger des Landes sein Gepäck nur eine Meile weit tragen lassen durfte. Wenn dieses Limit überschritten wurde, machte er sich strafbar. Und dies war im alten Rom sehr gefährlich. Entlang der römischen Straßen gab es daher Meilensteine, die die Strecke sehr klar bemaßen.

Wenn nun Jesus seine Zuhörer aufforderte, nach einer Meile eine weitere zu gehen, bedeutete dies nichts anderes als die klare Aufforderung, ihre Unterdrücker in Schwierigkeiten zu bringen. Wenn sie das Gepäck weiter als eine Meile trugen, war das sehr gefährlich für den Römer. Er musste sie quasi bitten oder gar anflehen, ihm nach einer Meile seine Sachen wieder zurückzugeben.

Damit konnten die Zuhörer Jesu ihre Würde wiedererlangen, indem sie ihre Macht einsetzten, ihre eigene Reaktion zu wählen und sich zu weigern, sich wie ein Opfer zu verhalten. Und all das wiederum ohne sich in einen Zirkel der Gewalt zu begeben.

Mir ist bewusst, dass diese Auslegungen von Dr. Walter Wink Irritation auslösen können. Ich habe sie in meine Ausführungen deshalb hineingenommen, weil ich empfinde, dass die Konsequenzen dieser Interpretation in jedem Fall sehr zu dem passen, was ich an Haltung bei Christus selbst in seinem Leben und im Umgang mit Menschen wahrnehme: Klarheit gegen jede Art von Unrecht und gewaltfreien und mutigen Widerstand gegen aktuelles und etabliertes religiöses Denken, das Menschen schadet und an den Absichten Gottes für sie vorbeigeht.

Gott hält seine Meinung zu religiösem Missbrauch nicht zurück

Die Bibel enthält viele Texte, in denen missbräuchliche Dynamiken thematisiert werden: In den Worten von Propheten und mancher neutestamentlicher Autoren bezieht sie Stellung. Meist handelt es sich um Schriftstellen, die im Rahmen der christlichen Verkündigung und des persönlichen Bibelstudiums eher zu kurz kommen.

Einige Beispiele:

Altes Testament: Jesaja 5,20; Jeremia 6,13-14; Hesekiel 22,24-29; Hesekiel 34

Neues Testament: Matthäus 7,15-16.21-23; Matthäus 23,1-36; Matthäus 24,45-51; Lukas 11,43.44.46; Apostelgeschichte 20,29-35; Römer 16,17-18; 2. Korinther 11,20; Philipper 1,17; 1. Petrus 5,2-3; 2. Petrus 2,1-3; 3. Johannes 9.10; Offenbarung 2,2

Die Warnung vor Wölfen im Schafspelz[110]

Nehmt euch vor falschen Propheten in Acht. Sie kommen daher wie harmlose Schafe, aber in Wirklichkeit sind sie gefährliche Wölfe, die euch in Stücke reißen wollen. Ihr erkennt sie an ihrem Verhalten, so wie ihr einen Baum an seinen Früchten erkennt […] Nicht alle Menschen, die sich fromm gebärden, glauben an Gott. Auch wenn sie ›Herr‹ zu mir sagen, heißt das noch lange nicht, dass sie ins Himmelreich kommen. Entscheidend ist, ob sie meinem Vater im Himmel gehorchen. Am Tag des Gerichts werden viele zu mir kommen und sagen: ›Herr, Herr, wir haben in deinem Namen prophezeit und in deinem Namen Dämonen ausgetrieben und viele Wunder vollbracht.‹ Doch ich werde ihnen antworten: ›Ich habe euch nie gekannt. Fort mit euch. Ihr lebt nicht nach Gottes Gebot.‹
Matthäus 7,15-16.21-23

Ich weiß genau, dass sich nach meinem Weggang falsche Lehrer wie böse Wölfe unter euch mischen und die Herde nicht verschonen werden. Ja, selbst einige von euch werden die Wahrheit verdrehen, um eine eigene Anhängerschaft an sich zu binden. Seid wachsam! Denkt an die drei Jahre, die ich bei euch gewesen bin – wie ich Tag und Nacht über euch gewacht und mich unter Tränen um euch gesorgt habe. Und nun vertraue ich euch Gott und dem Wort seiner Gnade an – seiner Botschaft, die euch ermutigen und euch ein Erbe geben kann gemeinsam mit allen, die er für sich ausgesondert hat. Nie habe ich von jemandem Geld oder Kleider verlangt. Ihr wisst, dass ich mit meinen eigenen Händen gearbeitet habe, um mir meinen Lebensunterhalt zu verdienen und auch meine Begleiter zu versorgen. Stets war ich euch ein Vorbild, wie ihr durch harte Arbeit den Armen helfen könnt. Behaltet die Wor-

te von Jesus, dem Herrn, in Erinnerung: ›Es liegt mehr Glück im Geben als im Nehmen.‹

Apostelgeschichte 20,29-35

Sowohl Jesus als auch Paulus reden von Wölfen im Schafspelz. Und sie gehen davon aus, dass es solche in allen Zeitaltern unter denen geben wird, die mit Gott unterwegs sind. Die Frage ist nun:

- Wie sehen Wölfe in Schafspelzen aus?
- Und woran lässt sich ihr wahres Wesen, ihre wahre Identität erkennen?

Menschen, die niemals einem Wolf im Schafspelz begegnet sind, haben erfahrungsgemäß häufig wenig oder kein Verständnis dafür, dass jemand einem solchen Wolf »auf den Leim« gehen kann. Sie hören die Geschichten Betroffener und schütteln entsetzt den Kopf – und das leider nicht selten mit einem Anflug von Arroganz. Sie sagen oder denken: »Wie konnte das nur passieren? Das hättest du doch erkennen müssen! Deine Wahrnehmung und geistliche Unterscheidung waren wohl überhaupt nicht intakt. Mir wäre das nicht passiert.«

Fakt ist, dass solche Menschen die Geschichte vom Wolf erst hören, nachdem er schon als solcher entlarvt wurde. Und sie verstehen nicht:

Wölfe im Schafspelz sehen wirklich aus wie Schafe.

Sie reden (»määähen«) wie ein Schaf, bewegen und benehmen sich wie ein Schaf, lieben das, was Schafe lieben. Aber … etwas scheint doch anders zu sein. Zunächst ist es kaum erkennbar, aber hin und wieder doch spürbar. Ihr Inwendiges ist nämlich die Natur eines Wolfes, der sich zwischendurch – zu Beginn selten und im Laufe der Zeit, wenn er mehr Einfluss gewonnen hat, immer häufiger – auch als solcher benimmt. Er beißt, raubt, stiehlt, verletzt und ist hinterlistig – zunächst nur in bestimmten Episoden und so verdeckt wie möglich, um sich dann wieder in seinen Schafspelz zurückzuziehen. Und die verletzten Schafe wundern sich: »Wie konnte das so wehtun? Wir hatten es doch mit einem Schaf zu tun!« Und so zweifeln sie an sich selbst – zumal sie ermahnt werden, wenn sie sich über den Schmerz beklagen. Und so denken sie, dass sie sich vielleicht selbst dumm benommen haben oder dass sie als gute Schafe ja schnell bereit sein müssen zu vergeben. Sie besinnen sich auf solche Ermahnungen und denken nicht weiter über die Verletzung nach: »Weiter geht's! Nach vorne schauen! Es gibt Wichtigeres im Leben, als sich seine Wunden zu lecken!«

Und so geschieht es, dass es Schafe in der Nähe von Wölfen viel zu lange aushalten.

Es ist eine Tatsache, dass in der Bibel von solchen Wölfen die Rede ist. Aber ich frage mich, ob sie im christlichen Kontext ausreichend thematisiert werden.

Paulus betont in dem oben zitierten Text (Apostelgeschichte 20,29-30), dass es Menschen sein werden, die aus der Mitte der Gemeinde aufstehen werden – keine fernen Irrlehrer, die etwas Wildes, offensichtlich Ketzerisches erzählen, sondern Menschen, mit denen wir gemeinsam unterwegs sind, die wir kennen, mit denen uns vielleicht Jahre gemeinsamen Lebens und Dienstes verbinden – und die für ihre enorme Bibelkenntnis bekannt sind. Rechnen wir damit? Dass sich Mitchristen neben uns oder Leitende, die wir kennen, plötzlich als Wölfe entpuppen? Dass in uns selbst die grundsätzliche Möglichkeit vorhanden ist, Wolf im Schafspelz zu sein oder uns dahin zu verändern?

Ungute Entwicklungen geschehen gewöhnlich nicht über Nacht. Der Veränderungsprozess erfolgt allmählich. In Beziehungen und Gemeinschaften, die sich schließlich als missbräuchlich entpuppen, geht die ungesunde Entwicklung für die Betroffenen so subtil und oft fast unmerklich vonstatten, dass sie erst wach werden, wenn der Missbrauch bereits krass und offensichtlich vor ihnen liegt. Und selbst dann wagen es manche immer noch nicht zu gehen. Betroffene haben Argumente wie: »War es nicht damals eine klare Führung hierher? Bin ich Gott nicht ungehorsam, wenn ich jetzt Grenzen setze? Verlasse ich damit nicht einen Weg, den Gott mir gezeigt hat?« Ihnen fehlen die Information und Erlaubnis, dass sich Wege ändern können, wenn sich die Bedingungen ändern. Wenn Betroffene erkennen, dass sie aktuell Menschen ausgesetzt sind, deren Innerstes sich als das eines Wolfes entpuppt, ist es mehr als erlaubt, sich in Sicherheit zu bringen. Das Problem ist:

Das Handeln missbrauchender Menschen ist nicht durchweg böse. Ihr Reden und Tun kann lange Zeit von Gutem durchzogen sein. Warum sollte man sie sonst auch für ein Schaf halten?

Der Schafspelz sieht aus wie bei einem Schaf, d.h. oft tun diese Menschen die »Dinge des Reiches Gottes« (vgl. Matthäus 7,21-23). Sie sehen sogar oft wie »vollmächtige Christen« aus, deren Motivation ehrlich ist. Jesus weist uns darauf hin, dass wir sie nicht anhand ihres äußeren Erscheinungsbilds und ihres Auftretens identifizieren können, sondern nur an ihren Früchten.

Folgende Fragen können als Kriterien zur Orientierung dienen:

- Sind die »Früchte des Geistes« nach Galater 5,22 in ihrem Leben zu sehen (Liebe, Freude, Frieden, Geduld, Freundlichkeit, Güte, Treue, Sanftmut, Selbstbeherrschung)?

- Dient ihr Handeln und Leiten dazu, Menschen in ihrer Beziehung zu Christus zu festigen, sodass sie ihm näherkommen? Führen sie Menschen hinein in eine persönliche Reife und Mündigkeit vor Gott oder eher in eine Abhängigkeit von Personen?
- Worum geht es den Verantwortlichen? Geht es ihnen um die eigene Bedeutung, oder haben sie wirklich Gutes für die Menschen im Sinn?
- Geben sie den Menschen? Oder verlangen sie von ihnen alles Mögliche: ihre Zeit, ihr Geld, ihre Karriere, ihre Hingabe?
- Machen sie Menschen abhängig von sich und dem System, das sie leiten oder in dem sie mitarbeiten?
- Fordern sie Unterordnung im Sinne von Unterwerfung?
- Gibt es Freiheit in ihrer Nähe? Dürfen Menschen frei heraus sagen und äußern, was sie denken und was sie bewegt, ohne mit Sanktionen rechnen zu müssen?
- Ist ihr Arbeiten und Wirken von Demut geprägt – von einer Haltung, die sich etwas sagen lässt?

In ungesunden Systemen wird der Ausdruck »Früchte« oft anders gefüllt: Es heißt, wenn Menschen zum Glauben kommen und übernatürliche Dinge geschehen oder andere »geistliche Erfolge« zu verzeichnen sind, seien das Früchte, durch die Gott den Dienst dieser Menschen auf der ganzen Linie bestätige. So etwas zu behaupten, ist nach Matthäus 7,21-23 nicht korrekt.

Jesus selbst weist darauf hin, dass bestimmte geistliche Erfahrungen oder eine besondere Form der Hingabe an Gott nicht automatisch den gesamten Dienst bestimmter Menschen legitimieren.

Dass Gott Menschen inmitten von sehr fragwürdigen Systemen begegnet und sie anrührt, hat m. E. damit zu tun, dass er Menschen liebt – ganz gleich, wo sie sind. Dass Leitende in solchen Kontexten diese Tatsache für sich funktionalisieren und ihren Führungsstil dadurch als von Gott legitimiert sehen und als solchen deklarieren, ist ein weiteres Merkmal des Missbrauchs.

Wenn Jesus und Paulus auf diese Wölfe im Schafspelz hinweisen, mit deren Existenz Kirche und Gemeinde rechnen müssen, dürfen wir unsere Augen nicht davor verschließen.

Religiöser Missbrauch verunehrt den Namen Gottes und macht die christliche Botschaft unglaubwürdig

Christliche Organisationen und Settings blamieren sich letztlich, wenn offiziell die »frohe Botschaft der Freiheit« verkündet wird, während Menschen in Wirklichkeit in neue Formen der Anhängigkeit geraten. Wie sehr haben kleine und große Episoden des Missbrauchs und der Menschenverachtung die Botschaft der Kirche unglaubwürdig gemacht!

Es ist ohne Zweifel so, dass in der Kirche vielerorts auch Gutes geschieht – dort, wo gesunde Leitung Räume der Entwicklung im Glauben und in der Begegnung mit Gott ermöglicht. Wir reden hier jedoch über das Gegenteil.

Je nachdem, wie sich Verantwortliche der christlichen Szene im Blick auf missbräuchliche Dynamiken in ihrem Verantwortungsbereich verhalten, wird dies Auswirkung haben: auf die Menschen, auf das Klima im Innern und die Glaubwürdigkeit nach außen. Wenn sie schweigen und sich nicht positionieren, haben sie möglicherweise nicht vor Augen, dass sie damit letztlich sich selbst gefährden.

Mehr Verantwortliche sollten verstehen, dass die Kirche »vor Tätern geschützt werden [muss], vor Menschen, die Gläubigen Schaden zufügen, und nicht vor dem Sprechen derer, denen Schaden zugefügt worden ist«.[111]

Verantwortung zu übernehmen und Vertuschung zu beenden, bedeutet, selbst nicht weiter mitschuldig zu werden und nicht weiter an Glaubwürdigkeit zu verlieren. In manchen Fällen könnte es auch an die existenziellen Grundlagen bestimmter Systeme gehen, die ihre Arbeit auf einer missbräuchlichen Lehre und einer daraus resultierenden Grundhaltung aufgebaut haben.

Der Gemeindeberater Christian A. Schwarz befasste sich in den letzten Jahren in umfangreichen Studien mit der gegenwärtigen Relevanzkrise des Christentums. In seiner Veröffentlichung beschreibt er den Theologen Dietrich Bonhoeffer als eine Stimme, die zu seiner Zeit sehr vorausschauend Wesentliches für die Zukunft der Kirche formulierte. Aus seiner Zelle in Berlin-Tegel schrieb der 38-jährige Häftling:

> *Bis du groß bist, wird sich die Gestalt der Kirche sehr verändert haben. [...] Es ist nicht unsere Sache, den Tag vorauszusagen – aber der Tag wird kommen –, an dem wieder Menschen berufen werden, das Wort Gottes so auszusprechen, dass sich die Welt darunter verändert und erneuert. Es wird eine neue Sprache sein, vielleicht ganz unreligiös, aber befreiend, wie die Sprache Jesu.*[112]

In seiner Einführung betont Schwarz seine Überzeugung, dass »die gegenwärtige Relevanzkrise des Christentums in direktem Zusammenhang mit dem Scheitern steht, das zu vermitteln, was Bonhoeffer als die Jenseitigkeit Gottes inmitten unseres Lebens bezeichnet hat«.[113] Schwarz betont, dass sich viele kirchendistanzierte Menschen danach sehnen, »Gott als aktiv, gestaltend und relevant zu begegnen«[114], während in Kirchen großflächig das Gegenteil gelebt und die Nicht-Erfahrung Gottes zelebriert wird.

In einem solchen Szenario kann vieles geschehen, was ungut ist. Denn mit Gott wird nicht mehr gerechnet, weder als Leben gebende noch ordnende oder gar juristische Instanz. Doch genau dasselbe kann auch in christlichen Settings geschehen, in denen offiziell durchaus mit einem lebendigen Gott gerechnet wird, scheinbar jedoch nicht damit, dass er ein besonderes Augenmerk darauf richtet, wie mit Menschen umgegangen wird. Dieser Bereich wird manchmal völlig ausgeblendet.

Schwarz ist davon überzeugt, dass die Kirche weitaus mehr benötigt als ein Upgrade, das lediglich die äußere Form betrifft. Stattdessen benötige sie die Wiederentdeckung der eigentlichen, christlichen DNA[115], die die Entwicklung, Funktion und Reproduktion von (spirituellem) Leben im Sinne Christi wahrhaft ermöglicht.

Für das Thema des religiösen Missbrauchs könnte dies ein konkretes Einbeziehen Gottes bedeuten – mit der Bitte an ihn, der Christenheit seine Perspektive zu den vielfachen Verunstaltungen seiner Botschaft und deren Auswirkungen zu offenbaren – als Richtschnur des Umgangs mit diesem Unrecht.

Wenn die Kirche ihre Relevanz nicht aufs Spiel setzen will, ist es keineswegs egal, wie Führung gelebt wird und ob sie missbräuchlich unterwegs ist oder zu Missbrauch weiter schweigt.

Nach ausführlichen Recherchen und Diskussionen zu vielfältigen Themen beleuchtet Schwarz im zweiten Kapitel das Thema geistliche Führung, die neu zu definieren sei und die – recht verstanden – jeglichem Missbrauch entgegenstehe. Er beginnt mit der These:

Die meisten Gemeinden versuchen, den Herausforderungen von heute mit Führungskonzepten von gestern zu begegnen. Es wird weithin übersehen, dass Skandale mit geistlichem, emotionalem und körperlichem Missbrauch ihre tiefste Wurzel in einem Klima haben, das die Freiheit der Menschen beschneidet, ihre persönliche Verantwortung aushöhlt und die eigene Mündigkeit untergräbt.[116]

Positiv formuliert bedeuten diese Beobachtungen, dass Gesundung auf vielen Ebenen ermöglicht wird, wenn Führung – als ein Baustein der Veränderung – wieder zu dem wird, als was sie ursprünglich gedacht war: wenn Menschen ihre Interventionsmacht zum Wohl anderer einsetzen, sodass christliche Gemeinschaft wieder als ein wahrhaft lebensstiftender Ort erlebt werden kann – als ein Ort, an dem es »leichter wird zu leben, zu lieben, zu leiden und zu glauben«[117], und an dem Gott sowohl personal als auch transpersonal, sowohl als Realität jenseits von uns als auch als Realität, die in uns selbst wahrnehmbar ist, erfahren werden kann.

Ausstiegsinitiativen – ihre Chancen und Risiken

Eine nicht unerhebliche Konsequenz der Nicht-Positionierung und Unreflektiertheit von Kirche und Gemeindeverbänden zu dem, was in ihrem Innern an religiösem Missbrauch geschieht, ist ein Vakuum, das sich in jedem Fall füllen wird. Wenn die »Kirche« nicht (mehr) handelt und Stellung nimmt, ist es naheliegend, dass sich Menschen, die in frommen Kontexten religiösen Missbrauch in verschiedenen Formen erlebt haben, selbst organisieren.

Im Zeitalter der sozialen Medien geschieht das vorwiegend in Selbsthilfeinitiativen auf Internetplattformen. Hier erleben Betroffene Verständnis, was wertvoll ist. Gleichzeitig sind sie – wie in jeder gesellschaftlichen Gruppe – Einflüssen ausgesetzt, die ggf. nicht reflektiert werden. Wenn aufgrund von Verwundung in einer Gegenbewegung z. B. Glaube und Freikirchen grundsätzlich undifferenziert und pauschal abgewertet werden, kann sich eine solche Engführung für die eigene Entwicklung und Verarbeitung des erlebten Traumas ungünstig auswirken, weil es wiederum in ein gewisses Schwarz-weiß-Denken führen kann.

Wenn Aussteiger und Aussteigerinnen – insbesondere aus Gemeinden der evangelikalen Bewegung – sich in Internetcommunities und auf Aussteigerplattformen einfinden, fühlen sie sich in deren Kontext verstanden. Sie bekommen dort eine Stimme, was einen nicht zu unterschätzenden Teil des Verarbeitungsprozesses ihrer Vergangenheit ausmachen kann.

Damit jedoch Verarbeitung wirklich gelingen kann, braucht es gleichzeitig ein Bewusstsein dafür, in welcher Weise Betroffene von ihrer bisherigen Prägung in »fundamentalistischen« oder missbräuchlichen Kontexten beeinflusst wurden und welche Probleme sich ggf. daraus ergeben können, nämlich dann, wenn sie beginnen, im Hier und Jetzt selbst so zu handeln wie die Menschen, unter denen sie gelitten haben: in demselben Schwarz-weiß-Denken und in der Haltung, nun selbst ein Monopol auf die Wahrheit zu haben – nach dem Motto: »Alle Freikirchen sind fundamentalistisch und deshalb grundsätzlich zu hinterfragen und abzulehnen!« Oder: »Wir definieren, was fundamentalistisch ist, z. B. bestimmte Glaubenslehren oder ethische Einstellungen.« Auch hier ist Meinungsdiversität nicht wirklich gewünscht, und es fehlt ein Bewusstsein dafür, dass man sich in einer neuen Form des Fundamentalismus oder gar des Missbrauchs bewegt. Denn dort, wo Meinungsdiversität als Ausdruck von Religionsfreiheit nicht wirklich akzeptiert wird, könnte es sein, dass sich gerade alte Prägungen neu Bahn brechen.

Wenn diese durchaus nachvollziehbare extreme Gegenbewegung ein »Übergangssyndrom« ist, durch das sich Betroffene von den schmerzlichen Erfahrungen der Vergangenheit distanzieren wollen, kann sie einen wichtigen Schritt in der Dekonstruktion des alten, zu hinterfragenden Glaubens darstellen. Auch therapeutisch braucht es Verständnis für solche Extreme, die in einem Heilungsprozess oft notwendig sind, um schließlich das Ziel eines inneren Gleichgewichtes zu erreichen.[118]

Nicht hilfreich ist es jedoch, wenn die Gegenbewegung eine Dauerhaltung wird, die sich verfestigt. Es wäre vergleichsweise notvoll, wenn Menschen, die sexuellen Missbrauch erlebt haben, alle Männer oder Frauen – je nach Täterschaft – als Täter oder Täterinnen verdächtigen oder gar Sexualität an sich auf Dauer grundsätzlich als lebensbedrohliches Übel abwerten würden.

Die Wahrnehmung von Menschen, die sich von Missbrauch erholen, wird günstigenfalls zunehmend differenzierter werden, und sie werden in eine heilsame Balance hineinfinden. Gleichzeitig haben sie natürlich jedes Recht, einen persönlichen Weg einzuschlagen, der alles hinter sich lässt, was sie in irgendeiner Weise an den Missbrauch erinnert.

Der Theologe Thorsten Dietz warnt in seinem umfassenden Werk über die Entwicklung der evangelikalen Bewegung vor dem Phänomen, aufgrund bestimmter Geschichten, die vermeintlich das Wesen einer Idee oder Gruppierung abbilden[119], zu generalisieren, während es um komplexe Sachverhalte geht. Über Evangelikale (zu denen die Freikirchen gehören) könne vieles erzählt werden. Sie seien aber keine homogene Gruppe, der man mit einem Pauschalurteil gerecht werde.

Die Missbrauchsgeschichten, die dort leider viel zu oft vorkommen, sollten m. E. unbedingt erzählt werden. Sie müssen aber nicht unbedingt langfristig zu einem Tunnelblick führen, der nichts anderes mehr wahrnimmt. Dietz sagt, dass Menschen mit bestimmten (einflussreichen) Storys im Kopf auf ihrer Suche immer fündig werden, denn für einen Mann mit einem Hammer sieht alles aus wie ein Nagel.[120]

> *Man entdeckt vermeintlich eindeutige Belege dafür, dass dieses Muster kein Klischee ist – diese Evangelikalen sind wirklich so. Wer sich vor Evangelikalen gruseln möchte, wird Belege finden. Ebenso wie diejenigen, die sie bewundern oder verachten wollen.*[121]

Mündigkeit und Reife beinhalten eine Befreiung von Tunnelblicken – sowohl für Verehrer als auch für Verächter.

Diese Argumentation erscheint mir im Zusammenhang der Verarbeitung missbräuchlicher Glaubensinhalte deshalb wichtig, weil heilsame innere Entwicklung – ggf. nach Übergängen einer extremen Gegenbewegung – nur dort gelingen kann, wo langfristig nicht pauschal, sondern differenziert gedacht wird, wo Missbrauch Missbrauch genannt wird – inklusive des konkreten Kontextes, in dem er stattgefunden hat –, wo aber darauf verzichtet wird, mit Pauschalisierung und Generalisierung das Leben (vermeintlich) erklären und absichern zu wollen. Böse Dinge geschehen mitten im Leben, an vielen Orten – leider auch in vielen Kirchen und Freikirchen, aber nicht in allen und nicht nur dort.

Wenn die Kirche sich positionieren würde, könnte sie für viele orientierungsgebend fungieren und ggf. Antworten zur Verfügung stellen, die sonst möglicherweise in extremen Gegenbewegungen dauerhaft gesucht werden.

Kapitel 5

Gründe für den Weg in den religiösen Missbrauch

Warum geraten Menschen in religiös missbräuchliche Situationen und warum verbleiben sie oft so lange darin? Diese Frage ist wichtig: sowohl für die Aufarbeitung erschütternder Erfahrungen als auch für die Prävention. Und die Antworten darauf sind vielfältig.

Der Leiter des ehemaligen amerikanischen Beratungszentrums *Wellspring Retreat and Resource Center*[122], Dr. Paul Martin, antwortete auf die Frage, wer seines Erachtens in der Gefahr stehe, in religiös missbräuchliche Settings zu geraten, in der Regel mit den Worten: »grundsätzlich jeder und besonders die Menschen, die von sich behaupten, dass es ihnen niemals passieren könnte.«

Warum ist das so?

Den Ausführungen dieses Kapitels möchte ich hier vorausschicken, dass es sehr unterschiedliche Elemente gibt, die ihren Beitrag dazu leisten, dass Menschen in religiös missbräuchliche Situationen hineingeraten:

- die vermittelten Glaubensinhalte und wie diese in einer Gemeinschaft und im persönlichen Leben umgesetzt werden
- der verdeckte Einfluss innerhalb eines Systems
- die persönliche Lebensgeschichte mit allen Prägungen sowie aktuelle Einflüsse

»High-Demand-Systems«, also Systeme mit hohen Anforderungen, haben nicht nur eine dunkle Seite. Sie beinhalten häufig gleichzeitig positive Aspekte, die ernsthaft gelebt werden und an anderen Orten vielleicht kaum zu finden sind. Das Tragische ist, dass diese guten Dinge Menschen oft den Blick für das trüben, was böse und vehement grenzüberschreitend ist.

Welche Elemente sind es nun, die ein Involviertwerden in missbräuchliche Settings begünstigen und die den Ausstieg erschweren?

Überzeugend vermittelte Glaubensinhalte

Glaubensinhalte, die Antworten auf Lebensfragen versprechen, sind ein wichtiger Faktor, warum sich Menschen auf eine Gemeinschaft einlassen. Nicht selten geben diese Inhalte Antwort auf sehr viel Frustration und Mangel, die in bestimmten Kontexten zuvor erlebt wurden. Offene theologische Fragen, Sehnsucht nach einem vertieften Verständnis zu vielen biblischen Themen in Verbindung mit Fragen des Alltags (seelsorgerliche Bewältigung der persönlichen Lebensgeschichte, übernatürliche Gaben des Geistes als Ausrüstung zum Leben u. v. m.). Dazu kommt das Gefühl, Teil einer Gemeinschaft zu sein, die im Sinne Gottes wirklich etwas bewegt und bewirkt. All das überzeugt und beeindruckt – und das ja auch durchaus zu Recht. In den vergangenen Jahren ließ sich beobachten, dass bestimmte Gemeinden und Werke im In- und Ausland großen Zuwachs bekamen, weil sie versprachen, das zu leben, wovon in der Bibel die Rede ist. Und sie versprachen es nicht nur, sondern setzten großen Fleiß daran, diesen Anspruch auch wirklich umzusetzen.

Jesus und die Menschen, die ihn seinerzeit begleiteten, erlebten Gottes Kraft und Eingreifen in vielerlei Hinsicht. Menschen wurden durch ihren Dienst angerührt und verändert, und es wurden Räume geschaffen, in denen Menschen ihre Gaben einbringen und ihre Bestimmung leben konnten. Die Urkirche war eine Generation von Menschen, die bereit waren, ihrem Herrn von Herzen zu folgen, und das römische Weltreich wurde durch sie nicht unmaßgeblich beeinflusst.

Genau das wünschen sich Menschen auch heute: echte Hingabe an Gott und ein lohnenswertes Ziel, Frische, Kraft und Kompetenz. Sie wollen das Echte und hoffen dann manches Mal, es in Gemeinschaften zu finden, in denen es in Form einer »Mogelpackung« gelebt wird: das Evangelium in Kombination mit diversen Arten von Unfreiheit und Abhängigkeit von Menschen.

In welcher Weise Gemeinden und Kirchen, die oft mit Unverständnis auf solche Erfahrungen und Entwicklungen reagieren, eine Mitverantwortung tragen, ist eine berechtigte Frage, die sich die Christenheit gefallen lassen sollte. Denn wenn allgemein mehr von der ersehnten Spiritualität, von der im Neuen Testament die Rede ist, spürbar wäre, würden Menschen im nicht missbräuchlichen Gemeindekontext finden, was sie in unausgewogenen Gemeinschaften mit unguten Leitungsstrukturen suchen.

Bewusstseinskontrollierende Einflüsse

Im Rahmen der Be- und Verarbeitung religiösen Missbrauchs ist es wichtig zu verstehen, wie Einfluss verdeckt ausgeübt werden kann. Dazu gibt es verschiedene sozial- bzw. wahrnehmungspsychologische Theorien[123], die dazu geeignet sind, deutlich zu machen, in welchem Ausmaß Menschen – je nach Kontext – in ihren Entscheidungen und ihrer Wahrnehmung getäuscht oder manipuliert werden können und warum sie diese Täuschung oder Manipulation nicht wahrnehmen und daher zulassen.

In der Auseinandersetzung mit diesen Theorien wird außerdem nachvollziehbar, dass es unter bestimmten Voraussetzungen beinahe jedem Menschen passieren könnte, den Anweisungen eines Missbrauchssystems oder eines Kultes Folge zu leisten. Denn es ist durchaus nicht selbstverständlich, Indoktrinationsmechanismen ohne Weiteres zu erkennen und als solche zu durchschauen.

In der Erarbeitung des persönlich erlebten verdeckten Einflusses kann ein Fragenkatalog hilfreich sein:

- Ist mir bewusst, an welcher Stelle ich begann, ganz anders zu denken und zu handeln als bisher? Und habe ich eine Antwort darauf, warum das so war?
- Gab es konkrete Vorgaben und Narrative, die nicht hinterfragt werden durften, und wenn ja, warum nicht?
- Wie ging es mir in dieser neuen Dynamik? Ging es mir durchgehend gut damit, oder spürte ich hier und da ein Missempfinden?
- Hatte ich ggf. sogar das Gefühl, dass irgendetwas sehr Grundsätzliches nicht stimmt?
- Empfand ich Druck oder Freiheit? Empfand ich Bevormundung?
- Was tat ich mit diesen Wahrnehmungen? Und warum?
- Gab es gewisse innere Überzeugungen, Sätze, Gedanken oder Ängste, die mich dazu veranlassten, nichts zu tun und still zu sein? Gab es etwas, was mich festhielt?
- Was genau denke (dachte) ich?
- Gab es gewisse Argumente, mit denen ich mich selbst zur Ordnung rief oder zum Schweigen brachte?

- Wurde ich mundtot gemacht, und wenn ja, warum und womit?
- Wagte ich ggf. Kritik, und falls nicht, warum nicht?
- Wie wurde mit Kritikern im Allgemeinen umgegangen?
- Was genau verunsichert(e) mich?
- Was fürchte(te) ich?
- Wobei bekomme (bekam) ich ein schlechtes Gewissen? Und weshalb?
- Welche biblischen Lehren (oder das, was ich dafür hielt) bewirk(t)en bei mir, dass ich mein(t)e, vieles, was mich verletzt und meine Grenzen überschreitet, weiter aushalten zu müssen?

In der Beantwortung dieser Fragen können selbstverständlich auch Eigenanteile, die Betroffene aus ihrer Lebensgeschichte mitbringen, ans Licht kommen, aber es lässt sich in diesem Prozess auch die gedankliche Beeinflussung erkennen.

Spannend ist, dass im deutschsprachigen Raum in der Vergangenheit das Phänomen der bewusstseinskontrollierenden Einflüsse in bestimmten religiösen Systemen von der Fachwelt eher kritisch gesehen oder gar negiert wurde, während die Konzepte zur Verdeutlichung dieser Einflüsse (besonders das von Dr. Robert Lifton) international viele Betroffene in ihren Verarbeitungsprozessen unterstützten. Die Kritik resultierte u. a. aus bestimmten Irrwegen, die von der sog. Anti-Kult-Bewegung in den USA anfänglich eingeschlagen worden waren: z. B. gewaltvolle Erfahrungen der Deprogrammierung oder die Argumentation, dass Menschen in Sekten und ähnlichen Systemen keinerlei Eigenverantwortung tragen. Aus diesen Irrwegen ergab sich m. E. dann – wie so oft – eine Überreaktionen in die andere Richtung mit der Konsequenz, dass der Gedanke der Manipulation gänzlich abgelehnt und die Aufmerksamkeit auf die gewaltsamen Methoden der Anti-Kult-Bewegung gerichtet wurde anstatt auf die krank machenden Erfahrungen der Menschen, die Missbrauch erlebt hatten.[124] Darüber hinaus gab es weitere Gegenargumente, die aber bei näherer Betrachtung nicht ins Gewicht fallen, weil die hilfreichen und aufklärenden Informationen für Betroffene überwiegen. Denn durch die Analyse der bewusstseinskontrollierenden Einflüsse können sie endlich bestimmte Dynamiken verstehen, die sie vorher nicht durchschauen konnten.

Fakt ist, dass es aus fachlicher Sicht fatal wäre, den bewusstseinskontrollierenden Einfluss zu leugnen, den Systeme auf Menschen haben können. Der Psychologe Adrian Örtli formuliert dazu:

> *Grundsätzlich unterschätzen wir beim Beobachten des Verhaltens anderer Menschen den Einfluss von Situationsfaktoren und überschätzen denjenigen der Person.*[125]

Er erklärt diese Aussage anhand des direktiven Vorgehens eines Arztes, der in einer Situation ggf. als arrogant eingestuft wird, während Zeit- und Kostendruck sein Verhalten möglicherweise besser erklären.

> *Dieses Phänomen ist in der Sozialpsychologie als »fundamentaler Attributionsfehler« bekannt. Forschungen zur sogenannten »Opferbeschuldigung« weisen unseren Hang nach, bei schweren Schicksalsschlägen dem Betroffenen die Verantwortung für das Erlittene unverhältnismäßig stark zuzuschreiben.*[126]

Weiter erklärt er die menschliche Manipulierbarkeit anhand des Stanford-Prison-Experiments, in dem deutlich wurde, wie psychisch gesunde Studierende in einer künstlich erschaffenen Gruppendynamik sadistische Verhaltensweisen entwickelten.

Die Wirksamkeitsanalyse von Psychotherapie zeigt, welchen Einfluss nur schon der Kontakt zu einer einzigen Person auf ein Individuum haben kann. Der Einfluss eines systematischen Geflechts sozialer Beziehungen, wie wir es in sektenähnlichen Gruppen antreffen, darf nicht unterschätzt werden.[127]

Über viele Jahre begleitete der Theologe Stephen Martin Kultaussteiger und -aussteigerinnen in ihrer Aufarbeitung und unterstützte sie besonders in psychoedukativen Workshops, in denen er u. a. auch Aspekte bewusstseinskontrollierender Dynamiken nachvollziehbar auf jeweils »ihr« System, das Einfluss nahm, herunterbrach. In seiner Veröffentlichung[128] tut er dasselbe. Darin geht es um die Beschreibung des Einflusses. Ein besonderes Merkmal seiner Ausführungen besteht darin, die manipulativen, verinnerlichten, pseudo christlichen Botschaften zu dekonstruieren und auf der Grundlage orthodoxer, theologischer Argumentation eine neue christliche Spiritualität zu rekonstruieren bzw. zu ermöglichen.

Auch die Herausgeberinnen des Buches *Erzählen als Widerstand* beschreiben die Komplexität des Missbrauchsgeschehens mit den Worten:

Theologische Denkmuster ermöglichen den Missbrauch ebenso wie organisationale und institutionelle Strukturen. Vertuschung ist an der Tagesordnung. Narzissmus und Klerikalismus, Macht, Manipulation und Unterdrückung, Vulnerabilität und komplizierte Zusammenhänge von Vertrauen, Abhängigkeiten und Bedürfnissen kommen in zerstörerischer Weise zusammen.[129]

Ihr Fazit:

»Missbrauch ist ein komplexes Geflecht aus individuellen und systemischen Faktoren, aus theologischen, psychologischen und traditionell-stereotypen Lesarten der Orte, Räume und handelnden Personen.«[130]

Katharina Kluitmann geht in ihrer Beschreibung des Missbrauch-Phänomens ebenfalls von manipulativen Dynamiken aus. Die mangelnde Freiheit beschreibt sie mit dem Begriff der »Totalen Institution« (Erving Goffmann) unter Nennung diverser Kriterien, die Robert Lifton in seinem Konzept darstellt.[131]

Den manipulativen Einfluss, dem Betroffene ausgesetzt sind, beschreibt auch Hildegard König mit den Worten: »Biblische Aussagen werden in fundamentalistischer Weise in solche Rahmen eingepasst, indem sie der im Schrifttext angelegten Offenheit und Vieldeutigkeit beraubt und in manipulativer Absicht vereindeutigt werden.« Weiter schreibt sie:

»Machtmissbrauch ist ein Griff nach der Deutungshoheit, die sich absolut setzt, um das Eigeninteresse durchzusetzen.«[132]

Die zusammengetragenen Aspekte dieses Kapitels machen m. E. deutlich, dass erneute Studien »Not-wendig« sind. Bereits die Enquete-Studie wies auf weiteren Forschungsbedarf hin. Die Frage ist: Wie kann dem viel bezeugten und deutlich gewordenen Tatbestand der Manipulation bzw. des verdeckten Einflusses in der Begleitung von Opfern religiösen Missbrauchs Rechnung getragen werden? Selbst wenn bestimmte Konzepte immer noch fragwürdig bleiben mögen, ist meine Hoffnung, dass neue fachliche Wege gefunden werden, um die systemischen Aspekte einer Kultmitgliedschaft bzw. eines Involviertseins in religiös missbräuchliche Settings fachgerecht aufzuarbeiten und in jeglicher Begleitung mit zu berücksichtigen.

Wenn der Aspekt der gedanklichen Beeinflussung von außen in der Beratung Betroffener keine oder eine zu geringe Rolle spielt, kann dies zu erheblichen Folgeverletzungen führen.

Es wird Betroffenen nicht gerecht, wenn der Grund des Hineingeratens in ein Missbrauchssystem allein in ihrer Vordisposition und ihren Eigenanteilen gesucht wird. Denn dann laufen sie Gefahr, sich für Dinge selbst die Schuld zuzuschreiben, deren Gründe ganz woanders liegen können. Und so kann die Verwirrung, die jeden Missbrauch symptomatisch begleitet, nicht beendet und aufgelöst werden, sondern sie wird verstärkt und fundamentiert.

Lebensgeschichtliche und aktuelle Einflüsse

Das Wahrnehmen einer persönlichen Vordisposition, die Menschen für missbräuchliche Dynamiken empfänglicher macht, ist für den Verarbeitungsprozess, aber auch für zukünftige Prävention sehr wertvoll.

Mögliche Eigenanteile und Prägungen

Zu einer solchen Vordisposition gehören psychische und psychosoziale Bedürfnisse, die sich aus biografischen und Persönlichkeitsfaktoren sowie aktuellen Lebensumständen ergeben[133]: z. B. die Sehnsucht nach Gemeinschaft und Geborgenheit, nach wahrhaftigen Beziehungen und Familie (oder Familienersatz), nach verlässlicher Anbindung und Zugehörigkeit, nach Orientierung und – angesichts eines »hohen Leistungs-, Bildungs-, Zeit- und Flexibilitätsdrucks«[134], der immer mehr um sich greift – die Sehnsucht nach Halt, Liebe, Wertschätzung, Unterstützung, Ermutigung und einem Gefühl der Sicherheit innerhalb bestimmter Settings.[135]

Aber es gibt auch Prägungen, die Menschen für bestimmte Konstellationen anfällig machen: Beziehungsdynamiken, die ihnen bekannt sind und sich deshalb passend anfühlen – ganz gleich, ob diese Dynamiken heilsam oder eher dysfunktional sind. Wenn sie sich vertraut anfühlen, werden sie eine Anziehungskraft haben. Aus psychologischer Perspektive können bestimmte Risikogruppen leichter missbraucht werden: gebrochene und fragmentierte Menschen ohne stabile Persönlichkeitsstrukturen, Menschen in schwierigen Lebenssituationen, in denen ihnen Stärke und Stabilität fehlen, Menschen, die bereits in irgendeiner Art Opfer von Missbrauch wurden.[136]

Jede Art psychischer Verwundung und Pathologie kann eine Vulnerabilität darstellen, aufgrund derer Menschen am Angebotsprofil einer Gemeinschaft andocken, besonders wenn diese im christlichen Kontext Heilung verspricht.

Bei der Erarbeitung der Vordisposition geht es nur um das Verstehen, wie etwas ggf. geschehen konnte. Niemals geht es darum, Betroffenen daraus einen Vorwurf zu machen. Denn:

Eigentlich sollten gerade Menschen, die eine solche Prägung mitbringen, innerhalb des wahren Christentums sicher sein.

Welche Fragen können als Opfer Betroffene unterstützen, ihre Eigenanteile zu erkennen?

- Welche Sehnsucht kenne ich in meinem Leben?
- Worin wünsch(t)e ich mir Unterstützung? Und was erhoff(t)e ich von einer christlichen Gemeinschaft?

- Wovon war meine Beziehung zu Autoritätspersonen bisher geprägt? Gab es Vertrauen und ein echtes Aufeinandereingehen oder Angst und Hörigkeit?
- Wurden ungesunde Prozesse innerhalb meiner Herkunftsfamilie jemals entdeckt und beim Namen genannt? Welche Art Beziehungsdynamik finde ich normal?
- Fällt mir auf, wenn meine Grenzen überschritten werden?
- Habe ich z. B. eine zu hohe Toleranzschwelle für nicht akzeptables Verhalten entwickelt? Mit anderen Worten: Bin ich daher grundsätzlich bereit, mir unangemessenes Verhalten zu lange bieten zu lassen?
- Oder habe ich z. B. so große Angst vor Schuldgefühlen, die ich bekomme, wenn ich mich nicht systemkonform verhalte, dass ich lieber tue, was andere von mir erwarten, ganz gleich, was ich persönlich wirklich will und für richtig halte?
- Oder habe ich bereits in meiner Herkunftsfamilie gelernt, falsche Rollen einzunehmen, z. B. mich für Dinge verantwortlich zu fühlen, die gar nicht meine Verantwortung waren? Und bin ich deshalb auch heute bereit, mich ständig zu überfordern bzw. überfordern zu lassen?
- Oder habe ich in diesem Kontext des Einnehmens falscher Rollen »Co-Abhängigkeit« gelernt?
  (Zur Definition: »Der Begriff ›co-abhängig‹ wurde ursprünglich nur für die Partner von Alkoholikern oder Drogensüchtigen benutzt. Er beschreibt eine Person, die nicht in der Lage ist, ihr Leben in selbstbestimmten Bahnen zu führen, weil sie die Verantwortung für die ›Rettung‹ eines Süchtigen übernommen hat. In den letzten Jahren wurde die Definition von ›Co-Abhängigkeit‹ auf alle Menschen ausgeweitet, die sich selbst zum Opfer machen, indem sie die Verantwortung für

die Rettung einer zwanghaften, süchtigen, misshandelnden oder extrem abhängigen Person übernehmen.«[137])

- Wenn ich in meiner Kindheit solche co-abhängigen Rollen gelebt habe, liegt es mir nahe, auch in religiös missbräuchlichen Settings auszuharren, weil ich unbewusst denke, hier meine Bestimmung zu finden, die darin liegt, misshandelnde Personen auf den rechten Weg bringen zu können.
- Liegt eine tiefe Lebensverunsicherung vor, in der es mir guttut, wenn mir eine Gemeinde oder ein anderes christliches Setting einen sehr straffen Rahmen vorgibt, an den ich mich halten kann?
- Bin ich vielleicht mit einer tiefen Verunsicherung im Blick auf meine eigene Wahrnehmung aufgewachsen? Hatte ich je die Möglichkeit zu lernen, wie ich meinem inneren Selbst Vertrauen schenken kann? Oder hatten immer die anderen recht?
- Welchen Selbstwert habe ich? Welche persönlichen Vorteile verspreche ich mir, wenn ich mich den Erwartungen missbräuchlicher Autoritätspersonen bzw. Lehren beuge (z. B. Bedeutung, Annahme, Lob, Anerkennung, Fürsorge etc.)? Kann ich es aushalten, dass eine bestimmte Person nicht mit mir zufrieden ist?
- Wie wurden in meiner Herkunftsfamilie bzw. in anderen wichtigen Beziehungen Konflikte gelöst? Was finde ich normal?
- Konnten Konflikte in meiner bisherigen Erfahrung angstfrei thematisiert werden, oder musste ich mit Sanktionen rechnen, wenn ich es tat? Habe ich überhaupt gelernt, Konflikte anzugehen?
- In vielen missbräuchlichen Systemen herrscht ein Schwarzweiß-Denken im Blick auf das, was richtig und falsch ist.

Konkrete Narrative werden vorgegeben. Kenne ich ein solches Schwarz-weiß-Denken bereits aus Kontexten meiner Vergangenheit, sodass es mir gar nicht auffällt, wenn Meinungsdiversität – so wie sie in freiheitlichen Kontexten normal ist offensichtlich ausgehebelt wird?

- Spielten Missbrauch, Unterwürfigkeit und sektiererische Tendenzen in meiner Herkunftsfamilie oder auch in den vorhergehenden Generationen meiner Familie eine Rolle? Mit anderen Worten: Gibt es eine spirituelle oder generationale Vordisposition?
- Neige ich dazu, eine »schnelle (fromme) Lösung« für meine Probleme zu suchen, die es mir erspart, Verantwortung für mein Leben zu übernehmen und genau hinzuschauen, worin meine Lebensnöte ihre Ursache haben? Und bin ich dementsprechend bereit, mich auf die pseudogeistlichen Lösungsangebote eines missbräuchlichen Systems einzulassen?

Spirituelle Bedürfnisse und Ideale

Zur persönlichen Vordisposition können auch spirituelle Bedürfnisse und Ideale gehören. Sie zeigen sich in der Sehnsucht nach Sinn und Relevanz, nach sinnvollem Lebenseinsatz. Auch das »Bedürfnis nach Transzendenz, Spiritualität, Wahrheit, Visionen, religiöser Erfahrung, Erlösung und/oder nach verbindlichen Antworten scheint ebenso einen Kulteintritt zu begünstigen.«[138] Andere beschreiben »die tiefe Sehnsucht nach einem intensiven geistlichen Leben und einer gewissen Kompromisslosigkeit im Glauben«[139] oder den »Wunsch, ein entschiedenes Leben in der Nachfolge Jesu zu führen«[140] als Grund, sich einer Gemeinschaft anzuschließen oder zu einer bestimmten geistlichen Begleitung Ja zu sagen.

Manche so engagierte Gruppierung hat aber zwei Seiten: die Seite, mit der sie wirklich etwas Sinnvolles auf den Weg bringen will, für das sich ggf. ein hoher persönlicher Einsatz lohnt; und gleichzeitig die dunkle Seite, die die Hingabebereitschaft von Menschen unter dem Deckmantel christlicher, in Wirklichkeit jedoch eigennütziger Motive ausnutzt.

Nächster Selbstcheck[141]:

- Für welche Ideale (in meinem Leben) wäre ich bereit, Opfer zu bringen?
- Wo könnte sich das Engagement für bestimmte Ideale verselbstständigen und dazu führen, dass das Ideal eine ungute Bedeutung, eine Überbewertung bekommt?
- Woran könnte ich das erkennen?
- Womit können andere mich ggf. locken oder »verführen«? Welchen Preis wäre ich bereit, dafür zu zahlen?
- Wie motiviere ich andere, dieselben Ideale zu verfolgen? Wie versuche ich, ihnen zu helfen, diese zu verwirklichen?

Verletzliche Lebensphasen

Menschen sind je nach Lebenssituation unterschiedlich verletzlich und damit auch verschieden empfänglich für die Angebote von Systemen, die zum Missbrauch neigen.

In Lebensphasen, die von großen Veränderungen, Krisen oder Verlusten geprägt sind, lassen sich Menschen eher auf etwas Neues, Unbekanntes und Vielversprechendes ein, besonders wenn ihnen dort Gutes begegnet: Liebe, Hilfe, Ermutigung, Bestätigung, Gefördertwerden, neue Hoffnung und Vision für ihr persönliches Leben etc.

Wenn sie zuvor niemals darüber informiert wurden, dass solche positiven Aspekte manchmal Teil einer »Mogelpackung« sein können, ist es leicht möglich, dass sie sich von Herzen und völlig unkritisch auf ein solches Angebot einlassen. Und das hat lediglich mit einem Mangel an Information zu tun, keineswegs mit Schwäche oder gar Dummheit. Dementsprechend ahnen diese Menschen nicht, dass hinter einer positiven und frommen Fassade Druck und Grenzüberschreitung ihr Unwesen treiben können.

Das Prinzip der Rückerstattung

Wenn Menschen durch eine Gruppe bereits viel Gutes erlebt haben, wollen sie in der Regel gern etwas zurückinvestieren und sozusagen das Empfangene »rückerstatten«. Dieser Wunsch ist oft so stark, dass sie bereit sind, bedenkliche Erfahrungen in und mit der Gruppe zu entschuldigen, zu verdrängen oder umzuinterpretieren. Erst wenn der Missbrauch auch für sie so offensichtlich wird, dass sie ihn nicht mehr verleugnen können, sind Betroffene bereit, die Wahrheit zu sehen.

Die eigene Investition

Besonders schwierig ist es für Betroffene, die sich schon lange in eine Gruppe oder ein Werk investiert haben: Sie haben mit den anderen gemeinsam über Jahre Seite an Seite gearbeitet, manches erreicht, eine Vision geteilt – und jetzt soll plötzlich alles oder zumindest vieles so falsch sein? Es ist unglaublich schwer, sich so etwas einzugestehen. Es beinhaltet eine tiefe Enttäuschung im Blick auf alles, worauf lange Zeit die eigene Hoffnung gelegen hat. Oft können Betroffene unter diesen Umständen erst aus der Verleugnung heraustreten, wenn die Missstände so deutlich geworden sind, dass die Konfrontation mit der Realität unumgänglich ist.

Mangel an Alternativen

Wenn Menschen sich über zerstörende Dynamiken in ihrem Setting klar werden und dort auch keine Zukunft mehr für sich sehen, erleben sie sich oft wie gefangen. Denn sie wissen nicht, wo es eine Alternative für das gibt, was im System als positiv erlebt wurde. Sie fürchten, das System zu verlassen, weil sich eine solche Alternative nicht immer sofort auftut. Nicht selten steckt dahinter die Angst, nicht mehr »unter dem Schutz einer Gemeinde« zu stehen – ein Thema, das in weiten Teilen der Christenheit sehr stark betont, oft sehr gesetzlich gehandhabt wird. Sicher ist es grundsätzlich sinnvoll, als Christ in Gemeinschaft unterwegs zu sein, die den Mitgliedern – im besten Fall – auch Schutz und Unterstützung gewährt. Wie groß der Schutz einer missbräuchlichen Gemeinde allerdings sein kann, ist fragwürdig. Es sollte eine Grundsatzerlaubnis geben, die besagt:

Ein missbräuchliches Setting darf verlassen werden, auch wenn zunächst keine Alternative in Sicht ist.

Eine Zeit der Orientierung sollte jedem zugestanden werden, denn sie ist überaus wichtig, um sich nicht wieder einem System mit ähnlichem »Stallgeruch« anzuschließen. Nach erfahrenem Missbrauch ist es für Betroffene hilfreich und für ihre Zukunft entscheidend zu reflektieren, was ihnen in Sachen christlicher Gemeinschaft wirklich wichtig ist, was Priorität hat und was sie auf keinen Fall mehr wollen.

In Kreisen der Ausstiegsszene höre ich immer wieder wohlgemeinte Ermutigungen an Missbrauch-Überlebende im Sinne von:

»Kopf hoch! Das Gute, was du in deinem System geschätzt hast, wirst du auch ohne missbräuchliche und sektiererische Tendenzen wiederfinden.« Diese Aussage mag für manche Betroffene wahr werden. Ich selbst jedoch kenne viele Lebensgeschichten, in denen Missbrauch-Überlebende, die ihren Weg mit Gott fortsetzten, sich damit arrangieren mussten, dass sie dieses Gute in anderem Umfeld nicht wiederfanden. Ein Ja zu diesem Verlust kann wichtig sein.

Fehlende Information und Aufklärung

Leider wird in vielen Gemeinden wenig über mögliche »Wölfe im Schafspelz« gelehrt. Und es gibt kaum oder gar keine Information darüber, wie Gott Gemeindeleitung und Unterordnung in gesunder Weise gedacht hat. Auch im persönlichen Bibelstudium haben solche Themen eher selten Raum. Dort wo keine bzw. wenig Orientierung herrscht, wo es keine Maßstäbe und Kriterien gibt, anhand derer Menschen Machtmissbrauch oder toxische Lehre erkennen können, stehen die Türen für genau diese Dinge weit offen.

Das Schweigen zum Missbrauch

Grenzüberschreitung und Missbrauch können sich in unserer Gesellschaft dann lange halten, wenn darüber geschwiegen und nicht aufgeklärt wird. Missbrauch hat die Angewohnheit, sich zu tarnen und sein Unwesen zu kaschieren. Schweigen ist eine Stilblüte des Vertuschens – so zu tun, als ob nichts wäre –, und das geschieht im Großen und im Kleinen. Was tun wir, wenn wir von unguten Dingen, von Unterdrückung, Gängelung, Mobbing, Manipulation und Grenzüberschreitung erfahren? Wenn wir merken, dass Leitung überhöht wird und dass Inhalte verkündigt werden, die am Kern des Evangeliums vorbeigehen? Wenn wir spüren, dass etwas nicht stimmt? Halten wir uns lieber raus – aus Angst, dass diejenigen, die ein Problem ansprechen, danach als ein solches behandelt werden? Missbräuchlichen Dynamiken ins Auge zu sehen, ist bedrohlich – nicht erst, wenn sie extreme Ausmaße erreicht haben. Wahrzunehmen, was andere mit der Seele von Menschen machen oder gemacht haben, kann uns den Atem stocken lassen. Wagen wir es, Stellung zu beziehen? Oder finden wir gute Gründe und Entschuldigungen, um uns rauszuhalten und nicht einzumischen – Gründe, die sich manches Mal auch noch sehr geistlich anhören?

Unser Mut zu reden, wird Betroffenen helfen. Er wird ihre Selbstwahrnehmung stärken und ihnen Sicherheit geben, weil sie nicht mehr denken müssen, dass ihre Wahrnehmung verkehrt ist – was sie leicht denken können, wenn scheinbar niemand anderes etwas wahrnimmt und seine Bedenken äußert.

Fazit

Für eine nachhaltige Aufarbeitung von Erfahrungen religiösen Missbrauchs bzw. von Destruktivität, die in manchen neureligiösen Gemeinschaften erlebt wurde, kann der zuvor genannte thematische Dreiklang in den Blick genommen werden. Hier die Wiederholung:

- die vermittelten Glaubensinhalte und wie diese in einer Gemeinschaft und im persönlichen Leben umgesetzt wurden
- der verdeckte Einfluss innerhalb eines Systems
- die persönliche Lebensgeschichte mit allen Prägungen sowie aktuellen Einflüssen

Wenn alle Aspekte ausreichend Aufmerksamkeit bekommen, kann eine nachhaltigere Genesung Betroffener gewährleistet werden.

Kapitel 6

Prozesse der Gedankenumbildung

In diesem Kapitel möchte ich der Frage nachgehen, wie sich das eigene Denken durch gedankliche Beeinflussung von außen unmerklich verändern kann. Zu Themen eines verdeckten Einflusses in christlichen Settings gibt es erfreulicherweise immer mehr Informationen. Eine der sozial- bzw. wahrnehmungspsychologischen Theorien, die sich vielerorts als überaus erhellend und hilfreich erwiesen hat, ist das Konzept der Bewusstseinskontrolle von Dr. Robert Lifton, das er in seinen jahrzehntelangen wissenschaftlichen Studien zu den Themen Gedankenumbildung (*thought reform*), Gedankenkontrolle (*mind control*) und Gehirnwäsche (*brainwashing*) gesammelt hat. Auch von Dr. Margaret Thaler Singer, Steven Hassan und weiteren Fachleuten auf diesem Gebiet gibt es inzwischen hilfreiche Beiträge.[142]

Manche Christen mag es befremden oder gar abschrecken, dass ich christliche Gemeinden und Systeme mit Dynamiken der Bewusstseinskontrolle in Verbindung bringe. Das kann ich gut verstehen, da ich selbst anfänglich sehr skeptisch war und mir die Frage stellte: Ist es legitim, mit derartigen Beurteilungskriterien an die christliche kirchliche Szene heranzutreten? Nachdem ich mich vor Jahren intensiv mit dieser Problematik befasst hatte, kam ich zu dem Schluss, dass ein solches Vorgehen nicht nur vertretbar, sondern auch fachlich geboten ist. Denn es gibt sowohl Inhalte, die einem Missbrauch im frommen Gewand Vorschub leisten, als auch Dynamiken im sozialen Miteinander, die sichtbar und durchschaubarer werden sollten.

Erläuterung zum Thema in Anlehnung an Steven Hassan

Beginnen möchte ich mit Überlegungen von Steven Hassan, der in den Vereinigten Staaten seit Jahrzehnten als Sektenausstiegsberater tätig ist. Er hat in seinen Studien die Dynamiken der Bewusstseinskontrolle intensiv analysiert. In seiner Erörterung des Themas macht er sehr deutlich, wie wichtig es für Betroffene ist zu verstehen, was Bewusstseinskontrolle ist. Nur so sei es möglich wahrzunehmen, dass sie davon betroffen sind. Er berichtet von seiner Zeit der Mitgliedschaft in der Vereinigungkirche (früher als Mun-Sekte[143] bekannt). Er assoziierte zu jener Zeit Bewusstseinskontrolle nur mit Dingen wie Folter. Da er nie Folter erlebt hatte, war er fest davon überzeugt, dass ihn das Thema nicht betraf. Im Gegenteil: Wenn er von Menschen als »gehirngewaschener Roboter« betitelt wurde, ordnete er eine solche Episode als Verfolgung ein, die zu erwarten war und die sein Zugehörigkeitsgefühl zu der Gruppe verstärkte.

Es ist eine spannende Geschichte, wie Hassan dazu kam, sich mit dem von Dr. Robert Lifton entwickelten Kriterienkatalog der Bewusstseinskontrolle zu beschäftigen, und zwar während der Zeit, als er sich noch in der besagten Kirche befand. Was für Hassan in jener Zeit besonders hervorstach, war folgender Gedanke: »Ganz gleich, wie wunderbar die Sache ist, für die ich mich engagiere, egal, wie attraktiv die Mitglieder sind – wenn eine Gruppe die besagten acht Elemente Robert Liftons verwendet, dann befinde ich mich in einem Umfeld der Bewusstseinskontrolle.« Nachdem er herausgefunden hatte, dass diese Beschreibung auf seine Organisation zutraf, stellte er sich weitere Fragen, mit denen er sich ernsthaft auseinandersetzen wollte: »Hat es der Gott, an den ich glaube, nötig, Betrug und Bewusstseinskontrolle einzusetzen? Heiligt der Zweck die Mittel? Kann die Welt ein Paradies werden, wenn der freie Wille der Menschen untergraben wird?« Durch diesen Prozess kam er am Ende zu dem Schluss, dass er nicht länger einer Organisation angehören wollte, die Praktiken der Bewusstseinskontrolle einsetzte.

Wenn wir als Christen – ganz gleich, welcher Gruppierung wir uns zugehörig fühlen – Elemente der Bewusstseinskontrolle in unseren eigenen Reihen finden, stellt sich die berechtigte Frage, ob wir noch auf dem richtigen Weg sind. Denn:

Der Gott, der uns von Christus selbst vorgestellt wird, hat es nicht nötig, fromm kaschierte Manipulation in unterschiedlichen frommen Initiativen einzusetzen.

Bewusstseinskontrolle in destruktiven Systemen wird von Hassan als sozialer Prozess beschrieben, der sich in bestimmten Settings durch bestimmte Faktoren ereignet – in der Regel ungeplant und unbeabsichtigt. Die Veränderung des Fühlens, Wollens und Denkens geschieht durch das Eintauchen in ein soziales Umfeld mit einer einflussreichen Lehre oder einem Paket des Wissens, dem sich die Mitglieder unterzuordnen haben. Um in diesem Umfeld überleben zu können, stellen sie ihre alte Identität samt vieler Überzeugungen zurück und verhalten sich so, wie es von der Gruppe erwartet wird. Jegliche Realität, die an die alte Identität erinnert, alles, was das alte Selbstbewusstsein bestätigt, muss weggedrängt werden und wird durch die Gruppenidentität ersetzt.

Der Kern der Bewusstseinskontrolle besteht darin, dass sie Abhängigkeit und Konformität fördert und Autonomie und Individualität verhindert.

Natürlich ist jeder Mensch in seinem täglichen Leben unterschiedlichsten Einflüssen und Beeinflussungen ausgesetzt, die mal mehr und mal weniger offensichtlich sind und die Wirkung auf unser Leben haben. Steven Hassan betont, dass er mit dem Begriff Bewusstseinskontrolle das destruktive Ende des gesamten Beeinflussungsspektrums beschreibt. Dieser Begriff bezieht sich also auf solche Systeme, die danach trachten, die Integrität des Einzelnen, die in der persönlichen Entscheidungsfindung zum Ausdruck kommt, zu untergraben.

Bewusstseinskontrolle kontra Gehirnwäsche

Wichtig erscheint mir, die beiden Begriffe Bewusstseinskontrolle und Gehirnwäsche zu unterscheiden, weil sie verschiedene Methoden beschreiben:

Gehirnwäsche (*brainwashing*) hat typischerweise mit Zwang zu tun. Eine Person weiß, dass sie sich in den Händen von Feinden befindet. Die Rollen sind klar: Jeder weiß, wer der Gefangene ist und wer der ist, der ihn gefangen hält. Der Gefangene erlebt ein Minimum an persönlicher Entscheidungsmöglichkeit. Missbräuchliche Handlungen bis hin zur Folter sind gewöhnlich mit involviert.

Gehirnwäsche ist sehr effektiv darin, die Erfüllung bestimmter Erwartungen zu bewirken, z. B. das Unterzeichnen eines falschen Bekenntnisses oder die Denunzierung der eigenen Regierung. Die Beeinflussung durch Gehirnwäsche hat klarere Fronten: Für alle Beteiligten ist klar, dass Macht ausgeübt wird, wer die Macht hat und wer sich darunter zu beugen hat. Weil die Fronten klarer sind und dem Beeinflussten auch deutlich ist, in welcher Rolle er sich befindet, kann er sein manipuliertes Denken nach dem Verlassen des Systems der Angst leichter erkennen und wieder ablegen.

Bewusstseinskontrolle (*mind control*) oder »Gedankenumbildung« (*thought reform*) ist jedoch subtiler und raffinierter. Ihre

»Täter« werden als Freunde oder Ebenbürtige betrachtet, sodass Betroffene viel weniger defensiv sind. Unwissentlich haben sie teil an dem Prozess, indem sie mit ihrem Kontrolleur kooperieren und ihm persönliche Informationen anvertrauen, die später gegen sie verwendet werden. Das neue Glaubenssystem wird in eine neue Identitätsstruktur hinein verinnerlicht.

Bewusstseinskontrolle beinhaltet wenig oder gar keinen offensichtlichen körperlichen Missbrauch. Stattdessen werden hypnotische Prozesse mit Gruppendynamiken kombiniert, die eine starke Wirkung der Indoktrination haben. Die einzelne Person wird nicht direkt bedroht, jedoch betrogen und dahingehend manipuliert, die vorgeschriebenen Entscheidungen zu treffen, ohne dass sie diesen Prozess bewusst wahrnimmt. Insgesamt reagiert sie positiv auf das, was ihr angetan wird, weil die Fronten nicht klar erkennbar sind. Das Verlassen des manipulativen Umfeldes wird dadurch sehr erschwert. Wenn eine durch Bewusstseinskontrolle beeinflusste Person ihr verändertes, beeinflusstes Denken ablegen möchte, ist dies in der Regel nur durch Hilfe oder Information von außen möglich, anhand derer sie die Dynamiken zu durchschauen lernt.

Einige Erklärungen zur »Hypnose«

Was ist in diesem Kontext unter Hypnose zu verstehen? Das erste Bild, das wir vielleicht vor Augen haben – so Steven Hassan –, ist ein bärtiger Arzt, der seine alte Taschenuhr an einer Kette vor den Augen einer ziemlich schlaff aussehenden Person hin- und herpendeln lässt. Während eine solche Vorstellung sicher ein Stereotyp darstellt, weist sie gleichzeitig auf den zentralen Kern der Hypnose hin: die Trance. Menschen, die hypnotisiert sind, treten in einen tranceähnlichen Zustand, der sich fundamental vom normalen Bewusstsein unterscheidet. Und zwar folgendermaßen: Während sich die Aufmerksamkeit im normalen Bewusstsein durch die fünf Sinne nach außen richtet, ist die Aufmerksamkeit in einem Trancezustand nach innen gekehrt. Die Person hört, sieht und fühlt innerlich. Es gibt unterschiedliche Grade einer Trance, die von einer milden Trance des Tagträumens bis hin zu tieferen Trancezuständen reichen, in denen sich die Person ihrer Außenwelt weniger bewusst ist und in denen sie extrem empfänglich ist für Beeinflussungen von außen.

Eine Trance kann durch unterschiedliche Dinge induziert werden. Hassan nennt z. B. lange indoktrinierende Sitzungen, Wiederholung oder erzwungene Aufmerksamkeit sowie »Meditation«. Im christlichen Kontext kann diese Aufmerksamkeit oder Konzentration nach innen in Gebetsveranstaltungen stattfinden sowie in Lobgesängen und Liedern, in Predigten oder anderen christlichen Ritualen. Mir ist an dieser Stelle wichtig zu betonen, dass ich diese Dinge keinesfalls negativ bewerte. Ich möchte lediglich darauf hinweisen, dass in diesen Aktionen gewöhnlich tranceähnliche Zustände hervorgerufen werden können, die nicht negativ oder bedrohlich sind, wenn sie nicht von Menschen, die Einfluss gewinnen wollen, für ihre Zwecke missbraucht werden.

Zur Trance ist außerdem noch zu erwähnen, dass es sich dabei in der Regel um eine angenehme, entspannende Erfahrung handelt, die Betroffene gern wiederholen. Christen erleben z. B. im Gebet und im Lobpreis »Gottes Reden«, sie nehmen die spirituelle Welt ganz anderes wahr. Und das sind wertvolle Erfahrungen.

Festhalten möchte ich, dass im Rahmen psychologischer Forschungen herausgefunden wurde, dass das kritische Denken einer Person im Zustand einer Trance eingeschränkt ist und dass sie weniger in der Lage ist, empfangene Informationen zu bewerten, als wenn sie sich im normalen Bewusstsein befindet.

Zusammenfassend möchte ich festhalten, dass im Kontext und im Erleben bestimmter Veranstaltungen und christlicher Rituale

Manipulation von außen leichter möglich wird. Das heißt, dass mit großer Verantwortung darauf zu achten ist, was genau in diesem Kontext an Botschaft weitergegeben wird und auf welche Weise. Gleichzeitig ist es für Empfangende der Botschaft wichtig zu erkennen, in welchen Situationen sie unkritischer und leichter zu beeinflussen sind.

Zusammenfassung

Dynamiken, die Menschen innerhalb bestimmter Umfelder wirksam von außen beeinflussen, ohne dass sie es merken, sind geprägt von

- dem sozialen Umfeld und der Gruppendynamik, die ein System prägen,
- hypnotischen Prozessen, die kritisches Denken vermindern,
- bestimmten Lehrinhalten, die in solchen Kontexten vermittelt und gelebt werden.

Erläuterungen in Anlehnung an Dr. Robert Jay Lifton

Robert J. Lifton ist ein US-amerikanischer Psychiater und Autor. Er leitete das Forschungszentrum für Gewalt und menschliches Überleben am New Yorker *John Jay College* und schrieb eines der wichtigsten Bücher zum Thema der Beeinflussung Dritter ohne deren Willen[144].

Mit seinen Studien und der Veröffentlichung seiner Ergebnisse hat er wertvolle Hinweise zum Verständnis der Dynamiken der Gedankenumbildung (*thought reform*) und der Bewusstseinskontrolle (*mind control*) erarbeitet. Die Resultate seiner Studien zum ideologischen Totalitarismus vermitteln wichtige psychologische Erkenntnisse, die als Instrumentarium dienen können, zerstörerische und Menschen in Unfreiheit bringenden Dynamiken religiöser Missbrauchssysteme zu identifizieren.

Die acht Kriterien für Gedankenumbildung[145]

In der Einleitung zu seinen acht Kriterien schreibt Lifton, dass die Gedankenumbildung (*thought reform*) ihre eigene psychologische Triebkraft besitzt. Wenn wir deren Quellen erforschen, stoßen wir auf einen Komplex von psychologischen Themen, die sich dem allgemeinen Oberbegriff »ideologischer Totalitarismus« unterordnen lassen könnten. Mit diesem Begriff meint Lifton das Aufeinandertreffen überspannter Ideologien mit gleichermaßen überspannten Charakterzügen einzelner Menschen, eine extremistische Basis für die Begegnung von Menschen.

Jede Ideologie – d. h. jeder Komplex von gefühlsüberladenen Überzeugungen hinsichtlich des Menschen und seiner Beziehung zur natürlichen und übernatürlichen Welt – kann von ihren Anhängern in eine totalitaristische Richtung gelenkt werden.

Im Rahmen seiner Studien der Gedankenumbildung, Bewusstseinskontrolle sowie Gehirnwäsche hat Robert Lifton Kriterien herausgearbeitet, anhand derer sich totalitäre, missbräuchliche Systeme sowie Sekten und Kulte erkennen lassen. Diese Kriterien bestehen aus acht psychologischen Themen, die im sozialen Umfeld der Gedankenumbildung vorherrschen, ohne dass sie von den Betroffenen bewusst wahrgenommen werden. Kombiniert schaffen sie eine Atmosphäre, die zeitweilig anspornend oder anregend sein kann, die aber gleichzeitig eine ernsthafte Bedrohung für die betroffenen Personen darstellt.

Dieser Prozess ereignet sich in der Regel ohne konkrete Planung. Die Veränderung geschieht meistens langsam und entwickelt eine gewisse Eigendynamik. Die Intensität manipulativer Prozesse kann unterschiedlich stark sein.

Im Folgenden stelle ich die acht Kriterien eines bewusstseinskontrollierenden Umfeldes nach Dr. Robert J. Lifton im Einzelnen vor:

1. Kontrolle des Milieus (*milieu control*)

Diese beinhaltet die Kontrolle der Information und der Kommunikation innerhalb einer Umgebung und letztendlich innerhalb einer Person, die schließlich in einem beträchtlichen Maß an Isolation von der Gesellschaft endet.

Eingesetzte Mittel: (physische) Distanz, psychischer Druck, Kontrolle der Zeit bzw. intensive zeitliche Vereinnahmung, Argumente für eine Distanzierung von Freunden und Verwandten, die dem System gegenüber kritisch sind etc., Bewertung des Redens, die (meist unausgesprochene) Regel, jene zu melden, die sich nicht systemkonform verhalten, etc.

Hier einige Beispiele:

Menschen werden z. B. isoliert durch das hohe Maß an Zeit, das für ihren Einsatz erforderlich ist oder gar gefordert wird oder das sie freiwillig investieren, weil ihr Wertesystem durch die gedankliche Beeinflussung verändert wurde. Das kann z. B. durch eine Überbetonung und unausgewogene Interpretation des Begriffes »Verbindlichkeit« geschehen. Verbindlichkeit ist grundsätzlich eine wertvolle Charaktereigenschaft. Wenn diese aber so unausgewogen gelehrt und interpretiert wird, dass für Mitarbeitende außer ihrem Einsatz für die Gemeinschaft kein Privatleben mit Familie und Freunden oder kein Leben in der Gesellschaft mehr möglich ist und ein solcher Einsatz auch noch als spirituelle Normalität dargestellt wird, ist Isolation die automatische Konsequenz.

Isolation kann auch dadurch entstehen, dass Mitglieder bestimmter Gemeinden oder Gruppen mit ihren Überzeugungen derart »missionarisch« auftreten, dass sie von Familie und Freunden, mit denen sie zuvor viele Gemeinsamkeiten hatten, als unangenehm und abgehoben wahrgenommen werden – vielleicht mit der Folge, dass Angehörige und Freunde entweder den Kontakt zu ihnen meiden oder dass sie selbst auf Distanz gehen, weil sie sich dem Einfluss solch »ungeistlicher« Menschen lieber nicht zu lange aussetzen wollen.

Um Missstände zu beheben, braucht es zuvor eine Phase, in der Betroffene diese wahrnehmen und sich eine Meinung darüber bilden können, um sie anzusprechen. Dabei kann es notwendig sein, sich auch mit anderen auszutauschen. Das ist kein verwerflicher Prozess, wenn dabei nicht das Ziel im Vordergrund steht, Menschen zu verurteilen und zu diskreditieren. In bestimmten Systemen ist jedoch der horizontale Informationsaustausch zwischen Gemeindegliedern über derartige Themen nicht erlaubt. Er wird als »negatives Reden« verdammt und verboten. Oft heißt es, die Mitglieder sollten direkt mit dem Leiter reden – grundsätzlich eine zu befürwortende Praxis, wenn damit eine Bereitschaft zu ehrlicher Reflexion signalisiert wird. In missbräuchlichen Systemen wird dazu jedoch nicht aufgrund von Reflexionsbereitschaft der Verantwortlichen aufgefordert, sondern weil jene Leitenden auf diesem Wege schnellstmöglich an die kritischen Information gelangen wollen, um »nicht regimekonforme« Mitglieder einzuschüchtern und zum Schweigen zu bringen. Letzteres geschieht schwerpunktmäßig im Rahmen der Verkündigung. Kritische Gedanken gegenüber Leitern werden darin so sehr verurteilt, dass schwere Schuldgefühle gezielt hervorgerufen werden – eine wirksame Methode, um Menschen mundtot zu machen und sie mit ihren Gedanken zu isolieren. Denn wenn sie wagen, etwas anzusprechen, weil sie konstruktiv kritisch mitdenken wollen, gilt dieses Verhalten im System als inakzeptabel. Mitglieder, die diese Dynamik nicht durchschauen, werden sich gegenseitig kontrollieren, sodass niemand mehr wagt, das Schweigen über mancherlei Missstände zu brechen.

2. Mystische Manipulation (*mystical manipulation*)

Besondere Erfahrungen der Gruppe oder des Leiters sowie auch spontane Erlebnisse Einzelner dienen als Beweis, dass es sich um eine besondere und einzigartige Gemeinschaft handelt, mit einem besonderen Auftrag, einer herausragenden Berufung und einem speziellen Mandat, das als herausragender und wichtiger gilt als alles andere. Diese Erfahrungen sollen ferner eine besondere göttliche Autorität oder geistlichen Fortschritt oder spezielle Gaben und Talente demonstrieren. Ein Elitedenken entsteht. Ein Beitritt zu dieser Gemeinschaft wird entsprechend interpretiert als göttliche Führung, Auserwählung etc. – ein Grund, warum es nicht möglich ist, diese Gruppe einfach wieder zu verlassen, ohne sich gegen diese (scheinbare) göttliche Führung aufzulehnen.

Aufgrund dieser »hohen Berufung« wird alles andere im Leben zweitrangig oder gar unbedeutend. Alles, was dem großen Sendungsauftrag entgegentritt, wird bekämpft: durch Verhalten, Sanktionen unterschiedlicher Art und durch Lehre. Die häufige Folge davon: extreme Unausgewogenheit im Lebensstil, Erschöpfung, Ausbrennen etc.

Christen und Christinnen, die in ihrem Glaubensalltag durchaus mit übernatürlichen Führungen und Fügungen rechnen, brauchen hier eine gute Unterscheidungsfähigkeit. Die Frage ist, wo sie es in ihrem Leben mit Gottes Übernatürlichkeit zu tun haben, und wo sie in der Gefahr stehen, etwas Gefährlichem auf den Leim zu gehen, das nur den Schein des Übernatürlichen hat.

Ein wichtiges Kriterium zum Umgang mit solchen Fügungen scheint mir, gut zu prüfen, ob solche Erfahrungen Menschen in ihrer persönlichen Gottesbeziehung stärken, oder ob dadurch im Wesentlichen die Bindung (Abhängigkeit) zu einer Gemeinde oder Gruppe stärker wird. Für die Beantwortung dieser Frage könnte eine Einschätzung von außerhalb des Systems sehr wichtig sein.

Es kann also vorkommen, dass manches, was gut begann – inszeniert und begleitet von Gott –, nach einiger Zeit eine ungute Wende erlebt. Wenn z. B. die Leitung beginnt, manipulativ zu führen, statt Gott weiter zu vertrauen und ihm zu folgen. Obwohl sie einen tragischen Verlauf nehmen, werden sich solche Systeme immer auf die erstaunlichen Dinge berufen, die anfänglich dazu geführt haben, diese Arbeit zu beginnen oder dieser Gemeinschaft beizutreten.

In diesem Zusammenhang will ich auch den missbräuchlichen Umgang mit den in 1. Korinther 14 erklärten »Geistesgaben« Aufmerksamkeit schenken. Ich halte diese Gaben für eine kostbare Ausrüstung, die Gott seiner Gemeinde auch heute noch zur Verfügung stellt. Und als solche habe ich sie selbst vielfältig erlebt.

Dennoch können sie in missbräuchlichen Kontexten unterschiedliche Probleme verursachen:

1. Wenn sie echt sind – sprich: wenn Gott inmitten solcher Kontexte übernatürlich handelt (durch Heilung, durch prophetische Worte des Trostes, der Ermutigung, etc.), – werden sie von den Systemen leider oft als Legitimation benutzt, ihren inzwischen von Grenzüberschreitung und Verletzung geprägten Weg weiterzugehen. Nach dem Motto: »Seht doch: Gott ist mit uns und interveniert bei uns in dieser Weise!« Warum Gott inmitten missbräuchlicher Systeme so handelt, weiß er sicher selbst am besten. Die Antwort, die ich für

möglich halte, lautet: weil Gott in seiner Gnade dem Einzelnen begegnen will – egal, wo er oder sie steht. Er will helfen und zurechtbringen. Was er in aller Wahrscheinlichkeit jedoch nicht möchte, ist, durch die Übernatürlichkeit der Geistesgaben den missbräuchlichen Führungsstil der Leitung legitimieren. Eine passende Interpretation ist hier von äußerster Wichtigkeit.

2. Wenn sie nicht echt sind und nur so getan wird, als ob – wenn sie also letztlich der soeben beschriebenen »Übernatürlichkeit« entbehren: Menschen tun dann beispielsweise nur so, als hätten sie eine Offenbarung von Gott erhalten, in Wirklichkeit jedoch haben sie diese Information aus einer sehr natürlichen Quelle bezogen.
   In manchem System werden beispielsweise persönliche Details aus der Seelsorge nicht im Rahmen der erforderlichen Schweigepflicht behandelt, sondern nach Gutdünken an Leitungskreise weitergegeben. Wenn solche Informationen dann als übernatürliche Eingebungen von Gott verkauft werden und die Menschen dieser Lüge Glauben schenken, ist es verständlich, dass solche Leiter zunächst an Autorität gewinnen und dass ihre Macht gestärkt wird. Denn Mitglieder der Gruppe ziehen daraus falsche Schlüsse, nach dem Motto: »Wenn jemand solche Informationen von Gott bekommt und so von ihm gebraucht wird, dann muss diese Person ja in all ihrem Tun die Gunst Gottes haben.«

3. Aufgeladene Sprache (*loaded language*)

Viele soziale Gruppen entwickeln im Laufe der Zeit einen eigenen Jargon, quasi eine gruppeninterne Sondersprache, über die sie sich identifizieren. Das ist nicht weiter problematisch, sondern eher Ausdruck ihrer Identität.

In absolutistischen, totalitären oder missbräuchlichen Systemen wird die Sprache jedoch viel stärker mit Worten und Sätzen aufgeladen, die eine neue Bedeutung erhalten. Die Mitglieder verstehen sie – oft unbemerkt – im Sinne der neuen Interpretation. Diese Sprache hat die Fähigkeit, das Denken der Mitglieder einzuengen und kritische Denkfähigkeit auszuschalten. Der Druck, die eigenen Ideen und Meinungen von der normalen Sprache in den Gruppenjargon zu übersetzen, zwingt die Mitglieder, ihre Aussagen zu zensieren und »auf Linie« zu bringen, sodass spontane Äußerungen von Kritik oder Opposition verlangsamt werden. Das führt dazu, negative oder widerstrebende Gefühle zu verdrängen oder wenigstens nicht zu äußern. Allmählich werden das Sprechen im Insiderjargon und die entsprechenden inneren Haltungen zur zweiten Natur. Oft sind es Worte um ein gewisses Glaubenssystem herum.

Auch in manchen christlichen Systemen kann eine aufgeladene Sprache mit neuen Wortbedeutungen entstehen. Die Auswirkung ist manipulativ. Typische Begriffe, die anders gefüllt werden können, sind in diesen Kontexten häufig die folgenden:

Loyalität, Verbindlichkeit, negativ reden, Einheit halten, Unterordnung, Gehorsam, im Glauben handeln, Hingabe und Dienen, Berufung, Treue, Vergebungsbereitschaft, das Kreuz tragen etc.

Beispiele:

- *Einheit*
  Ursprüngliche Bedeutung des Wortes: vereint oder eins sein bzw. zusammenstehen trotz Unterschiedlichkeit und Vielfalt innerhalb der Gemeinde Jesu
  Neue Bedeutung des Wortes: konform sein und konform denken.
  Wenn dann z. B. in einer Gemeinschaft um Einheit gebetet wird, was vielen Christen ein Anliegen ist, oder dazu aufge-

fordert wird, Einheit zu halten, nehmen Außenstehende dieses Gebet als etwas Gutes und zu Befürwortendes wahr. Die Insider des Systems hören jedoch: Wir beten gerade dafür, dass jedes abweichende, andersartige Denken verschwindet und »eingenordet« wird. Dies ist das angestrebte Ziel.

- *Loyalität*
  Ursprüngliche Bedeutung: Unterstützung, die eine Person einer anderen Person in schwierigen Situationen gewährt, indem sie sich an getroffene Vereinbarungen hält. Neue Bedeutung: auch ohne je eine Vereinbarung getroffen zu haben, wird erwartet, in allen Belangen hinter der Gemeindeleitung zu stehen, selbst wenn sie falsche, verletzende Dinge tut; es wird ggf. sogar erwartet, korrupte Handlungen zu decken – gemäß der Haltung: das Ziel rechtfertigt die Mittel.
- *Treue*
  Ursprüngliche Bedeutung des Wortes: sie ist ein moralischer Begriff, vor allem im Kontext verbindlicher Partnerschaft.
  Veränderte Wortbedeutung: Gemeindemitgliedschaft wird mit dem Ehebund verglichen. Dieselbe Treue der Gruppe gegenüber wird erwartet. Das System darf niemals verlassen werden, egal, was geschieht oder vorgefallen ist.
  Exkurs: in manchen Systemen wird Ehepartnern nahegelegt, ihre Partner zu verlassen, wenn diese der Gemeinde kritisch gegenüberstehen. Ihnen wird suggeriert, dass sie Gott gegenüber untreu sind, wenn sie ihrem Ehepartner folgen, der das System verlassen will.
- *Vergebungsbereitschaft* (»siebzigmal siebenmal« vergeben – vgl. Matthäus 18,22; Hfa)
  Ursprüngliche Wortbedeutung: die Bereitschaft, einem Menschen, der an einem schuldig geworden ist, zu verzeihen und dessen Schuld in die Hände Gottes loszulassen und darauf

zu vertrauen, dass Gott sich weiter darum kümmern wird; auf Rache verzichten, aber durch angemessene Grenzen den anderen daran hindern, weiteren Schaden anzurichten und damit immer weiter schuldig zu werden; bei Straftaten und Akten des Missbrauchs Täter und Täterinnen zur Verantwortung ziehen; Vergebungsbereitschaft sollte nie gegen Übernahme von Verantwortung ausgespielt werden.
Veränderte Wortbedeutung: Unrecht unter den Teppich kehren; nicht klären und benennen, was falsch gelaufen ist; wahrhaft geistlich zu sein, bedeutet hier, dem anderen immer sofort zu verzeihen und sein Unrecht weiter zu dulden und zuzulassen.
Anmerkung: Das Verständnis von Vergebungsbereitschaft in der veränderten Version lässt viele Christen in missbräuchlichen Situationen verharren, obgleich es für alle Betroffenen besser wäre, eine starke, wirksame Grenze zu ziehen. Ein Beispiel dafür sind Menschen, die im Rahmen einer falsch verstandenen Vergebungsbereitschaft den Missbrauch durch ihren Ehepartner lange Jahre ertragen, mit der Konsequenz, dass dabei sie und ihre Kinder fast zugrunde gehen und die missbrauchende Person immer tiefer in ihre Schuld hineingerät. Ein weiteres Beispiel sind Gemeindeglieder, die ebenfalls aufgrund der Verdrehung des biblischen Vergebungsbegriffes Unglaubliches von Machtmenschen erdulden, statt sie mit ihrer Schuld zu konfrontieren und sich ggf. aus ihrem Einflussbereich zu entfernen.

- *Hingabe und Dienen*
  Ursprüngliche Wortbedeutung: sich in der Verantwortung vor Gott und aus Liebe zu ihm im Kontext der eigenen Lebensaufgabe einsetzen – im Kleinen und Großen; sich dafür einsetzen, dass anderen geholfen wird, dass es anderen »leich-

ter wird, zu leben, zu lieben, zu leiden und zu glauben«. Veränderte Wortbedeutung: sich völlig verausgaben, hörig alles tun, was bestimmte Menschen und Systeme von einem erwarten; gebotene Selbstfürsorge wird als Egoismus definiert, während der Dreiklang des «höchsten Gebotes« – Gott zu lieben und seinen Nächsten wie sich selbst – ignoriert wird.

- *Reich Gottes*
  Ursprüngliche Bedeutung: Gott baut sein Reich auf dieser Erde, und Menschen, die ihn lieben und ihm folgen, sind Mitarbeiter und Mitarbeiterinnen in den verschiedenen Aufgabenfeldern in dieser Welt – so wie es ihnen deutlich wird.
  Veränderte Wortbedeutung: Der Aufbau des »Reiches Gottes« ist im elitären Sinne nur die Arbeit in der eigenen Gemeinde oder Gemeindebewegung. Oder zumindest ist die eigene Gemeinde der einzige Bereich, wo die Mitglieder selbst tätig werden dürfen. Sobald sie sich anderweitig orientieren, wird ihnen »geistliches Fremdgehen« vorgeworfen, was verurteilt wird, weil Gott ihnen ja schließlich in der eigenen Gemeinde eine klare Platzanweisung gegeben hat, der sie Folge zu leisten haben.
- *Rebellion*
  Ursprüngliche Bedeutung: Auflehnung gegen Gott und seine Anweisungen und Werte.
  Veränderte Wortbedeutung: jede Art von Andersdenken, ehrlich seine Meinung sagen und eigenverantwortliche Entscheidungen vor Gott treffen; Gehorsam (auch Gott gegenüber) beinhaltet im Sinne eines missbräuchlichen Systems, alles zu tun, was Leiter von einem fordern, ggf. in allen Lebensbereichen.

- *Glauben*
  Ursprüngliche Bedeutung: sich mit seinem Leben Gott anvertrauen und ihm zutrauen, dass er Erstaunliches tun kann.
  Veränderte Wortbedeutung: wenn Mitglieder bestimmter religiöser Systeme aufgefordert werden, Gott zu glauben und zu vertrauen, beinhaltet dies oft die Erwartung, dass sie die Missstände aushalten, die Augen davor verschließen und ohne Aufbegehren weiter im System funktionieren. In manchen Systemen kann es auch bedeuten, dem Druck, Geld zu spenden, nicht weiter zu widerstehen. Es heißt, wenn man Gott »glaube«, werde man viel Geld geben – bis hin zu unverantwortlichen Beträgen –, denn dies sei ja schließlich »Glaube«.
  Hinweis: Außergewöhnliche Glaubensschritte auch im Umgang mit Geld können Resultat einer sehr persönlichen inneren Entwicklung sein, dürfen aber niemals aufgrund von Gruppendruck oder anderer manipulativer Interventionen zustande kommen.
- *Diese Gemeinde hat eine besondere Berufung*
  Ursprüngliche Wortbedeutung: diese Gemeinde hat – wie jede andere auf dieser Erde – einen speziellen Auftrag, eine Bestimmung.
  Veränderte Wortbedeutung: diese Gemeinde hat einen Auftrag wie keine andere. Sie ist herausragender als alles um sie herum.

Die in dieser Weise manipulierte Sprache ist ein Instrumentarium, durch das die Überzeugungen des Systems vermittelt werden. Die benutzten Floskeln bewerten Verhalten oder geben Orientierung, wie die Mitglieder zu denken haben.

Hinweis Dr. Liftons: Da sich Sprache und logisches Denken in demselben Teil des Gehirns befinden, ist die Folge der Schaffung einer eingeschränkten Sprache, mit der sich alle auszudrücken haben, die Einschränkung des Denkens überhaupt. Eigene Gedanken werden bis hin zur Kritikunfähigkeit zusammengedrückt – mit der Konsequenz, dass Gedankengut, Lehrinhalte und Überzeugungen der Gruppe unangreifbar gemacht werden.

Das ist eine Beobachtung, die ggf. auch in aktuellen gesellschaftlichen Entwicklungen achtsam in den Blick genommen werden sollte. Eigenständiges Denken in religiösen Systemen wie auch in allgemein gesellschaftlichen Kontexten ist ein wertvolles Gut.

4. Die Heilige Wissenschaft (*sacred science*)

Die »Heilige Wissenschaft« ist das »Paket« des Wissens und der Weisheit, das in missbräuchlichen Systemen nicht hinterfragt werden darf. Die Gruppe präsentiert eine Glaubenslehre bzw. ein Narrativ, das die Mitglieder nicht zu hinterfragen haben. Dort, wo sie sich dieser Lehre anpassen und fügen, entsteht ein gutes Gefühl (emotionale Erfahrung), welches die Lehre bestätigt. Dort, wo sie anderer Meinung sind oder alternative Ideen haben, gelten sie als unmoralisch, verächtlich oder verblendet. Aber der Leiter, der als Sprachrohr Gottes gesehen wird, ist über alle Kritik erhaben.

Wenn wir diese Definition auf christliche Systeme übertragen, fällt unsere Aufmerksamkeit auf zwei Bereiche: auf die Grundwerte des Glaubens sowie auf die Beziehungsdynamiken im christlichen Miteinander.

Was die Grundwerte und Inhalte des christlichen Glaubens betrifft, äußert sich Christus selbst zu seiner eigenen Bedeutung für den Weg des Heils und der Versöhnung mit Gott (vgl. Johannes 3,16; Johannes 14,6).

Wenn wir uns mit Sektierertum und Bewusstseinskontrolle in frommen Kontexten aus christlich ethischer Sicht befassen, gilt es zweierlei zu überprüfen:

a. Glaubensinhalte einer christlichen Gruppe
   Stimmen sie mit der biblischen (Gesamt-)Botschaft überein? Besteht die Bereitschaft, umstrittene Themenbereiche wirklich zu erforschen? Geht es um ein ehrliches Verstehenwollen der Absichten Gottes? (Vgl. auch meine Ausführungen zum Thema Bibelverständnis.)
b. Dynamiken im Miteinander
   Wie wird biblische Botschaft vermittelt? Können die gelebten Beziehungsdynamiken auf dem Hintergrund christlich ethischer Werte bestehen?

Dort, wo Gottes Geist wirkt, werden Manipulation und Druck unnötig. Haltungen der Liebe, der Freiheit, des gegenseitigen Loslassens und des gegenseitigen Respektes können als wahrhaft christliche Werte gelebt werden, wenn wir Gottes Geist Raum geben.

Typische Bereiche, in denen sich ganze Gemeindesysteme in unguter, machtmissbrauchender »Schräglage« befinden können, sind folgende:

- eine aufgrund des biblischen Befundes fragwürdige Definition von Leitung und Unterordnung
- starke Leistungsorientierung
- Gesetzlichkeit mit der dazugehörigen Bewertung und Beschämung
- Druck auf Mitglieder, sich verändern zu müssen, um okay zu sein; vergessen wird dabei, dass es zum Kern der christlichen

Botschaft gehört, sich der Annahme Gottes im Hier und Jetzt sicher sein zu dürfen und dass Gott selbst Raum und Kraft gibt für wichtige Entwicklungs- und Veränderungsprozesse

- elitäres Denken: die Überzeugung, einen im Gegensatz zu anderen Christen besonderen Auftrag zu haben und die daraus resultierende Vorstellung, dass mit dem Verlassen der Gruppe/Gemeinde automatisch Ungehorsam Gott gegenüber und der Verlust der »wahren« Berufung einhergehen

5. Forderung von Reinheit (*demand for purity*)

Die Forderung von Reinheit beinhaltet in diesem Zusammenhang die Erwartung einer gewissen Perfektion, die durch die Regeln der Gruppe definiert wird. Zur Reinheit gehört es, dass Mitglieder dem »Paket des Wissens« – der Glaubenslehre der Gruppe – gegenüber gehorsam sind. Selbstverantwortung wird abgelehnt. Zweifel sind nicht erlaubt. Es gibt ein starkes Schwarz-Weiß-Denken.

Religiös missbräuchliche Systeme vertreten meist die Ansicht, dass es in einer gegebenen Situation nur *eine* richtige Art gibt, zu denken, zu reagieren oder zu handeln. Es gibt kein Dazwischen, keinen Raum zur Entwicklung. Von den Mitgliedern wird erwartet, dass sie sich selbst und andere nach diesem Alles-oder-nichts-Schema beurteilen. Im Namen dieser Reinheit ist alles erlaubt: Sie ist die Rechtfertigung für die interne Moral und den ethischen Code der Gruppe. In manchen Gruppen wird direkt gelehrt, dass der Zweck die Mittel heiligt – und wie der Zweck (d.h. die Gruppe) rein ist, sind die Mittel nichts anderes als Werkzeuge, um diese Reinheit zu verwirklichen – ganz gleich, wie korrupt oder herzlos sie sein mögen.

Zu der Forderung von Reinheit gehört z. B. das ständige Erzeugen von Schuld- und Schamgefühlen, die Menschen letztlich von der Gruppe abhängig machen. Die Gruppe sagt: »Wir lieben dich, weil du tust, was wir sagen«, und das bedeutet, dass Menschen fallen gelassen werden, wenn sie einen Augenblick lang nicht tun, was erwartet wird. Die Forderung von Reinheit beinhaltet darüber hinaus auch, dass die Außenwelt diffamiert und negativ bewertet wird (was zusätzlich einen milieukontrollierenden Aspekt hat – vgl. Punkt 1).

In Abgrenzung dazu gibt es natürlich auch im nicht missbräuchlichen Kontext Grenzen zwischen Schuld und Rechtschaffenheit – und diese sollen hier nicht niedergerissen werden – oder unterschiedliche Sichtweisen aufgrund unterschiedlicher Interpretationen des biblischen Befundes. Die Frage, die sich hier jedoch stellt, ist, wie mit Menschen umgegangen wird, die sich eigenverantwortlich anders entscheiden. Schaffen es alle Beteiligten, ggf. aufgrund einer Wertekollision in eine konstruktive Auseinandersetzung zu gehen – ohne Beschämung und Abwertung? Können sich die Konfliktparteien respektvoll gegenseitig stehen lassen, ggf. mit der Konsequenz getrennter Wege?

6. Beichtkult (*cult of confession*)

Die Gruppe definiert, was falsch und richtig ist. Dort, wo es Niederlagen und Differenzen gibt zwischen der maßgeblichen Lehre der Gruppe und der eigenen Erfahrung, ist dies zu bekennen. Mittels der Beichte werden Mitglieder dazu gebracht, vergangenes und gegenwärtiges Verhalten, Kontakte mit anderen sowie unerwünschte Gefühle offenzulegen – angeblich, um sich zu entlasten und frei zu werden.

Manche Gruppen verlangen eine moralische Inventur, und zwar nicht einmalig, sondern ständig, was die Betroffenen jederzeit bis ins Innerste durchschaubar macht. Besonders charakteristisch für den Kult des Bekennens ist die Tatsache, dass der Inhalt des Bekenntnisses (der Beichte) später gegen die Person eingesetzt wird, um sie zu manipulieren und in den Griff zu bekommen.

In christlichem Kontext ist dieser Punkt besonders bemerkenswert wie auch fatal. Das Bekennen von Schuld voreinander und vor Gott – recht verstanden – kann etwas Befreiendes sein: eine Entlastung, zu der Menschen in der Bibel ermutigt werden. Es ist so wohltuend, tatsächliche Schuld zu bekennen und von Gott und dem Menschen, der das Bekenntnis hört, nicht verurteilt, sondern mit Klarheit, Liebe und Barmherzigkeit behandelt zu werden. Hinzu kommt ggf. die Konsequenz, Verfehlungen im Blick auf die Menschen wieder in Ordnung zu bringen, denen ich geschadet habe (wie z. B. im 12-Schritte-Programm der Anonymen Alkoholiker – Schritte 8 und 9). Auch das führt zu Entlastung im Leben.

Die entscheidende Frage ist aber, ob dieses Bekennen im Zusammenhang von Gnade und der Barmherzigkeit Gottes praktiziert wird und die Betroffenen durch Vergebung wirklich Entlastung erfahren, oder ob die Beichte nur der Versuch ist, Überlegenheit und Macht über Menschen zu erlangen. Letzteres ist leider heute in bestimmten christlichen Systemen der Fall:

- Menschen werden mit (vermeintlicher) Schuld konfrontiert und manchmal unter beschämenden Bedingungen zum Bekenntnis der Schuld gedrängt.
- Das Bekennen führt daher nicht zu der versprochenen Entlastung – besonders dann nicht, wenn die Information ohne Erlaubnis an andere, meist übergeordnete Leiter, weitergegeben wird. Von ihnen hört die Person dann Predigten, Bewertungen, Ermahnungen und Beschämungen, die einschüchtern, den Selbstwert untergraben und verunsichern. Oft geschehen diese Dinge in solch subtiler Weise, dass niemand auf die Aussagen »festgenagelt« werden kann.
- Vergangene Bekenntnisse werden möglicherweise gegen die Person verwendet, wenn sie plötzlich ausbricht und den Mut

hat, ihre Meinung zu sagen – mit dem Ziel, sie einzuschüchtern und ihre Glaubwürdigkeit vor anderen zu untergraben.

- In der Glaubenspraxis der katholischen Kirche haben zahlreiche Gläubige erlebt, dass Beichte von ihnen erwartet wurde – ganz gleich, ob dazu ein persönliches Bedürfnis vorlag. Diese Erwartung war gekoppelt an eine dauerhafte Überbetonung des Themas »Schuld«, aufgrund derer viele ihre Verfehlungen bekannten – jedoch oft, ohne danach Erleichterung zu erfahren: entweder weil die Bedingungen, unter denen das Bekenntnis geschah, als beschämend und herabwürdigend erlebt wurden, oder weil den Bekennenden dabei noch ein Katalog von Bußübungen auferlegt wurde, den es abzuleisten galt. Die Freiheit, die eigentlich nach einer ernsthaften Bitte um Vergebung jedem Menschen von Gottes Seite zugesagt ist, fiel dabei offensichtlich gänzlich unter den Tisch. Diese Praxis ist m. E. biblisch nicht zu rechtfertigen.

7. Die Lehre ist wichtiger als die Person (*doctrine over person*)

Die persönlichen Erfahrungen der Mitglieder müssen der »heiligen Wissenschaft« (Punkt 4) untergeordnet werden, und jede gegenteilige Erfahrung muss geleugnet oder uminterpretiert werden, um sie der Ideologie der Gruppe anzupassen. Die Lehre ist wichtiger als die Person.

Mitgliedern einer sektiererischen Gruppierung bzw. eines religiös missbräuchlichen Gemeindesystems wird beigebracht, die Wirklichkeit mit den Begriffen der Gruppe zu interpretieren und ihre eigenen Gefühle, Erfahrungen und Bewertungen zu ignorieren. In vielen Gruppen werden sie aus den unterschiedlichsten Gründen dazu aufgefordert, ihre eigenen Wahrnehmungen außer Acht zu lassen oder entsprechend der Lehrmeinung der Gruppe zu bewerten.

In bestimmten christlichen Systemen kann das z. B. in Form folgender Botschaften erfolgen:

- »Wenn du in einer bestimmten Weise fühlst oder denkst – anders als das System – (wenn dir z. B. eine bestimmte Art der Gottesdienstform unangenehm ist, weil sie laut und aufdringlich ist, oder dir bestimmte Aussagen in der Verkündigung widerstreben, weil sie keine Wertschätzung dem Einzelnen gegenüber beinhalten), zeigt sich darin das Maß deiner Verkehrtheit und Rebellion. Es ist ein Zeichen von mangelnder oder fehlender Geistlichkeit. Deine Gedanken oder Gefühle sind von der Finsternis bestimmt. Widerstehe ihnen!«
- »Dass du noch nicht geheilt bist, hat mit deinem Mangel an Glauben zu tun. Vielleicht gibt es auch noch Sünde in deinem Leben, die Heilung verhindert. Denn unsere Lehre sagt: Gott heilt – und wenn es bei dir noch nicht Realität geworden ist, liegt die Ursache bei dir.«
- »Dass du mit bestimmten Nöten in deinem Leben zu kämpfen hast, zeigt, dass du falsch bist oder etwas falsch machst. Wenn du genug beten würdest, gäbe es deine Eheprobleme (oder andere Nöte) nicht.«

Der Vorrang der Lehre vor der Person tritt im christlichen Kontext z. B. dann zutage, wenn der Grundsatz der Liebe nicht zählt, der Menschen auch dann noch in Wertschätzung begleitet, wenn Probleme sich nicht sofort lösen; oder wenn Geschehnisse und das Leben überhaupt entsprechend der Lehre der Gruppe interpretiert und alle Erfahrung den Ansprüchen der Doktrin untergeordnet werden.

In einem Umfeld, in dem die Lehre wichtiger ist als die Person, kann es möglich sein, dass Menschen mit Sanktionen rechnen müssen, wenn sie die Details der Lehre (»heilige Wissenschaft« – vgl. Punkt 4) nicht glauben und sich nicht damit »eins machen«.

Das totalitäre System begegnet »abweichenden Tendenzen« mit der Anschuldigung, dass das Andersdenken mit Problemen zusammenhängt, die in der Person begründet sind. Ob sich Mitglieder noch eine eigene Meinung bewahren, hängt von verschiedenen Faktoren ab: wie gefestigt sie in ihrer früheren Identität waren, wie stark das Milieu mit Denkvorstellungen von außen durchdrungen ist und inwiefern sich Mitglieder die Fähigkeit zur individuellen Erneuerung erhalten haben.

8. Zu- und Aberkennung der Existenzberechtigung (*dispense of existence*)

Das totalitäre Denken und das Milieu religiös missbräuchlicher Gruppierungen stützen die Vorstellung, die Mitglieder seien Teil einer elitären Bewegung, für die sich ein ganzer Lebenseinsatz lohnt. Nichtmitglieder gelten als minderwertig – nicht immer wird das klar formuliert, aber es wird entsprechend gehandelt – und sind mit Argwohn zu betrachten und ggf. sogar abzulehnen, falls sie sich der Gruppe nicht anschließen oder ihr gegenüber kritisch sind. Die Atmosphäre ist von der Überzeugung geprägt: »Wir sind die Besten, die Einzigen, die besonders Beauftragten, die mit besonderer Erkenntnis Ausgestatteten.« So kommt es, dass die Welt außerhalb der Gruppe jede Glaubwürdigkeit verliert. Folglich sollte jedes Mitglied, das die Gruppe verlässt, ebenfalls abgelehnt werden.

Den Mitgliedern wird vermittelt: »Genau an diesem Platz kommt deine Berufung wirklich zur Geltung. Hier kannst du dich einsetzen.« Oder aber das Gegenteil: »Die Gemeinde ist so wichtig, dass du froh sein kannst, zu diesem göttlichen Unternehmen dazuzugehören.« Persönliche Gaben und Berufungen, die sonst in der Christenheit Gewicht haben, zählen nicht mehr. Sinngemäßes Zitat eines entsprechenden Leiters: »Es geht nicht mehr um die persönliche Berufung jedes Einzelnen. Sondern es geht um die Vision der Gemeinde, der sich jede persönliche Berufung unterzuordnen hat.«

Diese Art elitären Denkens schafft die Voraussetzung für die Einschläferung des Gewissens der Mitglieder und öffnet ihnen die Bahn, als Agenten einer überlegenen Gruppe Außenstehende zum Nutzen der Gruppe zu manipulieren und zu rekrutieren. Abgesehen von der Stärkung der Wir-gegen-alle-Mentalität bedeutet dieses Denken, dass die gesamte Existenz der Mitglieder auf das Gruppendasein zentriert und reduziert ist. Wer geht, sieht sich dem Nichts gegenüber.

Oft wird diese Haltung auch subtiler ausgedrückt: als negative Bewertung dessen, was außerhalb der Gruppe geschieht, oder durch die Betonung der eigenen Bedeutung. Es wird z. B. vermittelt: »Wenn du nicht zu uns gehörst, befindest du dich nicht ›an der Frontlinie‹, wo das Eigentliche geschieht.«

Manche Gruppen und Gemeinden leben ihre elitäre Haltung in bedrohender und einschüchternder Weise, indem sie sehr drastisch beschreiben, was mit denen passieren wird, die die Gruppe verlassen. Durch diese Art der Einschüchterung und durch prophezeite Festlegungen wird versucht, die Gruppenmitglieder zu binden. Darin liegt zugleich eine Anmaßung, über die Existenzberechtigung anderer zu urteilen.

Es wird Mitgliedern z. B. gesagt,

- dass sie den Schutz Gottes verlieren, wenn sie gehen – sie werden möglicherweise sterben oder Unglück und Krankheit erleben,

- dass sie die Rettung oder das Heil verlieren,
- dass sie sich damit konfrontiert sehen werden, nirgends geistlich Fuß zu fassen – als »Konsequenz des Ungehorsams«,
- dass sie ihre Bedeutung oder Berufung verlieren.

Manche Gruppen drohen auch konkret mit Mord und Gewalt. So war es damals in der Gemeinde *People's Temple* in Chicago in den 1970er-Jahren. Eine Situation, die weltweit durch die Presse ging. Eine Gemeinde, die engagiert, Jesus liebend, Menschen wertschätzend und für alle Rassen offen begann und aufgrund der Korruptheit eines Leiters, seiner subtilen Manipulation und seines Machthungers im Massenselbstmord in Guyana endete. Auch vor dem tragischen Finale wurden Menschen vielfältig bedroht, wenn sie sich dem System nicht unterordneten.

Solche Prognosen erzeugen ein so großes Angstpotenzial in Menschen, dass viele es nicht schaffen zu gehen. Menschen, die es dennoch schaffen, haben derartige Drohungen manchmal so sehr verinnerlicht, dass sie diese letztlich glauben und entsprechend unter großer Angst leben.

Die unterschiedlichsten Probleme, die sich für Betroffene nach dem Ausstieg zeigen, gelten im Denken des Systems immer als Beweis dafür, dass sie mit dem Ausstieg einen großen Fehler begangen haben.

Daher ist es für Missbrauch-Überlebende wichtig, andere Gründe zu verstehen, die den Hintergrund für so manche aufbrechende Not bilden.

Hintergründe vielfältiger persönlicher Probleme nach dem Ausstieg:

- Die Traumatisierung an sich bringt viele psychische und physische Krankheitssymptome mit sich, die das Leben nach dem Ausstieg behindern.
- Die Traumatisierung hat Auswirkung auf die Beziehungen der Betroffenen. Die existenzielle Erschütterung des Vertrauens kann bestehende Beziehungen belasten und es erheblich erschweren, neue Beziehungen zu beginnen. Beispiel: Aufgrund der sehr rigiden, patriarchischen Familienstrukturen bestimmter Bewegungen und der darin erlebten vielfältigen Verletzungen innerhalb von Ehen scheint es für manche Betroffene nach dem Ausstieg kaum möglich, an ihrer Ehe festzuhalten.
- Manche Probleme brechen auf, weil sie bereits vor der Involvierung in das System existiert haben. Während der Zeit im System wurden Nöte unterdrückt und deshalb nicht mehr wahrgenommen – nicht, weil es sie nicht mehr gegeben hätte, sondern weil sie nicht sein durften und deshalb verdrängt wurden.
- Bedrohliche Prognosen und manipulative Gebete und Aussagen während der Zeit im System können negative Auswirkungen haben (z. B. massive Ängste auslösen).
- Dunkle Einflüsse hinterlassen ihre Spuren und versuchen auch weiter alles, um Freiheit zu verhindern oder zu erschweren. Der nicht selten vielfältige Widerstand auf dem Weg aus

dem Missbrauch heraus fordert von Betroffenen in der Regel Mut und Durchhaltevermögen.

Bedingungen für Gedankenumbildung nach Dr. Margaret T. Singer[146]

Dr. Margaret T. Singer, eine Expertin in der Begleitung von Kultaussteigern und -aussteigerinnen, nennt sechs Kriterien, die erfüllt sein müssen, um Menschen zu einer Gedankenumbildung zu führen:

1. Sorge dafür, dass eine Person sich dessen nicht bewusst ist, was vor sich geht und wie sie sich Stück für Stück verändert.

Es ist entscheidend, dass die Leute am Anfang nicht mitbekommen, worum es wirklich geht. Unter Anleitung des Leiters werden sie durch eine Reihe von Erfahrungen geführt, die an der Oberfläche einen Sinn zu haben scheinen, der mit ihren Bedürfnissen und Wertvorstellungen übereinstimmt, während es auf einer anderen Ebene darum geht, Interessierte oder Neulinge dazu zu bringen, blind zu gehorchen und ihre Autonomie, ihre persönlichen Beziehungen und ihr Glaubenssystem aufzugeben. Die Existenz einer solch doppelbödigen Zielsetzung führt in einen Prozess der sachlich nicht aufgeklärten Zustimmung.[147]

2. Kontrolliere die Umgebung und das Umfeld einer Person und besonders ihre Zeit.

Neue Mitglieder werden durch verschiedene Methoden beschäftigt und dazu geführt, sich mit der Gruppe und ihren Inhalten zu befassen, und zwar so lange wie möglich während der Zeiten, in denen sie wach sind.

Auch in Gruppen christlicher Couleur mit missbräuchlichen Tendenzen ist diese Beschreibung ein immer wieder zu beobachtendes Phänomen. Menschen sind außerhalb ihrer beruflichen Tätigkeit rund um die Uhr für das System tätig oder werden mit seinen Gedanken konfrontiert. Andere Aspekte des Lebens haben keinen Raum mehr. Dieser Punkt deckt sich mit dem ersten Kriterium aus dem Katalog Robert Liftons: der Milieukontrolle.

3. Erzeuge in der Person gezielt ein Gefühl der Ohnmacht.

Dieses Gefühl der Ohnmacht wird erreicht, indem Mitglieder für eine Zeit von ihrem normalen sozialen, sie unterstützenden Umfeld ferngehalten und in eine Umgebung gebracht werden, wo die Mehrheit der Leute bereits Gruppenmitglieder sind. Die Mitglieder dienen als Modelle für Haltungen und Verhaltensweisen der Gruppe und sprechen die gruppeninterne Sprache.

Der gruppendynamische Prozess setzt Menschen unter den Druck, sich konform zu verhalten, wenn sie dazugehören wollen.

4. Stelle ein System von Belohnung und Strafe auf und steuere die Erfahrungen so, dass das Verhalten, das die frühere soziale Identität der Person reflektiert, unterdrückt wird.

Das missbräuchliche Ziel beinhaltet, dass sich eine Person nicht mehr auf ihre frühere Wahrnehmung verlassen kann und dass sie so eine neue Identität annimmt. Dadurch wird die Abhängigkeit von der Gruppe deutlich gestärkt, denn sie muss sich nun ständig nach außen hin bzw. an dem Verhalten ihres neuen Umfeldes orientieren.

Während eigene Wahrnehmungen und Überzeugungen abgelehnt werden, wird das entstehende Vakuum mit Denk- und Verhaltensweisen der Gruppe aufgefüllt. Dies kann auch nur teilweise geschehen.

5. Schaffe ein System von Belohnung und Strafe und steuere die Erfahrungen so, dass das neue Mitglied die Ideologie der Gruppe, ihr »Glaubenssystem« und ihre Verhaltensnormen verinnerlicht.

Für richtiges Verhalten und das Befolgen der Glaubensüberzeugungen wird den Gruppenmitgliedern mit sozialen oder auch materiellen Belohnungen begegnet, während jegliches Hinterfragen, das Ausdrücken von Zweifeln sowie Kritik mit Missbilligung, Widerstand und möglicher Ablehnung beantwortet werden. Zu dem Arsenal der Strafen gehören Verlust der Wertschätzung durch andere, Verlust von Privilegien oder Minderung des Status, was Angst und Schuldgefühle hervorruft.

6. Entwickle ein in sich geschlossenes System von Logik und eine autoritäre Machtstruktur, die keine Rückmeldung zulässt und ohne Zustimmung oder Anordnung der Leitung nicht geändert werden kann.

Die Gruppe hat eine streng hierarchische Struktur. Die Leitenden sorgen dafür, verbal niemals zu verlieren. Wer es wagt, Dinge in Frage zu stellen oder auf Widersprüchlichkeiten innerhalb des Glaubenssystems hinzuweisen oder auf Aspekte, die im Gegensatz zu dem stehen, was gesagt wurde, wird verunsichert. Solchen Personen wird ggf. das Wort im Munde herumgedreht, um zu beweisen, wie falsch sie als Kritiker liegen.

Ein therapeutischer Hinweis in Anlehnung an die Ausführungen von Madeleine L. Tobias und Janja Lalich[148]

Prozesse der Bewusstseinskontrolle haben Auswirkung auf Menschen, die ihnen ausgesetzt waren. Für therapeutische Prozesse ist ein Erfassen dieser Einflüsse von hohem Wert. Festhalten möchte ich:

- Die Zugehörigkeit zu einem »High-Demand-System« ist keine vorübergehende Erscheinung im Leben einer Person, die nach dem Ausstieg einfach vorbei ist.
- Das Hineingeraten oder Involviertsein in ein religiöses Missbrauchssystem kann nicht nur als Resultat einer vorhandenen Pathologie eines Menschen oder seiner Prägung erklärt werden.

Für Betroffene kann es vielfältige Gründe geben, warum sie sich professionelle Hilfe suchen (sollten):

- Sie erleben, dass emotionale Nöte, die sie vor der Mitgliedschaft im Missbrauchssystem hatten, wieder zutage treten.
- Sie haben Schwierigkeiten damit, zu »funktionieren« und das Leben zu genießen, zu arbeiten, zu entspannen und zu lieben.
- Sie sind von einer Reihe von Gefühlen überwältigt (wie Depression, Angst, Schuld, Scham, Zorn etc.).
- Sie rutschen hinein in veränderte Geistesverfassungen oder leiden unter Albträumen, Schlaflosigkeit, sich aufdrängenden Gedanken über das in der Gruppe erlebte Trauma, Panikattacken, Gefühllosigkeit und/oder unter dem Gefühl der Entwurzelung und der Entfremdung von anderen.

Viele dieser genannten Symptome beziehen sich auf eine Posttraumatische Belastungsstörung, die sich allgemein bei Opfern von Gewalt jeglicher Art finden lässt.

Kapitel 7

Leitung und Unterordnung – Impulse zum Nachspüren

Ich glaube, dass die Grenzverletzungen, die ich in den Ausführungen dieses Buches thematisiere, vielfach darauf beruhen, dass Menschen nicht richtig verstehen, was Leitung und die damit einhergehende Verantwortung wirklich beinhaltet – und was auch nicht. Dasselbe gilt für Unterordnung, die in bestimmten Systemen häufig betont wird. Und es gilt sowohl für diejenigen, die die Grenzen anderer überschreiten, als auch für die Menschen, die sich nicht gegen solche Grenzüberschreitungen wehren (können).

Die Autoren eines christlichen Klassikers zum Thema sagen:

> *Das Phänomen des geistlichen Missbrauchs ist tatsächlich in der Gemeinde Christi zu finden. Diejenigen, die geistlichen Missbrauch an anderen ausüben, sind in ihren ungesunden Glaubensüberzeugungen genauso gefangen wie die, die sich bewusst oder unbewusst missbrauchen lassen.*[149]

Von dieser Aussage können wir u. a. ableiten, dass eine der Ursachen religiösen Missbrauchs in christlichen Settings darin liegt, dass im Blick auf wichtige Aspekte des Miteinanders unter Christen Verwirrung herrscht.

Wie kommen diese unguten Glaubensüberzeugungen zustande?

Ich habe im Laufe meiner Ausführungen beschrieben, wie ungute Überzeugungen, die Missbrauch begünstigen, im Leben von Betroffenen entstehen. In den folgenden Kapiteln werde ich mögliche Hintergründe beschreiben, warum Menschen dazu kommen, die Grenzen anderer zu überschreiten.

In den Ausführungen dieses Kapitels geht es mir darum, die Aufgabe der Leitungsverantwortung zu reflektieren: zum einen bestimmte Charakterqualitäten, die wir im biblischen Befund finden, und zum anderen Aspekte der Macht, die Leitenden einfach von ihrer Rolle her gegeben ist.

Ich bin mir darüber im Klaren, dass meine Ausführungen keine vollständige Behandlung dieser höchst komplexen Thematik darstellen können. Deshalb möchte ich sie als Impulse zum Nachspüren verstehen.

Es ist m. E. sehr empfehlenswert, sich mit Literatur zu befassen, die Leitung als Schwerpunkt behandelt und dies auf dem Hintergrund unterschiedlicher Fachrichtungen tut. Wenn sich dabei unterschiedliche Konfessionen zu Wort melden und das Thema theologisch in der Verantwortung vor Gott durchdrungen wird, ist viel gewonnen.

Gedanken zur Gabe der Leitung in einer Gemeinde

Leitung ist eine Gabe

Festhalten möchte ich als Erstes: Leitung ist eine Gabe, die von Gott kommt und die ihm wichtig ist. Aber sie ist eine Gabe neben anderen Gaben. Der Apostel Paulus schreibt dazu in seinem Brief an die Gemeinde in Rom:

So wie euer Körper viele Teile und jeder Körperteil seine besondere Funktion hat, so verhält es sich auch mit dem Leib Christi. Wir sind alle Teile seines einen Leibes, und jeder von uns hat eine andere Aufgabe zu erfüllen. Und da wir alle in Christus ein Leib sind, gehören wir zueinander, und jeder Einzelne ist auf alle anderen angewiesen. Gott ist gnädig und hat uns unterschiedliche Gaben geschenkt. Hat Gott dir zum Beispiel die Gabe der Prophetie gegeben, dann wende sie an, wenn du überzeugt bist, dass Gott durch dich redet. Besteht deine Begabung darin, anderen zu dienen, dann diene ihnen gut. Bist du zum Lehren berufen, dann sei ein guter Lehrer. Wenn du die Gabe hast, andere zu ermutigen, dann mach es auch! Wer Geld hat, soll es aus freien Stücken und ehrlich mit anderen teilen. Hat Gott dir die Fähigkeit verliehen, andere zu leiten, dann nimm diese Verantwortung ernst. Und wenn du die Begabung hast, dich um andere, die es nötig haben, zu kümmern, sollst du es mit fröhlichem Herzen tun.

Römer 12,4-8

Die Gabe des Leitens wird je nach Übersetzung auch mit anderen Begriffen bezeichnet: z. B. »die (Ober-)Aufsicht haben über«, »beaufsichtigen«, »Vorsteher (einer Gemeinde) sein«, »Verantwortung übernehmen« oder »eine Leitungsaufgabe versehen«.

Und wie es schon der Begriff »Gabe« selbst deutlich macht: Die Leitungsgabe soll anderen etwas »geben«, andere »beschenken«. Mit dieser Gabe soll das Leben innerhalb der Gemeinde Jesu einfacher werden. So beschreibt Petrus das Miteinander, das unter Christen möglich werden darf, mit folgender Aufforderung: »Jeder soll dem anderen mit der Begabung dienen, die ihm Gott gegeben hat« (1. Petrus 4,10a; Hfa). Jeder Mensch bekommt Raum zu dienen, und jeder darf und soll Dienst empfangen. Pfarrer Paul Deitenbeck formulierte ein wichtiges Ziel unseres gemeinsamen

Glaubens an Jesus Christus mit den schlichten, aber zutiefst lebensverändernden Worten:

> »Unser Leben darf und soll dazu beitragen, dass es Menschen leichter wird, zu leben, zu lieben, zu leiden und zu glauben.«

Und für die Gabe der Leitung gilt dieses Ziel in gleicher Weise. Das Ausüben einer Leitungsfunktion soll es Menschen leichter machen, »zu leben, zu lieben, zu leiden und zu glauben«. Es soll Menschen ermöglichen, ihren persönlichen Weg des Glaubens zu entdecken und in eine eigene vertrauensvolle Beziehung zu Gott hineinzufinden.

Die Verantwortung leitender Menschen in christlichen Zusammenhängen ist groß. In einem Artikel zum Thema »Geistlichen Missbrauch aufdecken und verhindern« der Herder-Sonderpublikation *Gefährliche Seelenführer*, betonen die Autoren, dass die sehr konkrete Verantwortung der »Seelenführer« für die Seelen, die sich ihnen anvertrauen, zu keinem Zeitpunkt vernachlässigt und unangemessen spiritualisiert werden darf. Gerade für Formen der geistlichen Begleitung bedürfe es der Supervision und der institutionalisierten Selbstreflexion der Betreuerinnen und Betreuer.

> Geistlicher Missbrauch ist alles andere als ein pastorales Bagatelldelikt, und geistliche Leitung hat sich nicht an den Bedürfnissen und subjektiven Vorlieben der Leitenden, sondern an Gott und den Menschen auszurichten, für die sie ein Segen sein sollen.«[150]

Leitung bedarf bestimmter Charaktereigenschaften und Haltungen

Die Gabe der Leitung beinhaltet Verantwortung – sehr oft große Verantwortung – und Einfluss auf andere Menschen. Deshalb geben das Alte und das Neue Testament Hinweise darauf, mit welchen Haltungen eine Leitungsfunktion ausgeübt und gelebt werden soll. Den biblischen Autoren und Jesus selbst war es wichtig, hier bestimmte Voraussetzungen zu beschreiben, weil ihnen bewusst war, wie groß die Auswirkungen von Leiterschaft sein können – im Guten wie im Schlechten.

Es folgen exemplarisch einige Aussagen zum Thema Leitung und Einfluss sowie eine Beschreibung der Charaktereigenschaften und Haltungen derer, die im christlichen Sinne eine Leitungsfunktion ausüben.

Altes Testament

2. Mose 18,13-27

Während seines Besuches bei Mose erkennt dessen Schwiegervater Jitro die Überforderung seines Schwiegersohnes in dem Bemühen, allein für das Volk Israel Recht zu sprechen. Er rät ihm, unter anderem zur Einsetzung von Richtern, für die er Mose wichtige Kriterien mit auf den Weg gibt. Er leitet seinen Rat mit den Worten ein: »Höre nun auf meine Stimme, ich will dir raten, und Gott wird mit dir sein!« Die Kriterien, die die Männer zu erfüllen haben, die zukünftig für das Volk in der Wüste Recht sprechen sollen, sind folgende:

Sie sollen tüchtig, gottesfürchtig, zuverlässig (also treu und wahrhaftig) sein sowie ungerechten Gewinn hassen (vgl. 2. Mose 18,21; ELB).

1. Samuel 16,1-13

Nachdem sich der israelitische König Saul aufgrund seines kontinuierlichen Widerstands gegen Gott für sein Amt disqualifiziert hatte, sollte sich Samuel aufmachen, um einen neuen König für Israel zu salben. Samuel war geneigt, dem zu vertrauen, was er vor Augen sah und was er aus seiner (menschlichen) Perspektive ansprechend fand. Doch Gott zeigte ihm im Prozess, worauf es ankommt: »Der Mensch sieht auf das, was vor Augen ist, aber der Herr sieht auf das Herz« (1. Samuel 16,7; ELB). Und so salbte Samuel schließlich David zum König.

Es war Davids Herzenshaltung – sein tiefer Respekt vor Gott und sein Vertrauen zu ihm –, die ihn für die Aufgabe des Königs qualifizierte. Diese innere Einstellung hatte er viele Male unter Beweis gestellt und tat es auch weiterhin bis zu seinem endgültigen Amtsantritt, der noch eine ganze Weile auf sich warten ließ, und darüber hinaus.

Hesekiel 34,1-10 (ELB)

Gott kritisiert hier,

- dass sich die »Hirten Israels selbst weiden« (V. 2), dass also Leiter in ihrer Aufgabe nur ihren eigenen Vorteil suchen,
- dass sie die »Schwachen nicht gestärkt«, das »Kranke nicht geheilt«, das »Gebrochene nicht verbunden«, das »Versprengte nicht zurückgebracht und das Verlorene nicht gesucht« haben (V. 4),
- dass sie »mit Härte und Gewalt geherrscht« haben (V. 4),
- dass sie nicht auf die Herde achteten, sodass sie »den Tieren des Feldes« ungeschützt ausgeliefert war (V. 5),
- dass sie »die gute Weide [abge]weidet« und »den Rest der Weide mit [ihren] Füßen zerstampft« haben, während sich

die Herde von dem ernähren musste, was sie zerstampft haben (V. 18),
- dass sie selbst das klare Wasser getrunken und das restliche mit ihren »Füße[n] getrübt« haben (V. 19), sodass die Schafe nun das verdreckte Wasser trinken müssen,
- dass sie »die Schwachen mit Seite und Schulter verdräng[en] und mit [ihren] Hörnern stoß[en]«, bis sich die Herde »nach draußen zerstreut« (V. 21).

Gott stellt sich gegen »Hirten«, die in dieser Weise mit seinen »Schafen« – dem Volk Gottes – umgehen. Er erwartet das Gegenteil von ihnen (vgl. die Beschreibung des guten Hirten in Hesekiel 34,11-16).

Neues Testament

Matthäus 20,25-28

Jesus sagt hier:

> *»Ihr wisst, dass in dieser Welt die Könige Tyrannen sind und die Herrschenden die Menschen oft ungerecht behandeln. Bei euch soll es anders sein. Wer euch anführen will, soll euch dienen, und wer unter euch der Erste sein will, soll euer Sklave werden. Der Menschensohn ist nicht gekommen, um sich bedienen zu lassen, sondern um anderen zu dienen und sein Leben als Lösegeld für viele hinzugeben.«*

Jesus beschreibt die Haltungen von Menschen, die für das Reich Gottes bedeutend sein möchten. Sie sollen:

- Menschen nicht ungerecht behandeln, sie nicht tyrannisieren
- bereit sein, Diener zu sein
- sich nicht bedienen lassen

Hebräer 13,17

Der Schreiber des Hebräerbriefes beschreibt Menschen in einer geistlichen Führungsrolle folgendermaßen:

- sie wachen über die Seelen der ihnen Anvertrauten
- sie werden Gott Rechenschaft darüber geben müssen

Ich sehe in diesen Erläuterungen zwei wesentliche Grundhaltungen erklärt:

- eine Haltung der Ehrfurcht vor Gott und des Respektes seiner Person gepaart mit dem Wunsch, in aufrichtigem Einvernehmen mit Gott unterwegs zu sein, und dem Wissen, dass jeder Mensch sein Leben und Handeln vor Gott zu verantworten hat,
- die Haltung echter Liebe zu den Menschen, die ein tragendes Element wahrer Beziehungsfähigkeit darstellt.

Bewertung von Leitungsverhalten

Martin R. De Haan II., Präsident der *RBC Ministries,* beschreibt in seinem Artikel »How to identify a dangerous religious group?«[151] unter anderem fünfzehn Prüfkriterien, anhand derer sich gefährliche religiöse Gruppen bzw. deren Leiter erkennen lassen. Ihm scheint es wichtig zu sein, die »Früchte des Geistes«, von denen der Apostel Paulus in Galater 5,22-23 schreibt, als Maßstab im Blick zu haben, wenn wir uns auf Personen, die eine geistliche Leitungsfunktion ausüben, verlassen wollen. Die von ihm gestellten Fragen lauten (teilweise geringfügig ergänzt):

1. Zeichnen sich Leitende aus durch Ehrfurcht und Demut oder durch Taktlosigkeit, Aufdringlichkeit und Arroganz? (Vgl. 2. Korinther 10,18)
2. Sind sie liebenswürdig und sanft oder fordernd? (Vgl. 2. Timotheus 2,24-26)
3. Zeigen sie selbst Respekt anderen Autoritäten gegenüber (Freunden wie Feinden)? (Vgl. 2. Petrus 2,10-12; Judas 8-10)
4. Zeigen sie Respekt und Liebe anderen Leitern gegenüber? (Vgl. 1. Korinther 3,1-9)
5. Fördern sie persönliche Wahrnehmung und Unterscheidungsfähigkeit sowie persönliches Wachstum und Reife derer, die sie leiten? Oder hegen sie Abhängigkeit und Unterordnung? (Vgl. Apostelgeschichte 17,11; Epheser 4,11-16)
6. Beuten sie ihre Mitglieder finanziell aus? (Vgl. 1. Petrus 5,2; 2. Petrus 2,3)
7. Ist Treue in ihrer Partnerschaft Teil ihrer Lebensführung? (Vgl. 2. Petrus 2,14)
8. Sagen sie die Wahrheit, und sind sie bereit, schuldhaftes Verhalten respektvoll zu konfrontieren? Oder sagen sie ihrer Gruppe nur das, was sie hören will? (Vgl. 2. Timotheus 4,3-4) Oder – auch diese Version ist nicht selten – beinhaltet ihre Verkündigung Beschämung, Abwertung, Einschüchterung und einen Mangel an Gnade?
9. Sind sie bereit, ihre eigenen Interessen zum Wohl der Gruppe zurückzustellen? Oder lassen sie sich von denen, die sie leiten, hofieren? (Vgl. Philipper 2,3-4)
10. Richten sie die Aufmerksamkeit und Loyalität ihrer Mitglieder auf Jesus Christus, oder fokussieren sie deren Aufmerksamkeit auf sich selbst? (Vgl. Apostelgeschichte 20,28-31; 3. Johannes 9-10)

11. Leiten sie, indem sie ihre eigene Wichtigkeit herausstellen, oder leiten sie durch Information, Ermutigung und das persönliche Vorbild? (Vgl. 1. Petrus 5,1-4)
12. Sind sie bereit, als gleichwertig gesehen zu werden? Leben sie auf Augenhöhe mit anderen? (Vgl. Matthäus 23,8-12)
13. Wird ihre Gruppe geliebt oder gehasst aufgrund ihres persönlichen Glaubens und ihrer Treue Christus gegenüber oder wegen der eigenartigen Lehren und Interpretationen des Gründers/Leiters? (Vgl. 1. Timotheus 1,3-7)
14. Können sie ihre Mitglieder durch Liebe, Vorbild und Lehre halten? Oder nur, indem sie ihnen Angst davor einjagen, die Gruppe zu verlassen? (Vgl. Galater 2,11-21)
15. Entsprechen sie den Qualifikationen eines geistlichen Leiters, oder handelt es sich um begabte Männer und Frauen mit fragwürdigem Charakter? (Vgl. 1. Timotheus 3,1-7)

Ein Blick auf Ein- oder Unterordnung

Bevor wir diese Begriffe näher anschauen, erscheint mir der Hinweis wichtig, dass die biblischen Autoren Anweisungen zur Ein- und Unterordnung auf dem Hintergrund der soeben beschriebenen Grundlagen geben. Das heißt:

Die biblischen Autoren geben den Gemeinden nicht die Anweisung, sich herrschenden und ihre Macht missbrauchenden Leitern unterzuordnen.

Im Gegenteil: Im zweiten Korintherbrief empört sich Paulus über das Verhalten einer falschen Unterordnung. Er schreibt:

Schließlich hört ihr, die ihr euch für so weise haltet, offenbar gern Leuten zu, die Unsinn reden! Ihr nehmt es hin, wenn sie euch zu Sklaven machen, euch alles wegnehmen, was ihr besitzt, und euch übervorteilen, wenn sie vornehm tun und euch ins Gesicht schlagen.

2. Korinther 11,19-20

Der Begriff der Unterordnung ist im deutschen Sprachraum mit ganz viel Unbehagen gekoppelt. Selbst diejenigen unter uns, die wissen, dass wir in der Bibel in unterschiedlichen Zusammenhängen dazu aufgefordert werden, uns (einander) unterzuordnen, hören diese Aufforderung oft mit gemischten Gefühlen. Warum? Weil die Lehre der Unterordnung gesellschaftlich und auch kirchengeschichtlich immer wieder dazu benutzt wurde, um Unterdrückung zu etablieren – auch im Gemeindekontext, in Ehebeziehungen oder anderen Settings.

Ein- bzw. Unterordnung – so wie ich sie aus dem Gesamtkontext der Bibel verstehe – ist jedoch eine Anweisung, die das Ziel hat, das Leben christlicher Gemeinschaft in geordnete Bahnen zu lenken. Sie beschreibt eine Ordnung, die Schutz und Segen ermöglichen soll.

Unterordnung ist eine angemessene Reaktion auf unterschiedliche Verantwortlichkeiten. Sie zeigt sich keineswegs darin, unterwürfig alles zu tun und mitzumachen, was erwartet wird. Wahre Unterordnung zeigt sich zunächst in der Bereitschaft, sich einzuordnen, dann aber auch in dem Übernehmen von Verantwortung, die sich in Mitdenken und einer unterstützenden, wertschätzenden Haltung äußert, einschließlich notwendiger, konstruktiver Kritik.

Personen, die Leitungsverantwortung tragen, tun gut daran, die Impulse der Menschen um sie herum ernst zu nehmen und sie ehrlich zu reflektieren. Nachdem sie dies getan haben, gilt es ihrerseits, in Verantwortung vor Gott und den Menschen Entscheidungen zu treffen.

Ein- bzw. Unterordnung beinhaltet dann, sich in das einzufügen, was in dem Verantwortungsbereich des anderen entschieden wurde, solange es nicht dem Wort Gottes eindeutig widerspricht, und dies dann auch zu unterstützen. Wenn einem das aufgrund der eigenen Werte nicht möglich ist, werden sich Wege sinnvollerweise trennen müssen.

Noch einmal grundsätzlich: Biblische Aufforderungen zur Unterordnung haben das Ziel, ein geordnetes Miteinander zu ermöglichen (vgl. 1. Petrus 5,5; Hebräer 13,17).

Der Schreiber des Hebräerbriefes macht darauf aufmerksam, dass ein Mangel an angemessener Einordnung Menschen in Leitungsverantwortung das Leben sehr schwer machen kann. Und das ist eine ernst zu nehmende Aussage. Es ist schade, wenn Leitende, die ihre Aufgabe in Fairness und Uneigennützigkeit zu erfüllen versuchen, im Rahmen dieser Aufgabe schwer unter Menschen leiden, die nicht bereit sind, sich einzuordnen. Oft sind das Menschen, die ihren Widerstand bei machtmissbrauchenden Leitern gar nicht gewagt hätten. Doch die Freiheit in der Atmosphäre motiviert sie weder zu Dankbarkeit noch dazu, sich angemessenen einzubringen – in einer Haltung des Sich-einordnen-Wollens, in Respekt vor der Leitungsaufgabe des anderen. Stattdessen ist die Freiheit für sie der Auftakt des Einforderns von (vermeintlichen) Rechten. Der Hebräerbrief weist darauf hin, dass ein mangelndes Verständnis von angemessener Einordnung – bis hin zu einer ausgewachsenen Leitungsphobie – sehr notvolle Folgen für alle Beteiligten nach sich ziehen kann.

Unterordnung beinhaltet also keinesfalls das schweigende Hinnehmen jeder Situation, sondern ein ehrliches, respektvolles sich einbringen in die Situation und in Entscheidungsprozesse einer Gemeinschaft. Gleichzeitig beinhaltet Unterordnung die Bereitschaft, sich dort einzufügen, wo Entscheidungen von den Verantwortungsträgern getroffen wurden – solange sie dem Wort und den Werten Gottes nicht widersprechen und solange klar ist, dass die Leitenden ihre einflussreiche Position nicht dazu missbrauchen, auf Kosten anderer ihren eigenen Vorteil zu suchen.

Wo ist Unterordnung angemessen?

Ein- und Unterordnung sind dort angemessen, wo andere Menschen Verantwortung tragen. Dort, wo sie diese Verantwortung nicht haben (z. B. in dem Bereich der persönlichen Lebensentscheidungen anderer), kann auch keine Unterordnung erwartet werden.

Ein Randbereich sind die Werte einer Gemeinde (wie an anderer Stelle erwähnt). Wenn eine Gemeinde für einen bestimmten Wertekodex steht, den sie transparent erklärt hat, wäre die Erwartung, sich an diese Werte zu halten, nichts Missbräuchliches. Wenn Mitglieder damit nicht übereinstimmen, können aufgrund der vorhandenen Wertekollision getrennte Wege sinnvoll sein.

Der Fürsorgeauftrag der Gemeinde

Leitung ist im Rahmen ihres Hirtenauftrags durchaus ethisch verantwortlich und muss auch Standpunkte einnehmen. In einem Kontext ethischer Beratung und geistlicher Begleitung sollte ein solcher Einfluss aber niemals auf das Verordnen (vermeintlich oder real) richtiger Lösungen abzielen, sondern auf die Befähigung zu eigener Einsichts- und Urteilsfähigkeit.[152]

Hierarchie in Gemeinden

In Matthäus 20,25-28 spricht sich Jesus eindeutig gegen ein Machtgefälle aus, das auf ein Beherrschen und Beherrschtwerden hinausläuft. Pastor Ken Blue schreibt dazu:

> *Die Apostelgeschichte und die Briefe des Neuen Testamentes zeigen, dass sich die frühe Kirche noch an die auf Gleichheit gerichteten Ideale ihres Gründers hielt. Die Leiter lebten mitten unter dem Volk und zeichneten sich durch ihre Dienstbereitschaft aus. Erst im Lauf der Zeit bildeten sich in der Kirche wieder hierarchische Strukturen, gegen die sich Jesus so deutlich ausgesprochen hatte.*[153]

Ken Blue stellt im Verlauf seiner Ausführungen die Gegebenheiten des Alten Testamentes den durch Pfingsten entstandenen gegenüber. Im Alten Bund gab es eine hierarchische Struktur im Volk Gottes:

> *Ganz oben standen die Leiter, Männer Gottes: Propheten, Priester, Könige usw. Diese Leiter waren abseits vom Volk […] Was diese Männer auszeichnete, war eine Salbung durch den Heiligen Geist. Die meisten Heiligen in alttestamentlichen Zeiten besaßen den Heiligen Geist nämlich nicht. Er war einigen ausgewählten, älteren, männlichen Personen vorbehalten. Sie waren als Leiter vom Volk abgesondert worden.*[154]

Doch mit Pfingsten und damit mit dem Zeitalter der Gemeinde wurde alles anders:

> *In den letzten Tagen, spricht Gott, werde ich meinen Geist über alle Menschen ausgießen. Eure Söhne und Töchter werden weissagen, eure jungen Männer werden Visionen haben und eure*

alten Männer prophetische Träume. In diesen Tagen werde ich meinen Geist sogar über alle meine Diener, ob Mann oder Frau, ausgießen, und sie werden weissagen.
Apostelgeschichte 2,17-18

Dazu erklärt Blue:

Im Alten Bund war es den gesalbten Propheten vorbehalten zu weissagen, doch im Neuen Bund ist diese Einschränkung aufgehoben. Jetzt haben alle Gläubigen den Heiligen Geist […] Diese gemeinschaftliche Erfahrung des Heiligen Geistes bedeutet auch, dass alle weiteren Unterschiede, auf die sich Hierarchien stützen könnten, abgeschafft sind […] Auf diesem Hintergrund wird auch die radikale Aussage des Apostels Paulus in Galater 3,28 verständlich: »Hier ist nicht Jude noch Grieche, hier ist nicht Sklave noch Freier, hier ist nicht Mann noch Frau; denn ihr seid allesamt einer in Christus Jesus.« Das Dienstverhältnis ist nicht länger hierarchisch, sondern charismatisch, d. h. gabenorientiert.[155]

In 1. Korinther 12 wird ausführlich beschrieben, wie Gott den Leib Christi mit den verschiedenen Gaben zusammengefügt und gedacht hat.

Die Gabe der Leitung ist eine Gabe unter vielen, die alle vor Gott gleichwertig sind.

Das gilt auch für die Gaben des fünffältigen Dienstes (Apostel, Propheten, Hirten, Lehrer, Evangelisten). Christus aber, ist das Haupt dieses Leibes.

In Epheser 4,11-14 geht Paulus auf die Aufgaben des fünffältigen Dienstes ein und sagt ausdrücklich, dass diese Gaben dazu bestimmt sind, die Heiligen für das Werk des Dienstes zuzurüsten, mit dem Ziel, dass sie in eine Reife und Mündigkeit hineinkommen, die nichts gemeinsam hat mit einer Abhängigkeit von Leitenden missbräuchlicher Systeme, in denen sich manche als Apostel und Propheten bezeichnen.

Bemerkenswert erscheint mir außerdem, dass der Apostel Paulus seine Briefe immer an die gesamte Gemeinde richtet, statt sie an die Gemeindeleitung zu adressieren. Dies impliziert ebenfalls, dass Hierarchien im Gemeindeleben der Urkirche nicht vorhanden waren.

> *So schreibt Paulus, wenn er Änderungen im Gottesdienst anweist, auch nicht an den entsprechenden Verantwortlichen, sondern an die Gemeinde. Wenn er ein seelsorgerliches Problem behandelt, nimmt er nicht den Weg über den Pastor, sondern wendet sich direkt an die Menschen. Wenn es ihm um verwaltungstechnische Fragen geht, spricht er nicht zu den Verwaltern, sondern zur gesamten Gemeinde. Niemals wählt Paulus eine besondere Geistlichkeit aus, die er für die innerkirchlichen Zustände verantwortlich macht und von der er die Ausführung seiner apostolischen Anweisungen verlangt.*[156]

Auf diesem Hintergrund sind m. E. auch die Verse zu verstehen, die von missbräuchlich Leitenden oft benutzt werden, um Menschen zu beherrschen (z. B. Hebräer 13,17; 1. Thessalonicher 5,12-13; 1. Korinther 16,16). Die Unterordnung, von der hier die Rede ist, verstehe ich auf der Basis des neutestamentlichen Gesamtkontextes so, dass Menschen ihre Leitungsgabe dienend neben Menschen mit anderen Gaben leben und ausführen, als dienende Leiterschaft oder leitende Dienerschaft.

Kapitel 8

Verantwortung in der Gemeinde

Die Aufgabe der Leitung – keine leichte Herausforderung

In diesem Kapitel möchte ich darüber nachdenken, warum Verantwortung innerhalb der Gemeinde Jesu manches Mal so ungut gelebt wird. Und das tue ich mit Respekt vor jeder Person, der es darum geht, ehrlich und aufrichtig in dieser herausfordernden Aufgabe zu stehen und zu bestehen. Im »Reich Gottes« Verantwortung zu tragen, eine Gemeinde, ein Werk oder einen anderen christlichen Bereich im Sinne Gottes zu leiten, ist alles andere als leicht. Und das nicht nur, weil die Gemeinde Jesu allein von ihrer Zusammenstellung her schon eine herausfordernde Truppe von Menschen darstellt – Menschen, die aus allen möglichen Hintergründen und Bildungsständen stammen und die sich unter anderen Umständen vermutlich nie zusammengefunden hätten. Darüber hinaus ist diese Aufgabe auch deshalb so herausfordernd, weil es spirituelle Dimensionen gibt, die zu berücksichtigen sind – Kräfte, die daran interessiert sind, Gottes gute Absichten mit Menschen und christlicher Gemeinschaft zu sabotieren.[157]

Eine sehr wirksame Sabotage ist alles, was mit Grenzüberschreitung und Missbrauch innerhalb der Gemeinde Jesu zu tun hat. Um dieser Zerstörung entgegenzuwirken, möchte ich das Thema von zwei Seiten her betrachten:

1. Aus dem Blickwinkel der Menschen, deren Grenzen überschritten wurden (ein Schwerpunkt dieses Buches): Sie möchte ich unterstützen, den Missbrauch zu erkennen und sich nicht weiter missbrauchen zu lassen. Ich möchte aber auch Wege der Heilung aufzeigen.
2. Aus dem Blickwinkel derer, die Grenzen anderer überschritten und die ihre Macht, die ihnen durch eine bestimmte Verantwortung gegeben war, missbraucht haben (ein Schwerpunkt dieses Kapitels): Ich wünsche mir, dass Mut entsteht, das eigene Leben regelmäßig vor Gott zu reflektieren und – falls nötig – aus grenzüberschreitendem Umgang mit Menschen auszusteigen, die Hintergründe des eigenen Verhaltens ehrlich zu erforschen und angemessene und mögliche Wiedergutmachung zu leisten.

Umgang mit Macht

Bevor ich in diesem Kapitel die Ursachen näher beleuchte, die ungut gelebter Verantwortungsträgerschaft oder Leitungsverantwortung zugrunde liegen, werde ich das Thema »Macht« in den Blick nehmen.

In der Beurteilung der Qualität von Beziehungsdynamiken in christlichen Umfeldern ist ein erstes Augenmerk darauf zu richten, wie Macht – als grundsätzlich neutraler Faktor – in Beziehungen gelebt wird. »Macht ist die Gesamtheit der Mittel und Kräfte, die einer Person oder einer Sache anderen gegenüber zur Verfügung stehen.«[158] Macht und Einfluss gehören zu unserem Leben und finden sich in alltäglichen Beziehungen sowie im normalen Repertoire jeder Führungskraft wieder.

Macht ist gegeben, um zu schützen, zu bewahren, zu erhalten, zu ermöglichen, zu fördern, umzusetzen und durchzuführen.[159]

Machtverhältnisse können in Beziehungen unterschiedlich aussehen. Zum einen gibt es symmetrische Beziehungen, in denen Macht ausgeglichen ist. Zum anderen gibt es die von der Rolle her asymmetrischen Beziehungen oder solche, in denen die Asymmetrie eher mit einer gewachsenen Beziehungsdynamik zu tun hat. Schwierig wird es, wenn ein bestehendes Machtgefälle ausgenutzt wird: etwa ein Vorsprung an Wissen und Erfahrung, persönliche Autorität und Überlegenheit oder eine höhere Position innerhalb einer Hierarchie. Ausgenutzt werden die schwächere Position, die Hilfsbedürftigkeit oder Hingabebereitschaft des Gegenübers.

Wenn Machtmissbrauch in einem Setting Einzug hält, erfüllt Macht nicht ihren eigentlichen Sinn, sondern sie wird stattdessen benutzt, um egozentrische Bedürfnisse[160] zu befriedigen: nach Kontrolle, Bedeutung, Ansehen, Nähe, Selbstwert, Sicherheit oder anderem Gewinn.

»Nur der kann diszipliniert mit seiner Macht umgehen, der sich seiner Macht bewusst ist, der zu ihr steht und sie achtsam nutzt.«[161] Das ist Menschen möglich, die ihre eigene Lebensgeschichte mitsamt der darin enthaltenen Machtbiografie ernst nehmen und sich dauerhaft einem Entwicklungsprozess stellen.

Ein höchst wirksames Mittel dagegen, die eigene Macht missbräuchlich einzusetzen, sieht der Gemeindeberater Christian Schwarz in der Entscheidung, die eigene Macht darauf zu konzentrieren, andere zu bevollmächtigen. Es geht ihm um die Kunst einer bevollmächtigenden Leitung und Begleitung.[162]

Hintergründe für unguten Umgang mit Macht

Es gibt ganz unterschiedliche Gründe dafür, warum Menschen in Leitungspositionen mit ihrer Macht auf ungute Weise umgehen:

1. Missverständnisse im Blick auf die Gabe der Leitung: Unklarheit im Blick auf die Inhalte und Grenzen der Leitungsverantwortung
2. Überforderung:
   a. fehlende Zurüstung und Vorbereitung für diese Aufgabe
   b. Verantwortliche befinden sich mit ihren Gaben und Kompetenzen nicht am richtigen Platz
   c. eigenes Ausbrennen
3. Nicht aufgearbeitete Verletzungen und Defizite derer, die Verantwortung tragen, sowie Lebensverunsicherungen oder innere Fehlentwicklungen:
   a. verletzte Menschen verletzen Menschen
   b. daraus resultierend das Streben nach der Erfüllung eigener Bedürfnisse, ungeachtet derer, die sie leiten
4. Fehlender Überblick
5. Mangel an Verbundenheit mit Gott
6. Mit der Elternschaft Gottes nicht vertraut sein

Dort, wo wir Machtmissbrauch vorfinden, stoßen wir auf die unterschiedlichsten Konstellationen von Ursachen. Die Frage ist, was einzelne Verantwortliche geprägt hat, und was aktuell zu einem unguten Ausleben der Leitungsfunktion führt.

1. Missverständnisse im Blick auf die Gabe der Leitung

Unklarheit im Blick auf die Inhalte und Grenzen der Leitungsverantwortung erschweren das Miteinander im christlichen Miteinander.

Schwierig wird es:

- wenn die Gabe der Leitung nicht im Sinne dienender Leiterschaft (oder: leitender Dienerschaft) ausgeübt wird,
- wenn sie nicht als eine von vielen anderen, ebenso bedeutungsvollen Gaben betrachtet, sondern mit Status in Verbindung gebracht wird (Überhöhung der Funktion).

Missverständnis Nr. 1: Leiten heißt, andere zu beherrschen und zu bestimmen

»Ihr wisst, dass in dieser Welt die Könige Tyrannen sind und die Herrschenden die Menschen oft ungerecht behandeln. Bei euch soll es anders sein.« (Jesus Christus in Matthäus 20,25)

»Damit meine ich nicht, dass wir euch bis ins Kleinste vorschreiben möchten, wie ihr euren Glauben leben sollt. Wir wollen vielmehr mit euch gemeinsam darauf hinarbeiten, dass ihr voll Freude an eurem Glauben festhaltet.« (Paulus in 2. Korinther 1,24)

Religiös missbräuchlichen Systemen – seien es Gemeinden, Beziehungen innerhalb von Seelsorge und geistlicher Begleitung oder andere Settings – liegen meistens Machtgefälle zugrunde, die missbraucht werden. Täter und Täterinnen, die Grenzen überschreiten und über das Leben von Menschen verfügen, finden fromme Rechtfertigungen für ihr Handeln. Sie scheinen die für Jesus unentbehrliche Haltung des Dienens aus den Augen verloren oder neu definiert zu haben. Sie sind davon überzeugt, dass Leiten heißt, im Namen Gottes über andere zu bestimmen.

Es sei an dieser Stelle bemerkt, dass die Struktur einer Gemeinde allein einen möglichen Missbrauch nicht vermeiden kann. Bekanntlich sind die Ursachen missbräuchlichen Handelns vielfältig und letztlich im Denken und im Charakter der jeweiligen Verantwortungsträger zu suchen. Die Struktur einer Gemeinde oder Organisation kann jedoch den Missbrauch begünstigen oder erschweren.

Missverständnis Nr. 2: Leitung ist die wichtigste von allen Gaben und beinhaltet Status

Manche Leitende sehen die Gabe der Leitung nicht als eine von anderen bedeutungsvollen Gaben (vgl. Römer 12,4-8), sondern betrachten sie als die wichtigste und bedeutungsvollste von allen. Sie verbinden die Funktion der Leitung mit Status und merken nicht, dass sich darin eine völlig weltliche Komponente innerhalb eines geistlichen Leitungsverständnisses Bahn bricht.

Tom Marshall beschreibt in seinem Buch *Understanding Leadership* sowohl die negativen Effekte, die ein Statusdenken auf geistliche Leiter haben kann, als auch den Schutz, der darin liegt, im Rahmen eines geistlichen Amtes auf Status zu verzichten. Leiter, die ein Statusdenken für sich ablehnen, gehören für ihn zu den Menschen, denen laut Jesus Macht anvertraut werden kann, ohne dass sie dadurch verführt oder korrupt werden.

Status hat mit Rang und Position innerhalb der Gesellschaft zu tun, und zwar im Vergleich oder in der Beziehung zu anderen. Status ist in der Welt eine erstrebenswerte, nicht materielle Belohnung einer Leitungsposition, für die mancher alles gibt und unglaublich viel in Kauf nimmt. Marshall beschreibt die Auswirkungen von Status bzw. Statusdenken folgendermaßen:

Status hat den Effekt, viele der schädigenden Einflüsse von Macht in den Menschen zu betonen und zu verstärken, die Einfluss und Macht ausüben.
Erstens nährt die Ehrerbietung oder (Hoch-)Achtung, die Status schafft, den Stolz und hegt die Eitelkeit.
Zweitens fördert die Distanz, die Status zwischen Leitern und Gruppe etabliert, Arroganz, indem sie in den Leitern subtil das Denken bewirkt, dass sie irgendwie zu einer Elite gehören und über anderen stehen. Von hier aus ist es nur noch ein kleiner Schritt hin zu dem Glauben, dass andere sie nicht herausfordern oder hinterfragen dürfen oder dass die Standards und moralischen Einschränkungen, die für andere gelten, für sie keine Gültigkeit besitzen.
Drittens macht die persönliche Hervorhebung, die Status den anderen Belohnungen der Macht noch hinzufügt, einen unfreiwilligen Verlust des Amtes so kostspielig, sodass diese Tatsache geradezu sicherstellt, dass der Amtsinhaber versuchen wird, mit allen Mitteln an seiner Position festzuhalten.[163]

Im weiteren Verlauf seiner Ausführungen erklärt Marshall[164] anhand der Geschichte von der Fußwaschung (vgl. Johannes 13,1-17), wie Jesus mit dem Statusdenken seiner Jünger umging. Er wusste, dass sie einander bis dahin nicht deswegen die Füße nicht gewaschen hatten, weil es sich um einen schmutzigen Job handelte, sondern weil diese Aufgabe mit einem geringen Status verbunden war, nämlich dem eines Sklaven. Wie wir in Vers 13 lesen können, bestätigte Jesus, dass er der Leiter (»Meister«, »Herr«) war. Das war ihm sehr bewusst, und er ließ das auch seine Jünger wissen. Aber genau auf der Basis dieser Tatsache wusch er ihnen die Füße und machte so eine geistliche Wahrheit deutlich, die er ihnen ganzheitlich vermitteln wollte:

Bei Leiterschaft handelt es sich um eine spezielle Funktion, die vom Funktionsträger selbst wie auch von anderen bewusst wahrgenommen und respektiert werden sollte, die jedoch in keiner Weise Status beinhaltet.

Statt Statusdenken angemessener Respekt

Der Aspekt von Status ist jedoch nicht zu verwechseln mit der Ehre und dem Respekt Leitenden gegenüber, die ihre Aufgabe gut erfüllen. An Timotheus schreibt Paulus: »Die Ältesten, die der Gemeinde gut vorstehen, die halte man zweifacher Ehre wert, besonders, die sich mühen im Wort und in der Lehre« (1. Timotheus 5,17; LUT). Diese Aufforderung ergibt Sinn, denn die Aufgabe der Leitung ist sehr herausfordernd und kostet die Einzelnen, die sie gut ausüben möchten, in der Regel viel. Sie brauchen die Wertschätzung und Ermutigung der anderen Gemeindeglieder.

Tom Marshall kommentiert dazu:

> *Ehre ist die Anerkennung von Wert, und daher ist Ehre immer gegenseitig: von Menschen ihren Leitern gegenüber und von den Leitern ihren Leuten gegenüber. Dienen beinhaltet für diejenigen, die folgen, ihre Leiter zu ehren und ihnen zu gehorchen (vgl. Hebräer 13,17). Dienen für Leiter bedeutet, die Menschen, die ihnen folgen, zu ehren und das Leben für sie hinzulegen (vgl. Johannes 10,11).*[165]

Dazu eine Anmerkung: Den Leitern zu gehorchen bzw. ihnen zu folgen gilt natürlich nur für die Bereiche, in denen sie Verantwortung tragen. Das ist nicht zu verwechseln mit einem blinden Kadavergehorsam in jedem Lebensbereich, für den man selbst verantwortlich ist.

Ein Verständnis von Leitung kann durch Statusdenken innerhalb der Gemeinde Jesu negativ infiziert werden – ein verdrehtes Verständnis, das vielen unguten Machenschaften Tor und Tür öffnet.

Tom Marshall vertritt die These, dass die Befreiung aus der Statusfalle bei den Leitenden selbst zu beginnen hat. Dabei geht es um die Veränderung ihrer Herzenshaltung. Wenn diese Veränderung stattfindet, ist es, als ob Ketten abfallen. Die ganze Sache verliert ihre verführerische Kraft und ihre verkrüppelnden Zwänge. Ferner wird der Herzensveränderung ein erzieherischer Prozess folgen: Es geht darum, die Statussymbole niederzureißen, die sie persönlich beeinflusst haben, und diese neu gewonnenen Wahrheiten auch an die Gemeinde oder Gruppe weiterzugeben.

Verzicht auf Leitungskult

Zum Thema Leitung und Status möchte ich mit zwei Begebenheiten aus dem bekannten Film *Braveheart* mit Mel Gibson schließen:

Der Film spielt Anfang des 14. Jahrhunderts in Schottland und beschreibt eine wahre historische Episode. Die beherrschende Macht der Engländer jener Zeit regierte und versklavte die schottische Bevölkerung in brutalster Weise. Die zentrale Figur des Filmes, William Wallace, wurde aufgrund eines schrecklichen persönlichen Verlustes vom Pazifisten zum leitenden Freiheitskämpfer des Landes. Seither versucht er unermüdlich, die Menschen davon zu überzeugen, sich nicht weiter versklaven und missbrauchen zu lassen.

Eines Tages ist er mit den schottischen Edelleuten, der Führungsschicht des Landes, im Gespräch, die sich aufgrund persönlicher Vorteile, die der englische König Longschenk ihnen bietet, einwickeln lassen und ihm deshalb nicht widerstehen. Das Leid, das dadurch für die Bevölkerung entsteht, ist unermesslich. William Wallace konfrontiert die Edelleute mit den Worten:

»Ihr seid so sehr damit beschäftigt, Euch um die Abfälle von Longschenks Tafel zu balgen, dass Ihr darüber Euer gottgegebenes Recht auf Besseres verwirkt. Zwischen uns besteht ein Unterschied: Ihr denkt, es gibt die Menschen dieses Landes nur, damit sie Euch zu Eurem Stand verhelfen. Ich denke, es gibt Euren Stand nur, damit Ihr den Menschen hier zur Freiheit verhelft. Und ich werde dafür sorgen, dass sie sie bekommen.«

Eine Szene weiter redet er mit dem schottischen Adeligen und Thronanwärter Robert the Bruce, der ebenfalls nur seine persönlichen Vorteile im Auge hat und sich dementsprechend auch nicht mit den Engländern anlegt, obgleich die Not der Bevölkerung zum Himmel schreit. Der Adelige wird jedoch von Williams Wallace' Worten berührt und verunsichert. Er geht Wallace nach, als dieser die Versammlung der Edelleute verlässt, und kommt mit ihm ins Gespräch. Wallace fordert ihn heraus: »Euer Titel gibt Euch Anspruch auf den Thron dieses Landes. Aber Männer folgen nun mal keinen Titeln, nur dem Mut folgen sie. Seht Ihr, die Leute kennen Euch. Edelleute und Gemeine respektieren Euch! Und wenn Ihr sie einfach allesamt zur Freiheit führen würdet, dann folgten sie Euch […] und ich würde es auch tun.«

Fazit: Ganz gleich, welche Verantwortung Menschen tragen und welche Leitungsämter sie ausfüllen, es geht nicht darum, dass Leitende sich wichtig fühlen und eine Position haben können, die ihnen Bedeutung und Anerkennung garantiert. Ihre Aufgabe ist es, Menschen dienend zu leiten, damit sie ein Leben in Freiheit und Verantwortung vor Gott führen können.

Verletzungen durch Statusdenken

Es ist nicht selten, dass Menschen von Personen, die sie aufgrund von Status beherrschen und bevormunden, sehr verletzt werden. Und solche Verwundungen haben es in sich. Daraus kann sich ein grundsätzliches und dauerhaftes Misstrauen gegenüber Leiterschaft ergeben – bis hin zu einer Leitungsphobie. Diese kann sich darin äußern, dass Leitung grundsätzlich abgelehnt wird, dass sich die Betroffenen in keine Kontexte mehr hineinbegeben wollen, wo es eine Leitung gibt, oder dass sie es ablehnen, selbst zu leiten. Alle diese (nachvollziehbaren) Haltungen können das Leben jedoch sehr erschweren.

Verarbeitung und Heilung solcher Erlebnisse können zu differenzierter Beurteilung führen, die Betroffene stärkt und befähigt, Situationen gut einzuschätzen und mit Leitung gesund umzugehen.

Zusammenfassend halte ich fest, dass Unklarheit im Blick auf die Inhalte und Grenzen der eigenen Leitungsverantwortung nicht selten zu Grenzüberschreitung oder gar religiösem Missbrauch führt.

2. Überforderung

Überforderung kennen wir aus unterschiedlichsten Lebenssituationen. Wenn Menschen nach einem langen, anstrengenden Arbeitstag nach Hause kommen, reagieren sie vielleicht unangemessen oder ungerecht, weil sie kräftemäßig gerade überfordert sind. Sie würden in einem ausgeruhten Zustand anders handeln.

Dasselbe gilt für jede Art von Verantwortungsträgerschaft. Dort, wo Menschen in Überforderung hineinkommen, ist es sehr viel leichter möglich, dass sie ungut reagieren. Und hier geht es mir um Überforderung, die nicht jeder in seinem Leben und Wirken erfährt und die auch zum Leben gehört, sondern Überforderung, die – wenn bestimmte Aspekte im Blick sind – vermieden werden könnte.

Im Folgenden möchte ich auf die Gründe für Überforderung eingehen und unterscheide entsprechend:

- Überforderung aufgrund fehlender Zurüstung und Vorbereitung für die Leitungsaufgabe
- Überforderung, weil sich Verantwortliche gemessen an ihren Gaben und Kompetenzen nicht am richtigen Platz befinden
- Überforderung aufgrund eigenen Ausbrennens

Fehlende Zurüstung

Ich habe Menschen kennengelernt, denen bestimmte Grenzüberschreitungen nicht unterlaufen wären, wenn sie für ihre Aufgabe angemessen zugerüstet worden wären: Menschen, die sich gemessen an ihrer eigenen Entwicklung viel zu früh in Leitungspositionen befanden, oder solche, die seelsorgerlich tätig waren, ohne eine angemessene Schulung dafür erfahren zu haben. Dies geschieht in nicht wenigen Gemeinden – nach dem Motto: »Was sollen wir viel Zeit in irgendeine Ausbildung investieren, wenn Gott doch da ist, der uns hilft?« Ich glaube, dass Menschen, die gut in Seelsorge und christlicher Beratung ausgebildet sind, alle vom Wert der Interventionen Gottes überzeugt sind. Ein tiefes Vertrauen auf Gottes Wirken spricht jedoch in keiner Weise dagegen, dass Begleitende ihre Kompetenzen in vielerlei Hinsicht erweitern und auch selbst im Rahmen von Schulung und Training notwendige Hilfe, Heilung und Veränderung erfahren.

Aus meiner Sicht wäre es so wertvoll, wenn Studiengänge und Ausbildungen für Menschen, die später Leitungsverantwortung in Gemeinden tragen, Module und Elemente einplanen würden, die sie umfänglicher als bisher auf ihre zukünftige Aufgabe vorbereiten könnten. Dazu gehört für mich – in Ergänzung zu allen theologischen Studien – ein gutes Maß an Selbsterfahrung und Aufarbeitung eigener biografischer Themen, die die Studierenden dann als Normalität erfahren könnten.

Zu einer passenden Zurüstung gehört außerdem ein sich einüben in vorausschauende Planung.

Der falsche Platz

Überforderung geschieht in der Regel auch dort, wo Menschen nicht am richtigen Platz sind: entweder weil es aufgrund eines entsprechenden Gabenspektrums grundsätzlich nicht die richtige Aufgabe für sie ist, oder weil sie viel zu früh einen Platz eingenommen haben, der vielleicht erst später in ihrer Entwicklung für sie der richtige gewesen wäre.

Unterschiedliche Umstände können dazu führen, dass sich Menschen in Aufgaben wiederfinden, die gar nicht zu ihnen passen. Vielleicht haben sie dieses Mandat angetreten, weil sie von anderen hineingebeten oder vielleicht sogar gedrängt wurden. Oder sie haben es aus anderen Gründen selbst angestrebt. Eine solche Überforderung bringt Leid mit sich und ggf. den Versuch, fehlende Kompetenz durch Manipulation zu kompensieren. In solchen Fällen wäre es sinnvoll, eine neue Platzanweisung in den Blick zu nehmen, die den eigenen Fähigkeiten entspricht.

Ausbrennen

Wenn Menschen in ihrem Dienst nicht mehr in vertrauensvoller Einvernehmlichkeit mit Gott unterwegs sind und es daher keinen Nachschub gibt an himmlischer Stärkung und Ermutigung – wohlmöglich noch in herausfordernden Situationen, in denen eigene innere Baustellen zutage treten –, stehen sie in der Gefahr auszubrennen. Überforderung ist vorprogrammiert. Sie befinden sich in einem Hamsterrad der Aufgaben, leben größtenteils von ihrer eigenen Substanz, sind unermüdlich unterwegs, und ihre zunehmende Erschöpfung trägt dazu bei, dass sie sich nicht mehr gesund abgrenzen können. Manchmal ist auch ein fragwürdiges Verständnis von Hingabe die Grundlage für die permanente Selbstüberforderung.

Das Gebot, das Jesus selbst als das höchste bezeichnet, wird außer Acht gelassen: »Du sollst den Herrn, deinen Gott, von ganzem Herzen, von ganzer Seele, mit deiner ganzen Kraft und all deinen Gedanken lieben. Und: Liebe deinen Nächsten wie dich selbst« (Lukas 10,27). Dieser Dreiklang beinhaltet einen intensiven Kontakt zu Gott, zu anderen genauso wie zu sich selbst. Eine liebevolle Selbstfürsorge, die Gott in dieser wichtigen Anweisung sicherstellen will.

Zeiten des Seindürfens, des Empfangens und der Ruhe sind kein Luxus, sondern etwas, das jeder für sein Leben und seinen Dienst braucht.

Es braucht ein klares Nein zu einem sich selbst missbrauchenden Verhalten.

Der Geigenbauer und Physiker Martin Schleske äußert sich in einer seiner Meditationen zu einem Lebensstil, der lernt, auf Selbstausbeutung zu verzichten:

> *Ein subtiler Irrtum der Seelenführung ist die Metapher vom Auftanken. Als sei das Leben ein Motor, den man nur auftanken müsse. Die Gnade ist kein Treibstoff! Sie ist der Zustand der Einvernehmlichkeit mit Gott. Es ist provozierend, aber nötig, unsere Bittgebete immer wieder daran zu erinnern: Wenn wir in der Gnade leben, werden wir die Kraft haben, die wir brauchen. Denn bevor ich reflexartig um Kraft bitte, will ich lieber um Vertrauen bitten. Denn wo Kraft mangelndes Vertrauen ersetzt, würde ein Mehr nur die Selbstausbeutung stärken. Darum sollen Muße und Gebet*

auch heute ihr Recht bekommen – und seien es nur heilsame Momente.

Wenn ich vergessen habe, was mir guttut, und meine Gebete nur noch Stoßgebete sind, wenn ich meiner Aufopferung mehr zutraue als der Gnade, welches Recht habe ich, um Kraft zu bitten? Will ich etwa, dass das falsche Leben nur kräftiger wird?[166]

Ein Nein zu dieser Art von Überforderung sowie ein Entdecken, wer wir sind und wer Gott für uns sein möchte, kann entlasten und eine Effizienz mit sich bringen, die sonst nicht möglich wäre.

3. Nicht aufgearbeitete Verletzungen und Defizite

Nicht aufgearbeitete Verletzungen und Lebensverunsicherungen werden immer ihren Ausdruck finden. Sie werden Auswirkungen haben auf die Menschen, die sie in sich tragen, aber auch auf ihre Umwelt. Ob das Unverarbeitete selbst wahrgenommen wird oder nicht, es lebt. »Hurt people hurt people!«, heißt eine englische Redewendung, also: »Verletzte Menschen verletzen Menschen!« Diese Wahrheit wird sich in unterschiedlichen Stilblüten Bahn brechen. Menschen in Verantwortung mit unbewältigten Themen verletzen in der persönlichen Begegnung oder durch unreflektierte, herabwürdigende Verkündigung: unter Druck bringende Predigtinhalte und Gebetsaufrufe, degradierende Aufforderungen zur Buße, Spott über bestimmte Probleme und Nöte, Beschämung, Einseitigkeit in der Beschreibung menschlicher Not und vieles mehr. Manche empfinden sich als besonders »geistlich radikal«, wenn sie so handeln, und übersehen, dass dadurch andere Menschen unbarmherzig und beschämend diffamiert und gedemütigt werden.

Anders die Menschen, die ihre eigenen wunden Punkte in den Blick genommen und Heilung erfahren haben – und in solchen

Prozessen achtsam weiter unterwegs sind: Es ist eine Wohltat, solche Menschen in geistlicher Verantwortung zu treffen, die diese Aufgabe geborgen in Gott, in Liebe zu ihm und den Menschen, mit hohem Engagement, auf Augenhöhe und mit Respekt und Wertschätzung leben. Ihre geistlichen und sozialen Kompetenzen sind von Weisheit durchdrungen. In ihrer Gegenwart und unter ihrer Führung fühlen sich die Menschen wohl und sicher.

Pastor Peter Scazerro, der sich in den vergangenen Jahren sehr für emotional gesunde Gemeinden engagierte, formuliert in einer steilen These die Konsequenzen nicht wahrgenommener Eigenverantwortung.

Wenn Verantwortungsträger nicht bewusst mit der eigenen Biografie umgehen, wird das Miteinander in unseren Kirchen und Gemeinschaften nicht das Leben des »Reiches Gottes« widerspiegeln, sondern eher die Dynamiken der eigenen Herkunftsfamilien bzw. der Kontexte, die diese Menschen in ihrem Werdegang geprägt haben.

Scazerro weiß, wovon er redet. Er erlebte als Pastor eine große Lebenskrise, als seine Frau ihn verließ – nicht als Ehepartnerin, aber als Gemeindemitglied. Sein Führungsverhalten konnte sie nicht mehr billigen, und deshalb zog sie die Konsequenzen.[167] Nach einem umfänglichen und ehrlichen Aufarbeitungsprozess ging er mit seinen neu gewonnenen Erkenntnissen über »emotionally healthy churches« (emotional gesunde Gemeinden) an die Öffentlichkeit[168].

Ken Blue erzählt die Geschichte eines Pastors aus seinem Bekanntenkreis.[169] Diese Geschichte ist eine der wenigen, die mir in diesem Kontext bekannt sind, die einen positiven Ausgang haben. Ein Täter hörte auf, andere für sich zu benutzen. In seiner Kindheit hatte er viel Religion erlebt, echte Liebe und Annahme jedoch vermisst. Als er von zu Hause auszog, war er auf der Suche nach einem Ort der Zugehörigkeit. Er wollte etwas gelten und in einem Beruf arbeiten, wo Menschen ihn brauchten. Er entschied sich, Theologie zu studieren und Pfarrer zu werden. Später bekannte er, wie er in seiner ersten Gemeinde sehr schnell die Mitglieder herausfand, die ihn kritiklos unterstützten, und daraufhin ein Klassensystem schuf: Diejenigen, die ihn unterstützten (also zu allem Ja sagten), waren oben und die Menschen, die seine Leiterschaft bedrohten, waren unten. Er war damals fest davon überzeugt, das Richtige zu tun. Er berichtete auch von dem Leid, das er vielen zugefügt hatte, und wie er andere Leiter, die ihm zur Seite standen, dazu gebracht hatte, seinen missbräuchlichen Leitungsstil zu übernehmen. Irgendwann habe ihn dann jedoch die Erkenntnis der unverdienten Gnade und Barmherzigkeit Gottes von seinem Zwang, andere beherrschen zu wollen, befreit. Er bereute seine Schuld öffentlich und bemühte sich, Schaden wiedergutzumachen, wo es ihm möglich war.

> *Immer, wenn wir wesentliche Defizite in uns haben, werden wir versuchen, diese Defizite über den Umweg des Dienstes zu kompensieren. Dann werden wir uns etwas aus dem Dienst nehmen. Dann müssen wir Dinge bauen, damit wir sie bauen. Dann müssen wir Erfolg vorweisen, damit wir uns damit ausfüllen. Dann bauen wir nicht das Königreich des Herrn, sondern unser eigenes Königreich […] Für das Wirken des Heiligen Geistes und für erweckliche Aufbrüche ist es wichtig, warum wir etwas wollen. Und dies kann uns nur der Heilige Geist allein in der Tiefe aufschließen.*[170]

Veränderung ist möglich, wenn wir diese zulassen.[171]

Für das Wirken des Heiligen Geistes ist es wichtig, warum wir etwas wollen.

Narzissmus als ein Beispiel für Fehlentwicklungen der menschlichen Persönlichkeit

Ken Blue unterscheidet in seinen Ausführungen zwei Kategorien von missbrauchenden Menschen:

- die unsicheren Täter und Täterinnen, die sich hauptsächlich selbst schützen wollen und sich in diesem Bemühen manipulativ und kontrollierend verhalten,
- die narzisstischen Täter und Täterinnen, die in ihrer Seele nie erwachsen geworden sind und dem Prozess der inneren Reife standhaft widerstehen.

Ich habe dabei einen Dreiklang vor Augen, der charakteristisch ist für die Hintergründe narzisstischen Verhaltens – wenngleich das Thema an sich komplex ist und es sehr viel mehr dazu zu sagen gäbe:

1. Menschen, die eine tiefe Selbstwertproblematik in sich tragen und die nur so ihre emotionale Balance finden, indem sie andere abwerten und sich selbst als grandios darstellen (dies kann in unterschiedlichen Nuancen geschehen).
2. Menschen, die immer auf einen Sockel gehoben wurden oder der »Stern am Himmel« waren und diese Bewertung als Teil ihrer Identität verinnerlicht haben. Auch sie brauchen die Grandiosität für ihre innere Stabilität.
3. Narzissmus kann sich auch dort in Menschen entwickeln, deren Verhalten nie passend beantwortet und sanktioniert wurde. Sie haben nicht genug erfahren, dass schlechtes, dominantes, herablassendes und verletzendes Verhalten mit angemessenen Grenzen beantwortet wurde.

Oft finden wir auch eine Kombination dieser Versionen gleichzeitig vor.

Die meisten Menschen »durchlaufen in ihrer Kindheit eine Phase des Narzissmus, in der sie in ihrer Fantasie für die Menschen, zu denen sie aufsehen, heldenhafte Taten verüben. Bei den meisten Menschen legt sich diese Phase im Laufe der Zeit.«[172] Im Denken der Narzissten ist dies jedoch anders. Ihnen sind die großen Errungenschaften, von denen sie träumen, wichtig, um sich selbst aufzuwerten:

> *Erwachsene Narzissten halten an dem Traum fest, eines Tages einmal etwas Weltbewegendes zu vollbringen, das ihnen bei Gott und den Menschen Anerkennung einbringt. Sie fantasieren über die Bestseller, die sie einmal schreiben und die den Lauf der Kirchengeschichte nachhaltig verändern werden, träumen von der Evangelisation der ganzen Nation, der Gründung der einzig wahren Kirche, der Abschaffung des Welthungerproblems oder einer herausragenden Stellung in »Gottes endzeitlicher Armee«. Ihre Selbstüberschätzung ist immens und ihr Erfolgsdruck grenzenlos. Sie sind fest davon überzeugt, dass ihnen menschliches Lob und göttliche Gunst zustehen. Narzisstische Leiter machen andere klein, um selbst groß dazustehen [...] [Sie] sind nicht nur Schauspieler. Sie glauben tatsächlich daran, zu Großem bestimmt zu sein. Sie sind fest davon überzeugt, dass die Bedürfnisse der Menschen um sie herum unwichtig sind.*[173]

Und deshalb ist für sie fast jedes Mittel recht, diesen Traum zu erreichen, selbst wenn sie dabei im übertragenen Sinne über Leichen gehen müssen. Das Ziel rechtfertigt für sie die Mittel.

Dasselbe Phänomen gibt es auch in subtilerer Form. Menschen, die vielleicht klug genug sind, sich nicht selbst zu sehr zu loben, aber dennoch das, was sie im Namen Gottes bewegen, nicht in Schlichtheit und Dankbarkeit erzählen, sondern mit der Betonung, wie sie von Gott in grandioser Weise gebraucht werden. Übertreibung ist ihr Stilmittel.

Natürlich beauftragt Gott Menschen – manchmal mit erstaunlichen Aufgaben. Angesichts der Not dieser Welt wird er seine Kinder wahrscheinlich vermehrt dazu auffordern, ihm für Erstaunliches zu vertrauen: erstaunliche Aktionen der Liebe und des Vertrauens als Plattform für sein übernatürliches Eingreifen. Die Frage ist jedoch, was der innere Motor in allem Tun und Streben ist. Geht es dabei um eigenen Wert und eigene Bedeutung oder darum, als Mitarbeitende Gottes mit ihm Hand in Hand auf dieser Erde unterwegs zu sein – genährt aus einer innigen Beziehung zu ihm, die Geborgenheit, Halt und Wert generiert.

4. Fehlender Überblick

Bei diesem Punkt geht es mir um eine sehr wichtige Kompetenz im Leben und Agieren einer Führungsperson: die Fähigkeit, vieles Notwendige im Blick zu haben und sich ggf. einen passenden Überblick verschaffen zu können. Diese als »Systemkompetenz« bekannte Fähigkeit kann darüber entscheiden, ob Menschen in christlichen Kontexten Gutes oder Tragisches erleben. Denn sie stellt die richtigen Fragen:

- Was soll auf welche Weise erreicht werden?
- Wen oder was gilt es in dem geplanten Vorhaben zu berücksichtigen?
- Was sollte keinesfalls passieren? Für wen könnte das schwierig werden? Wie könnten Gefahren abgewendet werden?

- Berücksichtigt die eigene Verkündigung alle wichtigen Inhalte zu einem Thema, oder besteht die Gefahr, Zuhörende durch Einseitigkeit und einen eigenen Tunnelblick zu verunsichern und zu belasten?

Vermutlich gehören bestimmte Versäumnisse zum Leben dazu. Fehler sind menschlich. Aber mir geht es an dieser Stelle um ein grundsätzliches Bewusstsein für die Notwendigkeit einer gelebten Achtsamkeit im Umgang mit Menschen.

Das Fehlen einer solchen Systemkompetenz kann im persönlichen Leben zu großer Not beitragen und in den Aktivitäten christlicher Dienste und Veranstalter unnötigerweise Leid verursachen – bis hin zu missbräuchlichen Katastrophen.

Was meine ich damit?

In bestimmten Kreisen stehen geistliche Dienste hoch im Kurs, die im In- und Ausland kleine und große Plattformen schaffen, auf denen Menschen Gott begegnen und seine Kraft erleben können (z. B. Evangelisationsveranstaltungen oder Heilungskonferenzen). Es handelt sich um Veranstaltungen, auf denen das Evangelium in der einen oder anderen Form weitergegeben wird. Grundsätzlich eine gute Sache. Gleichzeitig braucht es für die Planung solcher Events einen Überblick und eine Wahrnehmung für alle wichtigen Fakten.

- In der Verkündigung und der Gestaltung der Veranstaltungen sollte es darum gehen, Raum zu schaffen, in dem Menschen Gott begegnen können. Dabei ist ihre spirituelle Autonomie zu achten. Das bedeutet, dass keine Manipulation eingesetzt werden darf und dass Angst, Druck und Beschämung konsequent vermieden werden. Es geht um das Schaffen von Lebensraum, in dem eine ehrliche Auseinandersetzung mit wichtigen Themen möglich wird – eine freie, einladende Atmosphäre, in der Menschen sein und ggf. Neues erleben dürfen.

- Dort, wo damit gerechnet wird, dass Gott wundersam eingreift – heilend an Körper und Seele –, braucht es einen seelsorgerlichen Umgang mit allen, auch mit denen, die in dieser oder jener Veranstaltung nicht spürbar berührt werden. Das ist unumgänglich, und wahre Leitungskompetenz hat das im Blick.

Ein Mitarbeiter eines internationalen Missionswerkes, das in den vergangenen Jahrzehnten sehr vielen Menschen die Botschaft von Jesus gepredigt hat, wurde von seinen Erlebnissen sehr umgetrieben. Er hatte miterlebt, dass viele zum Glauben kamen. Viele Menschen wurden in erstaunlicher Weise angerührt und auch körperlich geheilt. Aber er sah auch das Gegenteil: viele, die genau das nicht erlebten. Und was den Mitarbeiter tief erschütterte, war, dass diese Menschen unter unwürdigen Bedingungen zurückgelassen wurden – ohne Trost, ohne Versorgung.

Solche Szenarien – tausendfach erlebt – müssten für jeden christlichen Dienst ein No-Go sein.

Verantwortliche, die diesen Überblick und die Fürsorge für alle Beteiligten nicht leben, machen sich schuldig an dem Leid vieler und bewegen sich auf missbräuchlichem Terrain.

Missbräuchlich wird es insbesondere dann, wenn diejenigen, die nicht erlebten, was sie sich so sehr wünschten, mit einer Stigmatisierung rechnen müssen: Sie hätten nicht genug Glauben gehabt oder es würde sonst etwas mit ihnen nicht stimmen. Es braucht Balance und Ausgewogenheit. Es braucht Systemkompetenz und Empathie für alle. Denn wenn die sowieso schon gebeutelten Menschen noch zusätzlich entmutigt oder gar stigmatisiert werden und sie davon ausgehen, dass Gott hinter dieser Abwertung steht, laufen sie Gefahr, entweder ihren Glauben ganz zu verlieren oder mit großer innerer Not und Verwirrung ihren Weg fortzusetzen.

Ein theologisch weiter Blick ist nötig, um nicht mit einem reduziertem Verständnis von Leben Menschen zu belasten.

Wie wertvoll wäre es, wenn die bereits erwähnte Ausgewogenheit in der Verkündigung eine hohe Priorität hätte! Wenn beispielsweise Segen nicht einseitig interpretiert würde – als leidfreie Zone, als Erfüllung aller Gebete, als Wohlstand, der Christen zusteht, wenn sie sich so verhalten, dass Gott sie segnen kann, als Wunschkonzert in verschiedenen Variationen.

Wie wertvoll wäre es, wenn Wüstenzeiten – Phasen von Entbehrung, Verlusten, Isolation, Einsamkeit und Anfeindungen – ebenfalls als menschliche Realität und Segensraum im Blick wären! Menschen, die gerade tiefe Lebenstäler durchqueren, würden dabei verstanden und nicht verdächtigt werden, dass mit ihnen und ihrem Glauben etwas nicht stimmt. Sie würden nicht mit ihren anderen Erfahrungen allein gelassen werden. Sie würden hören, dass jede Person ihren eigenen Weg mit Gott geht, dass er sie im Blick hat und Erfahrungen mit Gott unterschiedlich aussehen können.

5. Mangel an Verbundenheit mit Gott

Geistliche Leitung gehört zweifellos zu den sehr herausfordernden Aufgaben, die Menschen in Verantwortung natürlicherweise ständig an ihre Grenzen bringt. In dieser Aufgabe sind vorhandene Kompetenzen und Gaben wichtig, die aber der Leitung durch den Geist Gottes bedürfen.

Eine wirkliche Verbindung zu Gottes Geist wird für eine verantwortungsbewusste Bewältigung der Führungsaufgaben einen Unterschied machen.

Vorsicht: Manche missbräuchlich Leitenden beanspruchen für sich diesen vermeintlichen »Draht zu Gott«, der sie über alle Kritik erhaben macht. Das ist hier nicht gemeint!

Folgende Aspekte können dazugehören:

- es wagen, nicht einfach auf Prinzipien und Interpretationen biblischer Sachverhalte zurückzugreifen, zu denen in solchen Situationen bisher immer gegriffen wurde
- es wagen, nicht automatisch das zu tun, was sich das letzte Mal als sinnvoll erwiesen hat
- darauf verzichten, sich auf ein Amt, die persönliche Erfahrung oder eine Position zu berufen, die dazu autorisiert, über alle Köpfe hinweg zu entscheiden
- die eigene Gottesbeziehung wirklich reflektieren: Warum tue ich, was ich tue? Geht es mir um Gott und um wertvolle Menschen, die mir anvertraut sind? Bin ich mit ihm ungeachtet meiner »so wichtigen Aufgaben in Kirche und Gemeinde« auch ganz persönlich unterwegs?

Wie ging Jesus mit schwierigen Situationen um? Womit musste er rechnen, wenn er auf Gott hörte?

- manchmal mit Unverständnis – z. B. als er sich nicht auf dem Absatz umdrehte, nachdem er zum sterbenden Lazarus gerufen wurde
- mit Argwohn und Skepsis der Gesellschaft seiner Zeit – z. B. als er sich mit einer verrufenen Samaritanerin allein

am Brunnen unterhielt und seinen eigenen Ruf dadurch wissentlich gefährdete

- mit dem Vorwurf der Überheblichkeit, der Rebellion und der Unbeherrschtheit – z. B. als er mit Entsetzen und einer Geißel bewaffnet die Geldwechsler und Tierverkäufer samt Tieren aus dem Tempel vertrieb
- mit schockierten Reaktionen darüber, dass er die Gefühle wohlmeinender Menschen verletzte – z. B. als er Petrus mit ungewohnter Vehemenz anfuhr, als dieser ihn von seinem Weg nach Golgatha abhalten wollte
- mit Empörung und dem Vertrauensverlust der geistlichen »Schwergewichte« seiner Zeit – z. B. als er öffentlich die Nähe und Freundschaft einer Sünderin zuließ, die ihm in außergewöhnlicher Weise ihre Liebe und Wertschätzung kundtat

Jesus sagt in Johannes 5,19.30 von sich selbst, dass er nur das tat, was er den Vater tun sah. Es scheint so zu sein, dass nicht das Befolgen von Regeln und Prinzipien das Geheimnis seines Lebens ausmachte, sondern dieses ausgerichtet Sein auf seinen Vater. Von ihm empfing er Weisheit und Wegweisung.

Wie könnte ein Leben des Glaubens auf diese Weise gelingen? Mit einem hörenden Herzen, das der Führung Gottes vertraut und flexibel auf seine Impulse reagiert:

- Wo es heute wichtig ist, jemanden mit problematischem Verhalten zu konfrontieren, kann es morgen nötig sein, jemanden in der gleichen Situation mit viel Geduld zu tragen.
- Wo es gestern nötig war, Klärung und Verständigung zu suchen, kann es heute notwendig sein, Dinge ruhen zu lassen – vielleicht weil es nötig ist, dass sich schwierige Haltun-

gen noch klarer offenbaren, oder weil jemand Zeit braucht, sich zu sortieren.

- Wo heute Schritte der Versöhnung gewagt werden können, kann es ein anderes Mal dran sein, auf die richtige Zeit zu warten, bis echte Versöhnungsbereitschaft in den Herzen aller einkehrt.
- Wo es gestern wichtig war, dem anderen weitere Chancen zu geben, kann es heute wichtig sein, auf Distanz zu gehen, nicht um ihn abzulehnen, sondern weil der Abstand das Einzige ist, was ihn mit sich selbst konfrontiert, oder weil Abstand als Schutz vor fortgesetztem verletzendem Verhalten nötig ist.
- Wo ich selbst auf eine bestimmte Art und Weise Heilsames erfahren habe, kann der Weg eines anderen von anderen Stationen und Aspekten der inneren Entwicklung gepflastert sein, als der meine es war.

Ich glaube, dass jedes vergangene Zeitalter seine eigenen Herausforderungen hatte, christliche Gemeinschaft im Sinne Gottes zu gestalten. Und auch in diesen Zeiten, in denen wir leben und die auf uns zukommen, werden die Herausforderungen nicht kleiner. Christus weist seine Leute auf die Möglichkeit hin, in einer engen und innigen Beziehung zu ihm unterwegs zu sein und im Austausch und in Verbundenheit mit ihm Leben und Gemeinde zu gestalten.

Der Geigenbauer Martin Schleske beschreibt die Chance dieser Verbundenheit mitten in seiner Geigenwerkstatt.[174] Er erzählt davon, dass er an seiner Werkbank immer wieder Phasen der Überforderung kennt, die ihm zeigen:

Du kannst nicht einfach machen! Du kannst es nicht! Aus diesem Holz einen Klang zu erschaffen, der einmal zum Gesang einer See-

le wird? Was für ein vermessener Anspruch! Einen Text zu schreiben, der Gott aus dem Herzen spricht, bist du noch zu retten?

Er hat dabei etwas Tiefes verstanden: Dass wir überfordert werden, ist auch notwendig, denn es zeigt, dass der verheißene Weg einzig darin bestehen kann, sich in Anspruch nehmen zu lassen. In dem Bewusstsein der eigenen Begrenztheit möchte er seinen Händen den Glauben erlauben, an der Werkbank zu anderen Händen zu werden; und er möchte seinem Geist die Erlaubnis geben, zu glauben, dass der Geist Gottes auf ihn einwirken kann. Er sagt: »Durch Überforderung bin ich geschützt. Denn sie zeigt, dass ich über nichts verfüge.« Die Überforderung sagt nüchtern: »Stell dich zur Verfügung! Das heißt glauben.«

Schleske sagt, alles berufene Geschehen sei ein Kunstwerk. Ginge es nicht über den Künstler hinaus, wäre es eine Konstruktion. Die einzigen Kräfte, die es zerstören können, seien Stolz und Angst.

5. Mit der Elternschaft Gottes nicht vertraut sein

Wenn Menschen in Verantwortung mit der Vater- bzw. Elternschaft Gottes nicht vertraut sind, kann diese Tatsache für ihren Dienst, für sie selbst und für ihr Umfeld sehr belastend sein.

Es ist zu jeder Zeit möglich, sich auf den Weg zu machen, den Vater kennenzulernen, falls das bisher nicht als Option wahrgenommen wurde. Seine Einladung gilt. »Und das ist der Weg zum ewigen Leben: dich zu erkennen, den einzig wahren Gott« (Johannes 17,3). »Erkennen« ist ein Begriff, der in der Schrift vielfältig für innige, intime Begegnungen steht. Und genau das scheint die Sehnsucht Gottes zu sein, dass er mit jedem seiner Kinder in dieser innigen Liebes- und Lebensbeziehung stehen möchte: in einem Verhältnis, das prägt; das uns hilft, andere zu lieben; das verhindert, dass wir missbrauchen und an anderen satt werden wollen; in einer Beziehung, die uns in der Tiefe nährt. Gott bietet uns auch mütterliche Begegnung an: Trost und Geborgenheit wie bei einer Mutter (vgl. Jesaja 66,13; Psalm 131,2).

Es gibt Blockaden, die Menschen hindern, Gott so kennenzulernen, wie er ist. Dann darf genau diese Not vor ihm zum Thema gemacht werden.

Manchmal ist es möglich, die Blockaden zu benennen. Manchmal ist aber auch nur die eigene Ohnmacht spürbar, und es fehlt jede Idee, wie irgendein Zugang zu Gott erlangt werden kann. Dann könnte ein solches Gebet helfen:

»Gott, darf ich dich bitten, dich mir zu erkennen zu geben? Ich weiß nicht, ob ich dich so kenne, wie ich dich kennen könnte. Würdest du mich unterstützen und die Prozesse in meinem Leben einleiten, die mir helfen, Blockierungen loszuwerden und Heilung dort zu erfahren, wo ich sie brauche? Du kennst mich. Du hast den Überblick über alles auch in mir. Bitte zeige mir doch, wie du zu mir stehst.«

Warum Missbrauch innerhalb der Gemeinde Jesu so leicht passiert

Der norwegische Prediger Edin Løvås nennt in seinem Buch *Wölfe in Schafspelzen*[175] einige wenige Hauptgründe dafür, warum sich aus seiner Sicht viele Christen von Menschen, die ihre Macht missbrauchen, bestimmen lassen. Diese Gründe sieht er einerseits in einer unausgewogenen Verkündigung, in einseitigem Bibelstudium sowie in einer allgemeinen Unsicherheit und Orientierungslosigkeit unter Christen. Andererseits verweist er auf die besondere Fähigkeit machtmissbrauchender Personen, die Aussagen der Bibel im Sinne ihrer Ziele zu verdrehen und zu interpretieren.

Ich fasse Løvås' Argumentation an dieser Stelle zusammen:

- Die Gemeinde Jesu wird vielfältig über die sogenannten »Früchte des Geistes« (vgl. Galater 5,5) belehrt, sie wird jedoch so gut wie nie darauf hingewiesen, dass Menschen im Namen der Liebe und Toleranz schändlich ausgenutzt werden können. Machtmenschen fordern diese christlichen Tugenden oft ein, um ihre Macht weiterhin ausleben zu können.
- Christen haben kaum biblische Textstellen vor Augen, die vor schädlichen Personen und Einflüssen innerhalb der Gemeinde Jesu warnen, weil diese Bibelstellen in der gesamten christlichen Verkündigung und im persönlichen Bibelstudium meistens vernachlässigt werden.
- Das Volk Gottes ist so vielen Meinungen und Strömungen ausgesetzt, dass oft Verwirrung und Verunsicherung vorherrschen. Wenn dann eine Führergestalt mit einem einfachen theologischen Rezept und klaren Regeln auftritt und das Ganze mit dem Angebot einer starken Führung verbindet, lassen sich die Leute leicht faszinieren.
- Machtmenschen verdrehen die Aussagen der Bibel so, dass sie ihren Zielen dienen. Sie rechnen mit dem Wunsch des Volkes Gottes, dem Wort des Herrn gegenüber treu zu sein. Wenn ein Machtmensch nun mit der Bibel argumentiert, während er seine eigennützigen und missbrauchenden Machenschaften ausübt, stürzt diese Argumentation viele fromme Christen in Schuldgefühle hinein, wenn sie nicht tun, was von ihnen erwartet wird.

Im Folgenden führe ich beispielhaft einige warnende Textpassagen an, die verdeutlichen, dass es den biblischen Autoren ein großes Anliegen war, die Gemeinde zu Wachsamkeit aufzufordern:

- In Philipper 1,17 heißt es, dass einige »Christus aus selbstsüchtigen Motiven (verkündigen) und nicht aus ehrlichem Herzen«.
- In Matthäus 7,15-23 und Apostelgeschichte 20,29-35 reden Jesus und Paulus von Menschen, die als Wölfe in Schafspelzen in der Gemeinde Jesu auftauchen werden.
- In 2. Petrus 2,1-3 weist Petrus darauf hin, dass es falsche Propheten und Lehrer in den Gemeinden geben wird.
- In Römer 16,17-18 warnt Paulus die Gemeinde in Rom vor Lehrern, die »nicht Christus, unserem Herrn, (dienen), sondern nur ihre persönlichen Interessen (verfolgen). Mit beeindruckenden Reden und mitreißenden Worten betrügen sie ahnungslose Menschen.«
- In Lukas 11,44 (ELB) spricht Jesus zu den geistlichen Führern seiner Zeit und sagt: »Wehe euch! Denn ihr seid wie die Grüfte, die verborgen sind, und die Menschen, die darüber hingehen, wissen es nicht.«
- Und in 2. Korinther 11,20 (Hfa) weist Paulus die Gemeinde in Korinth dafür zurecht, dass sie sich unangemessene Haltungen gefallen lässt: »Und ihr habt nichts dagegen, wenn man euch schindet und ausnutzt, wenn man euch hereinlegt, euch von oben herab behandelt oder gar ins Gesicht schlägt.« Paulus rügt die Korinther, weil sie sich einer solchen Behandlung fortwährend aussetzten.
- In 1. Timotheus 6,5 beschreibt Paulus Menschen, die etwas anderes lehren als die guten Worte von Jesus Christus. Außer einigen fragwürdigen Haltungen erwähnt er explizit, dass für

sie das Leben mit Gott nur ein »Mittel (sei), sich zu bereichern«.

Diese Beispiele sollen hier genügen. Vermutlich würde es sich lohnen, den biblischen Befund unter dem Aspekt solch warnender Hinweise intensiver unter die Lupe zu nehmen. Fest steht, dass Jesus und die biblischen Autoren damit rechneten, dass es nicht nur »gute« Menschen innerhalb der Gemeinde geben würde – und hier geht es nicht um allgemeine Zielverfehlung und Schuld, wie sie auf jeden Menschen zutreffen, sondern um Machenschaften von Menschen, die der Gemeinde oder auch Personen im Einzelkontakt (im großen Stil) schaden. Es gibt Personen, und es wird sie immer geben, die »im Namen Gottes« negativen, manipulativen Einfluss auf wertvolle Menschenleben ausüben. Die biblischen Autoren scheuten sich nicht, über diese Tatsache zu reden und sie für Generationen von Christen warnend schriftlich festzuhalten.

Kapitel 9

Umgang mit dem Missbrauch-Phänomen

In diesem Kapitel möchte ich über einen »notwendigen Umgang« mit Verantwortung nachdenken – ganz gleich, aus welcher Perspektive wir religiösen Missbrauch betrachten. Dabei wird es zum einen um Aufklärung und Ahndung missbräuchlicher Dynamiken gehen, zum anderen um Prävention. Aufklärung beinhaltet u. a. die Beschreibung von Kriterien, anhand derer Menschen erkennen können, ob sie sich in missbräuchlichen Settings befinden.

Systematische, opferfokussierte und konsequente Aufarbeitung

Die Theologin und Philosophin Doris Wagner hat sich als ehemalige Ordensfrau nach eigenen massiven Missbrauchserfahrungen innerhalb einer katholischen Gemeinschaft mit großem Engagement zu diesem Thema zu Wort gemeldet. Sie wurde zu einer Stimme, die wahrgenommen wurde und die besonders auf die Aufgabe leitender Verantwortlicher hinweist[176], von institutioneller Seite aus Opfern religiösen Missbrauchs in Fairness zu begegnen. Es gehe bei dem Übernehmen dieser Verantwortung zunächst darum, Betroffenen zuzuhören, ihre Aussagen aufzunehmen, Beschuldigte mit den Vorwürfen zu konfrontieren und der Sache auf den Grund zu gehen. Sollten sich die Vorwürfe als zutreffend erweisen, sei die

Schwere der Taten entsprechend zu sanktionieren. Zur Vorbeugung weiterer missbräuchlicher Fälle durch dieselben Täter und Täterinnen müssten diese beobachtet und möglichst aus dem pastoralen Dienst entfernt werden, wenn keine begründete Hoffnung auf Besserung bestünde.

Wagner betont:

> *Ohne eine solche systematische, opferfokussierte und konsequente Aufarbeitung des Missbrauchs hat im Übrigen auch Prävention nicht viel Sinn. Eine kirchliche Aufarbeitung von geistlichem Missbrauch, die sich energisch auf »Prävention« einschießt, ohne zuvor den Opfern wirklich zugehört [...], ohne ihre Geschichten verstanden [...], ohne die Täter zur Verantwortung und wo nötig aus dem pastoralen Dienst gezogen zu haben, wäre ein Schlag ins Gesicht [der] Opfer, eine Hypothek für ihren Heilungsprozess.*[177]

Konsequenzen für Täter und Täterinnen

Meine eigene Haltung[178] zum Thema Konsequenzen möchte ich wie folgt zusammenfassen:

Missbräuchliches Handeln im Leben eines Menschen in geistlicher Verantwortung disqualifiziert ihn – je nach Schwere – gänzlich für (s)eine Leitungsaufgabe.

Eine Person mit geistlicher Leitungsfunktion, die Menschen religiös und/oder sexuell missbraucht hat, kann nicht einfach weitermachen, selbst wenn sie die Tat einsieht. Sie wird sich für ihre Tat zu verantworten haben – im Rahmen einer juristischen und sozialwissenschaftlichen Aufklärung – und Therapie und kompetente fachliche Begleitung benötigen, um in der Tiefe Veränderung zu erleben. Diese Schritte müssen m. E. sichergestellt sein. Manche gehen davon aus, dass als Täter Betroffene nach einer Zeit ernsthafter Reflexion und Verantwortungsübernahme wieder in ihre Aufgabe zurückkehren können. Ob es wirklich sinnvoll und verantwortlich ist, dass diese Menschen wieder in einer Leitungsfunktion tätig sind, ist eine ernste Frage. Abgesehen davon, dass es eine Selbstschutzmaßnahme sein könnte, künftig lieber eine andere Aufgabe zu übernehmen, könnte es auch ein Akt der Glaubwürdigkeit sein. Vermutlich würde auch niemand einem Pädophilen, der sein Tun als destruktiv verstanden, Verantwortung übernommen und auch vor Gott diese große Schuld eingesehen und bekannt hat, dazu raten, in Zukunft wieder in der Kinder- und Jugendarbeit tätig zu sein. Es geht dabei auch um Risikobegrenzung.

Da es für religiösen Missbrauch bisher keine gesetzlichen Grundlagen gibt, nach denen Fälle juristisch geahndet werden können, stehen Kirchen und Verbände in der Verantwortung, hier eigene Regularien zu schaffen. Innerhalb der katholischen Kirche gibt es das Kirchenrecht, das – wenn es angewandt wird – zu passenden Sanktionen führen kann, wenngleich die notwendigen Prozesse der Einschätzung missbräuchlicher Vorkommnisse sehr komplex sind. Es ist auch insofern sinnvoller, interne Vorgaben und Bestimmungen für Kirchen und Freikirchen zu haben, da säkulare Instanzen vermutlich überfordert wären, die Prozesse, in denen theologische Fragen eine nicht unerhebliche Rolle spielen, fachlich einzuschätzen.

Myriam Wijlens, Professorin für Kirchenrecht an der Katholisch-Theologischen Fakultät der Universität Erfurt, setzte sich innerhalb einer Studie mit kirchenrechtlichen Überlegungen zum geistlichen Missbrauch für kirchliches Leitungspersonal auseinander. Sie verfasste diese Studie für ein Referat[179], das auf der Tagung »Gefährliche Seelenführer? Geistlicher und geistiger Missbrauch«

im November 2020 in Leipzig gehalten wurde. An dieser Stelle will ich einige wenige Gedanken dieses Referates weitergeben, die für den Umgang mit Missbrauch im frommen Gewand hilfreich sein können – mit der Empfehlung, sich mit dem gesamten Dokument auseinanderzusetzen.

In dem Referat nennt M. Wijlens die zu berücksichtigen Personengruppen[180], die für die Bewältigung des Missbrauch-Phänomens im Blick sein sollten:

Zunächst die Betroffenen von geistlichem Missbrauch, die manchmal auch sexualisierte Gewalt in der Kirche erlebt haben, die ihre Ängste überwinden konnten und den Mut hatten zu sprechen: Sie verdienen Respekt und Achtung. Ihre Stimme ist von entscheidender Bedeutung, denn ohne sie würde die Kirche, und zwar nicht nur diejenigen in Leitung und Verantwortung, sondern auch die Gemeinschaft als solche, das Thema nicht oder nicht in aller Schärfe in den Blick nehmen. Was in der Finsternis verborgen war, wird aufgebrochen, und das Licht kann beginnen, seine heilende Wirkung zu entfalten. Ohne das Reden der Betroffenen wird die Kirche den Weg ins Licht nicht gehen können. Es gilt ihnen zuzuhören, um das Phänomen zu verstehen und adäquat darauf reagieren zu können. – Dabei gibt es auch Betroffene, die sich noch nicht trauen zu sprechen, und denen im Eifer des Gefechtes in den Diskussionen rund um die missbräuchliche Thematik hoffentlich noch genug Zeit geschenkt wird, um sie zu hören.

Die zweite Gruppe relevanter Personen sind Menschen in der Kirche, die die Verantwortung haben, dem Missbrauch nachzugehen und ihn aufzuklären. Diese Personen wachen auf, wollen sich der Thematik stellen und die Finsternis aufbrechen, indem sie sich intensiv mit dem Thema befassen. Sie sind bereit und willens, dazuzulernen und Konsequenzen zu ziehen. Zugleich ist ihnen bewusst, dass eindeutige Antworten und Vorgehensweisen noch nicht vorhanden sind. Im Dialog mit Betroffenen und Experten wollen sie suchen und immer wieder ergänzen und nachjustieren, wie am besten vorzugehen sei.

Die dritte Gruppe sind Personen mit Macht und Verantwortung in der Kirche, die sich fragen, ob und inwiefern sie in ihrem persönlichen Verhalten manchmal oder öfter Grenzen überschritten und Menschen für ihre eigenen Bedürfnisse benutzt haben. Es ist vermutlich schwierig, sich das einzugestehen. Es gilt aber Wege zu suchen, um mit diesen Menschen so in Kontakt zu treten, dass sie es schaffen, der Wahrheit ins Gesicht zu sehen und sie zu benennen, denn nur so besteht Aussicht auf Veränderung und Korrektur. Ihnen ist Mut zu wünschen, ihr Leben und Verhalten mithilfe von außen zu reflektieren.

Während Myriam Wijlens die Lernprozesse[181] der Kirche beschreibt, erzählt sie vom Umgang mit Meldungen von sexuellem Missbrauch. Die Reaktionen der verschiedenen Länder sahen zeitlich sehr unterschiedlich aus. In Deutschland begann die Aufarbeitung erst richtig ab 2010. Nirgends gelang es ohne den Druck der Gesellschaft und der Medien, Fortschritte zu erzielen. In manchen Ländern ignorierten oder bagatellisierten die Kirchenleitungen die Meldungen lange oder taten sie als eine »Verfolgung der Kirche« durch die Presse ab.

So wie sich Kirchenleitungen und Gläubige lange schwertaten, sexuellen Missbrauch als ein systemisches Problem anzuerkennen, ist laut Wijlens nicht auszuschließen, dass die Anerkennung des geistlichen Missbrauchs ähnlich problematisch sein könnte. Erschwerend kommt hinzu, dass es bislang kein spezifisches Delikt gibt, weder in kirchlichem noch in staatlichem Recht. Dennoch ist zu hoffen, dass aufgrund der inzwischen anerkannten Problematik des sexuellen Missbrauchs die Anerkennung des Phänomens eines geistlichen Missbrauchs nicht so lange dauern muss.

Im Auftakt ihrer Ausführungen zum notwendigen Paradigmenwechsel[182] erklärt Wijlens, dass sie dem kirchlichen Umgang mit sexualisierter Gewalt entnimmt, dass Gesetze allein den Umgang mit dem Missbrauch nicht ändern können. Erforderlich ist vielmehr eine innere Umkehr in der ganzen Glaubensgemeinschaft.

Die notwendige Umkehr besteht vor allem darin, nicht den Ruf der Kirche oder einer betreffenden Einrichtung schützen zu wollen, sondern die Achtung vor der Würde des Menschen und seine Beziehung zu Gott ins Zentrum der Überlegungen zu stellen. Wer die Kirche oder ihre Institutionen schützen will, kann dies nur tun, indem die »Geringsten« selbst geschützt werden.

Ferner sieht Wijlens die Entwicklung einer orientierungsgebenden Checkliste[183] als Fahrplan für die zukünftige Prävention und Intervention als wichtige geplante Ausrüstung, durch die geistlicher Missbrauch in der Kirche ernst genommen und verantwortlich gehandhabt werden kann.

Ergänzend zum Betroffenenschutz, der in diesem Kontext Priorität hat, gilt es m. E. auch die Wirksamkeit von Kirche in den Blick zu nehmen.

Missbrauch hat eine Wirkmächtigkeit innerhalb eines Systems, solange er nicht aufgearbeitet wird und ans Licht kommt. Nicht nur die Glaubwürdigkeit von Kirche und Gemeinde Jesu steht auf dem Prüfstand, sondern auch ihre geistliche Wirksamkeit und Relevanz.

Denn wie kann die Kirche das positiv verändernde »Salz der Erde« (Matthäus 5,13) sein, wenn Unsäglichkeiten und Schuld ihr Sein belasten?

Auch wenn Missbrauch lange zurückliegt, ist seine Wirkung damit nicht aufgehoben. Ich betone diese Tatsache, weil manche geistlich Verantwortlichen es als Zumutung, als unnötigen Aufwand und nicht als ihre Verantwortung betrachten, vergangenen Missbrauch, der in ihrem Kontext vor der Zeit ihrer Verantwortung geschah, aufzuklären und aufzuarbeiten. Behindert werden solche Prozesse nicht selten von Menschen, die nicht ausreichend aufgearbeitete Baustellen eigener Betroffenheiten in sich tragen.

Aufklärung und Aufarbeitung des Missbrauchs

Der Psychologe Thorn Leonhardt äußert sich in einer nicht veröffentlichten Stellungnahme zu notwendigen Schritten der Aufklärung von Missbrauchsfällen und deren Aufarbeitung innerhalb kirchlicher Kontexte. Darin beschreibt er Aufklärung als heuristische[184] Sammlung von Daten und Fakten, durch deren Gesamtschau neue Erkenntnisse gewonnen werden, z. B. bei entsprechender Gesetzesgrundlage durch strafrechtliche Gutachten. Aufarbeitung wiederum beinhaltet u. a. eine sozialpsychologische bzw. sozialwissenschaftliche Analyse und Beurteilung der Strukturen, des Klimas, der Kommunikationswege etc. in einer Organisation. Dabei werden Bedingungen erforscht, die Tätern und Täterinnen sowie Helfern und Helferinnen die Tatbegehung ermöglichen, die Tatvertuschung – auch durch Wegsehen – begünstigen und die Betroffenen – auch während der Aufklärung und Aufarbeitung – missachten.[185]

Leonhardt erklärt ferner, dass Aufarbeitung über Aufklärung hinaus weitere Ziele beinhaltet. Er bezieht sich dabei auf die Aufarbeitung sexuellen Missbrauchs, deren Elemente m. E. gut auf den Bereich des religiösen Missbrauchs übertragen werden können. Folgende Aspekte nimmt er in den Blick:

- Das Leid der Betroffenen:
  Dieses gilt es zu würdigen und festzustellen, wie diese Würdigung jenseits von Worten in Handlungen umgesetzt werden kann.
- Die Strukturen und Dynamiken:
  Es gilt, die Erkenntnisse aus der Aufklärung in umsetzbare Konsequenzen zu transformieren: Strukturen zu verändern und neu zu bilden, Risikofaktoren zu minimieren und Schutzfaktoren zu stärken und zu fördern.
- Die traumatisierte Institution:
  Diese gilt es, in die Lage zu versetzen, das eigene Trauma zu erkennen, zu bearbeiten, feindliche Attributionen abzulegen (m. a. W. die Tendenz, die Kritik anderer als feindliche Absicht zu interpretieren) und in einen konstruktiven, schützenden Umgang mit Betroffenen hineinzufinden – im Blick auf das in der Vergangenheit Geschehene sowie im Umgang mit ihnen in Gegenwart und Zukunft.
- Der Schutz der Betroffenen:
  Diesen Schutz gilt es sicherzustellen.
- Die Täter, Mittäter, Mitwisser:
  Es gilt, sie in ihrem destruktiven Unterwegssein zur Verantwortung zu ziehen.
- Präventive Schutzkonzepte:
  Sie gilt es zu initiieren und lebendig – und somit auch für die Zukunft wirksam – werden zu lassen.

Die Aufklärung des Missbrauchs zielt auf das Vergangene. Im besten Fall enthält sie Empfehlungen. Aufarbeitung braucht die Aufklärung, um dann mit der Brille der Betroffenen Erkenntnisse in Handlungen umzusetzen.[186]

Darüber hinaus benötigt, die Aufarbeitung religiösen Missbrauchs noch weitere Schritte auf theologischer Ebene:

- die Untersuchung der frommen Argumente, die den Missbrauch im spirituellen und/oder sexuellen Bereich ermöglichten und stützten, derer sich die übergriffigen Personen bedienten
- das eigentliche Anliegen der christlichen Botschaft von der pseudochristlichen Lehre, die den Missbrauch ermöglichte, abzugrenzen (Orientierung)

Besonders der letzte Punkt spielt in der Aufarbeitung eine wichtige Rolle: Für die Betroffenen, die sich wünschen, weiter im Glauben unterwegs zu sein, ist diese Differenzierung für eine spätere Rekonstruktion eines persönlichen Lebens im Glauben unabdingbar. Ohne die Abgrenzung ist es schwer, den Unterschied zwischen einem Glauben, der als Ressource Leben und Freiheit bringen kann, von einem religiösen Verständnis zu unterscheiden, das Menschen knechtet und letztlich von einer Leben spendenden Gottesbeziehung entfremdet. Diese Unterscheidung kann aber auch für Menschen wichtig sein, die nach den Erfahrungen des Missbrauchs alles Fromme hinter sich lassen wollen, um sich differenziert entscheiden zu können.

Notwendige Positionierung

Wenn Aspekte eines angemessenen und notwendigen Umgangs mit religiösem Missbrauch beherzigt werden, führen sie unweigerlich zu einer klaren gesellschaftlichen Positionierung.

Eine klare Positionierung gibt Orientierung und leistet einen wertvollen Beitrag dazu, das Leid Betroffener zu würdigen und Prävention zu unterstützen.

Verantwortung und Vergebung

Neben den soeben beschriebenen Sichtweisen gibt es auch Argumentationen zum Umgang mit Täterschaft – in einem Raum, in dem Täterschutz immer noch über Opferschutz geht. Diese gilt es, genauer zu betrachten. Denn diese Haltung bahnt sich ihren Weg auch hinein in die christliche Szene. Wie denkt »man« vielerorts?

»Diese Person (oder dieses Werk) hat doch so viel Gutes bewirkt. Überall gibt es doch Fehler und Unvollkommenheiten.«
Im Kontext von Missbrauch von Unvollkommenheiten zu reden, ist nicht nur unpassend, sondern bagatellisiert gröbstes Unrecht. Genauso fehl am Platz ist der Hinweis auf die vielen guten Dinge, die Täter bewirkt haben. Denn gerade diese guten Dinge sind oft ein Mittel, durch das Täter das Vertrauen von Menschen gewinnen. Und genau dieses Vertrauen ist dann der Schutz, hinter dem sie ihr Unwesen treiben können. Niemand verdächtigt sie. Das Gute schützt sie auch vor Konfrontation. Denn es scheint falsch, einen Menschen anzuklagen, der so viel Positives in Gang gebracht hat.

Das Gute bringt Betroffene und auch ihre Umgebung dazu, zum Missbrauch zu schweigen. Deshalb ist das Gute im Kontext von Missbrauch gar nicht so gut.

»Wenn Täter ihre Tat einsehen und Gott um Vergebung bitten, müsste dann nicht alles Dunkle eliminiert sein? Es geht doch bei aller Schuld vor allem um Versöhnung.«

Wenn die Einsicht von Tätern und Täterinnen aufrichtig ist, ist das tatsächlich ein Grund zum Feiern, weil sie nicht häufig geschieht. Wichtig ist, dass Einsicht und Reue echt sind. Aber es gilt, hier keine Naivität walten zu lassen und realistisch im Blick zu haben, dass narzisstisch motivierte Menschen ihre Strategien sehr geschickt wechseln können. Es kann nach Einsicht und Veränderung aussehen, während sie ihre Machenschaften in anderer Weise fortführen (vgl. dazu die Erklärungen zum Thema »Narzissmus« in Kapitel 8).

Wenn ihre Einsicht jedoch ehrlich ist, wird sich das zeigen, indem sie Verantwortung für das Vergangene übernehmen – auch durch Wiedergutmachung. Empfangene Vergebung schließt Verantwortung nicht aus, sondern in jedem Falle mit ein. Sie nutzt diesen Schritt nicht zum eigenen Vorteil.

Die Tendenz in manchen christlichen Kreisen, schnellstmöglich Versöhnung anzustreben, ist (nicht nur) im Kontext von Missbrauch ein fragwürdiges Anliegen. Versöhnung ohne Verantwortungsübernahme wäre nichts anderes als Verdrängung und ein Vertuschen der Fakten unter frommem Vorzeichen. Eine Versöhnung muss durch eine ernsthafte Aufarbeitung begleitet oder vorbereitet werden.

Vergebung für Täter und Täterinnen

Es steht außer Frage, dass Gott Menschen vergibt, wenn sie ihn aufrichtig darum bitten. Hier geht es jedoch nicht um Täterschaft, die in befremdlicher Weise Gott und ggf. auch ihre Opfer immer wieder um Vergebung bitten, nur um dann mit dem Missbrauch fortzufahren oder schnell Entlastung zu erfahren. Dazu gibt es tragischerweise viele Beispiele, in denen Vergebung pervertiert wird. Bei Gottes Vergebung geht es um Umkehr: um Menschen, die ihr Versagen und ihr Unrecht eingesehen haben und nicht so weitermachen wollen.

Zwischenmenschlich ist Vergebung – recht verstanden – ein Weg wirksamer Seelenhygiene, durch den sowohl Täter als auch Geschädigte Erleichterung erfahren können. Vergebung bedeutet nicht »Schwamm drüber«, sondern das zu erkennen und zu benennen, was geschehen ist bzw. was man anderen angetan hat. Und dann mit dieser Inventur die Bitte um Vergebung auszudrücken – in dem Bewusstsein, dass dadurch etwas sehr Tiefes und Wirksames geschieht – verbunden mit der Bereitschaft, je nach Schwere des Missbrauchs, auch für den weiteren Weg persönliche Konsequenzen zu ziehen. Dabei geht es auch um die Aufrichtung von Sicherheitsräumen und die Würdigung des Schmerzes Betroffener. Wenn Umkehr aufrichtig ist, fallen alle Ansprüche weg. Den Anspruch aufzugeben, dort weiterzumachen, wo man aufgehört hat, könnte ein Kriterium für eine wahre Sinnesänderung sein – genau wie der Verzicht auf beschönigende Entschuldigungen.

Vergebung gewähren

Welche Konsequenzen können als Opfer Betroffene von Vergebung erwarten, wenn sie diese gewähren?

Anderen zu vergeben – recht verstanden – sehe ich als Akt möglicher Entlastung, die vielleicht anhand möglicher Wortspiele unserer deutschen Sprache erspürt werden kann:

- »nachtragen«: wenn wir nachtragen, haben wir selbst schwer zu tragen – wir tragen einem Täter etwas nach, was uns dadurch weiter schwer belastet
- »etwas übel nehmen«: wenn wir weiter übel nehmen, dann nehmen wir das Übel und behalten es bei uns; es kann uns weiter schädigen und bedrücken

In diesem Sinne verstehe ich Vergebung nicht als fromme Pflichtübung, die womöglich noch von schwer Betroffenen erwartet wird, sondern als einen den Betroffenen geschenkten Weg der Befreiung: Ich vergebe heißt dann: Ich reiche das mir widerfahrene Unrecht weiter, ich lasse es los und behalte es nicht bei mir – und zwar in dem Tempo, das mir innerlich möglich ist.

Von schwer durch Missbrauch betroffenen Personen zu erwarten, dass sie »zügig vergeben«, weil Gott es erwartet, fügt dem Missbrauch nur noch eine weitere Facette hinzu. Ob ein Mensch vergibt, ist seine ganz persönliche Entscheidung und Verantwortung. Menschen, die unreflektiert – meist ohne sich mit den innerpsychischen Dynamiken und Folgen religiösen Missbrauchs beschäftigt zu haben – eine solche Erwartung an Missbrauch-Überlebende richten, wissen nicht nur nicht, was sie tun, sondern bewegen sich gerade selbst auf missbräuchlichem Terrain und bemühen dazu wiederum die Bibel, um ihr Tun zu rechtfertigen.

Missbrauch-Überlebende werden in ihrer Aufarbeitung zum jeweils passenden Zeitpunkt selbst die Schritte erkennen und gehen, die für ihren Heilungsprozess nötig sind.

Innerhalb der Dimension des Glaubens und der Beziehung zu Gott dürfen Menschen auch mit dem Rückenwind des Himmels rechnen. Die Erfahrung, von ihm verstanden und getröstet zu werden, schafft eine neue Basis zum Loslassen.

Aus dem Tätersein aussteigen

Täterschaft aufgrund eigener Verwundung

Menschen, die missbrauchen, haben in der Regel selbst vielfältige Verwundung erlebt: notvolle Situationen, die sie in ihrer Persönlichkeit geschädigt haben. Ihre Defizite kompensieren sie durch den falschen Einsatz von Macht.

Gleichzeitig rechtfertigt keine noch so massive Zerbrochenheit einen verübten Missbrauch. Ausstieg aus Täterschaft erfordert, die eigenen Verwundungen wahrzunehmen und zu verstehen, welche Mechanismen und Muster sich in einem selbst entwickelt haben, um den Schmerz zu kompensieren. Es ist unbestritten, dass diese Aufgabe für Menschen mit einer Persönlichkeitsstörung, die ggf. entstanden ist und in der eine realistische Selbstwahrnehmung fehlt, eine große Herausforderung darstellt. Dennoch sind Täter und Täterinnen herausgefordert, sich ehrlichen Prozessen zu stellen.

Täterschaft aufgrund falscher Lehren

Täterschaft kann sich jedoch auch schlichtweg durch die Verinnerlichung falscher Lehren entwickeln.

> *In den meisten Phasen geistlichen Missbrauchs macht sich der Missbrauchende vor bzw. ist subjektiv überzeugt, dass seine miss-*

brauchenden Interaktionen im Rahmen des Glaubensgehorsams (in Ausübung der Leitungsverantwortung) notwendig oder zumindest ein unvermeidliches Übel sind. Ebenso sind die Missbrauchten meist lange Zeit überzeugt, sich aus Gründen der Unterordnung nicht gegen den Missbrauch wehren zu dürfen, sofern sie ihn überhaupt als solchen erkennen.[187]

Aus solchen irrigen Leitungskonzepten auszusteigen – möglichst mit engmaschiger, fachlicher Begleitung von außerhalb – kann neue Wege in die Zukunft eröffnen.

Kapitel 10

Verwundungen durch religiösen Missbrauch

Dort, wo geistliche Grenzen von Menschen nicht geachtet wurden, wo Menschen der persönliche Lebens- und Gestaltungsraum mit frommen Argumenten streitig gemacht und ihre spirituelle Autonomie untergraben wurde und wo sie mit geistlicher Not allein gelassen wurden – dort, wo religiöser Missbrauch stattgefunden hat–, treffen wir auf Menschen mit Verwundungen.

Wie tief die Verwundungen sind, hängt vom Ausmaß, von der Intensität und den Umständen der missbräuchlichen Dynamiken ab. Für die Folgen solcher Erfahrungen spielt auch die persönliche geistliche und psychische Verfassung der Betroffenen eine Rolle sowie ihr aktuelles Umfeld (Stichwort: Resilienz unter Berücksichtigung aller vorhandenen Risiko- und Schutzfaktoren).

Carol Giambalvo, eine in den Vereinigten Staaten bekannte Ausstiegsberaterin, nennt in einem Beitrag die Aspekte, die aus ihrer Erfahrung den Verarbeitungsprozess von Aussteigern aus Missbrauchssystemen beeinflussen – Faktoren, die wahr- und ernst genommen werden sollten.

Ich habe Verständnis dafür, wenn Menschen es als problematisch einordnen, dass ich Erkenntnisse aus der Sektenausstiegsszene und ihrer Fachleute in meinen Ausführungen verwende, weil sie es bedenklich finden, dass weltanschauliche Gemeinschaften und christliche Gemeinden an dieser Stelle in einem Atemzug genannt werden. Doch hier kann es hilfreich sein, zu verstehen, dass es in beiden Fällen um die Bewertung missbräuchlicher Dynamiken geht, die in diesem Fall durchaus vergleichbar sind.

Faktoren der Verwundung

Es gibt vielfältige Faktoren, die für die Verwundung von Aussteigern und Aussteigerinnen aus missbräuchlichen Systemen und ihren Heilungsweg eine Rolle spielen. Hier eine Übersicht verschiedener Faktoren (nach Carol Giambalvo[188]):

1. wie die Betroffenen die Gruppe (oder das missbräuchliche Setting) verlassen haben; hier werden drei Gruppen benannt:
   a. diejenigen, die eine Intervention erlebten, sprich von außen Hilfe und Information bekamen, die ihnen half, das System zu verlassen,
   b. diejenigen, die das System auf eigene Faust verließen, die sog. »Walkaways«,
   c. diejenigen, die aus der Gruppe ausgeschlossen wurden, die sog. »Castaways«.
2. die Dauer ihrer Zeit in der Gruppe
3. ob sie innerhalb der Gruppe eine Leitungsposition innehatten
4. die Verfügbarkeit der Familie und/oder eines sozialen Netzes, das sie unterstützen kann, nachdem sie die Gruppe verlassen haben
5. ob sie berufliche Fertigkeiten oder ausreichend Ausbildung vorweisen können, um wieder ins Arbeitsleben einzusteigen
6. die Intensität der übrig gebliebenen emotionalen und psychischen Auswirkungen ihrer Erfahrungen

7. finanzielle Mittel, die ihnen zur Verfügung stehen, oder die Möglichkeit, Hilfe zu bekommen, wenn sie diese benötigen
8. ihr Alter (z. B. Kinder, die in der Sekte oder im missbräuchlichen Setting aufwuchsen)
9. der Familienstand, den sie in der Gruppe hatten und ob er noch intakt ist

Diese Faktoren zeigen, wie unterschiedlich jede individuelle Situation aussehen kann. Die Folgen sind sehr vielschichtig. Die Belastungen oder Schädigungen können sich bei Missbrauch-Überlebenden in unterschiedlichen Problembereichen zeigen:

1. im Bereich ihrer Spiritualität: Verunsicherung im Blick auf die Gottesbeziehung, in ihrem Glauben, im Blick auf ihr Gottesbild und ihr gesamtes geistliches Leben
2. im emotionalen Bereich:
   a. allgemein übliche Themen, die im Wiederherstellungsprozess nach dem Ausstieg aus missbräuchlichen Systemen (häufig übergangsweise) eine Rolle spielen
   b. Symptome der Trauer als Chance der Seele, Verluste und Belastungen gesund zu verarbeiten (ein Nichtzulassen der Trauer birgt Risiken)
   c. psychische Störungen, die sich entwickeln können, wie z. B. diverse Angststörungen, Depression, Burn-out oder eine Posttraumatische Belastungsstörung
   d. einschließlich der damit oft einhergehenden körperlichen Symptome
3. im sozialen Bereich
   a. durch den möglichen Verlust sämtlicher sozialer Beziehungen nach dem Ausstieg, der verkraftet werden muss

b. inkl. eines kompletten Neustarts in diesem Bereich, für den es ebenfalls Kraft, Innovation und Mut braucht. Dies betrifft besonders die Hineingeborenen, die nie außerhalb des Systems gelebt haben, oder auch Menschen, die eine große Zeitspanne ihres Lebens im System verbracht haben
c. durch aktuelle emotionale Probleme oder Prägungen des alten Systems, die den Aufbau neuer Beziehungen erschweren

Folgen des Missbrauchs: Spirituelle Nöte

Menschen, die religiösen Missbrauch erlebt haben, geraten häufig in tiefe spirituelle Krisen – mit unterschiedlichen Schwerpunkten:

- Sie glauben die ihnen im Rahmen des Missbrauchs vermittelten Lügen über andere Menschen, sich selbst und über Gott auch nach dem Ausstieg, den sie geschafft und gewagt haben (verinnerlichte Täterbotschaften).
- Sie ordnen den erfahrenen Missbrauch als Unrecht ein, können jedoch Gott und das geistliche Missbrauchssystem nicht trennen und wenden auch Gott und ihrem Glauben den Rücken zu.
- Sie können Gott und das Missbrauchssystem im Groben unterscheiden, vor ihnen liegt jedoch ein Weg der Neuorientierung und des genauen Trennens zwischen den eigentlichen Inhalten des Evangeliums und der Lehre des Missbrauchssystems (De- und Rekonstruktion des persönlichen Glaubens).

Folgen des Missbrauchs: Emotionale Nöte (inkl. Psychosomatik)

Wenn Menschen lange in religiöser Abhängigkeit gelebt haben, gibt es für sie viel zu verkraften und viele Verluste zu verzeichnen.

Allgemein übliche Themen und Sachverhalte nach dem Ausstieg[189]

Manche mag es entlasten, wenn sie verstehen, dass ihr Ergehen nach dem Missbrauch mit all seinen vielfältigen Empfindungen völlig normal ist.

Die innere Not Betroffener und ihr tief erschüttertes Gesamtbefinden sind eine normale Reaktion auf ein nicht-normales Maß an Unrecht, das sie erfahren haben.

Ihr Empfinden gehört zu den Auswirkungen einer Umgebung emotionaler und spiritueller Gewalt, und es ist in der Regel ein vorübergehendes Phänomen. Die Dauer des Heilungsprozesses ist individuell sehr verschieden. Betroffene sollten sich zeitlich nie unter Druck setzen – nach dem Motto: »So langsam muss es doch auch mal gut sein!« Der Prozess braucht so lange, wie er braucht. Und das ist in Ordnung. Carol Giambalvo sagt dazu: »Der Wunsch nach einer schnellen und einfachen Genesung mag in sich bereits ein Überbleibsel aus dem Denken des Missbrauchssystems sein.«

Im Folgenden führe ich einige Themen und Tatsachen auf, die ehemalige Mitglieder missbräuchlicher Systeme ggf. zu bewältigen haben. Für manche Betroffene mögen sehr viele der nachstehend aufgeführten Reaktionen zutreffen, für andere nur wenige.

1. Das Gefühl der Ziellosigkeit und des Losgelöst- oder Getrenntseins:
   Betroffene vermissen die Höhenerfahrungen, die durch die Intensität des gemeinsamen Lebens und durch die Gruppendynamiken entstanden. Denn sie haben (in vielen Fällen) eine Gruppe verlassen, die ein mächtiges Ziel verfolgte und mit Elan und Überzeugung vorwärtsging. Nichts in ihrem Leben nach dem Ausstieg scheint ihnen wieder so viel Sinn geben zu können bzw. den bestimmten »Kick«, den sie im System immer wieder erlebten.
2. Depression
3. Trauer um andere Gruppenmitglieder (die entweder im System geblieben sind und zu denen nun kein Kontakt mehr möglich ist, oder denen es jetzt schlecht geht) und ein daraus resultierendes Gefühl des Verlustes und der Ohnmacht.
4. Schuldgefühle:
   Ehemalige Mitglieder fühlen sich oft schuldig: dass sie sich der Gruppe überhaupt angeschlossen haben; wegen der Menschen, die sie während ihrer Zeit in der Gruppe rekrutiert haben; wegen der Dinge, die sie innerhalb der Gemeinschaft getan haben. Je nach Aufgabe und »Rang« in der Gruppe sind Betroffene in unterschiedlicher Intensität im Sinne des Systems tätig und damit auch schuldig geworden.
5. Zorn gegenüber der Gruppe und ihren Leitern; manchmal richtet sich der Zorn fälschlicherweise auch gegen sich selbst.
6. Entfremdung von der Gruppe und auch oft von alten Freunden (die sie vor der Mitgliedschaft in der Gruppe hatten) und ggf. auch von der eigenen Familie.
7. Isolation durch das Gefühl, nicht verstanden zu werden:
   Betroffene haben häufig den Eindruck, dass niemand versteht, was sie gerade durchmachen.

8. Misstrauen:
   Dieses Gefühl weitet sich aus auf Gruppensituationen allgemein oder oft auf jegliches organisierte Gemeindeleben oder andere Organisationen und Settings, abhängig davon, wo genau der Missbrauch erlebt wurde. Oft gibt es ein generelles Misstrauen im Hinblick auf die eigene Fähigkeit der Unterscheidung, ob und wann man wieder manipuliert wird. Dieses Gefühl verschwindet in der Regel, wenn Betroffene mehr über die Art der erlebten Manipulation erfahren und beginnen, wieder auf ihre eigene innere Stimme zu hören.
9. Angst, verrückt zu werden:
   Diese Angst ist besonders häufig bei sog. »Floating-Erfahrungen« (vgl. Punkt 18), bei denen Betroffene zwischen bestimmten Denkstrukturen und Bewusstseinszuständen des Missbrauchssystems und der Realität hin und her treiben.
10. Angst, dass eintrifft, was das Missbrauchssystem für den Fall des Austritts prophezeit hat.
11. Die Tendenz, in Schwarz-Weiß-Kategorien zu denken, wie sie es im System gewohnt waren.
12. Die Tendenz, alles zu vergeistlichen:
    Dieses Überbleibsel hält sich oft für eine ganze Weile. Ehemalige Mitglieder sollten ermutigt werden, nach logischen Gründen für das zu suchen, was geschieht, sich mit der Realität auseinanderzusetzen und ihr magisches Denken loszulassen.
13. Unfähigkeit, Entscheidungen zu treffen:
    Dieses Charakteristikum spiegelt die Abhängigkeit wider, die im System gepflegt wurde.
14. Geringer Selbstwert:
    Je nach Erfahrung im System – z. B. kann Menschen im System immer wieder vermittelt worden sein, wie wertlos

sie sind; oder die Vermittlung solcher Negativbotschaften erfolgte in einem beschränkten Zeitraum, in dem die Betroffenen im System in Ungnade gefallen waren (weil sie sich z. B. kritisch geäußert oder anderweitig nicht mehr systemkonform verhalten hatten).

15. Verlegenheit:
    Dieses Gefühl ist ein Ausdruck der Unfähigkeit von Betroffenen, über ihre Erfahrung zu reden, zu erklären, wie und warum sie sich dem System anschlossen und was in jener Zeit ihre Aufgabe war. Es zeigt sich oft darin, dass Betroffene sich in sozialen und beruflichen Situationen unwohl fühlen und den Eindruck haben, mit niemandem auf einer Wellenlänge zu sein. Sie befinden sich gewissermaßen im Kulturschock, weil sie so lange in einer in sich geschlossenen Umgebung gelebt haben und von allem kulturellen Leben ausgeschlossen waren.
16. Berufliche Probleme:
    Manche Aussteiger stehen vor dem Problem, was sie in ihren Lebenslauf schreiben sollen, um die Jahre ihrer Mitgliedschaft im Missbrauchssystem zu belegen oder zu erklären, warum sie über Jahre irgendeinen nicht ihren Qualifikationen entsprechenden Job hatten, um ihren Lebensunterhalt zu sichern, während sie die Hauptkraft in das Leben der Gruppe steckten.
17. Dissoziation:
    Dieser Zustand ist auch von dem missbräuchlichen System gepflegt worden, entweder passiv oder aktiv. Wer dissoziiert, ist mit der Realität und den Mitmenschen nicht in Kontakt und unfähig zu kommunizieren.

18. Floating:
    Damit ist in diesem Kontext entweder ein intensives Zurückrutschen in das Denken des Systems gemeint oder das Wiedererleben eines Ereignisses aus jener Zeit, das so intensiv ist, als würde es gerade wieder geschehen. Es kann so zu einer intensiven emotionalen Reaktion führen, die in keinem angemessenen Verhältnis zu der speziellen Auslösersituation (Trigger) oder einem konkreten Reiz (Stimulus) steht. Zu Floating zählt auch, wenn Betroffene zwischen bestimmten Denkstrukturen und Bewusstseinszuständen des Missbrauchssystems und der Realität hin und her treiben.
19. Albträume
20. Familienprobleme
21. Abhängigkeitsprobleme
22. Probleme mit der Sexualität
23. Spirituelle oder philosophische Fragen:
    Ehemalige Mitglieder sind oft mit schwierigen Fragen konfrontiert. Sie fragen sich: Wohin kann ich gehen, wo meinen spirituellen Bedürfnissen begegnet wird? Was glaube ich nun? Woran kann ich glauben, worauf mein Vertrauen setzen?
24. Konzentrationsprobleme, Verlust des Kurzzeitgedächtnisses
25. Wiederauftauchen emotionaler oder psychischer Probleme aus seiner Zeit vor dem Missbrauchssystem
26. Ungeduld mit dem eigenen Heilungsprozess

Menschen in dieser Betroffenheit können die verschiedenen Themen achtsam und in ihrem eigenen Tempo angehen.

Trauer

Nach den erfahrenen Belastungen, die Überlebende des Missbrauchs erfahren haben, gehört ein Prozess des Trauerns zu den emotionalen Konsequenzen der Vergangenheit: Trauer als normale Reaktion auf Verluste und vielfältige Unsäglichkeiten, die als solche bejaht werden darf.

Überlebende religiösen Missbrauchs können verschiedene Verluste zu betrauern haben:

- verlorene Jahre
- verlorene Beziehungen, Freundschaften außerhalb des Systems während der Mitgliedschaft
- Ehepartner – je nach innerer Entwicklung der Partner im System; manche missbräuchliche Gemeinde findet die Mitgliedschaft wichtiger als eine fortgesetzte Ehe und beeinflusst den systemtreuen Partner entsprechend, wenn die Mitgliedschaft vom anderen Partner kritisch gesehen oder beendet wird
- verlorene Lebensqualität
- verlorene Ideale und Träume
- Verluste im Bereich der Beziehungsfähigkeit (Ängste, Misstrauen, soziale Phobie etc.)
- Verluste im Bereich der beruflichen Karriere: vieles wurde zugunsten »der Arbeit im Reich Gottes« aufgegeben – entweder eine bestehende Karriere oder eine, die ursprünglich angestrebt, aber aufgrund der Werte des Systems nie in die Tat umgesetzt wurde
- Verluste im Blick auf die eigene physische und psychische Gesundheit
- Verlust des gesunden, kritischen Denkens

- Verlust bestimmter Rollen, die man im System innehatte (und die einem Wert und Bedeutung gaben)
- Verlust von Freunden, die noch im System verbleiben, und deren Gemeinschaft
- Verlust der eigenen Glaubwürdigkeit
- Unverständnis der Außenwelt, die die Dynamiken im System nicht nachvollziehen kann
- Mangel an Verständnis für sich selbst

Trauer ist aber noch viel mehr als eine normale Konsequenz großer Verluste und Belastungen.

Trauer ist auch eine den Menschen geschenkte innere Fähigkeit, mithilfe derer sie die notvollsten Erfahrungen des Lebens gesund verarbeiten und überwinden können.

In Kapitel 11, in dem die Verarbeitung des Missbrauchs die zentrale Rolle spielt, erläutere ich die Chance, die in der Trauer liegt, noch ausführlicher.

Traumatisierung

Es ist zu beobachten, dass Überlebende religiösen Missbrauchs in der Regel typische Symptome einer Traumatisierung zeigen.

Ein Trauma ist dadurch gekennzeichnet, dass etwas sehr Bedrohliches geschieht, dem Betroffene ohnmächtig gegenüberstehen und dem sie sich weder durch Flucht noch durch Kampf entziehen können.

Hier einige Beispiele:

- ein Unfall: Es ist den Betroffenen weder möglich sich zu wehren noch zu fliehen. Sie sind dem Geschehen ohnmächtig ausgeliefert.
- ein Sexualverbrechen, bei dem das Opfer nicht in der Lage ist, sich zu schützen: Der Kampf führt zu nichts, und eine Flucht ist auch nicht möglich, weil z. B. der Ausweg verbaut ist.
- ein Soldat im Krieg in einer besonderen, lebensbedrohlichen Situation, der er nicht entfliehen kann, da er mehrfach gebunden ist:
  a. weil er damit seine Kollegen im Stich lassen würde (moralisches Hindernis)
  b. weil er vielleicht fürchtet, als Deserteur zu gelten (idealistisches Hindernis)
  c. weil es logistisch unmöglich ist, von dort wegzukommen (praktisches Hindernis).

Die Trauma-Spezialistin Dr. Aphrodite Matsakis beschreibt Trauma wie folgt:

> *Trauma, im technischen Sinn des Wortes, bezieht sich auf Situationen, denen ein Mensch machtlos (ohnmächtig) gegenübersteht und in denen er großer Gefahr ausgesetzt ist […] Trauma in diesem Sinne bezieht sich auf Ereignisse, […] die ungewöhnlich sind und außerhalb des Üblichen liegen […] Es sind Ereignisse, die einen Zustand extremen Horrors, extremer Hilflosigkeit und Angst hervorrufen, Ereignisse von solcher Intensität und Macht, dass sie jede menschliche Fähigkeit, damit fertig zu werden, überfordern würden.*
>
> *Im Allgemeinen ist das Wort »Trauma« reserviert für Naturkatastrophen (Wirbelstürme, Sturmfluten, Brände, Erdbeben etc.) und*

von Menschen geschaffene Katastrophen (Krieg, Erfahrungen in Konzentrationslagern, körperliche Übergriffe, Sexualverbrechen und andere Formen der Schikane, die Bedrohung von Leib und Leben beinhalten).[190]

Das Wort »Trauma« kommt aus dem Griechischen und bedeutet Verwundung. Dr. Matsakis setzt ihre Erklärung zum Thema fort, indem sie zunächst ein körperliches Trauma erläutert:

Auf der physischen Ebene hat Trauma zwei Bedeutungen. Die erste beinhaltet, dass einem Körperteil oder einem bestimmten Organ plötzlich von einer solchen äußeren Kraft geschadet wird, dass die natürlichen Abwehrmechanismen des Körpers (die Haut, der Schädel etc.) nicht mehr in der Lage sind, die Verletzung abzuwenden. Die zweite Bedeutung bezieht sich auf Verletzungen, in denen die natürlichen Heilungsfähigkeiten des Körpers die Wunde nicht ohne medizinische Hilfe heilen können.

Von dieser Erklärung spannt sie dann den Bogen zur seelischen Traumatisierung und verdeutlicht, dass die Psyche genauso wie der Körper traumatisiert werden kann.

Auf der psychologischen und psychischen Ebene bezieht sich Trauma auf die Verwundung der Emotionen, des Geistes, des Lebenswillens, der Überzeugungen über sich selbst und die Welt, der Würde und des Sicherheitsgefühls. Der Übergriff auf die Psyche ist so groß, dass die normalen Wege des Denkens und Fühlens und des Umgangs mit Stress (der Vergangenheit) ungeeignet sind [...] Im Moment des Übergriffs [...] fühlt man sich nicht wie eine wertvolle Person mit dem Recht auf Sicherheit, Freude und Gesundheit. In jenem Moment fühlt man sich eher wie ein Gegenstand, ein verletzliches Objekt, das dem Willen einer Macht, die größer ist als man selbst, ausgeliefert ist […]

Wenn der Angreifer eine andere Person ist (und keine Naturgewalt), kann das Vertrauen in andere Menschen und in die Gesellschaft allgemein ernsthaft erschüttert oder gar zerstört werden.

Trauma auf der psychischen Ebene bezieht sich auf die Verwundung

- der Emotionen
- des Geistes
- des Lebenswillens
- der Überzeugungen von sich selbst und der Welt
- der Würde
- des Sicherheitsgefühls

Traumatisierung im Kontext religiösen Missbrauchs

Stellen wir uns eine Person vor, die mitten im frommen Kontext plötzlich mit sehr verletzenden Situationen konfrontiert wird – vielleicht auch wiederholt. Normalerweise würde sie:

- sich entweder wehren bzw. in die Klärung und Abgrenzung gehen (Kampf)
- oder sie würde – wenn sich die Situation nicht ändert – gehen (Flucht).

Doch unter dem Einfluss eines missbräuchlichen Systems bzw. unter dessen Bewertung und Druck geht sie mit der Situation anders um, als sie es unter normalen Umständen tun würde. In einem grenzüberschreitenden, missbräuchlichen Kontext ist weder

Kampf noch Flucht möglich, weil beides nicht erlaubt ist und sehr negativ bewertet wird. Sich zu wehren und abzugrenzen ist genauso wenig erlaubt wie ein Verlassen der Situation. Dafür lassen sich viele christlich erscheinende Argumente finden. Und genau hier liegt die Parallele zu anderen traumatisierenden Situationen.

Wenn also die wesentlichen, einer Traumatisierung zugrunde liegenden Aspekte darin bestehen, dass es sich erstens um Erlebnisse handelt, die für eine Person sehr belastend, bedrohlich und schädlich sind, und sie sich zweitens gegen diese nicht schützen und abgrenzen kann (weder durch »Kampf« noch durch »Flucht«), dann können diese Gesichtspunkte auch auf die Verwundung durch religiösen Missbrauch angewandt werden.

Da unter dem gedanklichen Einfluss eines missbräuchlichen Systems weder »Kampf« noch »Flucht« im obigen Sinne als normale Bewältigungsstrategien möglich sind, kommt es zur Traumatisierung. Fachleute sprechen von »kumulativer Traumatisierung«, einer Anhäufung von schädigenden Ereignissen, von denen jedes für sich genommen in der Regel nicht die Kraft hätte, zu traumatisieren und sehr zu verwunden. Aber da ein Erlebnis dem anderen folgt, entsteht nach und nach ein großes Potenzial an Schaden.

Solche Erlebnisse sind nicht nur dann schädigend oder bedrohlich, wenn sie jeweils selbst erlebt werden, sondern auch, wenn sie als Zeuge der Schädigung eines anderen erlebt werden. Manches Missbrauchssystem nutzt diese Dynamik intensiv zur Einschüchterung nicht systemkonformer Personen.

Dazu möchte ich ein Beispiel aus einer christlichen Gruppierung geben, das sehr plastisch veranschaulicht, wie normale Bewältigungsstrategien bei Betroffenen durch geschickte, christlich erscheinende Argumentation außer Kraft gesetzt werden:

In jenem System herrschte eine bestimmte Praxis der Beichte, die vor allen Mitgliedern der Gemeinschaft abgelegt werden musste. Parallel zu diesem öffentlichen Bekenntnis konnten Mitglieder der Gemeinschaft das jeweilige Mitglied, das die Beichte ablegte, ermahnen, im Hinblick auf bestimmte Sünden, die ihnen aufgefallen waren. Nach Beichte und Ermahnung bat die betroffene Person um Vergebung, und je nach Einschätzung der Leitung dieser Gruppe, ob die Buße echt war, wurde der Person Vergebung zugesprochen oder auch eine bestimmte Strafe auferlegt. Selbst wenn gewisse Vorwürfe nicht berechtigt waren, galt es, diese widerspruchslos anzunehmen. Denn das diene dazu – so wurde argumentiert –, zerbrochen und damit Jesus ähnlicher zu werden. Tatsächlich ging es jedoch um das Zerbrechen und Gefügigmachen der Mitglieder als Marionette des Systems unter dem Deckmantel des »christlichen« Anspruchs, demütig werden zu sollen.

Die Mitglieder fürchteten diese Beichtveranstaltungen. Damit war die Beichte weit entfernt von der befreienden Entlastung, die sie eigentlich hätte bringen sollen. Stattdessen wurde die Beichte zu einem Akt öffentlicher Beschämung, mit der die Mitglieder immer zu rechnen hatten – ein höchst traumatisierender Aspekt, dem sie aus frommen Gründen einfach nicht entrinnen konnten. Die theologische Tatsache, dass Jesus selbst die Strafe stellvertretend für unsere Sünden trug, wurde in jenem System ignoriert.

Posttraumatische Belastungsstörung (PTBS)

Menschen reagieren unterschiedlich auf erlebte Traumata. Es ist wünschenswert, dass Trauma-Überlebende eine gründliche Be- und Verarbeitung ihres Traumas erfahren können. Abhängig von bestimmten Faktoren in sich und in ihrem Umfeld erholen sich einige Betroffene bald von den psychischen Verwundungen, andere haben es schwerer mit der Verarbeitung. Besonders risikobehaftet sind solche Personen, die zuvor schon Missbräuchliches erlebt haben und bisher keinerlei Möglichkeit hatten oder wahrgenommen haben, die Erfahrung aufzuarbeiten.

Weil die PTBS eine häufige Reaktion von Trauma-Überlebenden darstellt, soll an dieser Stelle noch mehr Information dazu zur Verfügung gestellt werden. Manches Mal reagieren Überlebende religiösen Missbrauchs auch nicht mit dem Vollbild der PTBS, sondern entwickeln nur einzelne Symptome.

Ron Enroth war Pastor und Autor vieler Bücher, mit denen er vor Jahren im angloamerikanischen Raum zu den ersten Stimmen gehörte, die missbrauchende Gemeinden thematisierten. Er schrieb:

> *Untersuchungen haben ergeben, dass für Opfer geistlichen Missbrauchs beunruhigende Träume und Albträume nicht unüblich sind. Das Trauma durch schmerzliche Erinnerungen und wiederkehrende Albträume erneut zu durchleben, gehört mit zu den Elementen einer Diagnose, die als »Posttraumatische Belastungsstörung« bekannt wurde. Diese Störung sollte durch professionelle Beratung behandelt werden.*[191]

Die Posttraumatische Belastungsstörung (PTBS) ist eine Diagnose aus dem *DSM 5 – Diagnostic and Statistical Manual of Mental Disorders*, dem diagnostischen und statistischen Handbuch psychischer Störungen, einem offiziellen Handbuch psychiatrischer Probleme.

Die PTBS ist eine normale Reaktion auf eine unnormale Menge an Stress. Sie ist ein psychologisches Syndrom und kann sich in »völlig normalen« Menschen entwickeln, die mit lebensbedrohlichen oder anderweitig überwältigenden Stresserlebnissen konfrontiert waren. Grundsätzlich kann jeder Mensch eine solche Reaktion auf ein belastendes Erlebnis entwickeln.

Dr. Matsakis erläutert in ihrer Veröffentlichung weitere Fakten, die zum Verständnis einer Traumatisierung beitragen.[192]

Um die PTBS zu erklären, nennt sie das Beispiel eines Messers, mit dem man sich in den Finger schneidet: Hierbei ist klar, dass das Ausmaß der Verletzung eher abhängig ist von der Schärfe der Klinge und der Kraft dahinter als von der Festigkeit der Haut. Ähnliches gilt auch auf der psychologischen Ebene:

Es gibt Ereignisse, die jeden »stark bluten« lassen würden, ganz gleich, wie robust oder stabil er oder sie sich sonst in der Vergangenheit erlebt hat.

Solche Erlebnisse, bringen Menschen dazu, PTBS-Symptome zu entwickeln. Ein Trauma allein, auch ohne jegliche Vorerfahrungen, kann zu tiefen Verwundungen und vehementen Reaktionen führen.

In der Vergangenheit glaubten viele Mediziner und Psychologen, dass Menschen, die an Depressionen, Ängsten oder anderen Symptomen litten, dies hauptsächlich aufgrund innerer psychologischer Konflikte und Probleme taten und nicht in Reaktion auf externe Ereignisse. Im Falle nicht traumatisierter Personen ist diese Annahme nicht notwendigerweise falsch. Sie ist insofern jedoch unvollständig, als dass sie sowohl den Effekt von sozialem und wirtschaftlichem Druck auf ein Individuum nicht berücksichtigt als auch andere äußere Stressfaktoren außer Acht lässt […]
[Ein] Trauma allein, unabhängig von vorhergehenden psychologischen Problemen, kann zur Entwicklung einer Vielfalt von Symptomen führen. Diese Symptome sind mehr die Reaktion auf ein einzelnes, überwältigendes Erlebnis oder eine Reihe solcher Erlebnisse als auf ein inneres psychologisches Problem […] Die PTBS-Diagnose ist die einzige, die anerkennt, dass jeder Mensch,

der genug Stress ausgesetzt ist, das Potenzial in sich trägt, PTBS-Symptome zu entwickeln.
[...] dies bedeutet, dass, obgleich Persönlichkeit, Überzeugungen und Werte vor dem Trauma die eigenen Reaktionen auf ein traumatisches Ereignis sowie dessen Interpretationen gewiss beeinflussen, Menschen PTBS-Symptome nicht aufgrund von Minderwertigkeit oder Persönlichkeitsschwäche entwickeln. Ein Trauma verändert Persönlichkeiten, nicht umgekehrt.[193]

Die fundamentale Dynamik, die bei einer PTBS zugrunde liegt, ist folgender Kreislauf[194]:

1. *Intrusion* – das Wiedererleben des Traumas
2. *Repression* – Vermeidung der traumatischen Erinnerungen (Erholungsphase)
3. *Hyperarousal* – Übererregung

Dieser Kreislauf der sich aufdrängenden Erinnerungen, denen wiederum Vermeidung und Betäubung folgen, hat eine starke biologische Komponente (Veränderung der Körperchemie).

Im Folgenden erkläre ich die Elemente des Kreislaufs im Einzelnen.

1. Das Wiedererleben des Traumas (Intrusion)

Das Wiedererleben des Traumas kann in einem gewissen Kreislauf oder auch sporadisch stattfinden. Eine betroffene Person kann über Wochen und Monate symptomfrei sein, um dann wieder in eine Leidensphase hineinzukommen, die sehr unterschiedliche Auslöser haben kann.

In der Fachwelt spricht man von internen und externen Reizen, die einen Aspekt des traumatischen Ereignisses symbolisieren oder an Aspekte desselben erinnern und die entweder eine intensive psychische Belastung oder eine körperliche Reaktion hervorrufen. Um innerlich mehr zur Ruhe kommen zu können, ist es im Anfangsstadium des Heilungsprozesses hilfreich, wenn solche »Auslöser« oder auch »Trigger« in Grenzen gehalten werden, z. B. durch äußeren Schutzraum oder durch den Versuch, nicht zu viel über die Details des erfahrenen Missbrauchs nachzudenken.

Im weiteren Verlauf des Heilungsprozesses können die »Auslöser« jedoch gute Dienste leisten. Sie dienen als Indikator, wo Details der Traumatisierung und Verletzungen noch aufzuarbeiten sind. Wenn die Betroffenen sie im Rahmen ihrer Heilungsbedürftigkeit auf diese Weise einordnen können, verlieren sie einen Teil ihrer Bedrohlichkeit.

Mögliche Auslöser (Trigger), die eine Erinnerung in Gang setzen, sind z. B.:

- ein persönlicher Verlust
- allgemeiner Lebensstress
- positive Veränderungen (z. B. die Geburt eines Kindes, Hochzeit etc.)
- bestimmte Jahrestage, Daten und Ereignisse, die mit dem Trauma in Zusammenhang gebracht werden
- Menschen, Orte, Dinge, Worte, Laute, Gerüche, Handlungen oder Situationen, die an das Trauma erinnern

In Zeiten, in denen Menschen das Trauma wiedererleben, können sie mit Gefühlen konfrontiert werden, die sie zum Zeitpunkt des Traumas aufgrund der emotionalen Betäubung nicht fühlen konnten. Diese Gefühle von Angst, Zorn, Traurigkeit oder Schuld können sie zutiefst erschüttern. In Reaktion auf die Macht dieser Gefühle kann es sein, dass sie erneut »abschalten« (vgl. Repression).

Hier zwei Beispiele solcher Trigger:

Sandras Geschichte

Sandra ist eine Aussteigerin aus einer missbräuchlichen Gemeinde, die zum Zeitpunkt dieses Erlebnisses bereits eine ganze Strecke ihres Heilungsweges gegangen war. Zu ihrem Therapeuten hatte sie eine vertrauensvolle Beziehung, die durch Höhen und Tiefen gewachsen war.

Eines Tages erhielt sie unerwartet einen Anruf von ihm. Ihm war es wichtig, vor der nächsten Sitzung noch einen Impuls weiterzugeben, der für sie hilfreich sein könnte. Als Sandra ihn in der Leitung hörte, schrak sie innerlich zutiefst zusammen. Sie begann zu zittern und intensiv zu schwitzen, und sie konnte kaum einen klaren Gedanken fassen. Was war los? Sie konnte sich selbst nicht verstehen. Warum in aller Welt eine solche Reaktion bei einem Menschen, der es gut mit ihr meinte und auch in dem Telefonat nur nett war? Ihre Reaktion war ihr äußerst peinlich. Und sie versuchte, das Telefongespräch schnellstmöglich zu beenden, ohne dass ihre inneren und äußeren Reaktionen zu deutlich wurden. Als sie schließlich auflegte, setzte sie sich schweißgebadet hin, um sich zu erholen. Was war hier abgelaufen?

Dann dämmerte es ihr: Viele Male hatte sie es inmitten ihres intensiven Engagements in der Gemeinde erlebt, dass sie oder andere von der Gemeindeleitung unerwartet angerufen und zu einem Gespräch zitiert worden waren. Diese Gespräche hatten i. d. R. als Motivationschecks gedient: Dabei waren Vorkommnisse thematisiert worden (Aussagen, Handlungen), die aus der Sicht jener Gemeindeleitung ein Hinweis auf falsche Haltungen gewesen waren. Die von der Leitung besonders geahndeten Haltungen waren die der Rebellion, der mangelnden Unterordnung, des selbstsüchtigen Ehrgeizes oder Ähnliches gewesen. Ganz egal, wie viel sich Mitarbeitende eingesetzt und ihre Loyalität unter Beweis gestellt hatten, ein unbedachtes Wort – und sofort war der Hammer der gründlichen Motivationsüberprüfung gefallen, die man in der Regel wie ein begossener Pudel verlassen hatte – ganz gleich, ob die eigenen Motive wirklich falsch gewesen waren oder nicht. Manchmal war es Einzelnen zwar gelungen, ihre »Unschuld« glaubhaft zu machen, wenn sie (wie häufig) falsch verdächtigt worden waren. Der Schock im Blick auf diese Unterredungen war deshalb jedoch nicht geringer ausgefallen.

Und diese Erlebnisse, an die Sandra sich erst jetzt wieder bewusst erinnerte, standen noch unverarbeitet »in der Warteschlange ihrer Seele« und wollten gefühlt und bewältigt werden. Der Anruf ihres Therapeuten war Auslöser für den »Sturm ihrer Gefühle«, die sie in der Zeit ihrer Zugehörigkeit zu jener Gemeinde kaum hatte zulassen können, weil es damals gegolten hatte, zu überleben und die Situation durchzustehen.

Sandra nahm in jener Situation die Unangemessenheit des Verhaltens ihrer Leiter bewusst wahr. Die Aktionen des plötzlichen Zum-Gespräch-zitiert-Werdens sowie der Motivationschecks hatten immer wie ein schockierender Überfall gewirkt und das Gefühl tiefer Verunsicherung hinterlassen – nach dem Motto: »Ganz gleich, mit wie viel Herzblut du dich hier investierst, egal, wie verantwortlich du deinen Dienst für andere Menschen lebst, es ist jederzeit möglich, dass du plötzlich in Ungnade fällst und im Blick auf die übelsten Haltungen verdächtigt wirst.«

Sandra konnte die Dinge nun im Detail benennen und das an ihr verübte Unrecht bewusst loslassen. Unerwartete Anrufe verloren daraufhin spürbar ihre Bedrohlichkeit – eine erfreuliche Begleiterscheinung dieser Heilung, die jedoch in anderen Situationen auch durchaus länger brauchen kann.

Widerstand im Seminar

Bei einem meiner ersten Seminare, die ich zum Thema des religiösen Missbrauchs hielt, hatte ich es mit einem Veranstalter zu tun, der keine Erfahrung mit diesem Thema hatte. Sein gesamtes Angebot war durchzogen von vielen christlichen Elementen. Daher war mir der Drahtseilakt bewusst, den es hier zu bewältigen galt: Die Spannung zwischen einem Veranstalter ohne Erfahrung mit dem Thema, der ganz selbstverständlich christliche Elemente in dieses Seminar integrieren würde, und einer Gruppe von Seminarteilnehmern, die sich sehr wahrscheinlich aufgrund eigener Betroffenheit zu dieser Veranstaltung angemeldet hatten und bei denen folglich eine große Trigger-Gefahr bestand. Daher hatte ich die Person, die den Lobpreis leitete, gebeten, Lieder auszuwählen, die Menschen in ihrer Verwundung abholen könnten. Diesem Wunsch kam der Lobpreisleiter zwar nach, doch seine Worte der Einleitung waren alles andere als hilfreich und empathisch für Überlebende religiösen Missbrauchs. So passierte, was passieren musste: Ein Großteil der Anwesenden reagierte mit einer inneren Blockade, die wie eine Wand spürbar war. Mit verschränkten Armen saßen die meisten auf ihren Stühlen. Offensichtlich hatten einige von ihnen in genau solch einer Atmosphäre nicht nur Gutes erlebt.

Was tun? Ihre Reaktion war sehr verständlich angesichts all dessen, was ihnen sehr wahrscheinlich widerfahren war. Und als Referentin war es mir wichtig, dies sofort zum Thema zu machen. Und meine Vermutung bestätigte sich. Nachdem ich mein absolutes Verständnis für ihre Reaktion zum Ausdruck gebracht hatte, vereinbarten wir, dass sie im Umgang mit Lobpreis und anderen christlichen Elementen frei waren, das zu tun, was ihnen entsprach. Niemand hatte bestimmte Erwartungen an sie. Auch dem Lobpreisleiter dämmerte es, dass er in ein riesiges Fettnäpfchen getreten war, und er bemühte sich, so gut er konnte, sich auf die Teilnehmenden des Seminars einzustellen. Und im Laufe der Veranstaltung entspannte sich die Atmosphäre spürbar.

2. Vermeidung und Betäubung

Vermeidung und Betäubung stellen den nächsten Aspekt der PTBS-Dynamik dar. Die Psyche hat die Fähigkeit, sich selbst gegen Angriffe und unerträgliche emotionale Schmerzen betäuben zu können. Während eines traumatisierenden Ereignisses kann es überlebenswichtig sein, Gefühle wegzudrängen, abzuschalten oder abzutöten, weil derartige Gefühle handlungsunfähig machen können. Diese emotionale Betäubung ist ein zentrales Merkmal der PTBS. Dieses Abschalten dient dazu, die Intensität der Gefühle zu reduzieren, sodass die Stimmungsschwankungen und Veränderungen des Energieniveaus die Betroffenen nicht »wahnsinnig« machen.

Da diese Stimmungs- und Gemütsschwankungen sowohl für die betroffenen Menschen selbst als auch für ihre Umwelt schwierig sind, entscheiden Menschen sich oft, Schmerz und Auslöser für die emotionalen PTBS-Symptome zu vermeiden. Die Folge ist häufig ein mentaler, sozialer und physischer Rückzug.

Jeder Trauma-Überlebende hat sein eigenes »Paket« an Auslösern zu bewältigen, die Erinnerungen an das Trauma erneut hervorrufen können. Es ist sehr verständlich, wenn Betroffene solche Auslösersituationen vermeiden möchten. Andererseits bringt diese Art von Vermeidung wiederum andere Probleme mit sich, die Beziehungen oft belasten. Daher ist es wichtig zu lernen, die eigenen Auslöser- und Vermeidungssituationen zu verstehen, mit ihnen umzugehen und sich von ihnen langfristig nicht in die soziale Isolation verbannen zu lassen.

Im Folgenden möchte ich eine Aussteigerin zu Wort kommen lassen, die mir vor einer geplanten Veranstaltung zum Thema Missbrauch ihre Gefühle bezüglich »Gemeinde« mitteilte. Sie hatte zusammen mit einer großen Gruppe von Mitgliedern ihre missbräuchliche Gemeinde verlassen, nachdem die manipulativen Übergriffe immer intensiver geworden waren. Sie berichtete mir von Dingen, die sie in jener Phase bewusst vermied, um von ihrem Schmerz nicht überflutet zu werden:

> Bei mir ist es jetzt so, dass ich leider generell ein großes Misstrauen gegen alle Christen habe, die in irgendeiner Weise eine Leitungsfunktion haben. Ich vermeide es, Gottesdienste zu besuchen – wenn ich's doch mal tue, wühlt es mich total auf. Lieber besuche ich offene Veranstaltungen, z. B. wenn ein Gastsprecher eingeladen ist.
> Außerdem habe ich, ehrlich gesagt, die Befürchtung, dass ich während des ganzen Seminars nur rumheule. Mein Empfinden ist in erster Linie ein massives: »Das darf doch nicht wahr sein!« Ich fühle mich wie ein kleines Kind, das entdecken muss, dass es nicht nur gute Menschen gibt, sondern auch sehr böse, und das darüber total geschockt ist. Aber das Allerschlimmste ist ja, dass sich Gutes und Böses so sehr

vermischen, dass man es gar nicht gleich auseinanderdividieren kann.
Ich spüre, wie meine Abwehrmechanismen auf Hochtouren laufen. Auf der einen Seite wünsche ich mir Trost und Heilung von Gott, auf der anderen Seite mag ich diesen riesigen Schmerz nicht zulassen, weil es so unfassbar wehtut. Es hat ein paar Monate gedauert, bis ich formulieren konnte, dass ich Gebet und Bibellesen, Kontakt mit anderen Christen oder christliche Literatur vermeide, weil mich sonst wahrscheinlich eine große Traurigkeit befällt und weil ich dann nicht vermeiden kann, heftig zu weinen. Da dieses Empfinden so stark ist, muss ich mich jetzt über meinen Verstand daran erinnern, dass es durchaus auferbauend sein kann, Zeit mit Gott zu verbringen.

Mittel- und langfristig ist es empfehlenswert, so wie es die Kräfte und die persönliche Situation zulassen, Stück für Stück die traumatisierenden und verletzenden Begebenheiten der Vergangenheit noch einmal anzuschauen. Es ist wichtig, Gefühle zuzulassen und verständnisvoll und behutsam mit sich selbst und seiner Seele umzugehen. Und es ist befreiend, dann auch Prozesse des Loslassens zu gehen – im ganz persönlichen Tempo – und so die Vergangenheit Schritt für Schritt hinter sich zu lassen. Auslösersituationen werden auf diese Weise immer weniger vorkommen.

3. Übererregung (hyperarousal)

Der Zustand übermäßiger Wachheit oder Erregtheit hat für Trauma-Überlebende die Funktion (als Signal der eigenen Psyche), Gefahren und Bedrohungen rechtzeitig zu erkennen, um dann entsprechend reagieren zu können. Dieser Zustand hat eine Überlebensfunktion, die jedoch auf die Dauer – wenn man ihn nicht »abschalten« kann – notvoll ist.

Die Übererregung beinhaltet die Veränderung körperlicher Funktionen durch Ausschüttung von Adrenalin oder Gegenadrenalin:

Herzschlag, Blutdruck, Muskelspannung, Blutzuckerspiegel erhöhen sich, die Pupillen erweitern sich, die Blutzufuhr zu Armen und Beinen wird geringer, während sie sich zum Kopf und Leib hin erhöht, um besser denken und agieren zu können (= Kampf- oder Fluchtreaktion).

Ulrike war eine junge Frau, die sich in ihrer Gemeinde engagierte und als zuverlässig Mitarbeiterin galt. Sie gehörte nicht zu denen, die sich einfach kritisch über alles und jeden ausließen. Abgesehen davon, dass eine solche Haltung in ihrer Gemeinde verboten war, war Ulrikes Wesen von viel Wohlwollen geprägt. Als sie schließlich nicht anders konnte, als einige nicht unerhebliche Missstände innerhalb der Gemeindeleitung zu thematisieren, erlebte sie handfeste Sanktionen seitens des Systems. Nach Monaten des Psychoterrors verließ sie die missbräuchliche Gemeinde, gesundheitlich nicht wenig angeschlagen.

In den ersten Jahren nach ihrem Ausstieg erlebte sie bei gegebenem Anlass ein typisches Übererregungssymptom. Häufig, wenn sie es in irgendeiner Form mit geistlichen Leitern zu tun hatte, erlebte sie eine so intensive Muskelanspannung ihres Körpers und so massive Kopfschmerzen, dass sie ihre Aufgaben nur sehr schwer wahrnehmen konnte. Über diese Anspannung hatte sie keinerlei Gewalt. Ganz gleich, was sie »ihrer Seele sagte« (z. B. »Du kannst dich entspannen! Diese geistlichen Leiter werden nicht über dich herfallen. Sie werden dich respektieren!«), ihre Seele blieb skeptisch und »funkte« an ihren Körper: »Vorsicht, Gefahr! Bleib in Alarmbereitschaft!« Ihr Inneres fing erst an, ihr zu glauben, nachdem sie in ihrem Verarbeitungsprozess schon ein ganzes Stück vorwärtsgekommen war und nachdem sie manche gute und wohltuende Erfahrung mit geistlicher Leitung gemacht hatte.

Mögliche Symptome nach erfahrenem religiösem Missbrauch in christlichen Settings

1. Wiedererleben des Traumas (Intrusion)

Dazu gehören:

- Nachdenken, ständiges grüblerisches Beschäftigen mit der belastenden Situation (Trauma)
- Träume, Albträume, sich aufdrängende Bilder
- allgemeine Unruhe
- Unruhe in Situationen, die an verletzende Erfahrungen erinnern
- körperliche Reaktionen aufgrund gewisser Auslösersituationen (Trigger): z. B. Schwitzen, Erbrechen, Muskel- oder Magenkrämpfe, Zittern, Schwächezustände, Schmerzen ohne offensichtlichen Grund
- konkrete Angst, namenlose Angst
- Scham- und Schuldgefühle

Mögliche Ängste, mit denen Missbrauch-Überlebende zurechtzukommen haben:

- Angst vor Flüchen, Bestrafung und Verlust des Segens Gottes, weil sie ihre Gruppierung verlassen haben (wenn die verinnerlichten Botschaften des Systems noch in ihnen leben)
- Angst, schlecht und wertlos zu sein

- Angst, die Verbindung zu Gott und seine Gunst verloren zu haben
- Angst vor erneuter Manipulation
- Angst davor, sich irgendwo wieder von Herzen auf Menschen einzulassen, oder überhaupt vor Begegnungen mit Menschen, sowohl allgemein, als auch in einem bestimmten Rahmen
- Angst, keinen guten Weg mehr für sich (und die eigene Familie) zu finden
- Angst, dass die eigene Aufgabe niemals mehr wirklich bedeutungsvoll sein könnte
- Angst vor neuen Herausforderungen (familiär, beruflich, im christlichen Kontext aufgrund des eigenen gesundheitlichen »Angeschlagenseins«)

2. Vermeidung (Repression)

Zur Vermeidung gehören folgende Phänomene:

- Vermeidung der Erinnerung an verletzende Situationen (z. B. indem bestimmte Menschen und Situationen gemieden werden) – Ziel: Reduzierung der Intensität der Gefühle
- Isolation und Rückzug
- anhaltendes Misstrauen oder grundsätzliches Misstrauen Menschen gegenüber oder bestimmten Menschen gegenüber
- Wunsch, sich völlig von christlichen Kontexten fernzuhalten
- Ambivalenz (hin- und hergerissen sein) zwischen dem Wunsch, wieder Teil einer christlichen Gruppe zu sein, und dem Wunsch, genug Abstand zu haben
- Erstarrung der Gefühle, Betäubung
- Ohnmachtsgefühle, Lähmung jeglicher Initiative

3. Übererregung (hyperarousal)
Zum Zustand der Übererregung können gehören:

- übermäßige Wachheit (Herzschlag, Blutdruck, Muskelspannung, Blutzuckerspiegel erhöhen sich)
- Schlafstörungen
- Reizbarkeit, Zorn, Zornausbrüche

Das komplexe Psychotraumatische Belastungssyndrom (kPTBS)
(Information schwerpunktmäßig für Menschen aus dem psychosozialen Berufsfeld)

Während wir uns in diesem Kapitel mit der Posttraumatischen Belastungsstörung beschäftigen, möchte ich an dieser Stelle noch einen Hinweis auf eine spezifischere Diagnose geben. Diese erscheint mir in unserem Zusammenhang vor allem deshalb relevant, weil sie insgesamt zutreffender ist als die Diagnose PTBS.

Das sogenannte komplexe Posttraumatische Belastungssyndrom bzw. die komplexe Posttraumatische Belastungsstörung (kPTBS) erwähnt im Rahmen der Diagnosekriterien eindeutig und klar die Mitgliedschaft in religiösen Sekten. Ferner beinhaltet sie eine noch komplexere Symptomatik, die Opfern lang andauernder, wiederholter Traumata eher entspricht. Claudia Schedlich vom Deutschen Institut für Psychotraumatologie sagt dazu:

> *Für viele Opfer traumatischer Lebenserfahrungen erweist sich die PTBS des […] DSM IV als nicht komplex genug zur Erfassung der Trauma-Folgen. Dies gilt vor allem für Betroffene lang anhaltender Extremtraumatisierungen wie Folter, Konzentrationslagerhaft oder lang andauernder sexueller Kindesmissbrauch. Aus diesem Grund entwickelte Judith Herman in Zusammenarbeit mit van der Kolk ein Syndrom zur Erfassung der Folgen von Extremtraumati-*

sierung, das komplexe Psychotraumatische Belastungssyndrom (kPTBS) [...]
Weitere Syndrome im DSM IV und im ICD-10, die in direktem Zusammenhang mit traumatischen Erfahrungen diagnostiziert werden, sind die akute Psychotraumatische Belastungsstörung, die Anpassungsstörung und die dissoziativen Störungen [...]
Die Symptomatik der kPTBS geht in ihrer Ausprägung und Intensität weit über die der PTBS hinaus, vor allem da Extremtraumatisierungen wie jahrelanger [...] Missbrauch [...] tief greifende Veränderungen der Persönlichkeitsstruktur nach sich ziehen. Affektregulation, Bewusstsein und Wahrnehmung sind oft nachhaltig beeinträchtigt, das Wertesystem mit dem zugrunde liegenden Selbst- und Weltverständnis hat sich verändert und soziale Beziehungen gestalten sich problematisch.[195]

Das Syndrom der kPTBS umfasst folgende Symptome und Symptomgruppen[196]:

1. Opfer totalitärer Herrschaft

Der Patient war über einen längeren Zeitraum (Monate bis Jahre) totalitärer Herrschaft unterworfen, wie z. B. Geiseln, Kriegsgefangene, Überlebende von Konzentrationslagern oder Aussteiger aus religiösen Sekten, aber auch Menschen, die in sexuellen oder familiären Beziehungen totale Unterdrückung erlebten, z. B. Menschen, die von Familienangehörigen geschlagen, als Kinder psychisch misshandelt oder sexuell missbraucht oder von organisierten Banden sexuell ausgebeutet wurden.

2. Störungen der Affektregulation
Darunter fallen:

- anhaltende Dysphorie
- chronische Suizidgedanken
- Selbstverstümmelung
- aufbrausende oder extrem unterdrückte Wut (evtl. alternierend)
- zwanghafte oder extrem gehemmte Sexualität (evtl. alternierend)

3. Bewusstseinsveränderungen
Darunter fallen:

- Amnesie oder Hypermnesie, was die traumatischen Ereignisse anbelangt
- zeitweilige dissoziative Phasen
- Depersonalisation und Derealisation
- Wiederholung des traumatischen Geschehens, entweder als intrusive Symptome der PTBS oder als ständige grüblerische Beschäftigung

4. Gestörte Selbstwahrnehmung
Darunter fallen:

- Ohnmachtsgefühle, Lähmung jeglicher Initiative
- Scham- und Schuldgefühle, Selbstbezichtigung
- Gefühl der Beschmutzung und Stigmatisierung
- Gefühl, sich von anderen grundlegend zu unterscheiden (der Patient ist überzeugt, etwas ganz Besonderes zu sein, fühlt

sich mutterseelenallein, glaubt, niemand könne ihn verstehen, oder nimmt eine nicht menschliche Identität an)

5. Gestörte Wahrnehmung des Täters

Darunter fallen:

- ständiges Nachdenken über die Beziehung zum Täter
- unrealistische Einschätzung des Täters, der für allmächtig gehalten wird (Vorsicht: das Opfer schätzt die Machtverhältnisse evtl. realistischer ein als der Arzt)
- Idealisierung und paradoxe Dankbarkeit
- Gefühle einer besonderen oder übernatürlichen Beziehung
- Übernahme des Überzeugungssystems oder der Rationalisierungen des Täters

6. Beziehungsprobleme

Darunter fallen:

- Isolation und Rückzug
- gestörte Intimbeziehungen
- wiederholte Suche nach einem Retter (evtl. alternierend mit Isolation und Rückzug)
- anhaltendes Misstrauen
- wiederholt erfahrende Unfähigkeit zum Selbstschutz

7. Veränderungen des Wertesystems

Darunter fallen:

- Verlust fester Glaubensinhalte
- Gefühl der Hoffnungslosigkeit und Verzweiflung

Soziale Nöte

Die Probleme in Beziehungen nach dem Erleben religiösen Missbrauchs können sehr vielschichtig sein. Das Leid beinhaltet ein breites Spektrum.

Die Situation der »Hineingeborenen«

Menschen, die in einem Umfeld groß geworden sind, in dem Glaube zerstörerisch gelebt wurde, haben vermutlich am schwersten zu tragen – einfach, weil sie nie etwas anderes kennenlernen konnten. Bevormundung, Reglementierung und Unfreiheit waren die Atmosphäre, in der sich ihre Persönlichkeit entwickelte. Entfaltung dessen, was in ihnen lebte, war nicht gefragt und deshalb kaum denkbar.

Die Autoren und Autorinnen des zu diesem Thema aufschlussreichen Buches *Sektenkinder* geben zur Situation der »Hineingeborenen« wertvolle Einblicke – hineingeboren in »High-Demand-Systems«, in Systeme mit hohen Anforderungen, ganz gleich welcher Couleur. Sie beschreiben in der Einleitung ihr Anliegen, »die Erfahrungen und Lebensgeschichten dieser Menschen aufzuschreiben, ihre Belastungen und ihre Not öffentlich zu machen und für ihre Hilfsbedürfnisse zu sensibilisieren«.[197] Sie erklären, dass – auch wenn einige Namen neureligiöser Glaubensgemeinschaften weithin bekannt sind – die meisten Menschen wenig über das Leben darin wissen, insbesondere nichts über das von Kindern und Jugendlichen. Das habe unterschiedliche Gründe. Einer davon ist die starke Abschottung dieser Gemeinschaften. – Und das bezieht sich ebenso auf manches System im christlichen Lager.

> *Ihre Mitglieder werden häufig als harmlose Sonderlinge wahrgenommen, die zwar ein gesellschaftliches Nischendasein fristen,*

aber im Grunde niemandem Schaden zufügen. In der Regel wird es als Gebot der Toleranz betrachtet, den Glauben und den Lebensstil von Sektenmitgliedern zu respektieren. Dies bedeutet auch, sich nicht in die Erziehung ihrer Kinder einzumischen – auch wenn das, was man gelegentlich vielleicht davon mitbekommt, altertümlich und rückständig erscheint.[198]

Sie betonen, dass sich Außenstehende meist nicht vorstellen können, was betroffene Kinder und Jugendliche mitunter als Realität erleben und wie deren Lebensweg in vielen Fällen geprägt wird. Das schließt Erfahrungen jahrelanger Unterdrückung von identitätsrelevanten Seiten ihrer Persönlichkeit ein, die sie – falls sie je einen Ausstieg schaffen – erst mühevoll zu entdecken haben.

Der Psychologe Dieter Rohmann bringt im selben Buch einen kollegialen Fachbeitrag für diejenigen, die im Rahmen ihrer beruflichen Tätigkeit innerhalb der psychosozialen Versorgung mit sogenannten »Sektenkindern« in Kontakt kommen. Ziel seines Bemühens, ein besseres Verständnis für diese Gruppe von Klienten und Klientinnen zu erreichen, ist eine Kompetenz, die in der Lage ist, Betroffene früher aufzufangen, »schon bevor das Sektenkind eigene Worte für das Leben und die Dynamik der einst prägenden neureligiösen Gruppierung gefunden hat«.[199] Er nimmt in seinen Ausführungen Bezug auf einen Kommentar[200] zu Artikel 4 GG, dessen Toleranz nicht grenzenlos sei. Eltern haben nicht das Recht, das Kind zum Instrument und Objekt ihrer religiösen Überzeugung zu machen unter grober Beschneidung von dessen Entwicklungschancen. Dies gelte auch für Sekten, welche die Persönlichkeitsentfaltung der Kinder schon konzeptionell beeinträchtigen.

In den letzten Jahren erlebe ich in der Beratung vermehrt Personen, die in christliche Gemeinden und Gemeinschaften hineingeboren wurden, die sich mit dem Erleben dieser Sektenkinder sehr identifizieren können. Es geht um Settings, in denen sie ihre eigene (spirituelle) Autonomie nie haben entdecken und leben können und in denen Glaube eher extrinsisch von außen erwartet wurde. Statt ihnen Räume der Entwicklung zu ermöglichen, erwartete man von ihnen eine Spiritualität mit entsprechenden Konsequenzen für ihre Lebensführung, die nie Ausdruck ihres eigenen inneren Prozesses und ihres wachsenden theologischen Verständnisses waren. Während ihnen verwehrt wurde, persönliche Überzeugungen zu entwickeln, wurde stattdessen Anpassung an die (gesetzlichen) Vorgaben des Umfeldes erwartet – und das dann Glauben genannt.

Mit diesen Ausführungen zum Leben der in bestimmte christliche Settings Hineingeborenen ist es mir wichtig, darauf hinzuweisen, dass diese Gruppe in den meisten Forschungsarbeiten bisher übersehen wurde.

Unangemessene Beeinflussung in Beziehungen

Ferner sind mir Menschen vor Augen, die in einer religiös missbräuchlichen Umgebung eine eigene Familie gegründet haben. Die Facetten des Missbrauchs beinhalten auch hier eine breite Palette. Ich kenne Personen, die von geistlichen Leitern geradezu in eine Ehe hineingedrängt wurden. In einem solchen Szenario gab es keine Möglichkeit, dass sich eine Beziehung behutsam entwickelte und dass sich die Partner Stück für Stück in ihrer Zuneigung zum anderen sicher wurden. Es gab weder Romantik noch die Schönheit des Umwerbens und des Umworbenwerdens. Da hieß es einfach nur: »Gott hat gesprochen, und deshalb gilt es, die Sache einfach so schnell wie möglich festzumachen.« Für Menschen, die solche Systeme nicht kennen, klingt meine Beschreibung vielleicht unglaublich. Aber diese Situationen sind real. Die Betroffenen lassen sich eine solche Behandlung deshalb gefallen, weil sie aufgrund einer offensichtlich erfolgreichen Indoktrination davon ausgehen, dass sie auf diese Weise Gott gehorsam sind und dass ein solches Handeln eigentlich die geistliche Normalität im Leben sein sollte. Welch eine Beraubung!

Nachdem sie das an ihnen geschehene Unrecht erkennen, gibt es manche, die wieder aus ihren Ehen ausbrechen und oft auch Gott den Rücken zukehren. Es scheint für sie keine andere Option zu geben. Die Not und Zerrissenheit sind erheblich und nachvollziehbar.

Andere wiederum wollen den geschlossenen Bund der Ehe halten, was es ebenfalls zu würdigen gilt. Sie haben keinen einfachen Weg vor sich. Es gibt vieles zu betrauern und zu bearbeiten. Sie müssen damit klarkommen, dass sie mit einem Partner verheiratet sind, den sie unter anderen Umständen vielleicht nie gewählt hätten, und dass sie aufgrund dieser rigiden Umstände vieler Details einer Liebesbeziehung beraubt wurden. Manche Betroffene entdecken, dass sie einander nie wirklich kennenlernen konnten, weil sie es im System nur sehr bedingt mit der Persönlichkeit des anderen zu tun hatten, sondern eher mit einer aufgesetzten Pseudopersönlichkeit, die sie jeweils im System lebten. Das Leben nach dem Ausstieg lässt dann Stück für Stück die wahre Person (wieder) deutlich werden. Und für manche bedeutet das ein schmerzliches Erwachen. Beide Partner sind darüber hinaus vielfältig verletzt worden, und auch mit dieser zusätzlichen Bürde gilt es zurechtzukommen.

Oder es gibt Ehen, die vor der Mitgliedschaft in einem solchen System geschlossen wurden, die aber während jener Zeit ihre Beziehung miteinander anders lebten, als sie es sonst getan hätten. Auch hier gibt es eine Fülle von persönlichem Leid, das durch die Indoktrinationen der Systeme verursacht wurde. Ehemänner, die aufgrund eines patriarchischen Eheverständnisses ihre Frauen bevormundeten und ihnen z. B. ihre Fähigkeit absprachen, selbst von Gott hören und aufgrund dessen für ihr Leben entscheiden zu können. Ehefrauen, die sich aufgrund dessen nichts mehr zutrauten und weit unter dem Potenzial lebten, das Gott in sie hineingelegt hatte. Oder gar Ehefrauen, die sich ihren despotischen und missbrauchenden Männern aufgrund eines verdrehten Verständnisses von Unterordnung unterwarfen. Wenn solche Betroffenen plötzlich die Wahrheit über ihre Situation erkennen, bringt das ein ungeheures Konfliktpotenzial für ihre Beziehung mit sich. Ihnen wird das Maß deutlich, mit dem sie aneinander schuldig geworden sind, sowie das Ausmaß des Unrechtes, dem sie »im Namen des Gehorsams gegenüber Gott« gedient haben.

Ein Bekannter erzählte mir von der schweren Zeit nach dem Ausstieg. Er und seine Frau hatten mehrere Kinder. Für sie war es ein schmerzlicher, aber lohnenswerter Prozess, sich ihrer Vergangenheit mit all den Details an Verquerem zu stellen. Sie fanden Wege zueinander, die schließlich in ein harmonisches Familienleben mündeten.

Aber nicht jede Situation endet so. Manche Verletzungen sind so tief greifend, dass den Betroffenen in ihrem verwundeten Zustand kein weiteres Miteinander mehr gelingt.

Als Christen sollte es uns angesichts dieses Leides fernliegen, solche Menschen zu verurteilen.

Vielmehr sollten uns derartige Lebensgeschichten motivieren herauszufinden, wie wir das Leid dieser Betroffenen mittragen und sie unterstützen können. Denn letztlich gingen sie einer fromm verkleideten Lüge auf den Leim und durchschauten den Missbrauch nicht rechtzeitig genug. In Zeiten der Not hatten sie oft kein unterstützendes Umfeld. Wie viel mehr sollten sie jetzt Liebe und Freundschaft erleben!

Besonders notvoll ist es, wenn einzelne Familienmitglieder noch im Missbrauchssystem verbleiben, während andere es verlassen.

Der Spagat und die Spannung, die diese Tatsache alle Beteiligten kostet, sind kaum erträglich.

Es ist mehr als wünschenswert, dass diesen Menschen neue heilsame Perspektiven für die Zukunft zuteilwerden, und dass wir Christen kreativ werden in der Unterstützung derer, die im frommen Gewand so viel Gewalt erleben mussten.

Folgeverletzungen

Das Leid Betroffener wird oft noch dadurch erschwert, dass sie mit ihren Erfahrungen nicht verstanden werden. Im kommenden Teil dieses Kapitels über Verwundungen durch religiösen Missbrauch beschreibe ich, wie intensive Folgeverletzungen entstehen können. Daraus ergibt sich auch die Information, wie diese Verletzungen vermieden werden können. Studien haben ergeben:

Nicht wenige Missbrauch-Überlebende erleben die Erfahrungen der Folgeverletzungen schmerzlicher und niederschmetternder als das ursprüngliche Trauma.

Die Erfahrung zeigt, dass Verwundung im Kontext von Missbrauch auf zweierlei Weise geschieht: zum einen in der schädigenden Situation selbst, und zum anderen durch die Reaktionen der Umwelt darauf. Auf beiden Ebenen werden Menschen zum Opfer.[201]

Zum Opfer werden – Verwundung im Kontext eines Traumas

Definition: »Ein Opfer ist eine Person, die durch einen anderen Menschen geschädigt oder getötet wurde, oder eine Person, der

Schaden zugefügt wurde und die leiden musste aufgrund einer Handlung, eines Umstands oder eines Zustands.«[202]

Ebene 1: Erschütterung der Lebensüberzeugungen durch das Trauma

Zum Opfer zu werden beinhaltet einen großen Schock für Körper und Seele. Auf der emotionalen Ebene verursacht ein Trauma die Erschütterung der grundsätzlichen Überzeugungen über sich selbst, die menschliche Natur, die Welt und das Leben mit Gott. Die Erschütterungen und Infragestellung dieser Überzeugungen können die psychische Qual und das Leid noch steigern. Jede Angst, jede Verwirrung, jede Depression und jede Unausgeglichenheit nach dem Trauma werden durch diese Grundsatzerschütterung unserer Lebensüberzeugungen und unseres Vertrauens noch verstärkt.

Ebene 2: Folgeverletzungen

So wichtig das persönliche Umfeld für den Heilungsprozess sein kann, so schädlich ist es, wenn es nicht angemessen mit dem Leid umgeht. Die Reaktionen der Gesellschaft, der (christlichen) Umwelt sind oft alles andere als hilfreich und heilsam für das, was Missbrauch-Überlebende an Leid zu verkraften haben.

Formen der Folgeverletzungen

1. Zweifel, Verleugnung, Fehleinschätzung

Menschen glauben Betroffenen die missbräuchlichen Erfahrungen nicht oder versuchen, das Trauma und die Bedeutung bzw. Auswirkungen auf die betroffene Person kleiner zu machen oder umzuinterpretieren.

- Nachdem Betroffene ihr Erleben geschildert haben, stoßen sie nicht selten auf Äußerungen wie: »Na ja, jede Gemeinde hat halt ihre Macken!« Mit dieser Einschätzung wird religiöser Missbrauch fälschlicherweise in die Kategorie von »Macken« eingeordnet, die ja in der Tat in jeder Gemeinde zu finden sind und mit denen sich Mitglieder zu arrangieren haben. Dadurch wird der Missbrauch bagatellisiert.

- Manchmal wird auch die Erfahrung an sich angezweifelt, nach dem Motto: »Na ja, übertreib mal nicht, so schlimm kann es doch nicht gewesen sein.« Oder: »Das, was du erlebt hast, ist deine subjektive Wahrnehmung.« Mit anderen Worten: »In Wirklichkeit war es gar nicht so schlimm.«
- Hinweis für Begleitende:
  Selbst wenn jemand eine Situation für sich tragischer einordnen sollte, als es vielleicht objektiv der Fall ist, braucht es ein respektvolles Vorgehen, durch das sich die betroffene Person ernst genommen fühlt. Da gilt es für Begleitende, einen Zugang zu der eigentlichen Not der Betroffenen zu finden. In der Regel entspricht jedoch das subjektive Erleben durchaus dem Maß des objektiven Unrechts – und mit diesem möglichen Tatbestand sollte grundsätzlich immer gerechnet werden. Nach meiner Erfahrung schätzen Missbrauch-Überlebende ihr Erleben anfänglich sogar eher geringer ein, als es objektiv einzuordnen wäre.
  Außerdem ist die Frage wichtig: Gibt es Widerstände bei den begleitenden Personen, dass sie ein bestimmtes Leid und Unrecht nicht wahrhaben wollen und damit kaum umgehen können?
- Nachdem Betroffene ihr Erleben thematisiert haben, gehen Menschen auf Distanz, hören lieber nicht mehr zu oder fragen nicht weiter nach – oft aus Angst, sehr Unangenehmes zu hören, das vielleicht auch ihrerseits eine Stellungnahme oder eine Intervention erfordern würde.

2. Schuldzuweisung an die Missbrauch-Überlebenden – pauschale Bewertungen

Den Opfern wird die Schuld für das Trauma zugewiesen, wodurch die innere Selbstanklage verstärkt bzw. der ohnehin schon ins Wanken geratende Selbstwert der Betroffenen neu erschüttert wird.

Dazu gehören auch Äußerungen, die in der einen oder anderen Form die Botschaft enthalten: »Du gehörst zu der Gruppe von Menschen, denen so etwas passieren kann. Wie konntest du nur so dumm sein und solch einer Sache auf den Leim gehen? Irgendetwas muss mit dir nicht in Ordnung sein.«

Mit solchen Aussagen (verbal) oder Haltungen (nonverbal) werden es Betroffene immer wieder zu tun haben. Aussagen, die zum einen ein Hinweis sind auf viel Unkenntnis, zum anderen ein Symptom großer Unsensibilität.

Sehr früh in meinem Engagement führte ich ein Gespräch mit einem geistlichen Leiter, der sich seinerzeit erstmalig mit der Problematik religiösen Missbrauchs im christlichen Lager auseinanderzusetzen schien. Er war sichtbar irritiert über das, was da geschieht, meinte aber dann verteidigend: »Nun ja, zu Missbrauch gehören immer zwei Seiten: die, die missbrauchen, und die, die sich missbrauchen lassen. Warum lassen diese Menschen das mit sich machen?« – nach dem Motto: »Das Opfer hätte ja auch Nein sagen können!« – eine Aussage, die den Mangel an Wissen über Zusammenhänge missbräuchlicher Dynamiken deutlich macht.

Für verwundete Menschen, die soeben den Machenschaften des religiösen Missbrauchs entkommen sind, wirken solche Aussagen wie Schläge. Und es sind letztlich auch emotionale Schläge.

Hilfreich wäre, Betroffenen gegenüber zu zeigen, wie erschüttert man darüber ist, was sie an Leid erleben mussten. In einem solchen Kontext ist tatsächlich Parteilichkeit geboten. Selbst wenn man die Situation noch nicht ganz überblicken und einordnen kann, geht es zunächst um ein achtsames Erforschen der Lage ohne jede Schuldzuweisung.

Opfern von Missbrauch sollte nie ihre Schwäche, sich schlecht abgrenzen zu können, zum Vorwurf gemacht werden. Denn unter normalen Umständen sollten sie mit dieser Schwäche im christlichen Kontext sicher sein. Zudem bleibt bei derartigen Vorwürfen unberücksichtigt, dass missbräuchliche Dynamiken in der Regel schwer zu durchschauen sind. Oder dass zuvor ein starker gedanklicher Einfluss bis hin zu einer Indoktrination stattgefunden hat, durch den jede normale Bewertungskompetenz ausgehebelt wird. Je nach Art der Manipulation und Bewusstseinskontrolle kann der Missbrauch bei jedem Menschen greifen, ganz gleich, welche Vordisposition er hat.

Eine weitere Schuldzuweisung findet statt, wenn Missbrauch-Überlebenden mitten in ihrem Schmerz über den erfahrenen Missbrauch vorgeworfen wird (oder sie verdächtigt werden), selbst Täter gewesen zu sein (oder in Zukunft Täter zu werden), und ihnen daher jedes Recht auf Beschwerde abgesprochen wird.

Die Unsensibilität in christlichen Settings kann sehr krasse Formen annehmen. Und ich frage mich in diesem Zusammenhang: Weshalb wird Menschen, die von Missbrauch gezeichnet sind, das Recht verwehrt, über ihre Not zu klagen? Warum werden sie zum Schweigen gebracht, indem sie in diesem Zusammenhang mit bestimmten Richtigkeiten konfrontiert werden? Zweifellos stimmt es in manchen Fällen, dass Opfer innerhalb eines Systems auch selbst Täter waren. Und es besteht auch tatsächlich die Gefahr, selbst zum Täter zu werden, wenn die eigenen Missbrauchserfahrungen nicht aufarbeitet werden. Aber die Erwägung dieser Möglichkeiten ist völlig fehl am Platz zu einem Zeitpunkt, wo Opfer unter den Folgen des Missbrauchs intensiv leiden und dies kundtun. Anstatt Betroffene mit einer solchen Konfrontation zu stoppen, sollte ihnen erst einmal die Möglichkeit gegeben werden, ihr Leid auszudrücken und zu betrauern.

Dazu möchte ich von einer Begebenheit berichten, die ich Ende der 1990er-Jahre miterlebte, als ich an einer Veranstaltung teilnahm, bei der die Tatsache geistlichen Missbrauchs innerhalb der Gemeinde Jesu öffentlich thematisiert wurde:

Ich war damals zunächst schwer beeindruckt von einem Prediger, der dieses Phänomen wahrgenommen hatte, es richtig beschrieb und den Mut hatte, es öffentlich anzusprechen. Viele seiner Ausführungen berührten die Menschen, die aus eigener Erfahrung wussten, wovon er sprach. Am Ende des Meetings machte er einen Aufruf. Er bot an, öffentlich für Betroffene zu beten und Gott zu bitten, ihnen Heilung zu schenken.

Mein Magen zog sich zusammen, weil ich die unangemessene Selbstverständlichkeit wahrnahm, mit der dieser Prediger von missbrauchten Menschen erwartete, sich im Blick auf ihre Not zu outen. Anscheinend war ihm nicht bewusst, wie viel es manche Betroffene kostete, sich öffentlich zu diesem Thema zu stellen. Er hatte bis dahin aber gut gepredigt, und ich hoffte, dass sein Gebet den Menschen guttun würde. Als viele Betroffene dann nach einigem Zögern schließlich in den Reihen standen, meinte der Redner: »So, wir müssen nun für diese Menschen beten, denn sie alle sind potenzielle Täter!« Ich traute meinen Ohren nicht. Doch er hatte das wirklich gesagt und dabei nicht gemerkt, wie grenzüberschreitend er damit selbst gerade handelte.

Dass Menschen, die ihren Missbrauch nicht aufarbeiten, zu Tätern werden können, ist ein Faktum. Diese Wahrheit war bei diesem Gebetsaufruf jedoch vollkommen deplatziert. Außerdem hatte der Redner etwas anderes versprochen: Er hatte angekündigt, für die Betroffenen zu beten, nicht aber, sie zuvor bloßzustellen und zu beschämen.

3. Stigmatisierung

Eine Stigmatisierung findet dann statt, wenn andere Menschen das Opfer für normale Reaktionen auf das traumatische Erleben verurteilen. Dazu gehören folgende Verhaltensweisen:

- Herablassendes Verhalten; wenn das Leid nicht ernst genommen wird, die Betroffenen ggf. sogar belächelt werden.
- Offensichtlicher oder subtiler Vorwurf gegenüber dem Opfer, seine Symptome würden lediglich seinen Wunsch nach Aufmerksamkeit oder Mitleid widerspiegeln.
- Dem Opfer wird vermittelt, dass es keinen Grund gibt, sich zu beschweren, weil es ja selbst nicht besser sei. Die Schuld des religiösen Missbrauchs sei nicht tragischer als seine eigene Sünde. Mit einer solchen Argumentation werden Missbrauch-Überlebende mundtot gemacht und ihnen wird das Recht abgesprochen, ihre Not zu beklagen und die fatalen Umstände innerhalb der Christenheit ändern zu wollen.
  Hinweis: Ich hoffe, dass es sich im Rahmen dieser Ausführungen von selbst versteht, wie unangemessen eine theologische Diskussion über die Bewertung von Sünden ist im Dialog mit traumatisierten, von Leid gezeichneten Menschen, die darum ringen, ihr Leben weiter bewältigen zu können.
- Nicht der/die Täter, sondern das Opfer erfährt Anklage und Verdächtigung bzw. negative Konsequenzen, und ihm werden seine Rechte vorenthalten.
- Missinterpretation der psychologischen Qual und Erschöpfung des Opfers als Zeichen tiefer psychologischer Probleme oder eines moralischen, mentalen oder geistlichen Defizits, z. B. wenn die vielfältige Symptomatik der kPTBS negativ bewertet wird, nach dem Motto: »Kein Wunder, dass es dir schlecht geht! Du hast noch nicht vergeben! Du solltest dein

Selbstmitleid beenden.« Oder: »Dein Problem hat einfach damit zu tun, dass du zu keiner Gemeinde gehörst!«

Menschen, die in dieser Weise reagieren, haben weder eine Ahnung davon, was Missbrauch in Menschen anrichtet, noch welche Schritte in der Verarbeitung des erfahrenen Leides wirklich helfen. Meiner Erfahrung nach wäre es viel hilfreicher, auf solche pauschalisierenden Ratschläge zu verzichten und stattdessen den eigenen Horizont um das Leid in dieser Welt erweitern zu lassen. Ich bin überzeugt davon, dass dies zu persönlicher Reife und Entwicklung nicht unerheblich beitragen kann.

Hintergründe der unangemessenen Reaktionen der Umwelt

Dass von Trauma betroffene Menschen erneut verwundet werden, hängt häufig damit zusammen, dass sie mit Menschen konfrontiert werden, die selbst noch nie (in einer bestimmten Weise) verletzt wurden und daher nicht lernen mussten, mit tiefem Leid umzugehen. Entsprechend begrenzt sind diese Menschen oft in ihrem Vorstellungsvermögen und ihrer Empathiefähigkeit. Betroffene stoßen hier auf eine Kombination aus einem großen Maß an Unwissenheit und sozialer Inkompetenz.

Zudem sind Menschen oft nicht stark genug, die negativen Seiten des Lebens zu akzeptieren. Sie bevorzugen es, die Tatsache zu ignorieren, dass Traurigkeit, Ungerechtigkeit und Verlust genauso zum Leben gehören wie Freude und gute Dinge. Wenn solche Menschen mit Missbrauch-Überlebenden konfrontiert werden, lehnen sie diese vielleicht ab, weil jene Personen den Teil des Lebens repräsentiert, den sie nicht wahrhaben wollen.

Andererseits erfahren Missbrauch-Überlebende auch Ablehnung anderer von Missbrauch betroffener Menschen, und zwar von denen, die sich entschlossen haben, ihr eigenes Trauma zu verleugnen und zu verdrängen, und die ihre Verluste noch nicht betrauert und ihren Zorn noch nicht verarbeitet haben.[203]

In der Christenheit kann dieses Verdrängen bizarre Formen annehmen und sich hinter dem frommen Deckmantel »Ich habe vergeben!« verstecken. Wichtige Fragen sind hier: Ging diesem Vergeben ein echter Trauerprozess voraus, eine echte Auseinandersetzung mit dem Geschehenen? Oder wurde der Vergebungsbegriff dazu benutzt, einfach alles schnell unter den Teppich zu kehren, um den schmerzlichen Prozess der Verarbeitung zu vermeiden? Ist Letzteres der Fall, kann echte Vergebung auf der Strecke bleiben. Die Konsequenz ist eine gewisse Herzlosigkeit, mit der die betroffene Person nun anderen leidenden Menschen begegnet: mit Barschheit und einem Mangel an Verständnis, was wiederum neues Leid schafft.

Es gibt viele Einflüsse, die die Bewertungskategorien der Gesellschaft prägen. Überall, wo diese Bewertung verwundeten Menschen keinen Raum zugesteht, ihren persönlichen Weg der Heilung zu finden, wird diese Haltung zu neuen Verwundungen führen.

Im folgenden Kapitel versuche ich, einige Gedankenanstöße zum Verarbeitungsprozess zu geben: Impulse, die vielleicht auf der Reise der Heilung unterstützen und helfen können, Folgeverletzungen zu reduzieren bzw. mit ihnen umzugehen, wenn sie sich nicht vermeiden lassen.

Die Bedeutung von Heilung

Manchen Missbrauch-Überlebenden ist überhaupt nicht danach, einen Verarbeitungsprozess anzustreben. So gern würden sie einfach nur alles hinter sich lassen und die unliebsamen Themen ausblenden. Und das ist sehr verständlich.

Es kann auch wichtig sein, sich von allem, was an den Missbrauch erinnert, zu distanzieren – eine Pause einzulegen. Ob dies dauerhaft eine gute Lösung ist, wird jeder Mensch nur für sich selbst beantworten können. Spätestens dann, wenn deutlich wird, dass die unbearbeiteten Erfahrungen in der eigenen »Erinnerungskiste« sich auf die eine oder andere Weise wieder einen Weg ins Hier und Jetzt bahnen, wäre es vermutlich gut, sich damit nochmals auseinanderzusetzen. Die schmerzlichen Erfahrungen von damals sind Teil unserer Lebensgeschichte, und damit Frieden zu schließen – statt sie einfach wegzuschieben –, ist ein wertvoller Schritt. Denn ansonsten steht zu viel Lebensqualität auf dem Spiel.

Sektenfachleute haben herausgefunden, dass es bei Sektenaussteigern später den sogenannten »Walkaways« im Durchschnitt am schlechtesten geht. Damit meinen sie die Personengruppe, die aus den religiös missbräuchlichen Erfahrungen ausgestiegen ist, ohne Begleitung und Hilfe zu haben, die sie gebraucht hätten, um die Erfahrungen ihrer Vergangenheit bearbeiten und angemessen einordnen zu können.

Ich glaube, dass es für die vielen Überlebenden von religiösem Missbrauch ein Mehr an Lebensqualität geben könnte, wenn sie die Möglichkeit hätten, ihr Leid in einem für sich passenden Setting zu bearbeiten. Und ganz davon abgesehen, könnte das auch für die innere Qualität von Gemeindeleben große Auswirkungen haben.

»Stronger than before«

Schließen möchte ich mit einem der Lieder, die mich auf meinem persönlichen Weg der Heilung begleitet haben: einem Text und einer Melodie von Janny Grein. Ihre Worte – von ihr selbst gesungen – haben mir vor vielen Jahren auf einer Konferenz in London Leben gegeben. Denn ihre Worte trugen Trost und Zuspruch in sich.

Ein kurzer Kommentar noch zum dritten Vers:

Die Aufforderung, nicht mehr in die Vergangenheit zu schauen und sie zurückzulassen, ist wertvoll – allerdings erst nachdem sie angeschaut und verarbeitet wurde.

Stronger than before

Even thou' the rain comes down,
it brings life into the ground,
and I know the sun will shine,
and that gives hope again to this heart of mine.
I know God can heal all things:
broken lives and broken wings.
Only He can mend a heart,
that this world has torn apart.
Don't look back into the past!
What was fire now is ash.
Let it all be dead and gone.
The time is now for movin' on.
As the seasons make their turn,
there's a lesson here to learn:
broken wings take time to mend
before they learn to fly again.
On the breath of God they'll soar,
they'll be stronger than before.

Stärker als zuvor[204]

Auch wenn der Regen fällt,
so bringt er doch Leben in die Erde,

und ich weiß, dass irgendwann die Sonne scheinen wird,
und das gibt meinem Herzen neue Hoffnung.
Ich weiß, dass Gott alle Dinge heilen kann:
zerbrochenes Leben und gebrochene Flügel.
Nur er kann ein Herz heilen,
das diese Welt in Stücke gerissen hat.
Schau nicht zurück in die Vergangenheit!
Was damals Feuer war, ist nun Asche.
Lass es tot und vergangen sein,
denn jetzt ist die Zeit, um weiterzugehen.
Wenn die Jahreszeiten wechseln,
gibt es hier eine Lektion zu lernen:
Gebrochene Flügel brauchen Zeit, um zu heilen,
bevor sie wieder fliegen lernen.
Auf dem Atem Gottes werden sie sich erheben,
und sie werden stärker sein als zuvor.

Kapitel 11

Missbräuchliche Erfahrungen verarbeiten – Konzeptionelle Hinweise für Beratung und Therapie

In den folgenden Kapiteln geht es mir um unterschiedliche Perspektiven für die Verarbeitung von Wunden, die durch religiösen Missbrauch entstanden sind. Ich möchte hier zunächst über konzeptionelle Aspekte nachdenken, die für die Begleitung von Betroffenen wichtig sein können.

Die Ausgangsfrage ist: Was können Betroffene tun, nachdem sie erlebt haben, was sie erlebt haben?

Missbrauch-Überlebende benötigen Zeit und Raum, um ihren ganz persönlichen Weg der Heilung zu finden. Dazu gehören auch das ganz eigene Tempo und die Unterstützung, die sie wählen.

Es braucht Zeiten und Räume,

- um sich zu erholen und auszuruhen,
- um sich bewusst zu werden, was genau geschehen ist,
- um zu trauern und Trost zu erfahren,
- um in der Verarbeitung achtsame Schritte zu gehen,
- um neue heilsame Beziehungen zu erleben und aufzubauen,

- um die schmerzlichen Erfahrungen der Vergangenheit als Bestandteil des eigenen Lebens zu akzeptieren und zu integrieren,
- um sie in einem größeren Zusammenhang des Lebens einzuordnen,
- um ggf. auch neue spirituelle Erfahrungen zu machen
- und um eine lohnende Perspektive für die Zukunft zu gewinnen.

Missbrauch-Überlebende brauchen für ihren jeweiligen Bedarf Unterstützungskonzepte, die ganzheitlich sind und die sie umfänglich im Blick haben: die sie in ihrem bio-psychosozialen und spirituellen Befinden wahr- und ernst nehmen – ein Ansatz, der letztlich für die Bewältigung jeder Lebenskrise zieldienlich sein kann, ganz gewiss jedoch für eine gründliche Aufarbeitung destruktiver spiritueller Erfahrungen.

Die Balance von Aufarbeitung und Stabilisierung

Für den eigenen Weg der Heilung braucht es eine sorgsame Planung. Für manche Menschen mag es wichtig sein, sehr schnell in die detaillierte Aufarbeitung zu gehen, für andere ist es besser, damit noch zu warten – nämlich dann, wenn sie durch die erlebte Traumatisierung noch so erschüttert sind, dass jede weitere Auseinandersetzung mit dem Missbrauch zu einer noch größeren Destabilisierung führen würde. Diese Frage gut abzuwägen, ist wichtig: sowohl für die Menschen, die als Opfer betroffen sind, als auch für die sie begleitenden Personen.

Wenn Betroffene spüren, dass die Auseinandersetzung mit dem Trauma – ganz gleich, wann es stattfand – dazu führt, dass sie die Aufgaben ihres Alltags nicht mehr oder nur sehr schwer bewältigen können, sollte sehr behutsam vorgegangen werden. Manchmal kann es hilfreich sein, für diese Prozesse eine Auszeit zu nehmen, in der die Betroffenen nicht anderweitig »funktionieren« müssen. Wenn dies nicht möglich oder auch nicht dran ist, kann es für eine Zeit – möglicherweise eine lange Zeit – ganz wichtig sein, bestimmte Dinge zu tun, die stabilisierend wirken: Dinge, die guttun und die zu einer Erholung an Leib und Seele beitragen.

Dieser Aspekt der Stabilisierung darf sehr individuell gestaltet werden. Hier helfen konkrete Fragen: Was macht mir wirklich Freude? Und was lässt mich innerlich aufleben? Das umzusetzen ist ein wichtiger Teil der Bewältigung des Leides, das die Betroffenen erfahren haben.

Stabilisierung kann darüber hinaus bedeuten, persönliche Strategien des Umgangs mit sich selbst zu erarbeiten, wenn sich Betroffene aufgrund bestimmter Auslöser emotional oder körperlich sehr angegriffen, »ausgehebelt« und erschüttert fühlen. Was ihnen dann hilft, kann sehr unterschiedlich sein, wie ich aus meinen Gesprächen mit Betroffenen weiß. Für manche ist es wichtig, dann etwas Praktisches zu tun, das ihnen guttut. Andere brauchen den Kontakt zu einer bestimmten Person, die sie ermutigt. Sich für solche »angeschlagenen« Momente einen Plan zurechtzulegen, ist weise.

Das Bild vom Lenkdrachen macht die Traumabewältigung sehr plastisch: Ein Lenkdrachen hat zwei Leinen, mit denen er gehalten und gesteuert wird. Und nur wenn diese in Ausgewogenheit bedient werden, wird der Drachen weiter am Himmel stehen und seine Runden ziehen. In der Traumabewältigung ist es genauso. Die Leinen, die es in Ausgewogenheit zu bedienen gilt, heißen Aufarbeitung und Stabilisierung. Wenn Heilungsprozesse in guter Weise voranschreiten und Betroffene darin keinen weiteren Schaden nehmen sollen, ist es wichtig, individuell genau zu erspüren, wann was in der jeweiligen Phase dran ist. Einer Phase der Aufarbeitung kann eine Phase der Stabilisierung folgen – unterschiedlich lang –, um danach wieder in die Aufarbeitung einzusteigen. Oder während der Aufarbeitung laufen stabilisierende Faktoren parallel. Eine Balance zu finden, die sich – und andere – nicht überfordert, ist eine wichtige Grundlage für einen gelingenden Prozess.

Sichere Orte

Nach Erfahrungen religiösen Missbrauchs sichere Orte zu finden, ist nicht einfach. Ein Grund dafür ist nicht zuletzt, dass die Fachwelt – die therapeutische wie die theologische – sich insgesamt immer noch wenig mit dem Phänomen auseinandergesetzt hat. Diesbezügliche Berichte von Betroffenen machen betroffen. Die Orte der Begleitung sollten sicher und von behutsamem Vorgehen gekennzeichnet sein, denn Menschen, die (diese Art von) Missbrauch hinter sich haben, sind in der Tiefe erschüttert.

Die britische Psychotherapeutin Kathryn Kinmond sagt:

> *Nach einer missbräuchlichen Erfahrung an einem vermeintlich »sicheren« Ort ist es nicht verwunderlich, dass es vielen schwerfällt, jemandem ihre Geschichte anzuvertrauen. Im Gegensatz zu vielen anderen Formen des Missbrauchs suchen die meisten Menschen, die spirituell missbraucht wurden, nie Unterstützung.*[205]

Kinmond beschreibt weiter die schwierige Situation Betroffener, passende Begleitung zu finden. Sie beobachtet wenig Wahrnehmung für das Phänomen, wenige Angebote der Unterstützung und kein spezielles Training für Therapeuten. Es sei daher kein Wunder, dass sich Betroffene schwertun zu vertrauen.

Einer vertrauenaufbauenden Phase in der Gesprächsführung sollte absolute Priorität gegeben werden: Empathie, Verständnis, Zusicherung von Verschwiegenheit, die ausdrückliche Erlaubnis für die Betroffenen, die Begleitung jederzeit ohne Angabe von Gründen abbrechen zu dürfen – all das kann Sicherheit geben. Für Missbrauch-Überlebende bedeuten diese Hinweise ein Kriterium dafür, ob der Ort, an dem sie sich befinden, von ihnen akzeptiert werden sollte.

Während dieser Zeit kann auch eine Anamnese erhoben werden. Sie erfordert jedoch Vorsicht und Behutsamkeit, weil die Betroffenen in dem missbräuchlichen Kontext oft erleben mussten, dass Offenheit und die Preisgabe persönlicher Informationen in der Regel gegen sie verwendet wurden.

Anamnese

Abgesehen von einer allgemein üblichen Anamnese, die der persönlichen bio-psychosozialen Einschätzung des Befindens dient, ist die Anamnese des spirituellen Befindens und der religiösen Überzeugungen ein wichtiger weiterer Schritt – ganz besonders nach missbräuchlichen Erfahrungen im spirituellen Bereich.

Eine Möglichkeit dazu ist das sog. SPIR, ein halbstrukturiertes und klinisches Interview zur Erhebung einer »spirituellen Anamnese«[206], das im Detail am Ende dieses Buches zu finden ist.

Das Akronym SPIR dient dazu, sich die vier Schritte bei der Erfassung spiritueller Bedürfnisse und Ressourcen zu vergegenwärtigen:

S – Spirituelle und Glaubensüberzeugungen

P – Platz und Einfluss, den diese Überzeugungen im Leben des Patienten einnehmen

I – Integration in eine spirituelle, religiöse, kirchliche Gemeinschaft/Gruppe

R – Rolle des Arztes: Wie soll der Arzt mit spirituellen Erwartungen und Problemen des Patienten umgehen?

Im Laufe der Gesprächsführung können diese und ähnliche Fragen passend zur Situation des Gegenübers gestellt werden, quasi als grober Rahmen für die tiefere Erarbeitung der spirituellen Bedürfnisse. Wenn sich abzeichnet, dass ein Klient oder eine Klientin mit einem Anliegen kommt, das mit religiösem Missbrauch zu tun hat, braucht es eine achtsame Exploration dessen, was die Person erlebt hat. Gerade angesichts der Tatsache, dass manche Betroffene ihre Sprachfähigkeit dazu erst finden müssen, ist es hilfreich, wenn sich Fachpersonal der psychosozialen Versorgung bereits intensiv mit dem Phänomen auseinandergesetzt hat, um Sprache anbieten zu können.

Psychoedukation zur Stabilisierung

Die sog. Psychoedukation betrifft verschiedene Themen und Ebenen und spielt für die Bewältigung erlebten religiösen Missbrauchs keine unerhebliche Rolle. Wenn Betroffene verstehen, was mit ihnen geschehen ist und warum es ihnen geht, wie es ihnen geht, bringt das Erleichterung, selbst wenn sie ihr konkretes Erleben noch nicht oder erst wenig bearbeiten konnten. Denn es ist entlastend, wenn sie verstehen, dass ihre Befindlichkeit nach religiösem Missbrauch nicht darauf hindeutet, dass sie falsch sind oder etwas Defizitäres an sich haben, sondern dass sie auf eine unnormale Menge an Stress und erfahrenem Unrecht normal reagieren.

Es braucht ein Verständnis dafür, dass es im Missbrauch unterschiedliche Belastungen gab – Faktoren, die für den Weg der Verarbeitung später eine Rolle spielen: die unterschiedlichen Rollen, Verantwortlichkeiten und Zeiträume im missbräuchlichen Setting sowie die unterschiedlichen Ausstiegsszenarien, die Menschen erlebt haben. Parallel dazu ist die gegenwärtige Situation von großer Bedeutung. So ist es essenziell, dass Missbrauch-Überlebenden genügend soziale, berufliche und finanzielle Ressourcen zur Verfügung stehen, die sie in der aktuellen Krise tragen und unterstützen.

Die Beraterin Carol Giambalvo geht mit der Beschreibung der Faktoren (vgl. Kapitel 10), die in der Verarbeitung des Erlebten eine Rolle spielen, ins Detail.[207] Wenn Menschen nicht in einer Gruppe, sondern in einem Eins-zu-eins-Setting Missbräuchliches erlebt haben, z. B. in einer Situation geistlicher Begleitung, treffen nicht alle, aber viele dieser Faktoren zu. Jede individuelle Situation kann daher hinsichtlich der Herausforderungen sehr unterschiedlich zusammengesetzt sein. Auch das zu verstehen, gibt Orientierung. Je besser Betroffene sich selbst in der aktuellen Situation verstehen und die Reaktionen der Umwelt einordnen können, desto mehr Stabilität garantiert dies im Hier und Jetzt.

Schritte der Bearbeitung

Auf den nächsten Seiten beschreibe ich verschiedene Herangehensweisen der Verarbeitung. Was sollte in den Blick genommen werden, um das jeweilige Missbrauch-Phänomen zu bewältigen und die Konsequenzen daraus zu meistern?

Exploration diverser Erfahrungsebenen in Anlehnung an das Drei-Stufen-Modell von Dieter Rohmann

Der Psychologe und Ausstiegsberater Dieter Rohmann, der seit über dreißig Jahren Menschen begleitet, die aus Kulten bzw. religiösen Systemen mit hohen Anforderungen ausgestiegen sind, hat aus seiner Expertise ein Drei-Stufen-Modell[208] entwickelt, das sich bei Menschen mit dieser Art von Erfahrung und Hintergrund vielfach bewährt hat. Er legt großen Wert darauf, dass in der Aufarbeitung der Kulterfahrung die genannten Stufen der Reihe nach von oben nach unten bearbeitet werden.

Seine Erfahrung deckt sich mit meiner eigenen, und ich beschreibe sein Vorgehen, weil ich es für die Bearbeitung religiös missbräuchlicher Phänomene hilfreich finde.

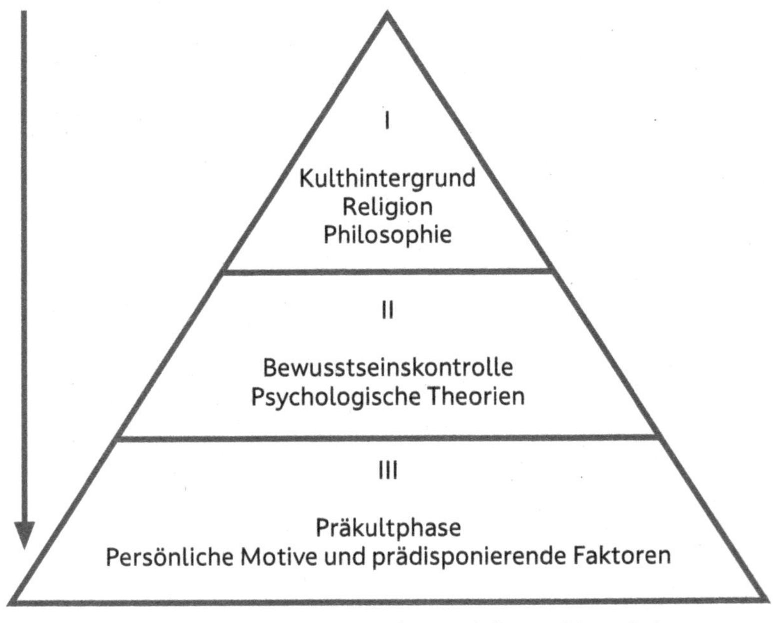

Grafische Darstellung des Drei-Stufen-Modells von Dieter Rohmann

Stufe I: Hintergrundinformationen der jeweiligen Gruppe oder Bewegung sowie Austausch zu religiösen, philosophischen und anderen relevanten Themen

In der ersten Stufe werden vorwiegend Hintergrundinformationen der jeweiligen Bewegung wie Kultideologie, Kulthierarchie und Kultalltag erkundet oder vermittelt. Ferner geht es um einen Austausch zu spirituellen, religiösen, philosophischen oder auch politischen Themen. Beratenden stellt sich die Aufgabe des Erfassens, mit welcher Kultkategorie sie es in dem jeweiligen Fall zu tun haben. Rohmann differenziert zwischen christlich fundamentalistischen Gruppierungen, Guru-Bewegungen, Psychokulten oder esoterischen Bewegungen.

In der Begleitung können auch die Betroffenen selbst um diese Informationen gebeten werden, soweit sie selbst dazu sprachfähig sind.

Hilfreich ist ebenfalls, sich Kenntnisse über den spezifischen Kult und dessen religiöse bzw. spirituelle Ausrichtung anzueignen. So kann ein Verständnis für die absolut verbindliche Wertewelt der entsprechenden Gruppierung erreicht werden: z. B. welches Verhalten erwünscht oder unerwünscht ist oder wie von der Ideologie/Doktrin abweichendes Verhalten sanktioniert wird. Hierbei spielt auch das Konzept der sozialen Erwünschtheit eine Rolle, das an verbindliche Normen guten Verhaltens oder positiver Eigenschaften geknüpft ist. Rohmann erklärt dazu:

> *Die meisten Kulte argumentieren im Rahmen eines verabsolutierten, dichotomen Denkens im Sinne von entweder – oder, schwarz – weiß, gut – böse, drinnen – draußen. Die Regenbogenfarben zwischen Schwarz und Weiß können schließlich nicht mehr wahrgenommen werden; für Zwischentöne und Schattierungen findet sich kein Platz mehr.*[209]

Von besonderer Bedeutung ist deshalb auch das Wissen darüber, welche persönlichen, negativen Folgen Menschen, die einen Austritt in Betracht ziehen, von der Gruppe prophezeit werden. Aufgrund dieser Prognosen kann sich bei Kultmitgliedern im Laufe der Zeit eine Ausstiegsphobie entwickeln.

In der christlichen Szene sind die Formen des Missbrauchs bekanntlich sehr unterschiedlich. Es gibt Gruppen, die exakt zu dem passen, was Rohmann über Kulte schreibt. Es gibt jedoch auch andere Fälle: Glaubensformen, in denen es keine starke Gruppendynamik gibt, die Menschen gefangen hält, sondern in der es vorwiegend Lehrinhalte sind, die eine Form repressiver Spiritualität zur Folge haben. Auch hier kann es sehr wichtig sein, zu erforschen, wie es zu diesen Interpretationen kam und wie diese im Vergleich mit Kernaussagen der christlichen Botschaft, wie sie von anderen Teilen der Christenheit verstanden werden, eingeordnet werden können.

So war es für die ehemaligen Marienschwestern, die ihre Geschichte 1997 veröffentlichten, seinerzeit wichtig und erhellend zu erforschen, wie es in ihrer Ordensgemeinschaft zu der Entwicklung jener Lehre gekommen war, die Menschen geradezu zerbrach und knechtete.[210]

Ein weiteres Beispiel ist das bereits erwähnte »Shepherding Movement«, das in den USA in 1970er Jahren durch vier Gründungsmitglieder innerhalb der aufbrechenden charismatischen Bewegung seinen Anfang nahm. Es begann zunächst mit durchaus ehrenwerten Anliegen, die sich im Laufe der Zeit jedoch tragisch verselbstständigten und sich in ein bevormundendes, Abhängigkeit schaffendes Kontrollsystem entwickelten, das aufgrund der frommen Argumentation Tausende von Gemeinden und Werken beeinflusste. Der Psychologe und Theologe Ron Burks, seit Jahren ein Fachmann für die Begleitung von Kultaussteigern und Kultaussteigerinnen, berichtet gemeinsam mit seiner Frau über ihre Zeit und ihren Ausstieg aus dem *Shepherding Movement*[211]. Auch hier geht es um das Verstehen der Entwicklung dessen, was schließlich in so viel religiösem Missbrauch endete.

Larry Pile, der viele Jahre als Workshopleiter im *Wellspring Retreat and Resource Center* in Ohio tätig war, bot Klienten an jedem Nachmittag einen Raum an, in dem sie anhand der Botschaft des Galater-Briefes die leistungsorientierten Botschaften ihrer Systeme dekonstruieren konnten. Es war ein optionales Angebot, das viele nutzten. Im Finale seines Lebens fasste Larry Pile die Inhalte, die er jahrelang mit Betroffenen durchgearbeitet hatte, in einer Veröffentlichung zusammen: *Free at last! The Message of Galatians for Survivors of Cults and Spiritual Abuse*. Es ist ein Vermächtnis, das nun auch weiterhin Betroffenen Orientierung geben kann.

Die Hintergründe eines »High-Demand-Systems« – eines Systems mit hohen Anforderungen – zu verstehen, hilft in der Regel, sich leichter wieder von dessen Ansprüchen zu lösen. Der bisherigen geistlichen Autorität, der Betroffene sich kaum zu entziehen wagten, kann dadurch manches an Einfluss entzogen werden, wenn verstanden wird, wie es zu bestimmten Überzeugungen und Lehrmeinungen kam. Dasselbe gilt für jede ungute Machtausübung im kirchlichen Kontext.

Diese Erkundung der Hintergründe des erlebten Missbrauchssystems kann für Betroffene sehr aufschlussreich sein und zur Verarbeitung einen wertvollen Beitrag leisten – genauso wie zu erarbeitende Alternativen zu den bisher so prägenden Einflüssen und Gedanken.

Stufe II: Theorien zu verdecktem Einfluss

In der zweiten Stufe werden den Betroffenen Theorien nahegebracht, die erklären, wie Einfluss verdeckt ausgeübt werden kann. Diese Erkenntnisse werden dann auf das Erleben im System der religiösen Gruppe übertragen. Rohmann nennt verschiedene sozial- bzw. wahrnehmungspsychologische Theorien, die dazu geeignet sind:

> *die Theorie der Bewusstseinskontrolle von Lifton (1963) [...], Theorien der Konformität nach Asch (1956), des Locus of Control (Rotter, 1966), Theorie der Attribution (Weiner, 1974), der Kognitiven Dissonanz (Festinger et al., 1956), der Forced Compliance (Festinger & Carlsmith, 1959), der erlernten Hilflosigkeit (Seligman, 1975), der Gehorsamkeitsbereitschaft gegenüber Autoritäten (Milgram, 1974), der Deindividuation (Zimbardo, 1969), der Self Fulfilling Prophecy (Merton, 1948) und der selektiven Wahrnehmung (Hernandez-Peon, 1966).*[212]

Die Theorie von Dr. Lifton habe ich in Kapitel 6 bereits näher erläutert. Diese Auflistung dient als Information für Fachleute und diejenigen, die tiefer in dieses Thema einsteigen wollen. Mir geht es vor allem um den Hinweis, wie wertvoll es ist, wenn die Erfahrung religiösen Missbrauchs mithilfe eines Konzeptes bearbeitet wird, das die Beeinflussung von außen deutlich macht.

Rohmann ist im Zusammenhang der Verarbeitung einer Kulterfahrung das Verstehen dieser Theorien wichtig, weil Klienten auf diese Weise deutlich wird, in welchem Ausmaß jeder Mensch – je nach Kontext – in seinen Entscheidungen und seinem Wahrnehmen getäuscht oder manipuliert werden kann. Außerdem wird so verständlicher, weshalb Täuschung oder Manipulation zugelassen werden. In Stufe II können Klienten verstehen, dass es unter bestimmten Voraussetzungen beinahe jedem passieren kann, den Anweisungen eines Kultes Folge zu leisten. Ebenso wird deutlich, dass es durchaus nicht selbstverständlich ist, Indoktrinationsmechanismen ohne Weiteres zu erkennen und als solche zu durchschauen. In dieser Phase wird Betroffenen auch die eigene Rolle und das eigene Engagement im Kult erneut schmerzhaft bewusst.

Viele internationale Fachleute gehen davon aus, dass im Kontext religiös missbräuchlicher Dynamiken die Komponente des verdeckten Einflusses mit zu berücksichtigen ist. Im deutschsprachigen Raum, wo sich die Fachwelt allgemein noch schwertut, diese Tatsache mit in therapeutische Prozesse einzubeziehen, könnten weitere Studien möglicherweise zu neuen Erkenntnissen führen (vgl. Hinweise am Ende der Beschreibung des Konzeptes von Dieter Rohmann).

In den ersten beiden Stufen geht es darum – so Rohmann –, das im Kult Erfahrene zu verstehen, erklären und verarbeiten zu können. Die mit einem Ausstieg unmittelbar verbundenen Symptome und Probleme können bei dieser Vorgehensweise in der Regel vollständig be- und verarbeitet werden.

Stufe III: Persönliche Motive und prädisponierende Faktoren

In der dritten Stufe wird die Exploration der Hintergründe einer Kulterfahrung erweitert, indem nun Motive und prädisponierende (begünstigende) Faktoren analysiert werden, die für die Einmündung in den jeweiligen Kult verantwortlich gewesen sein könnten. Spätestens dann möchten Klienten erkennen, warum gerade sie diesen Weg eingeschlagen haben und was von dieser Perspektive aus dazu beigetragen hat, dass sie nicht früher »Nein« sagen und einfach gehen konnten.

Genannt werden diverse Themenbereiche, die für die Betroffenen vor dem Kulteintritt von Bedeutung waren, wie frühere Verletzungen, Verlusterlebnisse, Ängste, Familie, Partnerschaft, Freundschaften, Emotionen, Einsamkeit, Sexualität, Kommunikation, Frustration, Selbstwert, Selbst- und Fremdwahrnehmung, Unsicherheit, Zukunftsorientierung, Abhängigkeit, Autonomie,

Einstellungen, Erwartungen etc. Differenzierte Fragen können bei der Erarbeitung dieser Thematik unterstützen.

Stufe III ist laut Rohmann insofern von besonderer Relevanz, als zusätzlich zu den Problemen, die einen Austritt unmittelbar begleiten, auch die belastenden Themenkomplexe aus der Präkultphase erneut aktuell werden. In der Praxis hat sich immer wieder gezeigt, dass diese Problemkreise während der Mitgliedschaft lediglich »auf Eis gelegt« waren und erst mit dem Ausstieg wieder ganz konkret aktuell wurden.

Erfahrungen mit dem Modell

Rohmann erlebte, dass sich ehemalige Kultmitglieder zwischen ein bis acht Jahre nach ihrem Ausstieg mit der Bitte um Beratung an ihn wandten. All diese Aussteiger hatten unmittelbar nach ihrem Ausstieg unterschiedliche professionelle Hilfe in Anspruch genommen: bei Beauftragten für Weltanschauungsfragen der beiden Amtskirchen, bei diversen Sekten-Beratungsstellen, bei Psychologen oder in Psychiatrischen Kliniken. Erstaunlicherweise hatten die Aussteiger trotz dieser durchaus professionellen Begleitung noch Jahre danach ihre Kulterfahrung nicht verarbeitet und berichteten noch immer von unterschiedlichsten Störungen, die mit ihrer damaligen Mitgliedschaft und dem Ausstieg in engem Zusammenhang standen.

Rohmann sieht eine mögliche Erklärung dafür darin, »dass sich herkömmliche Beratungsstellen in ihrer Arbeit mit Kultmitgliedern bzw. -aussteigern vorwiegend auf Inhalte der Stufe I und evtl. auf Teile der Stufe II beschränken, und im psychotherapeutischen Setting hauptsächlich mit Stufe III und evtl. mit Teilen der Stufe II gearbeitet wird. Die Vermutung liegt nahe, dass die isolierte Bearbeitung einzelner Stufen unmittelbar nach einem Kultaustritt zwar hilfreich ist und als unterstützend erlebt wird, jedoch für eine langfristige und dauerhafte Verarbeitung des Erlebten nicht ausreichend zu sein scheint.«[213]

Er berichtet von seiner Erfahrung, dass sich Klienten erst dann wirklich intensiv auf Stufe III einlassen können, wenn die Stufen I und II nacheinander durchlaufen und inhaltlich verstanden wurden. Aber erst durch Stufe III – so Rohmann – kann es Klienten gelingen, sowohl sich selbst zu vergeben als auch eine sich selbst akzeptierende Haltung für den weiteren Lebensweg zu entwickeln.

Diese letzte Aussage würde ich mit meiner Erfahrung ergänzen wollen, dass es Missbrauch-Überlebenden besonders auch durch das Verstehen der Stufe II leichter gelingt, sich selbst zu vergeben. Die Kombination des Verständnisses der einflussnehmenden, manipulativen Aspekte der Vergangenheit, die ihnen nicht bewusst waren, in Verbindung mit einem tiefen Verständnis für sich selbst, ermöglicht ein Loslassen und eine Selbstannahme, die heilsam sind.

Die evaluative Erfahrung dieses Modells von Dieter Rohmann basiert derzeit ausschließlich auf Aussagen zahlreicher Klienten und auf Verhaltensbeobachtungen. Empirische Belege für die Wirksamkeit des Drei-Stufen-Modells in der Arbeit mit Menschen mit Kulterfahrungen stehen noch aus.

Hinweise zur Notwendigkeit weiterer Forschung

In der Fachwelt des deutschsprachigen Raumes wird dem Aspekt des (verdeckten) Einflusses in einem konkreten Setting nicht viel Aufmerksamkeit geschenkt, da – wie zuvor erwähnt – von der sog. Bedürfnis-Kult-Passung ausgegangen wird. Diese beinhaltet die Auffassung, dass es eine innerpsychische und soziale Passform gibt, die Menschen zu bestimmten Systemen passen lässt, was nach Meinung jener Fachleute zu einer Unbedenklichkeit führt. Diese Passung wird in der Enquetestudie von 1998 besonders betont, einer der maßgeblichsten deutschen Studien zu diesem Thema. Im Endbericht der Studie wird das Argument der Passung dazu verwendet, im Blick auf die untersuchte Frage eine Entwarnung zu geben, »dass gesamtgesellschaftlich gesehen, die neuen religiösen und weltanschaulichen Gemeinschaften und Psychogruppen ›keine Gefahr für Staat und Gesellschaft oder für gesellschaftlich relevante Bereiche‹ darstellen«.[214] Gleichzeitig wird jedoch auf weiteren Forschungs- und Aufklärungsbedarf hingewiesen[215], dem jedoch bisher kaum begegnet wurde.

Ob die besagte Entwarnung zu dem eingeschränkten Professionsinteresse verschiedener fachlicher Communities führte, wäre zu überprüfen. Fakt ist, dass das Ausbleiben notwendiger Forschung mit dazu beigetragen hat, dass es für Aussteiger und Aussteigerinnen aus neureligiösen und religiös missbräuchlichen Settings kaum adäquate Beratungsangebote gibt.

Jenny Winkler, die im Jahr 2021 in ihrer Masterarbeit[216] die Möglichkeiten und Grenzen psychosozialer Beratung von Aussteigern und Aussteigerinnen aus religiösen Bewegungen und weltanschaulichen Gemeinschaften untersuchte, beklagt die jahrelange Verzögerung konkreter Maßnahmen, die dazu führte, dass vielen Betroffenen nicht geholfen werden konnte und kann: Bisher fehlt es nicht nur an wissenschaftlich fundierten Beratungskonzepten, sondern auch an organisationsübergreifenden Maßstäben und Qualitätskriterien. Das für dieses Forschungsvorhaben fokussierte Kriterium der Bedürfnisorientierung bietet zwar einen interessanten Einblick in die Möglichkeiten und Grenzen psychosozialer Angebote, ausreichend ist es jedoch nicht.[217]

Angesichts der hier nur angerissenen Problematik weise ich darauf hin, dass ich mich an anderer Stelle umfänglicher mit der betonten Unbedenklichkeit weltanschaulicher Gemeinschaften – und damit auch des Phänomens des religiösen Missbrauchs sowie der Bedürfnis-Kult-Passung auseinandergesetzt habe. Mir war es wichtig, die Grenzen des Passungsbegriffs aufzuzeigen.[218]

Exploration missbräuchlicher Erfahrungen nach Lisa Oakley und Kathryn Kinmond

Mit dem Modell der folgenden Prozesslandkarte möchte ich ergänzend ein weiteres Konzept der Exploration nennen, anhand dessen die Erfahrung religiösen Missbrauchs erforscht und analysiert werden kann. Lisa Oakley und Kathryn Kinmond haben nach umfassenden Studien in ihrer Arbeit mit Menschen, die religiösen Missbrauch erlebt haben, eine für diese Dynamiken typische Landkarte erstellt. Das Narrativ kann entlang der einzelnen Aspekte erfragt werden, um die erzählten Inhalte anschließend dem Plan zuzuordnen. Auch diese Landkarte unterstützt die Sprachfähigkeit Betroffener und die Fähigkeit, das Erlebte selbst zu verstehen. Sie dient darüber hinaus dem Verständnis des Umfeldes, wie sich ein solcher Prozess ereignen kann.

Process Map of Spiritual Abuse[219]

Folgende Fragen sind in Pfeilrichtung Bestandteil des Prozesses:

- Wie kam es dazu, sich der Gruppe anzuschließen?
- Welche positiven Erfahrungen waren präsent?
- Welches persönliche Engagement und welche Verantwortung im System ergaben sich daraus?
- Welche auslösenden Momente gab es für ein erstes Hinterfragen der Dynamiken?
- Wie kam es zu einem erneuten Engagement?
- Welche weiteren Momente der Verunsicherung gab es?
- Wie ging es der betroffenen Person in diesem Prozess?
- Warum ging sie erneut eine Verpflichtung ein?

- Wie sah der Kreislauf missbräuchlicher Erfahrungen und deren Wahrnehmung und der immer wieder neuen Verpflichtung aus?
- Was war das letzte auslösende Moment, das zum Ausstieg führte?
- Wie sah die Diskreditierung aus?
- Was waren die Langzeiteffekte des Erlebten?

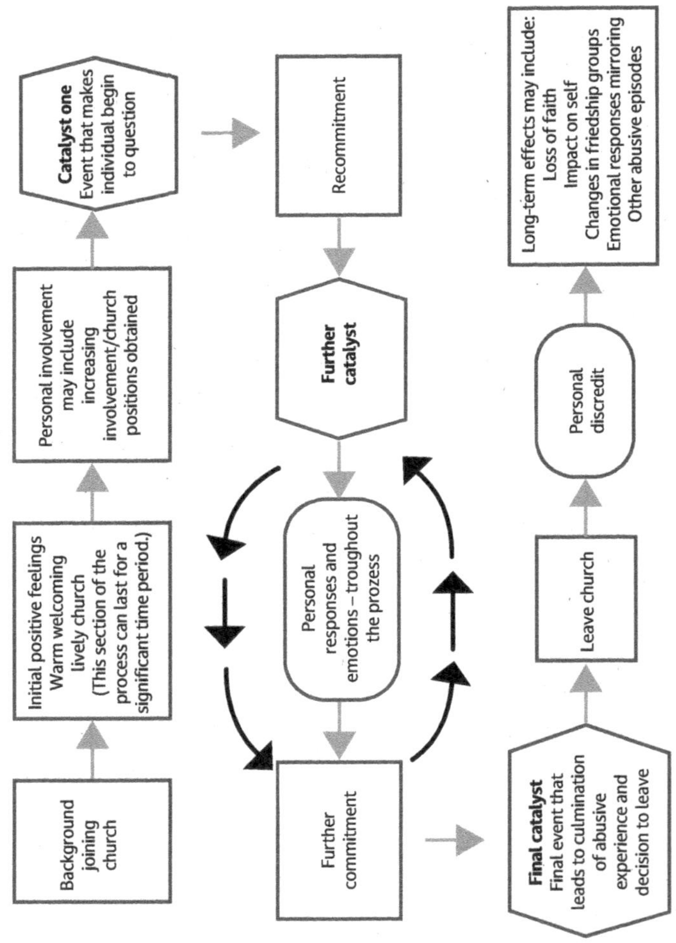

Unrecht benennen in einem Umfeld, das sich berühren lässt

Ein mögliches Resümee aus diesen detaillierten Fragen ist m. E. der Bedarf, das Geschehene genau zu betrachten. Je genauer es beschrieben und benannt werden kann, desto mehr Sicherheit gewinnen Betroffene, die das Szenario des Missbrauchs oft verwirrt verlassen. Das Erzählen ihrer Geschichte – ehrlich und unverblümt, ohne fürchten zu müssen, dafür erneut sanktioniert zu werden – ist ein enorm wichtiger Teil der Aufarbeitung – und des Trauerprozesses. Ebenso wichtig ist das offene Feedback ihrer Gegenüber, die ebenfalls keine Angst haben sollten, Unrecht zu benennen. Missbrauch-Überlebende ringen oft um Orientierung und fragen sich: Was war das? Was ist eigentlich normal? So oft mussten sie ihre eigene Wahrnehmung in die Verbannung schicken, um im System zu überleben. Es kann wichtig sein, sich mit ihnen gemeinsam über den »erfahrenen Wahnsinn« zu empören, um die Sache als Unrecht kenntlich zu machen. Die stärkende Botschaft für Betroffene lautet: »Du bist mit deinem Empfinden nicht allein. Es wird auch von anderen so gesehen!« Und solch ein Feedback und Parteiergreifen für die Betroffenen stellt eine nicht zu unterschätzende therapeutische Intervention dar, für die es von fachlicher Seite Kenntnis und Bereitschaft braucht.

In diesem Zusammenhang gebe ich Folgendes zu bedenken:

Jesus fürchtete sich nicht, seinen Zorn öffentlich gegen das missbräuchliche Handeln der damaligen religiösen Führungsschicht zu richten. Damit schuf er Klarheit und würdigte den Schmerz der Verwundeten. Er achtete sie – im Gegensatz zur Religiosität – und stellte sich eindeutig auf ihre Seite.

Zu einem späteren Zeitpunkt in Heilungsprozessen kann auch Humor eine wichtige Möglichkeit der Verarbeitung darstellen. Es kann sehr befreiend sein, wenn sich Betroffene im Rückblick über manches Unglaubliche lustig machen können und die dadurch geschaffene innere Distanz die Übermächtigkeit eines Missbrauchssystems relativieren kann.

Missbräuchliche Dynamiken zu benennen und sie als Unrecht zu kennzeichnen, ist wichtig. Zudem braucht es ein Umfeld, das Überlebende ernst nimmt und sich von ihrer Geschichte berühren lässt. Denn das ermöglicht ehrliche Rückmeldungen.

> *Der wesentliche korrektive Faktor nach traumatischen Erfahrungen ist die Unterstützung durch ein konstantes, sicheres und verständnisvolles soziales Umfeld. In der liebevollen Begleitung durch nahestehende Menschen können Betroffene einen Teil ihres verletzten Grundvertrauens wiederaufbauen. Wichtig ist aber auch die Unterstützung und der respektvolle Umgang durch Institutionen und Funktionsträger, wodurch die Opfer in ihrem Leiden auch gesellschaftliche Anerkennung erfahren.*[220]

Kapitel 12

Missbräuchliche Erfahrungen verarbeiten – De- und Rekonstruktion der persönlichen Spiritualität

Wenn religiös missbräuchliche Erfahrungen mit unterschiedlichen Fragestellungen und Konzepten sorgsam reflektiert werden konnten, geht es um ein achtsames Entdecken eigener Wege. Indem Betroffene die soeben beschriebenen Erfahrungsebenen aufarbeitend durchschreiten, befinden sie sich bereits mitten in einem persönlichen Prozess, um im umfänglichen Sinne alles in ihrem Leben zu dekonstruieren, was nicht hilfreich und für sie fragwürdig ist. Der Blickwinkel der De- und Rekonstruktion, der bei Aussteigern und Aussteigerinnen aus unterschiedlichen christlichen Systemen in den vergangenen Jahren eine große Bedeutung bekommen hat, ist ein weiterer Zugang in der Verarbeitung religiösen Missbrauchs.

Angesichts der Tatsache, dass sich unzählige Menschen im Laufe der Geschichte mit komplexen Fragen des Lebens und Glaubens auseinandergesetzt haben, kann berechtigterweise gefragt werden, ob Dekonstruktion an bestimmten Wegkreuzungen des Lebens immer mal wieder ein wichtiges Element eines gesunden Glaubensweges oder Teil einer gesunden Spiritualität darstellen kann – eine Spiritualität, die ja ein Leben lang in Entwicklung ist.[221]

> **Menschen, die dekonstruieren, gehen auf kritische Distanz zu bisherigen Überzeugungen und bisheriger Glaubenspraxis, weil sie merken, dass ihnen etwas geschadet hat oder etwas nicht mehr funktioniert.**

Das tun sie, um in einem offenen Prozess zu überprüfen, was wirklich zu ihnen passt und was ihres Erachtens nach der Bibel, ihrem Leben und ihren Erfahrungen wirklich gerecht wird. Bei manchen Dekonstruierenden führt dieser Prozess zu einem gänzlichen Glaubensverlust, also zu einer Dekonversion. Andere wiederum gehen ihrer Sehnsucht und Hoffnung nach, dass Gott und Glaube anders sind, als sie beides bisher erfahren haben. Viele von ihnen finden zu einem neuen Erleben von Glauben, das sie so nicht kannten – in größerer Weite und Echtheit, größerer Mündigkeit und im Gespräch mit anderen ohne ideologische Festlegungen.[222]

Psychische und spirituelle Verwundungen ernst nehmen

Dekonstruktion des Glaubens nach religiösem Missbrauch ist ein vielschichtiger Prozess, der manche Hürden beinhaltet, gerade wenn er von verwundeten Menschen durchlaufen wird. Zunächst gibt es da – wie bereits beschrieben – die tiefe Erschütterung des Vertrauens: des Vertrauens in Menschen, denen Betroffene aufgrund ihrer Rolle und ihres Amtes vertraut haben; des Vertrauens in Theologie, die sie – je nach Erfahrungen – nun hinterfragen; des Vertrauens in Gott, wenn sie ihn im Schulterschluss mit den missbräuchlichen Systemen sehen oder enttäuscht sind, dass er sie nicht vor diesen Erfahrungen bewahrt hat; des Vertrauens in ihre eigene Wahrnehmung, die sie nicht geschützt hat.

Nicht selten gibt es diverse Traumatisierungen, die es ernst zu nehmen gilt. Missbrauch-Überlebende haben sich seinerzeit nicht schützen können, und daher ist vieles, was an dieses Erleben erinnert, geradezu kontaminiert. An sich neutrale oder positive Aspekte des Glaubenslebens können negativ belegt sein: bestimmte Begrifflichkeiten, christliche Bräuche, biblische Aussagen, Verhaltensweisen, die Art und Weise des Redens u. v. m. Die negative Belegung hat mit der Interpretation zu tun, die die Betroffenen mit diesen Aspekten verbinden.

Die katholische Theologin Hildegard König beschreibt das Phänomen der Funktionalisierung biblischer Aussagen im Kontext des Missbrauchs und wie diese fortan für Betroffene Probleme bereiten kann:

> *Der missbräuchliche Zugriff auf den heiligen Text hat Methode: Innerhalb eines absichtsvollen framing […], d. h. der Setzung eines Bezugsrahmens, welcher das Machtspiel maskiert, kommt es zu einer Herauslösung von Schriftworten aus ihren ursprünglichen Kontexten und zu ihrer Umdeutung. Sie werden gegen ihre Intention verfälscht und für eigennützige Zwecke instrumentalisiert.*[223]

Dieser Umstand führt dazu, dass manche Betroffene für sich (zunächst) keine andere Chance sehen, als die Bibel gänzlich aus ihrem Leben zu streichen, weil sie sonst permanenter Retraumatisierung ausgesetzt wären.

Andere Betroffene, die – ggf. nach einer Zeit der Abstinenz – die Bibel für sich neu entdecken wollen, brauchen neue Zugänge, um die Trigger entweder zu umgehen oder auszuhebeln. Dasselbe ist übertragbar auf Situationen in kirchlichen oder gottesdienstlichen Zusammenhängen.

> **Allein das Betreten von Kirchen oder Gemeindehäusern kann von Betroffenen als so bedrohlich empfunden werden, dass Menschen eine Teilnahme an christlichen Veranstaltungen nicht ohne Retraumatisierung erleben können.**

Dass dieses Phänomen vielfach nicht verstanden wird, führt ggf. zu neuen Verletzungen. Während niemand von Opfern sexueller Gewalt erwarten würde, sich baldmöglichst wieder in Situationen zu begeben, die sie intensiv an das Trauma und den Übergriff erinnern, erleben Opfer spiritueller Gewalt häufig kein Verständnis dafür, dass eine Teilnahme an christlichen Veranstaltungen sehr schwierig oder gar unmöglich sein kann.

Ich denke an ein Ehepaar, das ich vor Jahren im Kontext einer angeleiteten Selbsthilfegruppe begleitete, das sich erst nach etwa zehn Jahren wieder einer Gemeinde anschließen konnte. Die Abstinenz eines Jahrzehnts, in dem sie ihre Gottesbeziehung ohne religiöses Ambiente in Ruhe hatten neu überdenken und pflegen können, hatte geholfen, genug Abstand von der Vergangenheit zu bekommen und Sicherheit für neue Erfahrungen zu gewinnen.

Ebenso ist der vorsichtige Umgang mit etwaigen Triggern im Blick auf bestimmte geistliche Wahrheiten zu berücksichtigen.

Ein Beispiel: Ohne Zweifel kann es Heilsames im Leben verwundeter Menschen bewirken, die Vergangenheit loszulassen und damit Frieden zu schließen sowie achtsam gelebte Schritte der Vergebung zu gehen. Zugleich gilt es aber in der Begleitung genau zu explorieren, ob das Thema der Vergebung im System missbrauchstützend eingesetzt wurde, z. B. indem nach massiven Übergriffen von Opfern Vergebung erwartet wurde, aber nicht, um einen unheilsamen Prozess abzuschließen, nachdem das Unrecht begriffen wurde, sondern um damit fortzufahren.

Dieses Beispiel steht als Erklärung für die Herausforderungen, mit denen Menschen, die religiösen Missbrauch erfahren haben, häufig zu tun haben. Es geht bei der De- und Rekonstruktion in der Regel nicht um einen beherzten Entschluss, zügig alles Ungute zu entsorgen und Hilfreiches ins Leben zu importieren. Vielmehr haben wir es in diesem Prozess mit der ganzheitlichen Befindlichkeit eines verwundeten Menschen zu tun. Um de- und rekonstruieren zu können, braucht es Verständnis für diese Dynamiken sowie Kraft und Motivation, sich auf neue Prozesse einzulassen. Oft ist zunächst einmal eine Pause geboten, denn Aufarbeitung in alle Richtungen braucht Kraft.

Dekonstruktion bisheriger Spiritualität

Dekonversion

Das Autorentrio des Buches *Warum ich nicht mehr glaube*, das als Ergebnis einer Studie veröffentlicht wurde, bezeichnet den Glaubensverlust ehemaliger Gläubiger als »Dekonversion«, zu Deutsch »Entkehrung« (als Gegenbegriff zu »Bekehrung«). Dekonversion ist »das Ereignis, dass zuvor Gläubige nicht mehr glauben wollen oder können bzw. dies irgendwann bewusst beschließen und sich nun als Nicht-mehr-Gläubige oder ehemalige Christen verstehen«.[224] Für eine solche Entwicklung gibt es unterschiedliche Gründe. Einer dieser Gründe kann die Erfahrung religiösen Missbrauchs sein. Eine Entkehrung kann unterschiedlich erlebt werden. Für manche ist es eine leidvolle Erfahrung, für andere eher ein logischer, fast schon emotionsloser Schritt – als Konsequenz des bisher Erlebten. In allen untersuchten Fällen der Studie war es jedoch ein einschneidendes Erlebnis, das Auswirkungen auf die weitere Lebensführung hatte.[225]

Um Dekonversion zu verstehen, ist ein Blick in die persönliche Biografie eines Menschen, in die jeder Glaube eingebettet ist, wichtig. Auch geht es darum, den Einfluss zu verstehen, unter dem eine Person gelebt hat, sowie die Umstände, die sie in Herkunftsfamilie, Kirche oder Umfeld geprägt haben.[226] So schreiben die Autoren:

»Man kann einen Glaubensverlust nicht verstehen, ohne den Glauben zu betrachten, der verloren ging.«

Günstigenfalls ist es Dekonvertiten möglich, diese Aspekte achtsam in den Blick zu nehmen, um einen Abschluss für sich zu finden, der neue Wege anders ermöglicht. Für manche Menschen, die massives Leid bis hin zu religiösem Missbrauch im Kontext von Frömmigkeit erlebt haben, ist dieses Hinschauen jedoch zu schwer, geradezu überfordernd – zumindest zeitnah zu dem Erfahrenen. Entkehrung kann – neben anderen Gründen – manchmal einfach ein Versuch der Abkehr von allem Überfordernden sein. Sie kann natürlich auch in tiefer grundsätzlicher Überzeugung vollzogen werden.

Dekonstruktion im Austausch mit anderen

Wenn eine Dekonstruktion nicht allein gelebt wird, sondern im Austausch mit anderen, birgt sie viele Chancen. Als Wesen, die auf Gemeinschaft hin angelegt sind, erleben wir Entwicklung, indem unsere persönliche Perspektive auch immer wieder durch die Perspektiven anderer ergänzt und herausgefordert wird.

Die Problemfelder des Missbrauchs fungieren für viele als Initialzündung für eine »Dekonstruktionsreise«, wobei es natürlich auch andere Gründe für Dekonstruktion gibt. Dabei gilt es, die bisherigen Grundlagen des Glaubens sorgsam zu überdenken. Je nach Persönlichkeit, Erfahrung, bisheriger Motivation und Verwundung kann es auf diesem Weg um ein tiefes konstruktives Ringen gehen, für sich Wahrheit zu finden.

Der Gemeindegründer Raffael Sewer beschreibt in seiner Studie[227], in der er die Auswirkungen geistlichen Missbrauchs auf das Leben und den Glauben Betroffener in Freikirchen untersuchte, wie eine Krise, die durch dieses Leid und die damit einhergehende starke Erschütterung entstanden ist, zur Neuorientierung genutzt werden kann. In dieser Neuorientierung geht es um die Entwicklung einer eigenständigen Identität und eines kritischen Glaubens. Die Betroffenen sind »des heuchlerischen Gebarens und der Doppelmoral in Kirchen überdrüssig. Sie wünschen sich eine Kirche, in der sie sie selbst sein können, eine Kirche, die Vielfalt und nicht Konformität fördert, die keinen Monolog, sondern einen Dialog auf Augenhöhe führt.«[228]

Als Konsequenz der Vergangenheit wird der Weg mancher in einer völligen Abkehr von Glauben enden. Andere wollen trotzdem weiter im Glauben unterwegs sein.

Aus der persönlichen Begleitung von Klienten und Klientinnen sowie aus der Fachliteratur sind mir Bereiche vor Augen, in denen sich im Leben Betroffener Dekonstruktionsbedürftiges entwickelt und etabliert hat: in ihrer Identität bzw. ihrem Selbstverständnis, ihrer Theologie bzw. den Glaubensinhalten, die für sie verbindlich waren, ihrem Gottesbild, ihrer Gottesbeziehung, ihren Werten und in ihrem Verständnis von Leitung sowie von Lebenssinn oder Bestimmung. Manche dieser Bereiche greifen ineinander und sind nicht klar voneinander abzugrenzen.

Dekonstruktion und Rekonstruktion – Lebensbereiche im Visier

Ein Blick auf den Beginn der Glaubensreise

Für Menschen, die ihren Glauben als belastet und unfrei erleben, kann ein Blick auf den Beginn ihres Glaubens ein erster Fokus ihres Dekonstruktionsprozesses darstellen, je nachdem wie sich dieser Glaubensbeginn gestaltet hat. Sie können sich fragen: »Warum habe ich mich ursprünglich auf den Weg gemacht? Wie und warum bin ich zum Glauben gekommen bzw. warum habe ich mich bekehrt? Was hat diese Bekehrung für mich bedeutet? Gab es Raum, in dem persönliche Entwicklung stattfinden konnte, aus der heraus sich Entscheidungen ergaben? Oder wurden solche Entscheidungen extrinsisch erwartet – ggf. mit einem entsprechenden Druck und vermittelter Angst vor Konsequenzen?« In der Begleitung solcher Personen gibt es nicht selten notvolle Berichte über die Umstände eines Starts in den Glauben.

Dekonstruktion in diesem Fall kann bedeuten, zunächst das zu benennen, was schieflief – was so nicht hätte sein dürfen.

Die Versprachlichung von Dynamiken jeglicher Übergriffigkeit – ganz gleich, wie »gut« die Absichten waren – ist wichtig.

Es braucht Distanz von einem wie auch immer motivierten Funktionierenmüssen hin zu einem authentischen Entdecken, wo man selbst steht, wer dieser Gott ist, von dem die Rede ist, unter welchen Voraussetzungen man im Glauben weitergehen möchte oder auch nicht, wie es einem in seiner Spiritualität geht und warum, welche Fragen und Sehnsüchte existieren, um aus ihnen heraus einen neuen Weg zu gestalten – und dies achtsam und in einem Tempo, das nicht überfordert. Es ist möglich, dass darin das Reflektieren ewiger Fragestellungen eine Rolle spielen kann. Der Prozess gleicht m. E. der sorgsamen Planung einer Lebensreise, bei der persönlich wichtige Fragestellungen Schritt für Schritt bewegt werden und so neue Einstellungen erreicht werden.

Identität

Die Identität eines Menschen hat im Kontext der Dekonstruktion eines vergangenen Glaubens hohe Relevanz. Grundsätzlich kann gesagt werden, dass eine Person Identität über sich herstellt, indem sie verschiedene Arten von Erfahrungen verarbeitet. Dazu gehören innere, äußere, aktuelle sowie gespeicherte Erfahrungen, die sie miteinander verknüpft und aufgrund derer sie dann ihre Schlüsse über sich selbst zieht.[229] Während sich eine Person in ihrer Identität entwickelt, spielen die Entdeckungen, die sie über sich selbst macht, und die Rückmeldungen des sozialen Umfeldes eine wichtige Rolle. Diese gilt es, miteinander abzugleichen.[230]

Identität ist ebenso »ein solides Bewusstsein für mein Selbstgefühl als eigenständiges und gültiges Individuum mit meinen eigenen Gedanken, Gefühlen, Hoffnungen und Sehnsüchten sowie ein klares Gefühl für Sinn und Zweck im Leben [...]

Die Suche nach der Identität oder dem wahren Selbst ist ein lebenslanger Prozess, der bereits in den frühen Kindheitsjahren beginnt.«[231]

Verschiedene Fachleute sprechen auch von fünf Säulen der Identität[232], zu denen folgende Bereiche gehören:

- Leiblichkeit (Psyche, Körper, Seele)
- soziales Netzwerk (in welchem andere zu meiner Identität beitragen)

- Arbeit und Leistung (mit denen ich mich identifiziere und durch die ich identifiziert werden kann)
- materielle Sicherheit (welche gleichzeitig eigene Identifikation und Identifizierung durch andere ermöglicht)
- Werte (die meine sind und mit denen ich mich identifizieren kann und die auch die Werte anderer sind, die sich mit mir zu diesen Werten bekennen)[233]

Menschen in »High-Demand-Systems« erleben Unterwanderung ihrer Identität unterschiedlich: ggf. von Anfang an, wenn wir an die Hineingeborenen denken, oder später. Thomas Fuchs erklärt dazu in seinem Buch *Wenn Körper und Seele leiden*:

> **Identität geht verloren, wenn das subjektive Empfinden und eigenständige Denken ständig einer bestimmten Glaubenslehre untergeordnet werden muss, mit der man sich letztlich nicht wirklich identifizieren kann und die einem aufgedrängt wird.**[234]

Durch die Anpassung an die Erwartung bestimmter Systeme entsteht ein falsches Selbst, etwas wie eine Abspaltung – ob es sich dabei um missbräuchliche Gruppen, Elternhäuser, geistliche oder seelsorgerliche Begleitung, christliche Werke oder Einzelsettings handelt, ist zweitrangig.

Der Pastor Ken Garret, der sich im Rahmen seiner Dissertation[235] mit dem Phänomen des religiösen Missbrauchs intensiv auseinandergesetzt hat, beklagt das Zustandekommen dieses falschen Selbst: Es trägt Schicht um Schicht unauthentischen Lebens auf, das eine Person bald als ihre wahre Identität beansprucht[236]. Die Aufspaltung der Persönlichkeit in die ursprüngliche und die durch das System aufgesetzte Pseudopersönlichkeit ist schädigend.

> **Die Aufgabe der Dekonstruktion beinhaltet ein achtsames Ablegen des falschen Selbst oder schwieriger verinnerlichter Glaubensinhalte über sich selbst. Im Rekonstruieren gilt es, herauszufinden, wer man wirklich ist und wie man leben möchte.**

Dies kann u.U. sehr angstbesetzt sein, und es braucht achtsame Zugänge und das Erarbeiten von Erlaubnis, damit dieser Prozess stattfinden kann.

Bei Dekonstruktion geht es um die Frage, welchen Ballast es loszuwerden gilt. Wie wurde Identität untergraben? Was wurde aberkannt? Kann an Identität vor dem Missbrauch angeknüpft werden? Oder war diese auch eher fragil? Welche Verkündigungsinhalte und welche persönlichen Zuschreibungen wirken noch? Welche sollten aus welchem Grunde entsorgt werden? Welche verinnerlichten verbalen und nonverbalen Botschaften sind zu entkräften – seien es die ursprünglichen der frühen Entwicklung oder die, die in einer religiös missbräuchlichen Umgebung durch Verkündigung und persönliche Konfrontation weitergegeben wurden?

Wenn die Negativbotschaften theologisch begründet wurden, braucht es eine Auseinandersetzung auf dieser Ebene.

Leid und Identität

Identität in einem fortwährenden Prozess wieder aufzubauen oder zu festigen, darum geht es bei der Rekonstruktion eines persönlichen Weges. Wenn es eine gesunde Identität vor der Erfahrung eines missbräuchlichen Settings gab, kann daran wieder angeknüpft werden. Wenn dies nicht der Fall ist, darf es ein erstmaliges, achtsames Erspüren des Eigenen geben.

In diesem Prozess des Findens der eigenen Identität, in der letztlich alle Menschen lebenslang unterwegs sind, kann das sorgfältige

Bearbeiten der Leiderfahrung – selbst angesichts massiver Verluste und massiven erlebten Unrechts – Identität stiften. Damit versuche ich in keiner Weise das unsägliche Leid des Missbrauchs zu erklären oder gar zu rechtfertigen. Die Frage für Betroffene ist hier eher: Kann aus diesem riesigen Minus mit aller darin enthaltenen Unsäglichkeit etwas für mich persönlich Gutes entstehen?

Wir können über die Vergangenheit nicht gebieten, aber es könnte sein, dass wir sie transformieren können, wenn wir zulassen, davon geheilt zu werden und sie in Liebe zu akzeptieren[237]. So können wir zu erstaunlichen Menschen werden, von denen aufgrund der tiefen Täler, die sie durchschritten und verarbeitet haben, Leben ausgeht.

Ulrich Schaffer formuliert davon manches in seinem Gedicht »Weil du einmalig bist«. Hier ein Auszug:

Den Weg, den du vor dir hast, kennt keiner.
Nie ist ihn einer so gegangen, wie du ihn gehen wirst.
Es ist dein Weg. Unauswechselbar …
Nimm dich an.
Sei du die, die du bist. Sei du der, der du bist.
Erst dann fängst du an, zu werden, was du sein möchtest …
Achte auf deine Unsicherheiten,
sie öffnen dir Wege in neues Land.
Glaub, dass du einen Beitrag zu geben hast …
Was du erlebt hast, hat dich geprägt
und dir deine unauswechselbare Sicht gegeben.
Die Entscheidungen, die du getroffen hast,
haben dir Wege geöffnet und dafür andere verschlossen.
Die offenen Türen sind nur für dich.
Nur deine Unentschiedenheit wird sie schließen.

Deinen Beitrag zur Welt wird keiner leisten,
weil niemand die Welt so sieht wie du …
Jetzt bricht etwas Neues in dir auf …
Auch deine Schmerzen und Ängste sind ganz deine eigenen.
Niemand erlebt sie wie du.
Doch durch sie wirst du verstehen, warum andere leiden.
In deinen Schmerzen und Ängsten
sind Möglichkeiten und Angebote,
die Tiefe des Lebens zu begreifen.
Du lebst nicht allein.
Sprachlos leiden viele um dich und wünschen sich sehnlichst
die Stimme eines Menschen, der sich selbst entdeckt hat
und etwas versteht von den Zusammenhängen zwischen
Leiden und Wachsen.
Geh in deine Schmerzen und Ängste:
Wenn du sie verstehst, bist du andern ein Stück näher.
Aber dann gibt es Tage, an denen du Angst vor dir selbst hast,
vor deinen übermächtigen Gefühlen,
deinen seltsamen Gedanken.
Angst vor der dunklen Zukunft
und der Macht der Vergangenheit.
Dann wirst du unsicher und weißt nicht recht,
was du glaubst.
Dann leidest du unter der Entschiedenheit anderer
und willst dich zurücknehmen.
Bleib bei dir, bei deiner Schönheit und Herbheit,
bei deiner Freiheit und deinen Grenzen.
Nimm dich nicht von uns. Wir brauchen dich, wie du bist.
Du, sei du – du.[238]

Selbstwert

Nach dem Loslassen zurückliegender Attributionen (Zuschreibungen, Behauptungen über eine Person) braucht es das Empfangen neuer Botschaften. Dies kann zum einen durch ein neues positives, wertschätzendes privates und berufliches Umfeld sowie auch in Beratung und Therapie geschehen.

Auch die Erfahrung neuer Selbstwirksamkeit ist sehr wichtig, besonders in Bereichen, in denen es in Zeiten des Missbrauchs nicht möglich war. Dort, wo es im religiösen Missbrauch zu Bildungs- und Berufswunden kam, ist die Erfahrung, persönlich etwas zu schaffen und bewegen zu können, ein wichtiger Beitrag der Stabilisierung und Heilung. Neues kann gewagt werden – je nach Lebenssituation und -alter sowie Ressourcen, an die angeknüpft werden kann. Weitere Gedanken dazu formuliere ich unter »Materielle Sicherheit«.

Für Personen, die Glauben für sich neu rekonstruieren wollen, kann nach behutsamer Bearbeitung möglicher Vorbehalte und Trigger auch eine zunehmende Bindungserfahrung zu Gott zu einer erheblichen Ressource werden, die persönlichen Selbstwert nährt. Diese werde ich unter »Glaube und Gottesbeziehung« weiter ausführen.

Werte

Der Bereich der Werte, die auch zu den fünf Säulen der Identität gehören, braucht ebenfalls eine sorgfältige Betrachtung. Das Thema können wir, wie vieles hier, nur anreißen.

Raphael Bonelli sagt:

»Nenne mir deine Werte und ich sage dir, wer du wirst.«

In seiner jüngsten Veröffentlichung macht er sich Gedanken über den Wert der Werte, die sich von der Bedeutung her gar nicht so leicht definieren lassen. In einer ersten Annäherung formuliert er:

> *Werte sind Qualitäten von Ideen oder Handlungen. Sie bezeichnen Ideale, die uns Orientierung in unserem Handeln geben und an denen wir unsere Entscheidungen ausrichten können. Insofern haben sie eine wichtige Funktion für das Gelingen des eigenen Lebens.*[239]

In der De- und Rekonstruktion persönlichen Glaubens braucht es daher eine Sondierung: Was genau wurde warum gelebt? Was davon möchte die Person weiterhin für sich als Wert behalten, was verändern? Was genau ist ihr wichtig? Was möchte sie leben und gelebt haben? Und was legitimiert sie dazu? Welche Hindernisse müssen benannt und ggf. entsorgt werden?

Sich der Prägungen bewusst werden, sich neu entscheiden, sich lösen von Altem und ggf. auch von emotionalen und spirituellen Bindungen, Neues ausprobieren – all diese Schritte werden im Entdecken und Umsetzen der Werte eine Rolle spielen, die fortan gelebt werden wollen.

Theologie und Bibelverständnis

Es gibt Systeme, die trotz grundsätzlich theologisch orthodoxer Lehre in ihrem Umgang miteinander missbräuchlich sein können. Oft sind es dann Teilaspekte der Lehre (z. B. das Leitungsverständnis), die Menschen in Schwierigkeiten bringen. Und diese Teilaspekte werden oft auch nicht offiziell formuliert, sondern als unausgesprochene Regel[240] gelebt, mit der Mitglieder es erst zu tun bekommen, wenn sie unwissentlich dagegen verstoßen.

Genauso gibt es Settings, die auf einer repressiven Theologie aufbauen, mit der es sich auf der Reise der De- und Rekonstruktion auseinanderzusetzen gilt. Insbesondere gilt es zu entdecken, in welcher Weise Schriftworte aus ihren ursprünglichen Kontexten herausgelöst, umgedeutet, verfälscht und für eigennützige Zwecke instrumentalisiert wurden – je nach Umfeld offensichtlich oder auch subtil.

In dem Buch *Wenn Mauern fallen* der ehemaligen Marienschwestern Jansson und Lemmetyinen finden wir ein Beispiel für eine Fehldeutung christlicher Theologie, in der die Botschaft der Gnade durch Leistung in Form eines Menschen erniedrigenden Verhaltens gelebt wurde (u. a. sich willig aufzuopfern und ausnutzen zu lassen, widerfahrenes Unrecht mit Liebe und ohne Erbitterung zu ertragen) – und dies als sehr frommes Ideal, weil Jesus angeblich so gelebt habe.[241] Viele der erniedrigenden, übergriffigen Rituale innerhalb der Schwesternschaft hatten massives Trauma-Potenzial. Der Ausstieg der Autorinnen wurde durch das Entdecken von Martin Luthers Kommentar zum Galaterbrief eingeläutet, der ihnen die Augen öffnete. Darin wurde die toxische Theologie des Ordens dementiert[242], was ihnen den Weg in die Freiheit bahnte. Sie erkannten die eigentliche Dynamik, die durch die vermittelten Glaubenslehren entstanden war. Eine von ihnen beschreibt den Prozess der Auseinandersetzung mit Luthers Worten:

> *»Sie erkennen Christus als den an, der sie gerecht macht, aber in Wirklichkeit entreißen sie ihm die Vollmacht der Errettung und rechnen diese ihren eigenen Verdiensten zu. […]« Es war, als ob ich einen Schlüssel in die Hand bekommen hätte, der viele Jahre verloren war: den Schlüssel der Liebe Jesu. Mit dem aufgefundenen Schlüssel öffnete sich langsam das hart verriegelte Schloss zur Glaubensgerechtigkeit. Unter der Verkündigung Mutter Basileas war ich immer unsicher, ob ich genug geleistet hatte, um von*

Gott angenommen zu sein. Mein Bruder in der Not sprach mir aus einem Abstand von 400 Jahren Worte zu, die tiefe Spuren hinterließen. […] »Die christliche Gerechtigkeit ist das Vertrauen des Herzens zu Gottes Sohn.«[243]

Dieser Bericht beschreibt das persönliche Erleben der ehemaligen Schwestern während ihrer Mitgliedschaft in dieser Ordensgemeinschaft vor vielen Jahren. Ich kann keine Aussage darüber machen, wie sich die Situation dort weiterentwickelt hat und wie die internen Dynamiken heute gelebt werden.

An dieser Stelle ist es mir wichtig, darauf hinzuweisen, dass die positive Außenwirkung bestimmter Gruppierungen über die missbräuchlichen Dynamiken innerhalb des Systems hinwegtäuschen kann. Da habe ich verschiedene Beispiele vor Augen.

Bestimmte Systeme können in ihrer Außenwirkung durchaus von vielen positiv erlebt werden, während die Dynamiken für die Personen im Kern des Systems zutiefst missbräuchlich sind.

Betroffene, die aus solchen Systemen aussteigen, haben es zusätzlich schwer, weil ihnen aufgrund der positiven Außenwirkung selten geglaubt wird.

Ein weiteres Beispiel für die Dekonstruktionbedürftigkeit theologischer Lehre ist die Frauenfrage. In großen Teilen verschiedener Kirchen und Freikirchen werden Frauen noch heute durch fromme Argumentation daran gehindert, ihr von Gott geschenktes Potenzial zu leben.

Zur Dekonstruktion belastender Lehren braucht es aufklärende Information, die sich mit den Hintergründen der Texte befasst, auf die sich die Reglementierungen gründen.

Nur so können neue Perspektiven eröffnet werden. Informationsquellen zur Frauenfrage sind vielfältig.[244] Als Tool dienen kann beispielsweise eine Veröffentlichung von Hanna-Maria Schmalenbach.[245] Sie lebte als Missionsärztin und Pioniermissionarin in einem indigenen Volk in Mexiko. Sie studierte und promovierte in dem Fachbereich Missionologie und schuf eine Studie zum Dienst der Frau in der Gemeinde aus humanmedizinischer, interkultureller, historischer und biblischer Sicht. Ihr Anliegen ist es, Frauen zu helfen, ihre Rolle neu zu entdecken. In ihrer Veröffentlichung beschreibt sie anhand einer gründlichen Untersuchung des biblischen Befundes die geistliche Wirklichkeit, die durch Christus geschaffen wurde.

Diese Beispiele machen deutlich, dass das Bibelverständnis insgesamt eine wichtige Grundlage des Glaubens darstellt und entweder zu einer Ressource von Freude und Kraft oder zu einer Quelle großen Leides werden kann.

Dazu habe ich die Ausführungen des Theologen Martin Benz mit Interesse gelesen. Seine Stimme erscheint mir als wertvoller Gesprächsbeitrag für eine notwendige Diskussion. Benz beschreibt unterschiedliche Hintergründe, warum persönlicher Glaube, der über Jahre überzeugt gelebt wurde, auf einmal nicht mehr passt. In seinem Buch *Wenn der Glaube nicht mehr passt* geht es ihm weniger um religiösen Missbrauch, sondern insgesamt um schwierige Themen, die Glauben belasten und die Menschen in die Enge treiben – und die m. E. auch zu religiös missbräuchlichen Dynamiken führen können. Dazu kann ebenfalls ein bestimmtes Bibelverständnis beitragen.

In seinen Ausführungen erläutert Benz den Zusammenhang zwischen Bibelverständnis (Hermeneutik = Wissenschaft vom Verstehen biblischer Texte) und der Auslegung (Exegese). Die Hermeneutik liefert die Prinzipien, anhand derer die Bibel ausgelegt wird. Benz erklärt ausführlich, wie selbstverständlich manche Christen, die sich als bibeltreu verstehen, nur bestimmte Texte in einer bestimmten Weise auslegen, während Verse, die so gut wie danebenstehen, als unwichtig ausgeklammert werden. Ihm ist es wichtig, die selektive Bibeltreue, die Christen leben, deutlich zu machen. Dazu gibt er folgende Beispiele:

> *Angeblich bibeltreue Christen …*
> *– trennen sich nicht von allem, was sie haben, wenn sie gläubig werden (Lukas 14,33)*
> *– verkaufen nicht alles, was sie besitzen, um es den Armen zu geben (Lukas 18,22)*
> *– weigern sich nicht, Freunde zum Essen einzuladen, um stattdessen nur Arme, Blinde und Gelähmte zu bewirten (Lukas 14,13)*
> *– hassen nicht ihre Eltern, Geschwister und Kinder, wenn sie Jesus nachfolgen wollen (Lukas 14,26)*
> *– verzichten nicht auf jeglichen Besitz außer Nahrung und Kleidung (1. Timotheus 6,7)*
> *– beten als Männer nicht an allen Orten stets mit erhobenen Händen (1. Timotheus 2,8).*[246]

Dabei geht es Martin Benz nicht um die Beurteilung der Listen von Bibelversen, denen die Menschen treu Folge leisten, und denen, die von ihnen übergangen werden. Ihm ist vielmehr wichtig, ein Bewusstsein dafür zu schaffen, was innerhalb dieser Gemeinschaften geschieht. Die subjektiven Sammlungen von Bibelstellen »spiegeln vor allem unsere geistlichen Traditionen, die Prägung durch unseren Pastor oder unsere Eltern, das Bibelverständnis unseres geistlichen Milieus oder die Haltung unserer Gemeinde wider. Aber sie sind nicht Ausdruck objektiver Bibelerkenntnis, geschweige denn der Wahrheit.«[247]

Von daher gilt es, achtsam an die Texte heranzugehen, auf die man sich bezieht. Denn:

Die offensichtlich selektive Bibeltreue spiegelt vor allem unsere geistlichen Traditionen und Prägungen wider.

Ein weiterer Aspekt, den Benz anspricht, ist die Entdeckung, dass sich bereits innerhalb der Bibel Entwicklung vollzieht. Es verändert sich etwas.

> *Gebote werden weiterentwickelt. Perspektiven verändern sich, und was in einem biblischen Buch noch galt, gilt in einem anderen bereits nicht mehr. Grundpfeiler von Tradition und Gottesverehrung werden im Laufe der biblischen Texte niedergerissen, moralische Einsichten verändern sich, und selbst das Gottesbild ist in Bewegung. Dadurch wird deutlich, dass die Bibel kein flaches Buch ist, in dem alle Bibeltexte gleichwertig nebeneinanderstehen. Biblische Texte sind nicht gleich an Bedeutung, gleich an Gültigkeit und gleich an Erkenntnisstand.*[248]

Dazu erläutert er beispielsweise wie das Recht auf Vergeltung sich verändert. Oder wie gewalttätige Bibelstellen, mit denen viele Probleme haben, in diesem Konzept von Entwicklung verstanden werden können.

Benz resümiert – nach ausführlichen Erklärungen:

> *Jesus macht deutlich, dass Gott nicht will, dass Feuer vom Himmel fällt (Lukas 9,55) und Menschen tötet […] Jesus predigt, dass wir auf Vergeltung verzichten sollen, obwohl sie im Alten Testament angeordnet wird. Das sind keine Widersprüche in der Bibel. Vielmehr wird hier ein Entwicklungsprozess im religiösen Verständnis*

der Menschen zum Ausdruck gebracht. Religiöses Bewusstsein ist nicht einfach vom Himmel gefallen.[249]

Deutlich wird hier, dass dieses Bewusstsein auch Abbild des Umfeldes und der Zeit war, in denen Menschen lebten. Entwicklung ist immer der Weg auf ein Ziel hin.

Benz erklärt, dass Gott ein Problem hat, sobald er sich schriftlich offenbaren will: Wann immer dieses Buch entsteht, befinden sich die Menschen auf einer bestimmten Entwicklungsstufe. Sie prägt ein bestimmtes Weltbild, inklusive religiöser Vorstellungen. Wer der Mensch ist, was Recht bedeutet und wie man Gott verehrt, wurde in der Menschheit nicht immer gleich beantwortet. Texte stammen aus verschiedenen Zeiten. In der Bibel gibt es Entwicklung darin, die manche Vorstellungen, Gebote, Gottesbilder und religiösen Konzepte ablöst und durch neue ersetzt. Von daher – so Benz – ist in der Bibel alles Gottes Absicht, aber nicht alles seine Ansicht.

In dieser fortschreitenden Offenbarung ist das Kommen Jesu in diese Welt von äußerster Wichtigkeit.

»Gott wird nicht Mensch, damit er versteht, wie es sich anfühlt, Mensch zu sein, sondern damit wir verstehen, welches Wesen und welchen Charakter Gott in sich trägt. Jesus ist die Vereindeutigung Gottes.«[250]

Auch in den Evangelien wird dieser Gedanke aufgegriffen: »Christus ist das Ebenbild des unsichtbaren Gottes. Als sein Sohn steht er über der ganzen Schöpfung und war selbst schon längst vor ihr da« (Kolosser 1,15; Hfa). Dasselbe wird in Kolosser 2,9 nochmals bestätigt: »In Christus lebt die Fülle Gottes in menschlicher Gestalt.« Mit anderen Worten:

Gott ist nie anders, als er sich in Jesus offenbart hat.

Die Zusammenhänge rund um das Thema Umgang mit dem biblischen Befund, zu dem es sicher noch vieles mehr zu sagen gibt, habe ich an dieser Stelle erwähnt, weil m. E. ein reflektiertes und zunehmendes Verständnis dazu beiträgt, eine eigene theologische Haltung einnehmen zu können, die nötig ist, um einen eigenen Weg zu finden.

Wie derartige Reflexionen von unterschiedlichen theologischen Schulen oder Communities aufgenommen werden, könnte Wertvolles dazu beitragen, dass Menschen neue Zugänge zu Gott finden, die ihnen sonst verschlossen blieben.

Es kann daher sein, dass Glaube oder einzelne Fragen des Glaubenslebens nach reglementierenden Erfahrungen oft von Grund auf erstmals oder neu gedacht werden müssen. Manche sprechen von regelrechter Reedukation[251], zu der es gehört, dass bestimmte (christliche) Begrifflichkeiten neu oder wieder adäquat gefüllt werden und das eigene Bibelverständnis ernsthaft erarbeitet wird.

Das Maß der Verwirrung in missbräuchlichen Kontexten wird an der ambivalenten Rolle deutlich, die das Wort Gottes darin nicht selten spielt.

»Zum einen wird [das Wort Gottes] im Missbrauch zu einem Instrument der Manipulation, zum anderen zeigt es seine Kraft, [Betroffenen] auf ihrem Weg aus der geistlichen Gefangenschaft zurück zu sich selbst wieder Stimme und Wort zu geben.«[252] Es braucht Kraft, Motivation und Mut, das vorhandene Durcheinander zu entwirren.

Glaube und Gottesbeziehung

Wenn der Glaube und die Gottesbeziehung eines Menschen in den Blick genommen werden, ist zunächst die Frage zu beantworten, wie die Person diesbezüglich bisher aufgestellt war. Hatte sie je die Möglichkeit, einen persönlichen Glauben zu entwickeln, oder gab es vorwiegend extrinsische Erwartung des Außen, die sie bediente? War die Glaubensentwicklung angemessen eingebettet in einen personalen Reifungsprozess[253], oder wurde die Person im Laufe des Lebens mit Lehren und Erwartungen überfordert?

Je nachdem wie Glaube bisher gelebt wurde, braucht es die Entscheidung, wie die Person weitergehen möchte. Möchte sie sich auf den Weg machen, einen für sie lebbaren Glauben zu entdecken, oder will sie sich aufgrund der Negativerfahrungen von allem abwenden? Welche Gottesbilder wurden vermittelt, auf welche Weise und mit welchen Konsequenzen?

Um Glauben de- und rekonstruieren zu können, ist das Verstehen des eigenen Gottesbildes wichtig: Wie denke ich über Gott? Was hat dieses Gottesbild geprägt? Waren es theologische Lehren, die ich geglaubt habe, und welche genau? Warum ist es sinnvoll, diese Lehren zu hinterfragen? Wie anders kann darüber gedacht werden – und auf welchen Grundlagen?

Ein Gottesbild kann auch von Übertragungsphänomenen aus Beziehungen zu frühen Bezugspersonen geprägt sein, die auf das Gottesbild einen großen Einfluss ausüben können. Ich beobachte nicht selten, dass Menschen, die massiv verletzende Dinge im Elternhaus erfahren haben, eine große Wut auf Gott in sich spüren. Während sie den Eltern gegenüber, die ihnen z. B. mit einer leistungsbezogenen Haltung einen schweren und schädigenden Start ins Leben bescherten, völlig entspannt oder gar verständnisvoll eingestellt sind, wird alle aufgebrachte Emotion auf die Gottesbeziehung übertragen.

Das Wahrnehmen einer solchen Übertragung wäre ein erster Schritt in der weiteren Entwicklung. Die Auflösung derselben spielt dann für den weiteren Verlauf ebenso eine wichtige Rolle.

Für Betroffene kann es hilfreich sein, wenn ihnen Sprache oder Bilder angeboten werden, die ihnen Worte für ihr Inneres geben.[254] Sie werden wissen, was für sie passt, was berührt und was nicht. Die angebotenen oder selbst erspürten Bilder zeigen den Istzustand dessen, was sich bisher entwickeln konnte und ob die bestehenden Bilder heilsam oder krank machend sind. Es kann eine wichtige Intervention darstellen, Opfern geistlicher Unterdrückung vorzuschlagen, zusätzliche rote Linien zu ziehen und deutlich zu formulieren, was ihre Gottesbeziehung nie wieder prägen oder beeinflussen soll. Dabei können alte Verletzungen nochmals zur Sprache kommen.[255]

Bezüglich der Themen Gottesbild und Gottesbeziehung kann der Kontakt zu Gott selbst als lebendiger Entität ein wesentlicher heilsamer Faktor werden, wenngleich Opfer religiösen Missbrauchs hier verständlicherweise ambivalent oder auch völlig abwehrend empfinden können. Manche möchten mit Gott nichts mehr zu tun haben oder haben keine Idee, wie sie sich ihm nähern könnten. Andere wünschen sich, dass Gott sich ihnen mitteilt, um Sicherheit zu gewinnen – und dies, obwohl sie in seinem Namen manipuliert, getäuscht, belogen und betrogen wurden. Auch wenn es sich für sie riskant anfühlt, wollen sie hier Neues wagen. Hier stellt sich die Frage: Wie wird Gott ihnen begegnen? Und was ist, wenn alte Erfahrungen wieder spürbar werden? Vielleicht ist in diesem Zusammenhang der Hinweis hilfreich, dass es an verinnerlichten Täterstimmen oder ähnlichen irreführenden Einflüssen liegen mag, falls die Betroffenen im Kontakt zu Gott weitere Negativerfahrungen machen. Denn es kann leicht passieren, dass solche verinnerlichten Stimmen mit dem Reden bzw. Wort Gottes verwechselt werden.[256]

Doch auch das positive Intervenieren Gottes kann erfahren werden. Das ist sogar recht oft der Fall. »In den Berichten ehemaliger Opfer wird deutlich, dass Gott sich ihnen sanft und respektvoll, ja fast zärtlich annähert. Sie wurden durch seine Präsenz ermutigt, erste Schritte in die Freiheit zu gehen.«[257] Sie berichten von der Abwesenheit irgendeines Drucks und dass sie frei fühlten zu gehen oder auch nicht. Er war da, und er vertraute ihnen.[258] So kann eine Gotteserfahrung einen wesentlichen Baustein der Rekonstruktion des Glaubens darstellen. Diese mit vertrauenswürdigen Begleitern und Begleiterinnen zu reflektieren, kann in einer solchen Zeit wertvoll sein.

Ich erinnere mich an die Rückmeldung einer Teilnehmerin eines Aussteigerworkshops. Sie war nach den Erfahrungen in ihrer Kirche Atheistin geworden und hatte seither alle religiöse Bearbeitung des Themas für sich selbst abgelehnt. In den Workshop war sie vermutlich ihrem Mann zuliebe mitgekommen. Am Ende meinte sie jedoch, dass ihr nach aller Skepsis, mit der sie in den Workshop eingestiegen war, zwei Dinge gefallen hatten: die Weite, in der die Thematik betrachtet worden sei, und der Gedanke, dass man Gott selbst als Ressource in seinem eigenen Verarbeitungsprozess nutzen könne. Darüber wollte sie nachdenken.

Der achtsame Aufbau einer solchen Beziehung kann ideenreich gestaltet werden. Der Religionspsychologe Michael Utsch kommentiert dazu:

> *Wenn Glaube aus psychologischer Sicht als Beziehungsverhalten zu dem unsichtbar gegenwärtigen Gott verstanden werden kann, sollte die Seelsorge differenzierte Angebote zur Beziehungspflege bereithalten.*[259]

Diese Beziehungspflege wird für Menschen sehr unterschiedlich aussehen. Abgesehen von dem persönlichen Kontakt, kann auch die Auseinandersetzung mit theologischer oder philosophischer Literatur wichtig sein – besonders zu Themen, die den Betroffenen im System viel zu schaffen machten. Manche entscheiden sich für umfangreiche Internetrecherchen. Oder sie finden unterschiedliche Gesprächspartner aus neuen Kontexten, mit denen sie über das Leben nachdenken. Andere entdecken Aspekte einer passenden Selbstfürsorge, die »im System« tabu war, benötigen dafür jedoch oft gute Gründe für eine entsprechende innere Erlaubnis. Darüber hinaus berichten Menschen auch von neuen Zugängen zu Inhalten des Glaubens und zu Gott selbst über Filme wie beispielsweise das außergewöhnliche Filmprojekt *The Chosen*[260], das von Millionen weltweit gesehen wurde und das viele spirituell tief berührt hat – auch Menschen, die diesem Angebot anfänglich sehr skeptisch gegenüberstanden. Viele berichten, dass ihr Zugang zur Bibel dadurch sehr verändert, manchmal erst (wieder) ermöglicht wurde. Bei all diesen Ansätzen geht es darum, eigene Standpunkte zu finden. (In Kapitel 14 kommen einige Missbrauch-Überlebende zu Wort, die beschreiben, welche Ressourcen sie für sich nach dem Ausstieg fanden.)

Bindungssicherheit durch die Gottesbeziehung

Die Psychotherapeutin Sonja Friedrich-Killinger beschäftigte sich in ihrer Dissertation mit der Frage, ob eine zunehmend sicher werdende Beziehung zu Gott ein Korrektiv für bisher gemachte emotionale Erfahrungen darstellen kann. In einer umfassenden Studie mit Patienten einer Fachklinik, die neben einer kognitiv-psychodynamischen Psychotherapie auch religiöse Inhalte, u. a. die Beziehung zu Gott, in ihr Behandlungskonzept einbezieht, untersuchte sie verschiedene Hypothesen im Kontext christlicher Religiosität. Sie wollte herausfinden, ob sich sensitive Bindungserfahrungen zu Gott positiv auf die Bindungssicherheit in der Gottes- und Partnerbindung auswirken sowie auf die Verbesserung psychischer Gesundheit.

Sie erklärt, dass die Gottesbeziehung von Gläubigen gemäß der Bindungstheorie die Kriterien erfüllt, die eine Beziehung als Bindungsbeziehung definieren:

> *Ausgehend von der Relevanz elterlich sensitiven Verhaltens für die Ausbildung einer sicheren Bindungsqualität des Kindes, die wiederum als protektiver Faktor für die psychische Gesundheit in späteren Jahren gilt, wurde in Analogie ein theoretisches Modell für die Gottesbeziehung [...] erarbeitet.*[261]

Im Rahmen der Studie konnten vorausgehende Annahmen bestätigt werden:

> *Je mehr das wahrgenommene Empfinden von Vertrauen und Geborgenheit in der Gottesbeziehung [...] zu(nahm) und Ängste abnahmen (sensitive Beziehungserfahrung), desto größer war der Zugewinn an Bindungssicherheit in der Gottes- und der Partnerbindung. Wiederum hatte der Zugewinn an Bindungssicherheit in der Paarbeziehung mehr Bedeutung für wachsendes Vertrauen und Geborgenheit in der Gottesbindung als die nachlassende Furcht von einem strafenden oder abwesenden Gott. Für die Gottesbindung ergab sich jedoch ein umgekehrtes Bild. Hier fielen nachlassende religiöse Ängste für einen Zugewinn an Bindungssicherheit stärker ins Gewicht.*[262]

Ich möchte daher zusammenfassen: Genauso wie erlebte Bindung im Laufe des Lebens innere Arbeitsmodelle geprägt hat, ist dieses Phänomen auch als heilender Wirkfaktor im Hier und Jetzt umgekehrt möglich.

Der Begriff »Innere Arbeitsmodelle« bezeichnet innere Modelle des Verhaltens und der damit verbundenen Emotionen des Kindes und der Mutter. Sie entstehen aus den vielfältigen Interaktionserlebnissen, in denen sich Mutter und Säugling voneinander trennten und auch wieder Nähe zueinander herstellten. Zu Beginn der Beziehung ist ein solches Arbeitsmodell noch flexibel und formbar, im weiteren Verlauf jedoch wird es zunehmend stabiler und entwickelt sich zu einer psychischen Repräsentanz, der sog. »Bindungsrepräsentation«.[263]

Neue sensitive Bindungserfahrungen mit Menschen und mit Gott korrigieren alte innere Bilder und lassen Menschen genesen.

Für Menschen, die diese Option einer neuen Bindungserfahrung mit Gott für sich erwägen, können diese Ergebnisse im wahrsten Sinne des Wortes ermutigend sein, ihnen also Mut geben. Und so können sie es wagen, im eigenen Leben Raum für Gottesbegegnung zu schaffen.

Begegnung mit Gott – Impulse zum Nachspüren

Je nachdem welchen Frömmigkeitskonzepten und Settings Betroffene ausgesetzt waren, gibt es in ihnen im Blick auf Gott viele Fragezeichen, Aversionen, Ängste und Unsicherheiten. Sich auf Neues einzulassen, erfordert Mut, der aber möglicherweise sehr lohnend ist.

Es ist möglich, rigide Vorstellungen hinter sich zu lassen mit der Herzensbitte: »Gott, wenn es dich gibt und du ganz anders bist, würdest du mir begegnen?« Wie in jeder Beziehung, die sich positiv entwickelt, wird dem Gegenüber ein minimaler Vertrauensvorschuss gegeben, um dann zu sehen, wie er oder sie damit umgeht. Es ist ein Tanz des Vertrauenlernens.

Der Geigenbauer Martin Schleske, dem es in seinen Veröffentlichungen um Resonanzerfahrungen mit dem Geheimnis Gottes geht, beschreibt das Phänomen dieses Vertrauens mit den Worten:

> *Vertrauen ist ein geistiger Zustand, der das Recht hat, Dinge zu ermöglichen […] Vertrauen hält das Gute für möglich. Es hat eine göttliche, gestaltende Kraft. Wenn wir aus Vertrauen leben, erzwingen wir nichts, sondern ermöglichen uns. Endlich. Unsere Seele spürt diese Freundlichkeit und atmet auf.*[264]

Ein anderes Wort für Vertrauen in biblischen Texten ist der Begriff Glauben: »Zu ›glauben‹ heißt darum, mit jeder Faser, die wir sind, [das] Gottesgeschehen zu erlauben.«[265]

In seinen Begrifflichkeiten beschreibt Schleske den Unterschied zwischen Religion und persönlicher Vertrauensbeziehung zu Gott:

> *Es ist ein fließender Unterschied zwischen Geräusch und Klang. Geräusch zu produzieren ist einfach. Ein Klang, der die Seele berührt, ist eine hohe Kunst. Ein Klang, der das Charisma hat, etwas in uns zu heilen, ist die Vollendung. Viel zu schnell wird Geräusch zum Klang erklärt. Warum sollte es mit dem Klang der Stimme Gottes anders sein? Nicht alles, was religiös ist, ist auch göttlich […] Gebet ist die Kunst, einen Klang zu erlernen, der die Seele berührt. Ein Klang, der das Recht hat, Menschen zu heilen, ist die Vollendung. Zu ihr beruft Jesus seine Jünger. Es ist noch ein Weg zu gehen, um wegzukommen vom Geräusch der Religion und ein Lehrling des einen und ewigen Meisters zu sein. Nur die Liebe zu ihm bildet uns aus.*

Um ein Lehrling zu sein, muss man in die Lehre gehen und einen Meister haben. Man muss ihm über die Schulter schauen, man muss bereit sein, einzusehen, dass noch nicht alles gut ist. Die Kirche ist erst einen kleinen Abschnitt des Weges gegangen, den Jesus sie lehrt.[266]

Menschen, die dem Geräusch der Religion ausgesetzt waren – in verletzendster Weise –, sind eingeladen, sich auf den Weg zum Klang zu machen: zu dem Echten, das existiert und das ihre Seele heilen will.

Verständnis von geistlicher Leitung

Für Menschen, die religiöse Unterdrückung durch geistliche Leitung erlebt haben, kann eine sorgsame Auseinandersetzung mit dieser (Auf-)Gabe der Leitung aus theologischer Sicht viel Orientierung bereithalten. Genau zu benennen, was die damals Verantwortlichen konkret über Leitung glaubten, was ihre Lehre beinhaltete und ihre gelebten Dynamiken ausdrückten, kann sehr erhellend sein. Diese Ergebnisse dann mit Aussagen von Jesus[267] und verschiedenen Meinungen und Auslegungen dazu zu vergleichen, bietet eine Distanzierungsgrundlage von toxischen Überzeugungen, die geistliche Leitung in ihrer Funktion überhöhen. Den Leitungsbegriff in diesem Kontext zusätzlich aus soziologischer Perspektive zu betrachten, kann alternativ Orientierung generieren. Kriterien dazu, wie Leitung und Macht angemessene Disziplinierung erleben können, geben Sicherheit. Jede verantwortliche Leitung sollte sich auf mehreren Ebenen selbst überprüfen:

- Haltung: Wem soll das dienen, was ich tue?
- Rolle: Was darf ich, was nicht?

- Ethik/Regeln: Welche Grenzen setze ich mir?
- Kontrolle: Wem erlaube ich, mich zu überprüfen?[268]

Darüber hinaus ist eine Disziplinierung der eigenen Macht zu realisieren, indem Verantwortungstragende das eigene Leben und Arbeiten regelmäßig in der Beziehung zu Gott und innerhalb ehrlicher Beziehungen reflektieren – in Beziehungen zu Menschen des Vertrauens aus dem privaten und professionellen Umfeld (in Inter- oder Supervision).

An dieser Stelle möchte ich nochmals auf die Erkenntnisse von Pastor Peter Scazerro verweisen, der die Notwendigkeit betont, dass Verantwortliche bewusst mit der eigenen Biografie umgehen: Ohne diese Verantwortungsübernahme sei es naheliegend, dass das Miteinander in unseren Kirchen und Gemeinschaften nicht das Leben des »Reiches Gottes« reflektiert, sondern eher die Dynamiken der eigenen Herkunftsfamilien bzw. der Kontexte, die Menschen in ihrem Werdegang prägten.

Die Theologin Hildegard König ist davon überzeugt: Wenn in Kirchen bestimmte Ämter mit Autorität versehen wurden, braucht es eine reflektierte Meinungsbildung zu solchen Lehren.[269] Lehrmeinungen klar zu benennen, sich von toxischem Gedankengut zu lösen, neue Erkenntnisse zu implementieren und neue Standpunkte zu beziehen, ist Teil des De- und Rekonstruktionsgeschehens, das nötig ist, um ein gesundes Leitungsverständnis zu etablieren.

Sinnstiftung

Manchen Menschen ist nach ihren Erfahrungen im Kult oder in religiös missbräuchlichen Settings gar nicht nach Sinnsuche zumute ist. Sie sind (noch) zu überfrachtet von der Vergangenheit. Manche wählen auch einen eher zynischen Zugang der Verachtung des

Bisherigen, durch den sie die Schwere ihres Weges zu verarbeiten versuchen. Oder sie entsorgen im Kontext eines umfänglichen Befreiungsschlages Glauben und Werte insgesamt. Wiederum andere begeben sich auf eine Entdeckungsreise, nachdem sie sich vom Trauma des religiösen Missbrauchs erholt haben – zu Beginn oft noch sehr erschüttert und unsicher, aber ihr Unterwegssein gewinnt an Fahrtwind, wenn sie Neues für sich entdecken.

Nicht selten geht es zunächst um ein Integrieren des Erfahrenen: die positiven Aspekte aus der Zeit im Missbrauchssystem festzuhalten (Fertigkeiten, die während der Zeit erworben wurden sowie gute Erfahrungen und Erkenntnisse); innerlich Verantwortung zu übernehmen für das eigene Involviertsein in Hellem und Finsterem und sich klar von Destruktivem zu distanzieren; Vergangenes loszulassen, es anzunehmen und damit Frieden zu schließen; all diese Aspekte können einen wichtigen Raum einnehmen in der eigenen Bewegung, Sinnhaftes zu konstruieren.

Im Blick auf die Zukunft kann dann weitergedacht werden. Dazu gibt es vielfältige Literatur wie auch Coachingangebote, die Menschen auf der Suche für sich nutzen können. Die berühmte systemische Frage – »Was möchte ich am Ende meines Lebens rückblickend über mein Leben sagen können?« – kann kreative, innovative Prozesse der Lebensplanung in Gang setzen. Was möchte ich getan und bewegt haben? Was lässt mich wahrhaft lebendig sein? Gibt es etwas, an dessen Veränderung zum Guten ich habe mitwirken können? Was möchte ich gesehen haben? Wem möchte begegnet sein? Was kann ich in nächster Zeit dazu tun, um diesbezüglich auf einen guten Weg zu kommen? Was gibt mir Halt im Leben? Wie möchte ich meine Spiritualität in Zukunft gestalten und wie auf keinen Fall?

Die weiteren Säulen der Identität, die nach erfahrenem religiösem Missbrauch ggf. besondere Aufmerksamkeit benötigen, gehören nicht unmittelbar zur Rekonstruktion persönlicher Spiritualität, sind hier aber dennoch zu erwähnen, weil sie i. d. R. während des Missbrauchs unmittelbar in Mitleidenschaft gezogen werden – aufgrund der Übergriffe und schadenbringenden pseudogeistlichen Botschaften.

Materielle Sicherheit

Der Bereich der materiellen Sicherheit stellt für viele Überlebende keine geringe Herausforderung dar. Ken Garrett sprach z. B. von Bildungswunden und meinte damit, dass manche Betroffene durch die religiös missbräuchlichen Einflüsse an einer erfolgreichen beruflichen Laufbahn gehindert wurden. Das kann Betroffene nicht nur aktuell in finanzielle Schwierigkeiten bringen (da sie aufgrund ihres Werdegangs keine gut bezahlte Arbeitsstelle finden), sondern auch langfristig, da oft angemessene Abgaben für die Sozialversicherung nicht geleistet wurden und Betroffene nach Jahren der Mitgliedschaft in ihren Gemeinden und Gemeinschaften kaum etwas in der Hand haben. Dazu kommt, dass sie sich oft auch an den Grenzen ihrer Kräfte befinden und von daher einen beruflichen Neueinstieg in ein qualifiziertes berufliches Umfeld nur schwer schaffen. Besser haben es Betroffene, die während der Zeit im System einer normalen beruflichen Laufbahn folgen konnten.

Wie Menschen vom Zeitpunkt ihrer Neuorientierung weiterplanen, hängt zunächst von ihrem Alter ab. Jüngere können leichter mit Ausbildung oder Studium in die Zukunft investieren. Manche greifen zurück auf bereits vorhandene Ausbildungen und Berufserfahrung. Aber auch für späte Aussteiger und Aussteigerinnen können sich neue gangbare Wege auftun.

Soziales Netzwerk

Auch das soziale Netzwerk, das eine wichtige Rolle für die eigene Identität spielt, ist durch einen Ausstieg nicht selten sehr reduziert – es sei denn, es gab einen Gruppenausstieg. Einzelne Aussteiger stehen oft vor dem Problem nicht unerheblicher sozialer Isolation. Nach einer Zeit in einer alles bestimmenden Gemeinschaft müssen sie sich in der Regel sozial völlig neu orientieren, was durch erfahrenes Trauma zusätzlich erschwert sein kann. Nicht wenige kennen Formen sozialer Ängste, weil sie in den Kult- und Missbrauchskontexten so viel Reglementierendes und Angriffe auf ihre Person erfahren haben. Ein Hineinfinden in neue Kontexte ist daher herausfordernd, aber lohnenswert.

Ein Umfeld, das für Betroffene unterstützend sein möchte, tut gut daran zu versuchen, diese Herausforderungen zu verstehen und damit sensibel umzugehen.

Leiblichkeit

Gesundheitlich kann es mangels einer angemessenen Selbstfürsorge im System physisch und psychisch zu großen Belastungen gekommen sein. Für manche Betroffene ist die Herausforderung nicht unerheblich, sich von der Überforderung der Vergangenheit zu erholen, ggf. adäquate medizinische und psychologische Hilfe zu finden sowie fortan gesunde Selbstfürsorge zu leben.

Im Blick habe ich ganz praktisch angemessene Gesundheitschecks bei Ärzten oder Heilpraktikern und Recherchen zu unterschiedlichen gesundheitlichen Themen. Wertvoll kann es sein, die eigene Befindlichkeit aus unterschiedlichen Perspektiven zu betrachten.

Diese Bereiche gehören zur Rekonstruktion eines Lebens nach dem Ausstieg.

Kapitel 13

Missbräuchliche Erfahrungen verarbeiten – Allgemeine Informationen zur Bewältigung

Wie in den bisherigen Texten vermutlich deutlich wurde, kann es gewinnbringend sein, die Erfahrungen aus unterschiedlichen Blickwinkeln zu betrachten, fachliche Information aufzunehmen und so immer mehr Verständnis für die eigene Betroffenheit bzw. die Betroffenheit anderer zu bekommen.

Wie im vorangegangenen Kapitel gezeigt wurde, ermöglichen die Konzepte von Dieter Rohmann aus der Szene des Sektenausstiegs und die der englischen Expertinnen Oakley und Kinmond jeweils unterschiedliche Betrachtungsweisen, die in der Aufarbeitung gewählt werden können; ebenso das Konzept der De- und Rekonstruktion persönlicher Spiritualität mit seinen vielen möglichen Facetten.

Darüber hinaus kann es nützlich sein, noch weitere Themen in den Blick zu nehmen, die Betroffene so wählen können, wie sie ihnen weiterhelfen. Tempo und Zeitpunkt dürfen sorgsam erspürt und bestimmt werden.

Persönliche Bilanz

Sich selbst und das eigene Handeln im Kontext des Missbrauchs in den Blick zu nehmen, ist ein weiterer Schritt, der zur Aufarbeitung gehört.

Eigene Beteiligung im schädlichen System

Hier stellen sich verschiedene Fragen:

1. Wo habe ich andere und/oder mich selbst geschädigt?
Beispiele:

- schweigen zu offensichtlichem Unrecht, um keine oder nicht noch mehr negative Sanktionen erleiden zu müssen
- sich ausbeuten lassen, um akzeptiert zu sein
- sich gängeln lassen, um der Eigenverantwortung zu entgehen

Wichtig ist: Hier geht es nicht um Schuldzuweisung. Wie vielfach erklärt wurde, ist es in einem geschlossenen System häufig kaum möglich, Dinge anders zu sehen oder anders zu handeln. Bei dieser vorgeschlagenen Inventur geht es eher um das Wahrnehmen einer Eigenbeteiligung. Das kann dabei helfen, in Zukunft anders selbstwirksam unterwegs zu sein – nach dem Motto: »Ich kann in Zukunft anders handeln.«

Die meisten der genannten Eigenanteile können sich mit manipulativen Einflüssen des Systems vermischt haben. Es ist jedoch in jedem Fall wertvoll, die seinerzeitige eigene Motivation zu benennen.

2. Wo habe ich Menschen einen falschen Platz in meinem Leben eingeräumt?

Oder anders gefragt: Wo wurden Menschen und Ideale zum Idol (zum Objekt der Anbetung)? Z.B. aus Angst vor Menschen im System oder weil mir etwas so wichtig war, dass ich bereit war, mich dafür mit Ungutem zu arrangieren oder Falsches zu tun.

3. Wo habe ich Ein- und Unterordnung mit Unterwürfigkeit verwechselt?

Unterordnung kann definiert werden als eine grundsätzliche Bereitschaft, sich in eine Gemeinschaft ein- und der Leitung unterzuordnen. Sie drückt sich aber gleichzeitig auch darin aus mitzudenken und ggf. notwendige konstruktive Kritik zu äußern. Sich eigenverantwortlich einzubringen, ist ein wichtiger Aspekt von Ein- und Unterordnung.

4. Wo bin ich zum Mittäter/zur Mittäterin geworden?

Beispiele:

- indem ich andere Menschen im Sinne des Systems unter Druck gesetzt habe
- indem ich unangemessene Loyalität an den Tag gelegt, damit das System gestützt und dadurch wiederum die Zweifler des Systems verunsichert habe
- indem ich geschwiegen habe, obgleich mir Grenzüberschreitung und Unrecht bewusst waren – Unrecht an mir und an anderen

Folgen des Missbrauchs im eigenen Leben

Auch im Blick auf die Konsequenzen des Missbrauchs im eigenen Leben ist eine genaue Inventur hilfreich. Folgende Fragen helfen:

Was haben die missbräuchlichen Situationen mit mir gemacht?
Wie wurde ich geprägt/beeinflusst?
Wie lauteten die vermittelten Glaubensinhalte?
Leben sie noch in mir?
Welche Auswirkungen spüre ich noch …

- in meinem geistlichen Leben,
- in meinem Berufsleben/meiner Karriere,
- in meinen Beziehungen,
- im Blick auf meine Gesundheit (physisch, psychisch, geistlich)?

In der amerikanischen Aussteigerszene kursiert das Statement: »It is easier to get out of a cult than to get the cult out of you!« – was so viel bedeutet wie: »Es ist einfacher, aus einem Kult herauszukommen, als den Kult aus dir herauszubekommen!« Auf diesem Hintergrund die verinnerlichten Glaubenssätze wahrzunehmen, ist ein wichtiger Entwicklungsschritt:

- die Auslegung und Anwendung der Schrift
- die Begriffe, die im Rahmen der »aufgeladenen Sprache« falsche Inhalte bekamen (vgl. Kapitel 6, Punkt 3 – *loaded language*)
- die prophezeiten Drohungen, die im Falle des Verlassens der Gruppierung nach den Aussagen des Systems auf Aussteiger zukommen (vgl. Kapitel 6, Punkt 8 – *dispense of existence*)

- die Haltungen und Ziele, die im System als erstrebenswert galten

Trauer

Für das Thema Trauer möchte ich einen besonderen Raum schaffen, da so viel gute Verarbeitung stattfinden kann, wenn Trauer verstanden wird. Sie hat zweierlei Funktionen: Zum einen ist sie eine ganz normale Folge von Verlusterfahrungen und großer Not, und zum anderen ist sie eine dem Menschen geschenkte Bewältigungsmöglichkeit jeder schmerzlichen Notlage.

Der Psychotherapeut Jorgos Canacakis, Leiter und Begründer der »Trauerseminare«, sagt über die Bedeutung des Trauerns: »Was bewahrt den Menschen vor Verkümmerung und erhält seine Leistungsfähigkeit und Freude? Befremdlich zu denken, dass es die Fähigkeit des Trauerns sein soll.« Mit anderen Worten: Es ist die Fähigkeit des Trauerns, die den Menschen vor Verkümmerung bewahrt und seine Leistungsfähigkeit und Freude auch nach großen Verlusten und Schicksalsschlägen erhält.

Trauer stellt die Fähigkeit des Menschen dar, mit Verlustsituationen in seinem Leben fertigzuwerden, damit das Leben danach wieder gesund und erfüllend weitergehen kann.

Sie ist eine Fähigkeit, die nichts Krankhaftes an sich hat, während es unsere westliche Gesellschaft immer noch schwierig findet, Trauer als etwas anzunehmen, das zum Leben gehört und das dazu beiträgt, dass das Leben nach besonderen Erfahrungen des Schmerzes und Verlustes wieder positiv weitergehen kann. Und diese skeptische Haltung Trauer und Trauernden gegenüber finden wir auch in christlichen Settings wieder.

Die Intensität der Trauer ist von verschiedenen Faktoren abhängig: von der individuell erlebten Schwere des Schmerzes oder des Verlustes für den Einzelnen, aber auch davon, ob betroffene Personen vergangene Erfahrungen angemessen verarbeiten konnten und verschmerzt haben. Wenn dies nicht der Fall ist, kann durch eine neue Verlusterfahrung eine Trauer ausgelöst werden, die aufgrund der nicht verarbeiteten »alten« Trauer umso vehementer spürbar ist. Es ist wie eine nicht verheilte, abgekapselte Wunde, die plötzlich einen neuen Schlag abbekommt und nun umso mehr schmerzt. Es ist notwendig, dass vorhandener Schmerz gefühlt und wahrgenommen wird. Dies wird nicht ewig dauern, aber er braucht Zeit und Raum, um durchtrauert zu werden.

Jorgos Canacakis hat die Thematik sowohl im Rahmen der Verarbeitung eigener, tiefer Verlusterfahrungen als auch im Rahmen wissenschaftlicher Studien intensiv erarbeitet und darüber mehrere Bücher veröffentlicht. Er macht deutlich, dass Trauer eine normale und notwendige Reaktion der Seele nach Verlusterfahrungen darstellt. Schwere Erfahrungen helfen uns, Trauer in unserem Leben willkommen zu heißen, um innerlich gesund zu bleiben und zu werden.

Aber was genau ist eigentlich Trauer? Dazu schreibt Canacakis:

> *Die Trauerreaktion ist eine Fähigkeit, die mit uns geboren wird […] eine Erfahrung, die niemandem erspart bleiben wird.*
> *Trauer beinhaltet geeignete Reaktionen, die uns in die Lage versetzen, dass wir ein Leben lang fähig sein können, Verluste, Trennungen und Abschiede aller Art, unter allen möglichen Umständen und Bedingungen mit der entsprechenden Trauerantwort gesund zu überstehen.*

Trauer ist eine spontane, natürliche, normale und selbstverständliche Reaktion unseres Organismus, unserer ganzen Person auf Verlust, Trennung und Abschied.
Trauer ist eine lebensnotwendige Antwort unserer Persönlichkeit auf Verlustsituationen.[270]

Wenn Trauer aus dieser Perspektive betrachtet wird, mag es leichter fallen, Prozesse der Trauer zu bejahen und im eigenen Leben willkommen zu heißen. Die Fähigkeit zu trauern ist etwas Kostbares, eine erstaunliche Ausrüstung unseres ganzen Menschen, um mit Leid umgehen zu können.

Zur Trauer gehört eine weite Gefühlspalette, die Menschen erleben können, sowie diverse Körperreaktionen:

Angst, Zorn, Hilflosigkeit, Schock, Sehnsucht, Betäubung, Abgestumpftheit etc. sowie auch körperliche Empfindungen wie Leeregefühl im Magen, Beklemmungen auf der Brust, zugeschnürte Kehle, Empfindlichkeit gegen Lärm, Herzklopfen, Zittern, Kurzatmigkeit bis hin zur Atemlosigkeit, Muskelschwäche, Müdigkeit etc.[271]

Canacakis macht auf die Folgen aufmerksam, mit denen jeder Mensch rechnen kann, wenn er Trauer entweder zulässt oder sie aus bestimmten Gründen unterdrückt.

»Der Gebrauch oder die Unterdrückung dieser Reaktion hat logischerweise zwei völlig unterschiedliche Konsequenzen für die leibseelische Befindlichkeit:

1. Das ungehindert zum Ausdruck kommende Trauergefühl ermöglicht uns einen gesunden Abschied und lässt uns bewusst werden, dass das Verlorene nicht mehr da sein wird. Unsere Tränen lindern den Verlustschmerz.

2. Wenn wir das berechtige Trauergefühl aber zurückhalten, so wie es heute ja bis auf wenige Ausnahmen üblich ist, dann müssen wir dieses mit teilweise schweren Störungen unseres Gesamtorganismus bezahlen.«[272]

Canacakis unterscheidet zwischen lebensfördernder und lebenshemmender Trauer.[273] Er beschreibt die Folgen und Begleiterscheinungen für den Einzelnen:

- Die lebensfördernde Trauer darf sich ausdrücken und hat so eine befreiende, reinigende Wirkung. »Sie hilft uns, den Verlust mit der Zeit zu akzeptieren, und fördert später unsere Kontakt- und Beziehungsfähigkeit.« Sie verhindert, »dass wir an Altem, Nichtpräsentem haften bleiben und dadurch einer permanenten Enttäuschung ausgesetzt sind«.
- »Die lebenshemmende Trauer ist dagegen eine alte, ehemals notwendige und berechtigte Trauer, die in der entsprechenden Situation ihren natürlichen Weg nach außen nicht finden konnte oder durfte. Es handelt sich hierbei um ein verdrängtes, verleugnetes, vermiedenes und nicht angenommenes Gefühl, das sich schließlich in einer schmerzhaften Revolte gegen uns richtet, um sich für all die erfahrenen Unterdrückungsmaßnahmen, die Blockaden und Verbote, denen es ausgesetzt war, zu ›rächen‹ [...] Trauergefühle kann man zurückhalten, aber sie werden dadurch nicht verschwinden, sondern setzen sich als stecken gebliebenes Gefühl im Körper fest und bringen sich in verschiedenster Gestalt bei entsprechender Gelegenheit wieder in Erinnerung [...] Die betroffene Person spürt Versteinerungstendenzen, emotionale Überflutung, ›Explosionsgefahr‹ oder seelische ›Versumpfung‹. Lebenshemmende Trauer [...] beschneidet oft jede positive

Lebensentwicklung desjenigen, der sie trägt. Kontaktmangel, Kommunikationsarmut, Lebensunlust, Anhäufung depressiven, jammernden Verhaltens werden in der Regel Merkmale unserer Persönlichkeit, wenn wir sie zum Speicher dieser Form von Trauer umfunktioniert haben.« Oft gehen damit Resignation, Isolationsängste, chronische und unheilbare Krankheiten und evtl. Suizidgefährdung einher.

Wir sind dieser zweiten Form der Trauer jedoch nicht ausgeliefert, wenn wir ihre Existenz wahrnehmen. In den allermeisten Fällen ist es möglich, mit viel Liebe und Geduld den inneren Trauerberg abzutragen, bis wieder Platz für neues Lebensglück geschaffen ist.

Um heil zu werden, ist es daher notwendig, Trauer zuzulassen. Betroffene dürfen wissen: Ich darf traurig sein, ich darf über bestimmte Verluste Tränen vergießen, und zwar so lange, wie die Tränen fließen. Im Rahmen einer angeleiteten Selbsthilfegruppe erzählte eine Teilnehmerin entsetzt über sich selbst, dass ihre Tränen jedes Mal in Strömen flossen, wenn sie sich an Orten befand, wo sie sich angenommen wusste – auch an öffentlichen Orten. Es war ihr peinlich, und sie meinte, das müsse doch irgendwann mal aufhören. Sie befürchtete, dass irgendetwas mit ihr nicht mehr in Ordnung sei. – So wie ihr mag es manch anderen gehen. Tränen sind etwas Gefürchtetes in unserer Gesellschaft, statt zu erkennen, welch großes Geschenk uns mit ihnen gegeben ist.

Tränen dürfen fließen – so lange sie wollen.
Die Seele weiß, wann genug geweint worden ist.

Eine andere Reaktion der Trauer ist – wie oben erwähnt – der Zorn. Es ist sehr verständlich, richtig und angemessen, Wut zu fühlen angesichts der Zerstörung und Unterdrückung, die man erfahren hat. Wir könnten sagen: Wut ist unsere Freundin. Sie sagt uns, dass irgendetwas nicht stimmt. Eine Phase dieser Wut zu durchschreiten, ist Teil des Trauerprozesses.

Es gibt jedoch Aussteiger und Aussteigerinnen, die nach dem Entdecken des an ihnen begangenen Unrechts nur noch als »Wutmenschen« unterwegs sein können. Zunächst ist das nachvollziehbar. Mir geht es schon beim Hören vieler Berichte so, dass ich wütend, fassungslos und empört aufspringen möchte und unendlich traurig bin über so viel Unsägliches, das Betroffenen widerfuhr. Es verschlägt mir die Sprache. Aber es wäre schade, wenn dieser Zorn langfristig bliebe – ebenso aller Zynismus und die innere Gewalt gegen alles, die bei manchen spürbar ist. Ob es heilsam ist, den Rest des Lebens in dieser Wut zu verbleiben, ist eine wichtige Frage. Aber oft wissen Betroffene nicht, wie sie daraus aussteigen und wieder zur Ruhe kommen können. Dazu braucht es Alternativen, neue Sichtweisen, wahrhaft Tröstendes.

An dieser Stelle möchte ich die Geschichte von Nadine erzählen – eine Geschichte, in der verschiedene Phasen der Trauer deutlich werden:

Nadine berichtete von einer Situation etwa vier Jahre nach ihrem Ausstieg. In jenen Jahren hatte sie schon viele der Erfahrungen, die sie in einem übergriffigen Gemeindekontext gemacht hatte, verarbeiten können. Dazu hatte sie unterschiedliche Angebote genutzt. Im Laufe der Zeit fühlte sie sich sehr viel stabiler als damals direkt nach dem Ausstieg. Auch körperlich ging es ihr zunehmend besser. Sie war dankbar für alles, was sie an Heilung und neuer Perspektive empfangen hatte.

Nach vier Jahren wurde sie jedoch plötzlich durch intensive Rückenschmerzen vollkommen aus dem Verkehr gezogen. Es gab vermutlich mehrere Ursachen, die für den ungeheuren körperlichen Schmerz verantwortlich waren. Interessant war jedoch, dass sie an einem der ersten Tage ihrer starken Schmerzen, die sie nur liegend aushalten konnte, plötzlich ebenfalls Zugang bekam zu emotionalen Schmerzen aus ihrer Zeit vor dem Ausstieg. Weh tat ihr zum ersten Mal die Tatsache der grenzenlosen kräftemäßigen Überforderung in jenen Jahren: die Ausbeutung ihrer Kräfte und Fähigkeiten. Ja, sie hatte selbst dazu beigetragen, sich so überfordern zu lassen, aber es gab auch vieles vonseiten des Systems, das ungeheure Lasten auf sie gelegt hatte. Diese hatte sie getragen, weil diese Bereitschaft ihr Verständnis von Hingabe an Gott gewesen war, das nicht zuletzt durch die Verkündigung vor Ort geprägt worden war.

Nun, vier Jahre danach, bekam Nadine plötzlich und unerwartet Zugang zu der inneren Not von damals, die diese Überforderung für sie bedeutet hatte, die sie damals jedoch nicht hatte wahrnehmen können. Es war ein tränenreicher Tag, fast ununterbrochen. Gebet brachte Entlastung. Spezifisch spürte sie die Gleichgültigkeit und den Egoismus ihrer damaligen Leiter, die sie und andere durch die Verkündigung geradezu nach vorne gepeitscht hatten. Mitten in ihrer Traurigkeit spürte sie Gottes Nähe, sein Verständnis und seine freundliche Gegenwart, die sie stärkten, Erfahrenes loszulassen. Und am Abend jenes Tages schien an diesem Punkt Friede eingekehrt zu sein. Es flossen keine Tränen mehr. Stattdessen spürte sie Ruhe. Ein weiterer Schmerz hatte sich ausdrücken können, und die Trauer darüber hatte sich Bahn gebrochen.

Ihr Rücken brauchte Monate, um schmerzfrei zu werden – geschenkte Ruhezeit. Sie lernte in jenen Monaten ein Stück mehr, die Bedürfnisse ihres Körpers und auch ihrer Seele zu spüren und sie weniger zu überfordern.

Trauern und getröstet werden

Nach dem Wahrnehmen der Folgen des Missbrauchs mit allen Verlusten und allem Schmerz darf Trauer auch die Grundlage dafür werden, dass Betroffene Trost erfahren.

Es mag tröstend sein, festzuhalten:

> *[…] nicht deine Hingabe war es, die falsch war, sondern falsch war, dass deine Hingabe gegen dich gerichtet und ausgenutzt wurde. Dein Kummer ist gerechtfertigt […] und deine Heilung wird leichter werden, wenn du dir erlaubst, diesen Kummer zu fühlen.*[274]

Was die Situation eines Menschen erschwert, der große Verluste zu verzeichnen hat, ist die Tatsache, dass es insbesondere die Gesellschaft der westlichen Welt verlernt hat zu trauern. »Kopf hoch!«, heißt es, »Weiter geht's! Nach vorne schauen!« Und die Christenheit fügt hinzu: »Nur kein Selbstmitleid! Wer eine Hand an den Pflug legt und dann zurückschaut, ist nicht geeignet für das Reich Gottes« (vgl. Lukas 9,62). Abgesehen davon, dass hier Trauer und Selbstmitleid verwechselt werden, wird mit dieser Aussage ein biblisches Zitat unzutreffend angewendet. Denn es geht an dieser Stelle weder um Trauer noch um Selbstmitleid. Wer so argumentiert übersieht zudem die Hinweise in der Bibel, die Trauernden viel Raum geben und sie ermutigen, zu ihrer Trauer zu stehen.

Im Rahmen der sog. Seligpreisungen in Matthäus 5,3-12 zeichnet Jesus mit seinen Worten eine Art Landkarte[275], durch die wir uns im Leben zurechtfinden können. Er beschreibt Menschen in ihren Haltungen und Handlungen, die seines Erachtens gut unterwegs sind und gibt dadurch Orientierung. Im Folgenden lasse ich verschiedene Bibelübersetzungen zu Wort kommen.

- Luther/Elberfelder/Einheitsübersetzung: »Selig (oder glückselig) sind, die …«
- Gute Nachricht Bibel: »Freuen dürfen sich alle, die …«
- Hoffnung für alle: »Glücklich sind, die …«
- Neues Leben. Die Bibel: »Gott segnet, die …«

Und zu dieser Gruppe von Menschen, die gesegnet und zu beglückwünschen sind, gehören nach Vers 4 auch die »Trauernden« (ELB), Menschen, die »Leid tragen« (LUT), die »traurig sind« (NLB), die »trauern« (Hfa), »die unter dieser heillosen Welt leiden« (GNB). Trauernde Menschen haben Raum in Gottes Reich.

Jesus sagt nicht: Selig sind, die das Schwere ihres Lebens verdrängen, damit sie sich schnell wieder nützlich machen und ein fröhliches Gesicht aufsetzen können.

Es geht ihm keineswegs darum, dass Menschen nach notvollen Erfahrungen so schnell wie möglich wieder gut drauf sind oder ruckzuck vergeben. Nein, Jesus sagt: Selig sind die Menschen, die trauern, die Trauer zulassen, denn sie sollen getröstet werden (vgl. Matthäus 5,4).

Getröstet werden sollen also nicht die, die Schweres erlebt haben und den Schmerz darüber verdrängen, sondern diejenigen, die den Schmerz spüren und den Verlust betrauern. Ihnen gilt die Zusage des Trostes.

In Jesaja 61 erklärt Gott, dass er die Trauernden trösten und ihnen Frieden geben möchte, er möchte ihnen »Kopfschmuck anstelle von Asche, Freudenöl anstelle von Trauerkleidern und Lobgesang anstelle eines betrübten Geistes« geben (Jesaja 61,3). Wo Gottes Trost erlebt wird, ist er eine mächtige Realität – eine alles verändernde Kraft, die neue Lebensperspektive ermöglicht.

Trauern mit anderen

Was bedeuten diese Wahrheiten für das Umfeld trauernder Menschen? Wenn wir mit Menschen in Trauer zu tun haben, stellen sich wichtige Fragen: Sind wir bereit, sie in ihrem Schmerz auszuhalten, neben ihnen zu sitzen, ihnen zuzuhören, ohne ihren Zustand sofort verändern zu können? Sind wir bereit, ihnen gegenüber offen und behutsam zu sein? Denn es geht nicht darum, den Zustand der Trauer schnellstmöglich zu beenden. Gefragt sind verständnisvolle Herzen und die zuhörende, mitfühlende Gegenwart eines geduldigen Gegenübers.

»Sind andere Menschen glücklich, dann freut euch mit ihnen. Sind sie traurig, dann begleitet sie in ihrem Kummer« (Römer 12,15).

» Helft euch gegenseitig bei euren Schwierigkeiten und Problemen, so erfüllt ihr das Gesetz, das wir von Christus haben (Galater 6,2).

»Einem Menschen, dem das Herz schwer ist, fröhliche Lieder vorzusingen, ist gerade so, als würde einer bei großer Kälte die Jacke ablegen oder Salz in eine Wunde streuen« (Sprüche 25,20).

Mit anderen Worten: So sehr wie es fehl am Platze wäre, sich bei kaltem Wetter den Mantel auszuziehen, so deplatziert sind bestimmte Aufmunterungsversuche einem Herzen gegenüber, das von Traurigkeit gekennzeichnet ist.

Folgen des Trostes

Und zuletzt noch ein stärkender Ausblick auf die Zukunft: Wenn wir uns für den Trost Gottes öffnen und von ihm Stück für Stück erreicht werden, wird es in uns zu einer Veränderung und einer Befähigung kommen. Der Apostel Paulus schreibt der Gemeinde in Korinth: »Wenn andere Menschen in Schwierigkeiten geraten, können wir ihnen den gleichen Trost spenden, wie Gott ihn uns geschenkt hat« (2. Korinther 1,4). Und nach Jesaja 51,12 können wir durch den Trost Gottes unsere Menschenfurcht abbauen.

Vielen Menschen fällt es schwer, andere wirklich zu trösten und Menschen in Leid hilfreich beizustehen, weil sie selbst den Trost Gottes nie erfahren haben. Sie haben nie gewagt zu trauern.

Unterstützung in Trauer – Eine wertvolle Erfahrung

Eine junge Frau, nennen wir sie Anna, hatte nach massiven Erfahrungen religiösen Missbrauchs keine geringen Verluste zu verkraften. In jener Zeit, in der sie versuchte, ihre Erfahrungen irgendwie zu verarbeiten, hatte sie während einer christlichen Konferenz ein besonderes Erlebnis. Eine der Veranstaltungen ging bereits dem Ende zu, als ein älterer Pfarrer am Ende seiner Predigt dazu einlud, für Menschen zu beten, die – so wörtlich – »von geistlichen Leitern in den Rücken geschossen worden waren«. Das waren steile Worte. Was für eine Behauptung! Was für eine Offenheit! – Ja, tatsächlich konnte Anna das, was sie erlebt hatte, mit dieser Formulierung in Verbindung bringen.

Der Pfarrer begann, die betroffenen Menschen stellvertretend und in großer Detailliertheit um Vergebung zu bitten für das, was sie mit geistlicher Leitung erlebt hatten. Anna konnte es kaum fassen, dass jemand so etwas tat. Und sie spürte, dass sie dadurch so viel mehr Zugang bekam zu ihrem Schmerz. Ja, sie hatte das Erlebte, so gut sie konnte, bereits vielfach losgelassen, aber hier, an dieser Stelle von einem geistlichen Leiter um Vergebung gebeten zu werden, bedeutete ihr viel. Bei ihr brachen die Dämme. Die Tränen flossen über Stunden. Sie hatte gemeinsam mit anderen an dieser Konferenz teilgenommen – mit Menschen, die glücklicherweise keine Angst hatten vor dem Schmerz anderer und auch nicht vor ihren Tränen. Mehrere dieser Personen legten ihr still ihre Hände auf (ihre Beziehung erlaubte es, dass sie dies ohne zu fragen taten), beteten leise und drückten für sie damit so viel Verbundenheit aus: »Wir sind hier mit dir in deinem Schmerz.« – Sie hielten es lange mit ihr aus. Es fühlte sich an wie Stunden. Diese Erfahrung, in Trauer nicht allein zu sein, war ein Meilenstein auf Annas Reise der Heilung.

Trigger

In Kapitel 10 habe ich die Traumatisierung durch diese Form von Missbrauch beleuchtet. Bei dieser Verwundung spielen sog. »Trigger« bzw. Auslöser eine besondere Rolle, die bei Betroffenen entweder eine intensive psychische Belastung oder körperliche Reaktionen hervorrufen können. Sie sind ein Hinweis darauf, wo Details der Traumatisierung noch aufzuarbeiten sind. Die Aufarbeitung kann erfolgen, wenn Betroffene insgesamt stabil genug sind bzw. ihr Umfeld sicher genug ist, um sich dem Schmerz der Vergangenheit noch einmal zu stellen.

Je nach Intensität der Reaktionen und der damit im Zusammenhang stehenden Gefühle sollten Auslösersituationen so selten wie möglich vorkommen. Denn in jeder neuen Situation, in der Betroffene mit den Gefühlen des ursprünglichen Traumas konfrontiert sind, besteht die Gefahr der Retraumatisierung, die schädigende Auswirkungen im seelischen und körperlichen Bereich haben kann.

Für die Aufarbeitung von Triggern fachliche Hilfe in Anspruch zu nehmen, ist sehr ratsam.

Die Aufarbeitung von Triggern[276]

> *Sich der Trigger bewusst zu werden, beginnt den Prozess des Immunwerdens ihnen gegenüber [...] Ein Antidot gegenüber Triggern besteht darin, sich klarzumachen, wann sie auftreten können. Die Forschung fand heraus, dass eine Person sehr häufig dann getriggert wird, wenn sie ängstlich, gestresst, müde oder krank ist; und zweitens, wenn sie [...] abgelenkt, einsam oder unsicher ist.*

Mit anderen Worten: Es hilft, wenn Betroffene verstehen, warum bestimmte Auslösersituationen bestimmte Reaktionen bei ihnen hervorrufen. Es hilft außerdem zu erkennen, wann die Wahrscheinlichkeit größer wird, dass solche Situationen auftreten.

Zur »Entwaffnung« von Triggern können folgende Schritte hilfreich sein:

- den Trigger und die ursprünglichen Situationen, an die der Trigger erinnert, benennen
- die unmittelbare intellektuelle und emotionale Reaktion festhalten (sich fragen: »Was genau denke und fühle ich?«)
- die Kurzzeitkonsequenzen spüren (z. B. Gefühle von Angst, Scham, Schuld ...)
- die Herausforderung, die sich einem stellt, formulieren (z. B. die Fakten herausfinden: »Was ist wahr? Wie würde meine Umwelt damit umgehen?«)
- die neue »Botschaft« formulieren

Ich möchte diese theoretischen Schritte an dem praktischen Beispiel erklären, das ich in Kapitel 10 unter der Überschrift »Sandras Geschichte« aufgeführt habe:

1. Der Trigger war der Anruf des Therapeuten. Die ursprüngliche Situation waren die vielfältigen Anrufe, die Sandra immer wieder unerwartet seitens der früheren Gemeindeleitung erlebt hatte. Sie waren deshalb bedrohlich gewesen, weil sie häufig der Auftakt für einen rigiden Motivationscheck gewesen waren. Sandra hatte häufig erlebt, dass sie plötzlich und unerwartet aufgrund irgendwelcher Lappalien vorgeladen und in aggressiver und vorwurfsvoller Weise hinterfragt worden war – von Menschen, denen sie vertraut hatte, die sich dann jedoch plötzlich in völlig willkürlicher Weise gegen sie gewandt hatten.
2. Die unmittelbare intellektuelle Reaktion äußerte sich in den Gedanken: »Was habe ich getan? Warum werde ich wieder konfrontiert?« Sandra fühlte Schock, Angst und Ohnmacht angesichts der gefühlten Unberechenbarkeit und Undurchschaubarkeit der Situation: Angst davor, beschuldigt und sanktioniert zu werden.
3. Kurzzeitkonsequenz: Gefühle der Angst und des Schocks; starkes Zittern und Schweißausbruch; Angst vor (unberechtigter) Anklage, Demütigung und Sanktionen.
4. Wahr ist, dass es viele Anrufe gibt, die nichts Bedrohliches dieser Art an sich haben. Und selbst wenn jemand noch einmal so etwas versuchen würde, müsste Sandra sich seinen unangemessenen Forderungen nicht beugen und aussetzen.
5. Die neue Botschaft lautet: »Ich bin Unangemessenheit und Aggression nicht einfach schutzlos ausgeliefert. Ich darf mich abgrenzen. Ich muss mich nicht mehr vor die Gemeindeleitung zitieren lassen, wenn vorher klar ist, wie dort mit mir umgegangen wird.«

Möglichkeiten im missbräuchlichen Umfeld abwägen

Sollte sich eine Person noch im missbräuchlichen Umfeld befinden, braucht es eine hohe Achtsamkeit beim Treffen notwendiger Entscheidungen. In vielen Fällen ist hier weiser Rat von außen von großem Wert:

1. Je nach Befindlichkeit der betroffenen Person kann es nötig sein, die Auseinandersetzung mit der Täterschaft auf später zu verschieben oder auch ganz zu vermeiden. Falls Betroffene eine weitere Konfrontation nicht ohne gesundheitliche Schäden überstehen würden, ist größte Vorsicht geboten. Ob, wann und in welcher Konstellation ein solches Treffen bzw. eine Konfrontation mit Täterschaft stattfinden kann, ist abhängig von der Haltung derer und der Befindlichkeit der Opfer. Ein Verbleiben im System ist in solch kritischen Situationen in der Regel nicht ratsam.
2. Wenn eine Konfrontation mit Tätern oder Täterinnen geplant ist – was gut überlegt sein muss, um Retraumatisierung zu vermeiden –, sollte sie gut vorbereitet werden, auch dann, wenn Begleitung einbezogen wird. Die Begleitung sollte in ihrem Vorgehen zwischen einem Konfliktgespräch und einer Auseinandersetzung zu religiösem Missbrauch unterscheiden können (daher eine gründliche Vorbereitung mit den als Opfer Betroffenen). Dort, wo es um das Benennen missbräuchlicher Dynamiken geht, ist in allem offenen Austausch eine Grundhaltung der Parteilichkeit für die Betroffenen notwendig. Ihr Schutz muss gewährleistet sein.

Betroffene sollten immer frei entscheiden können, welches Verhalten sie wählen möchten: »fight or flight« (Kampf oder Flucht), was hier in einem wertfreien Sinne gemeint ist. Die Frage ist: »Möchte ich in die Konfrontation gehen, oder wähle ich (zunächst) lieber den Rückzug?« Betroffenen wird dadurch in einem heilsamen Sinne die »Kontrolle« zurückgegeben, die das Bewusstsein beinhaltet: »Ich bin es, der/die handeln darf, ich bin dem Prozess nicht ohnmächtig ausgesetzt!«

Sinn

Eine der herausforderndsten Aufgaben der Aufarbeitung ist eine passende Integration des Geschehenen in das eigene Leben. Frieden zu schließen mit der Vergangenheit, geht oft nur, wenn die Betroffenen Trost und ein Stück Sinn finden können.

Mir sind Menschen vor Augen, denen der religiöse Missbrauch nicht nur Jahre oder Jahrzehnte Lebensqualität geraubt hat – oft schon seit ihrer Kindheit –, sondern deren Leben durch den Missbrauch ein unglaubliches Maß an Zerstörung erfuhr: sozial, beruflich, wirtschaftlich, spirituell. Es sind Menschen, die das Unrecht, das ihnen in frommen Kontexten widerfuhr, nicht als solches einschätzen konnten und deshalb oft Jahrzehnte unter dem Einfluss übler Menschen und Systeme blieben.

Dietrich Bonhoeffer sagte einmal: »Wir sind viel weniger das, was wir selbst geleistet haben, sondern viel mehr das, was wir durch andere geworden sind.« Damit wollte er den guten Einfluss anderer auf unser Leben würdigen. Doch es gibt auch das Gegenteil: Schuld und Machtmissbrauch anderer kann unser Leben zutiefst verwunden und verwüsten – eine Wahrheit, die es in gleicher Weise wahrzunehmen gilt.

Ja, es ist wertvoll, wenn Menschen aus dem Vergangenen lernen können: wenn sie sich aus Zerstörung erheben und es wagen, ihr Leben neu zu gestalten und dafür Lebensenergie zu investieren; wenn sie Glauben haben, dass manches zu Lebzeiten noch gut, vielleicht sogar an Qualität erstattet wird. Aber was ist mit den verlorenen Jahren? Was ist mit den Menschen, die den Großteil ihres Lebens auf der Schattenseite verbringen mussten?

Wo Betroffene auf diese wichtigen Fragen Antworten finden, kann sehr unterschiedlich sein; ebenso, was sie tröstet und wo sie Sinn finden – Räume der Spiritualität, die sie wählen und entdecken; Sinnhaftigkeit an Quellen, die sich ihnen auftun – ob in christlichen oder anderen Kontexten.

Meine eigenen Quellen liegen in der christlichen Spiritualität, die ich habe finden dürfen – und deshalb ist diese Veröffentlichung auch davon geprägt. Mir persönlich würde es schwerfallen, die spirituelle Dimension auszuschließen – ohne die Option einer Gerechtigkeit, die über diese Lebenszeit hinausgeht.

Gleichzeitig braucht jeder Mensch die Freiheit zu wählen: Was ist meins nach allem Erlebten? Diese tiefe Notwendigkeit der Freiheit findet in folgendem Zitat von Martin Schleske achtsam Ausdruck:

> *Zu meinen, wir dürften unserer Seele befehlen, wie es in uns auszusehen hat, wir sollten also etwa endlich die Sorgen ablegen, sollten dankbarer, fröhlicher, gelassener, zuversichtlicher und so weiter sein [und nach Erfahrungen des Missbrauchs und der Unterdrückung gefälligst dieses oder jenes tun, um uns schnellstmöglich davon zu erholen (von der Autorin eingefügt)] – da erschrickt die Seele, weil sie unser mangelndes Vertrauen spürt. Die Seele ist anders als der Geist. Unsere Seele lernt die Dinge nicht, weil sie es muss, sondern nur, weil sie es nicht muss. Sie kann nicht gezwun-*

gen, sondern nur ermutigt werden. Es gibt keine Ermutigung, die das Wort »muss« enthält.
Vertrauen bedeutet letztlich, der eigenen Seele zu zeigen, worauf sie schauen darf. So gewinnen wir eine sanfte Vorstellung davon, was in unserem Leben Gestalt annehmen darf.[277]

Martin Schleske versucht in seinen Veröffentlichungen über spirituelle Realitäten zu schreiben, die er in seiner Beziehung zu Gott hat entdecken können. Wenn ich die folgenden Worte aus einer seiner Meditationen zitiere, dann nicht deshalb, weil ich bezweifeln würde, dass Überlebende von Missbrauch selbstwirksam leben könnten, oder weil ich ihnen nicht zutrauen würde, gute verantwortliche Schritte zu gehen. Ich zitiere diese Worte deshalb, weil jeder Mensch in seinem Bemühen begrenzt ist. Es gibt Dinge, die Menschen mit ihrem Engagement und Einsatz verändern können. Aber es gibt auch solche, auf die wir keinen Einfluss haben. Und darüber Frieden zu finden, Geborgenheit in einer Realität, die größer ist als wir selbst, davon schreibt Martin Schleske:

In den Ängsten meines Herzens komme ich zu dir, mein Gott. Ich bin verstört über diesem Übermaß an Schwerem, das gerade geschieht [oder geschehen ist]. Wie sehr ich auch mein Bestes gebe, habe ich es doch nicht in der Hand, dass die Dinge sich ändern.
Was ich vermag, habe ich genügend versucht. Nun ist nicht die Zeit meines Willens, sondern meines Vertrauens gekommen. Denn mein Wille hat nicht die Macht, die Situation zu verändern, die uns bedrückt, und die Ungewissheit zu vertreiben, die uns bedrängt.
Ich weiß nicht, ob das Schwere ein gutes Ende nehmen wird und wann es geschieht. Aber ich vertraue, dass all das, was ich durchlebe, seinen Sinn behalten wird. Es wird die Frucht dieser Lebenszeit

sein. Wie eine strahlende Lotosblüte aus dem schmutzigen Boden des Sumpfes erwächst, so will ich diese Zeit heiligen durch mein Vertrauen. Ich werde die Frucht dieser vergangenen Zeit einmal mitbringen zu dir. Ich vertraue, dass dies alles nicht an dir vorübergeht, ohne dass du es siehst, denn im Bund der Liebe wird nichts geschehen, dessen Sinn du nicht beschlossen hast […] Zaghaft strecke ich meine Hand nach dir aus und bitte dich, dass ich Weisheit empfange, das Rechte zu tun, und Vertrauen fasse, dass das Recht geschieht […] Berühre mich mit Glauben und Trost, dann werden meine Ängste beruhigt und gestillt sein. Ich klage mich ihrer nicht an. Ich will wie jene Frau sein, deren Vertrauen dich berührte, und du spürtest durch sie, dass eine Kraft von dir ausgegangen war[278]

Mit dem letzten Satz bezieht sich Schleske auf die Geschichte der blutflüssigen Frau, die Jesus in ihrer Notlage berührte und daraufhin Heilung erfuhr (vgl. Lukas 8,43-48).

Entlastung

Wie kann Entlastung erfahren werden? Das ist eine wichtige Frage. Vergangenes nach sorgfältiger Bearbeitung loszulassen, ist befreiend. Gleichzeitig ist dieser Aspekt ein sensibles Thema, z. B., weil mit dem Vergebungsbegriff bekanntlich in vielen missbräuchlichen Kontexten sehr übergriffig umgegangen wird. Da leuchten für manche Betroffenen verständlicherweise direkt die Alarmlampen. Dennoch gilt: Frieden zu schließen mit der Vergangenheit, gibt Energie für das Heute frei – ganz gleich, ob Betroffene dieser Dimension des Umgangs mit Unrecht vertrauen können oder anderweitig verstehen, dass Loslassen entlastet. Dazu gehört auch, sich selbst zu vergeben, wo passend, auch Vergebung zu empfangen und anderen zu verzeihen – nicht als (fromme) Pflichterfüllung, sondern im Erfassen dessen, was dadurch möglich wird: Seelenhygiene und neu gewonnene Freiheit.

Jedes schnelle Hineinschreiten in pauschales Vergeben wäre verhängnisvoll und letztlich nichts anderes als Verdrängung. In einem Vergebungsprozess, der als Befreiungsakt gedacht ist, dürfen verschiedene Aspekte betrachtet werden:

- die Dynamiken des Missbrauchs
- die Schuld anderer mit allen Konsequenzen
- die Eigenanteile

Diese Aspekte behutsam in den Blick zu nehmen – ggf. mit Unterstützung einer Vertrauensperson –, kann dazu beitragen, unnötigen Ballast hinter sich zu lassen (vgl. auch meine Ausführungen zum Thema Vergebung und Verantwortung in Kapitel 9).

Dazu noch einige weitere Gedanken: In manchen Kontexten wird es als vermessen eingeordnet, den christlichen Vergebungsbegriff im Kontext von Missbrauch ins Spiel zu bringen. Manchen Therapeuten und Therapeutinnen ist es besonders in Sachen Missbrauch wichtig, dass jeder Mensch an der Stelle, an der er steht, seine Schuld sieht und akzeptiert, Verantwortung dafür übernimmt und mit dieser Schuld nun bis an das Ende seines Lebens lebt. Es wird argumentiert, dass Vergebung die Verdrängung fördert und deshalb zu vermeiden ist. Diese Argumentation ist sehr gut nachvollziehbar vor dem Hintergrund, dass angesichts des unfassbaren Unrechts keine neuen Verdrängungsmechanismen Raum bekommen sollen. Doch wenn das, was m. E. aus christlicher Sicht unter Vergebung zu verstehen ist, Verdrängung wäre, würde ich sie hier nicht empfehlen. Es geht mir um einen Schritt der inneren

Befreiung, um die Lösung emotionaler und spiritueller Bindungen. Gleichzeitig ist Verantwortungsübernahme unbedingt erforderlich. Täterschaft, der vergeben wird, ist nach wie vor verantwortlich – auch vor Gott. Ihre Verantwortung wird dadurch nicht aufgehoben. Angemessene Konsequenzen sind parallel zu inneren Prozessen des Loslassens geboten. Und was Gott damit tun wird, was in seine Hände losgelassen wurde, ist seine Angelegenheit. Er steht sehr parteilich auf der Seite der Unterdrückten und Benachteiligten und hat den Überblick.

Lösen von Bindungen

Ergänzend zu dem gerade Beschriebenen gibt es weitere spirituelle Themen, die im Kontext religiösen Missbrauchs relevant sein können: zum Beispiel Bindungen, die durch die Erschütterungen des Missbrauchs, durch die Einschüchterung durch Mächtige im System und durch Abhängigkeiten entstanden sind. Nach sorgfältigem In-den-Blick-Nehmen der missbräuchlichen Erfahrungen und Schritten des Loslassens können weitere befreiende Entscheidungen getroffen werden: eine bewusste Loslösung von Abhängigkeiten und Bindungen im Umfeld der Macht des Missbrauchs und der Täter; von verinnerlichten Glaubenssätzen, die durch sie geprägt wurden. Hierfür ist oft ein genaues Hinsehen nötig, um die Einflüsse Schritt für Schritt aus dem eigenen Leben zu verbannen. Dazu gehören auch spirituelle Bindungen.

Im christlichen Kontext einer persönlichen Gottesbeziehung darf dieses Geschehen auch von Gebet begleitet werden – so wie es für die jeweilige Person stimmig ist. Hier ein Vorschlag für ein solches Gebet:

In dem Wissen, dass du, Jesus, mich verstehst, meine Freiheit willst und mir wahrhaft den Rücken stärken willst, löse ich mich von jeder unguten Bindung zu … (hier können die Namen von Menschen im missbräuchlichen System eingesetzt werden). Sie haben mich manipuliert, kontrolliert, eingeschüchtert, ausgenutzt und meine Grenzen in unangemessener Weise überschritten. Sie haben mein Vertrauen missbraucht und mich verleumdet. Dort, wo ich sie in ihrer wahren Funktion gebraucht hätte, haben sie mich im Stich gelassen. Das alles hat mich sehr viel gekostet: … (hier kann eingefügt werden, was es gekostet hat).
Ich lasse sie und das, was mir angetan wurde, los in deine Hand, Gott – wissend, dass du damit gerecht umgehen wirst. Ich bitte dich, die Bindungen, die durch die Abhängigkeit von ihnen sowie durch Einschüchterung und die verschiedensten Facetten der Traumatisierung entstanden sind, zu durchtrennen.
Ich löse mich auch von jedem finsteren Einfluss, der durch die Dynamiken im Missbrauchsystem Zugang zu meinem Leben bekommen hat. Ich will ihn nicht mehr und löse mich auch davon. Jedes negative Reden gegen mich, alle festlegenden Aussagen, jedes manipulative Gebet, jede Drohung oder gar jeden Fluch, der gegen mich ausgesprochen wurde, erkläre ich in deinem Namen als gegenstandslos.
Und weil du uns aufforderst, unsere Feinde zu segnen, tue ich das. Ich bitte um den Segen, den Täter und Täterinnen brauchen – ob es der Segen tiefer Selbsterkenntnis ist, die Chance einer ehrlichen Umkehr, das Verstehen deiner Absichten für sie oder andere. Ich überlasse es dir!
Jesus, ich bitte dich um echte Befreiung.

Welche Aspekte einer solchen Entscheidung – ob im Gebet oder anders ausgedrückt – auf der eigenen Reise der Heilung heute relevant sind, wird sich den Betroffenen zeigen. Manches kann im Hier und Jetzt entschieden werden, manches später – je nach Etappe des Weges, auf dem sie unterwegs sind.

Die guten Dinge festhalten

Die schmerzlichen Erfahrungen in einem bestimmten Umfeld verleiten Menschen manches Mal dazu, »das Kind mit dem Bade auszuschütten« und damit alles über Bord zu werfen, auch solche Erfahrungen, die für ihr Leben durchaus gewinnbringend waren und es auch weiterhin sein könnten. Nach allen missbräuchlichen Erfahrungen kann es für Betroffene sehr heilsam sein, sich die guten Dinge, die sie im selben System erlebt haben, zu vergegenwärtigen:

- gute spirituelle Erfahrungen, die real waren
- Freundschaften und Beziehungen, die ihnen viel bedeutet haben und die vielleicht überleben konnten oder später wieder aufgenommen werden können
- Dinge und Fertigkeiten, die sie gelernt haben
- Fähigkeiten, in denen sie sich entfalten konnten
- etc.

Dass es Situationen gibt, in denen Opfer spiritueller Gewalt kaum etwas Positives nennen können, ist absolut möglich. Und dass es ihnen ggf. nicht danach ist, Gutes zu sehen, weil es im Kontext von so viel Finsterem geschah, ist auch nachvollziehbar. Dennoch kann das Positive für manche vielleicht noch Wert haben.

Die eigene Befindlichkeit ernst nehmen

Nach den Verwundungen in grenzverletzendem Milieu braucht es Kompetenzen, um das Leben danach sinnvoll und heilsam gestalten können. Sich selbst ernst zu nehmen und zu vertrauen und neue Dinge zu wagen, bilden eine Grundlage für den weiteren Weg. Folgende Gesichtspunkte können Anregungen beinhalten, behutsam mit sich selbst umzugehen:

- das eigene Befinden verstehen und einordnen lernen (Information durch Literatur, Beratungsangebote, Veranstaltungen für Aussteiger und Aussteigerinnen aus »High-Demand-Systems« etc)
- ggf. fachliche Hilfe in Anspruch nehmen: fundierte Therapie und Beratung, ärztliche Begleitung, medizinische Hilfe etc.
- lernen, die momentanen Grenzen zu akzeptieren und sich angesichts der aktuellen Kräfte und Verletzlichkeiten Angemessenes zuzumuten
- Grenzenerweiterndes in kleinen gangbaren Schritten wagen; denn die Einschränkungen und Symptome eines Burnouts, der kPTBS sowie eines Trauerprozesses werden irgendwann abklingen
- lernen, Selbstdominanz (Härte gegen sich selbst) grundsätzlich abzulegen und stattdessen mit der eigenen Seele behutsam umgehen: sie wie einen Freund behandeln, der Fürsorge braucht
- Balance finden: sich selbst fordern und Ruhe und Entspannung dürfen in einem ausgewogenen Verhältnis gelebt werden
- lernen, zu genießen, sich Gutes zu gönnen, regelmäßig »Freude einzuplanen«, persönlichen Vorlieben nachzuge-

hen; in einem unterdrückenden Umfeld gilt es nicht selten als Ideal, einen rigiden, aufopfernden bis hin zum Masochismus neigenden Lebensstil zu leben; dieses Ideal gilt es abzulegen und einen Weg zu einer echten Erlebnis- und Genussfähigkeit[279] zu finden, die Balance schafft zu einem engagierten Leben der Arbeit für andere

- herausfinden, was einem wirklich guttut; sich fragen: »Was lässt mich durchatmen? Was gibt mir ein Gefühl von Wohlbefinden?«
- Gesundheit und körperliche Bedürfnisse beachten: ausgewogene, gesunde Ernährung, ausreichend Bewegung und Entspannung, ausreichend Schlaf[280]
- mit »Triggern« umgehen lernen, solange sie noch zum Leben gehören
- Folgeverletzungen ernst nehmen und sie – wenn möglich – vermeiden
- gesunde Grenzen setzen

Beziehungen besonnen gestalten

Beziehungen sind für Missbrauch-Überlebende ein höchst sensibler Bereich. Denn das Trauma fand ja genau dort statt, wo sie vertraut haben. Dennoch stellt sich für sie die Aufgabe, sich aufzumachen und Schritt für Schritt – so, wie es ihnen möglich ist, – neu Kontakte zu anderen zu wagen. Wenn das zu bedrohlich erscheint, z. B. als Auswirkung einer sozialen Phobie, wäre professionelle Hilfe anzuraten. Eine soziale Phobie kann beinhalten, dass soziale Kontexte aus Angst gänzlich gemieden werden, oder dass Betroffene sie nur mit großer innerer Anspannung oder gar unter Qual aushalten.

Neue Beziehungen aufbauen – behutsam und mit Vorsicht

Neue Beziehungen sollten möglichst ohne den Anspruch aufgebaut werden, dass neue Freunde die erfahrene Not (sofort) verstehen. Meist sind Menschen, die selbst nie etwas Ähnliches erlebt haben, mit persönlichen Berichten über das Erlebte völlig überfordert. Daher ist ein bewusster Verzicht darauf, von anderen verstanden zu werden, in jenem sensiblen Bereich zunächst nötig, um neue Beziehungen aufbauen zu können – auf einer anderen Grundlage, die realistisch und möglich ist. Im späteren Verlauf guter Freundschaften können sich dann durchaus Türen öffnen, um ehrlich über entsprechende Aspekte der Vergangenheit reden zu können.

Räume des Verstehens

Gleichzeitig ist es von großem Wert, wenn Betroffene bald Orte finden, wo sie verstanden werden. Die bereits erwähnten Aussteigerplattformen sind eine Möglichkeit – unter Berücksichtigung der bereits beschriebenen möglichen »Risiken und Nebenwirkungen« – oder auch andere Initiativen, wo Menschen Anschluss finden können.

Ich hatte in den vergangenen Jahren mehrfach die Gelegenheit, im In- und Ausland an Konferenzen und Aussteigerworkshops teilzunehmen. Menschen, die sich nach unterschiedlichen Kult- und Missbraucherfahrungen zusammenfanden, um ihr Erleben zu verarbeiten, trafen sich, um sich gegenseitig dabei zu unterstützen, neue Wege für sich zu finden. Hier kamen ehemalige Sektenmitglieder und Aussteiger aus christlich gefärbten Settings zusammen, aber auch Menschen, die in therapeutischen Settings in missbräuchliche Abhängigkeiten geraten waren, und viele mehr.

Sie wählten diese Orte, weil ihnen dort zugehört wurde und sie Verständnis fanden.

Mich bewegt folgendes Phänomen:

Die Christenheit nimmt viel Mühe auf sich, um Menschen für Jesus zu gewinnen, nur um im Laufe der Zeit und im Eifer des Gefechtes in ihren Gemeinden viele davon wieder zu verlieren.

Die Frage ist: Wie können Gemeinden und auch einzelne Personen Orte der Sicherheit und der Heilung werden?

Ein Pastorenehepaar aus Portland, Oregon, USA ließ sich von dieser Frage berühren. Sie spürten den Wunsch in sich, für Überlebende religiösen Missbrauchs kreativ zu werden. So starteten sie den Versuch, regelmäßig (ich glaube, einmal monatlich) abends eine Kneipe anzumieten und in der regionalen Presse für diese Veranstaltung zu werben: ein Abendessen, bei dem Betroffene über schwierige und missbräuchliche Dinge reden konnten, die sie mit Kirche und Gemeinde erlebt hatten. Meist gab es dazu einen kurzen Input vor den langen Abenden des Austausches. Jedes Mal tauchten etwa siebzig Leute auf. Diese christlichen Leiter taten, was in ihrer Macht stand: Sie hörten zu, boten eine Plattform der Auseinandersetzung an für Themen, mit denen Betroffene normalerweise alleinstehen. Dabei wurden Ratschläge vermieden. Ihr Ziel war es nicht, die Betroffenen in ihre Gemeinde einzuladen, sondern einfach für diese Menschen da zu sein.

Alte Beziehungen wiederherstellen

In missbräuchlichen Systemen ist es nicht unüblich, dass Menschen aus verschiedenen Gründen Beziehungen zu Freunden, Bekannten und zur Verwandtschaft verlieren:

- entweder aus Zeitgründen, weil sie so involviert in das System sind,
- oder weil sie so messianisch und unangenehm auftreten, dass die anderen sich distanzieren,
- oder weil sie selbst den Kontakt vermeiden, da sie sich zu der elitären Gruppe zugehörig fühlen, die ihnen »ein ganz anderes Gegenüber ist«, als die alten Beziehungen es sein können.

Alte Kontakte neu zu beleben und verlorene Beziehungen wiederaufzubauen, bedarf Demut und manch achtsamer Prozesse der Wiederherstellung von Seiten der Betroffenen. Denn oft sind ihre Freunde oder Verwandte im Blick auf das Involviertsein in das religiös missbräuchliche System selbst auch durch eine ganze Reihe von Emotionen gegangen, wie Schuld, Zorn, Angst und Traurigkeit.

Wieder Kontakt aufnehmen zu Menschen, die das System ebenfalls verließen

In vielen missbräuchlichen Systemen wird es nicht gern gesehen, wenn zu Aussteigern Kontakt gehalten wird. Manche verbieten solche Kontakte geradezu. Wenn Betroffene solche Täter-Botschaften noch verinnerlicht haben, kann es eine Kontaktaufnahme im Hier und Jetzt erschweren.

Wenn Menschen das System viel eher verließen als man selbst und in dieser Zeit im Sinne des Systems auch der Kontakt abgebrochen wurde, ist es naheliegend, dass solche Verhaltensweisen thematisiert werden müssen, um Annäherungs- oder gar Versöhnungsprozesse zu ermöglichen.

Kontakt zu Menschen, die noch im System sind

Inwieweit diese Kontakte gehalten werden, hängt von verschiedenen Faktoren ab: ob die Person, die noch im System ist, den Kontakt weiterhin will und ob die Betroffenen den Kontakt emotional aushalten. Erfahrungsgemäß ist es nicht hilfreich, über Differenzen zu streiten und die im Missbrauchssystem Verbliebenen ständig auf missbräuchliche Details aufmerksam zu machen. Das kann hier und da schon möglich und auch wichtig sein, belastet die Beziehung jedoch auf die Dauer. Loslassen ist gefragt. Im System Verbliebene sind häufig erst dann bereit, sich ihrer Situation kritisch zu stellen, wenn sie selbst mit dem System in Kollision geraten.

Spirituelle Kontexte nach dem Leben im Missbrauch

Welche Orte der Spiritualität nach religiös missbräuchlichen Erfahrungen für Betroffene passend sind, darf und sollte sehr genau erspürt werden. Es ist keine Eile geboten – entgegen vieler christlicher Lehrmeinungen. Ohne die Vergangenheit auszuwerten, stehen Betroffene in der Gefahr, sich wieder einem sehr ähnlichen System anzuschließen. Zeit und Abstand sind nötig, um für sich die Werte und Kriterien zu formulieren, die einem hinsichtlich einer geistlichen Gemeinschaft wichtig sind.

Es kann auch sehr sinnvoll sein, sich für längere Zeit von Umfeldern zu verabschieden, in denen mit »Auslösersituationen« oder unangemessenen Kommentaren gerechnet werden muss. Besonders in der ersten Heilungsphase sollten Situationen vermieden werden, die heftigste psychische und physische Reaktionen zur Folge haben können.

Menschen im christlichen Kontext dürfen verstehen, dass Sätze wie »Du brauchst den Schutz einer Gemeinde!« wie Spott in den Ohren Betroffener klingen, denn ihre Erfahrungen haben sie anderes gelehrt. Sie brauchen Schutzräume, in denen sie zur Ruhe kommen, ihr Trauma verarbeiten und neue Sicherheit für ihr Leben gewinnen können. Es ist nicht ihre Schuld, dass sich bestimmte Orte und Dynamiken für sie so bedrohlich anfühlen. Hilfreich könnte jedoch sein, Lösungen zu finden, wo Gemeinschaft unbedrohlich erlebt werden kann.

Kapitel 14

Geschichten werden erzählt

Persönliche Erfahrungsberichte

Im Ausklingen dieser Veröffentlichung sollen einige Menschen zu Wort kommen, die religiösen Missbrauch erfahren haben. Sie erzählen ihre Geschichte ausführlich, um Nachvollziehbarkeit zu ermöglichen. In ihren Berichten wurden Namen sowie vereinzelt auch Details verändert, falls dies zur Wahrung der Anonymität notwendig war. Diese geringfügigen Anpassungen tun der Authentizität des Erfahrenen jedoch keinerlei Abbruch.

Es sind Geschichten, die sich eher im protestantischen Kontext von Kirchen und Freikirchen ereignet haben: also, in Gemeinden und Gemeinschaften, die sich durchaus in Verbänden und übergeordneten Netzwerken gemeinsamer Glaubensbasis organisieren, oder Gruppierungen, die sich diesen annähern. Dennoch gab es keinerlei qualitätssichernde Grundlage, auf die sich Betroffene in ihrer Not seinerzeit hätten beziehen können.

Notvoll erscheint mir, dass viele solcher Gemeinschaften einen großen Wert darauf legen, in übergeordneten Verbänden und Vereinigungen Mitglied zu sein, z. B. in der Deutschen Evangelischen Allianz (EAD), weil dies ein gewisses Qualitätssiegel suggeriert, obwohl es keine qualitätssichernden Organe innerhalb der Verbände gibt. Fakt ist, dass z. B. für eine Mitgliedschaft in der EAD außer dem gemeinsamen Glauben an Christus und einem gewissen theologischen Konsenz keine weiteren Bedingungen zu erfüllen sind. Welche Theologie intern gelebt oder welche Beziehungsdynamiken innerhalb einer Gemeinde oder Gemeinschaft existieren, spielt keine Rolle. Die EAD sagt selbst, dass sie im Blick auf ihre Mitglieder keinerlei Weisungsbefugnis hat. Von daher erscheint mir ein Bewusstsein dafür überaus wichtig, dass es hier – wie auch in manchen anderen Verbänden – die beschriebene Qualitätssicherung nicht gibt.

Der erste Betroffenenbericht stammt von einer Person, die in der Neuapostolischen Kirche in großer seelischer Not aufwuchs – einer Kirche, die in den letzten Jahren die Notwendigkeit einer Veränderung sah und die offiziell dabei ist, sich der Evangelischen Allianz (EAD) anzunähern. Was genau sie dazu motiviert hat und inwieweit Leben und Lehre in den Ortsgemeinden von dieser Veränderung wirklich berührt werden, entzieht sich meiner Kenntnis.

Betroffenenbericht 1: Eine Froh- oder eine Drohbotschaft?

Meine ersten Lebensjahre in der Neuapostolischen Kirche (kurz: NAK) waren geprägt von der Naherwartung des Herrn: Die damalige Glaubenslehre besagte, dass der Herr seine Auserwählten noch zu Lebzeiten des amtierenden Oberhaupts der Kirche, des Stammapostels Bischoff, zu sich holen würde. Mögen viele Kirchenmitglieder dem hoffnungsfroh entgegengesehen haben, so war bei mir das Gegenteil der Fall, denn ich erfüllte nicht die Voraussetzungen, um den großen Tag miterleben zu können. Die Taufe in der evangelischen Kirche war in den Augen der Kirchenleitung nicht gültig, und es fehlte die sogenannte »Versiegelung« durch einen Apostel, der mein Vater nicht zugestimmt hatte. Ich musste also damit rechnen, nach der Ankunft des Herrn als sogenanntes »Sonnenweib« in die Wüste geschickt zu werden und dort zu darben oder – und das wäre die »Höchststrafe« gewesen – während der dreieinhalbjährigen Bluthochzeit auf Erden Tod, Elend und Vernichtung zu erleben. Und das alles ohne den Beistand meiner Mutter, die als neuapostolische Christin heimgeholt worden wäre.

Im Juli 1961 gab es für mich die große Chance auf eine Wende: Der Stammapostel war allen Vorhersagen zum Trotz verstorben, was aber von der Kirchenleitung ganz schlank mit einer Planänderung Gottes erklärt wurde. Daraufhin nahm meine Mutter ihre Zusage, in einem solchen Fall aus der NAK auszutreten, wieder zurück, obwohl sie diese Zusage ihrem Ehemann schriftlich gegeben hatte.

Sie erzog mich als Kind und Jugendliche zunehmend radikal und vom Leben abgeschottet in der Lehre der NAK, in der bedingungsloser Glaubensgehorsam das oberste Gebot war. Das Ganze geschah heimlich und ohne Wissen ihres Ehemannes – meines Vaters –, was für mich ein ausgetüfteltes Doppelleben voller Lügen und ständiger Angst vor Entdeckung bedeutete. Dabei stützte sie sich auf die Aussage des für sie zuständigen Apostels: »Was er (der Ehemann und Vater) nicht weiß, macht ihn nicht heiß.«

Was hat das alles mit mir gemacht?

An meine Jahre im Elternhaus habe ich nur vage Erinnerungen. Die schwarze Wolke, die dort über mir hing, begleitete mich die folgenden Lebensjahrzehnte: Unbeschwertheit, Freude, Genuss, der Mut, eigene Schritte zu gehen, waren für mich lange Zeit etwas Unvorstellbares.

Die Auswirkungen dieser Zeit sind für mich bis heute spürbar: Aktuelle politische Ereignisse der jüngsten Zeit (2023), die manche Experten vor einem Flächenbrand in der Welt warnen lassen, versetzen mich immer wieder in den angstvollen Zustand des hilflosen Ausgeliefertseins, den ich als Kind erlebt habe.

Wie sehr sich mein Vater Sorgen um mich als Kind gemacht hatte, konnte ich erst nach dem Tod beider Elternteile in einem seiner Briefe nachlesen. Es betrübt mich immer noch sehr, dass er nicht mehr miterleben konnte, was sich letztendlich doch noch in meinem Leben verändert hat.

Eine unerwartete Wende

Die Wende in meinem Leben wurde durch etwas Schockierendes eingeläutet: Als junge Erwachsene erlebte ich sexuelle Übergriffe innerhalb der NAK. Sie waren so unvorstellbar für mich, denn diese Kirche hielt sich damals doch für frei von all der Sünde in der »Welt da draußen«. Eine Haltung, die ich bis dahin hundertprozentig übernommen hatte. Die Scham und die Erschütterung über das Erlebte ließen mich viele, viele Jahre schweigen.

Aber irgendwann begann die einst feste, über Jahrzehnte verinnerlichte Überzeugung der Unfehlbarkeit der Amtsträger zu wanken. Langsam, aber sicher entwickelte sich in mir der Wunsch, die NAK-Kirchenleitung auf derartiges Fehlverhalten in ihren eigenen Reihen hinzuweisen und Präventivmaßnahmen einzufordern. Bestärkt wurde ich in diesem Vorhaben, als ich in vorsichtigen Gesprächen in meinem persönlichen NAK-Umfeld von der Existenz weiterer Mitglieder mit ähnlichen Erfahrungen erfuhr – es waren aktuelle oder auch länger zurückliegende Geschehnisse.

In meiner Unbedarftheit hatte ich allerdings die Rechnung ohne den Wirt gemacht. Unter den Entscheidungsträgern in dem mir zuständigen Apostelbereich war wohl die Sorge vor einem Ansehensverlust der Institution größer als die Fürsorge für – vermeintlich – nur eine Handvoll Betroffener.

Nun hatte ich zum zweiten Mal in meinem Leben geistlichen Missbrauch erfahren. Dieses Mal konnte ich ihn jedoch mit Worten benennen, und ich fand Hilfe in einschlägiger Literatur und in Seminaren zu diesem Thema. Entlastend war für mich, mehr über die Hintergründe und die vielen Gesichter von geistlichem Missbrauch zu erfahren und auch Auswege daraus kennenzulernen.

Geblieben sind mir

- die Traurigkeit über entgangene Lebensqualität,
- das bittere Gefühl, von einer kirchlichen Institution betrogen worden zu sein,
- das mangelnde Vertrauen in eine göttliche Führung,
- die Skepsis gegenüber jeder Art von Religion und vor allem
- die tiefe Enttäuschung über die fehlende Bereitschaft der heutigen NAK-Leitung, Verantwortung für alle angstauslösenden Lehraussagen in der Vergangenheit zu übernehmen und tätige Reue zu zeigen.

Wenn mein Vater heute noch leben würde, würde ich ihm gerne Folgendes sagen:

»Ich verstehe deine damalige Sorge um mich, deine kleine Tochter, sehr gut. Aber gegen diese Art von Fanatismus waren dir damals die Hände gebunden. Ich habe mich aus vielem herausgearbeitet. Den Rest schaffe ich auch noch. Jetzt kannst du – endlich – ganz beruhigt sein.«

Betroffenenbericht 2: Unser Weg hinein in ein geschlossenes System und wieder heraus

In den geistlichen Aufbrüchen der Achtzigerjahre, wo christliche Teestuben und Missionsdienste verschiedenster frommer Lager weltweit aus dem Boden schossen, fanden meine Freundin und ich zum lebendigen Glauben an Jesus. Wir waren beide ohne religiöse Prägung als Nachbarskinder aufgewachsen, und uns hatte schon früh eine gute Freundschaft verbunden. Später waren wir ein Paar geworden. Die Jugendzeit hatten wir mit viel Alkohol und Drogen teilweise auf der Straße verbracht. Wir suchten das Leben und kamen dabei auf tiefe Abwege, bis wir junge Christen kennenlernten, die den Glauben sehr ernst nahmen.

Hoffnung und Heilung erreichten uns. Voller Überzeugung schlossen wir uns als junges Paar der kleinen, jungen christlichen Gemeinde an, die das Ziel hatte, die Welt mit dem Evangelium zu erreichen. Schnell fanden wir unseren Platz in der Gruppe. Unser Leben hatte eine drastische Wende genommen, und wir sogen alle religiösen Impulse ungefiltert in uns auf. Durch den Glauben bekam unsere Beziehung eine noch tiefere Verbindlichkeit, und wir entschlossen uns, in der Gemeinde zu heiraten. Wir waren glücklich, hatten wir doch durch Jesus Sinn, Halt, Orientierung sowie ein Zuhause und ein Lebensziel bekommen.

Die Glaubensgemeinschaft hatte eine extrem hierarchische Struktur und klare Richtlinien, an die sich alle zu halten hatten. Je höher jemand in der Leitungshierarchie stand, als umso unfehlbarer wurde er von den Gemeindemitgliedern angesehen. Unterordnung und Gehorsam waren ein hohes geistliches Gut in der Gruppe. Der Leiter Olaf S. war eine charismatische Persönlichkeit mit selbstsicherem Auftreten. Er war als Pastor die absolut höchste Autorität. Wenn er sprach, hörten alle zu. Er legte die Bibel sehr lebensnah aus und verstand es, sein Publikum mit Geschichten in den Bann zu ziehen.

Immer mehr junge Leute schlossen sich begeistert an. Es wurden sozialmissionarische Projekte für Kinder und für Randgruppen in deutschen Städten und auch im Ausland aufgebaut. Das machte diese Gemeinde unter den Christen beliebt und bekannt. Öffentliche Gottesdienste waren gut besucht. Anfänglich wurde in der Gemeinde noch Wert daraufgelegt, gute Beziehungen zu anderen Kirchen zu halten. Nach und nach wurde aber intern von Olaf S. etwas anderes gepredigt. Es gab unzählige, geschlossene Mitgliederversammlungen, die dazu benutzt wurden, die Gemeinde »auf Kurs zu bringen«: Das beinhaltete auch die Überzeugung, dass die Gemeinde etwas Besonderes sei und dass die anderen Kirchen nicht wirklich Gottes Willen tun würden. Überhaupt wurde alles und jeder bewertet. Olaf S. ließ uns seinen Standpunkt zu verschiedenen Themen aus Politik und Gesellschaft wissen und erwartete Zustimmung. Etwas zu hinterfragen, wagte niemand – auch wir nicht. Und wenn sich bei manchen Aussagen doch mal ein inneres Unbehagen regte, zerfleischten wir uns selbst mit einem unerträglich schlechten Gewissen, das als Stimme Gottes gedeutet wurde. Wir glaubten, Gott würde sich von jedem abwenden, der seiner Stimme nicht folgte. Und das wollte natürlich niemand. Die Mechanismen der Gruppendynamik im geschlossenen System funktionierten perfekt. Wir merkten nicht, wie gefangen und nach außen abgeschottet wir lebten.

Wir bekamen zwei Kinder und waren als ganze Familie aktiv in der Gemeinde tätig. Das gesamte Leben spielte sich in deren Grenzen ab. Angesichts der Bedeutung der Gemeinde wurden alle anderen Aktivitäten und Arbeiten als verschwendete Lebenszeit eingeordnet. Daher gab ich, Ralf, meinen Beruf als Automechaniker auf, um von nun an der Gemeinde und vor allem Olaf S. zur Verfügung zu stehen. Finanziell lebten wir von der Unterstützung eines Spenderkreises aus den Gemeindereihen.

Olaf S. legte großen Wert auf das Thema Mission und wollte damit auch international bekannt werden. Er forcierte alle Bemühungen für Weltmission. Es entstanden kleine Ablegergemeinden in verschiedenen Ländern dieser Welt, sogar im Untergrund in China. Auch wir wollten mit unseren Kindern bereit sein, für Gott eine Gemeinde im Ausland aufzubauen.

Schließlich war es so weit: Olaf S. wollte uns und zwei weitere Mitglieder der Gemeinde nach Argentinien aussenden. Unsere Herzen hüpften, denn mit der neuen Aufgabe erlebten wir große Zuwendung und Lob seitens der Leitung. Immer wenn Olaf S. jemanden zu etwas gebrauchen wollte, konnte man seine Zuwendung spüren. So wusste jeder innerhalb des geschlossenen Systems, wer gerade besonders angesagt war. Das geschah manchmal offen, indem jemand öffentlich besonders löblich erwähnt wurde, manchmal auch subtil.

Innerhalb weniger Monate brachen wir alle Zelte in Deutschland ab und reisten mit unseren Kindern und zwei von Olaf S. ausgesuchten Mitarbeitern nach Argentinien aus. Wir meisterten die Herausforderung, Spanisch zu lernen und uns in einer fremden Kultur zurechtzufinden. Die Kinder gingen dort auf eine internationale Schule und fühlten sich schnell wohl. Unser Team ergänzte sich gut, und wir liebten Land und Leute. Wir suchten dort viel Kontakt zu anderen Kirchen. Nach einem Jahr gründeten wir eine NGO für die Armen des Landes. Wir halfen Familien in Elendsvierteln mit Essensausgaben und unterstützten die Schulbildung ihrer Kinder. Es fühlte sich gut an, das weiterzugeben, was wir von Gott empfangen hatten: Hoffnung! Es gelang uns, erstaunlich viele Kontakte zu anderen Christen zu knüpfen. Durch einen Missionsbrief, in dem wir über unsere Arbeit in Spanisch, Englisch und Deutsch berichteten, gewannen wir schnell viele neue Unterstützer aus Deutschland, Argentinien und sogar aus Amerika. Fernab von Deutschland war es plötzlich möglich, Kontakte zu anderen Christen zu haben. Das sah Olaf S. zwar nicht gerne, aber er war jetzt erst mal weit weg. Bald waren wir als Team sogar in der Lage, ein eigenes Gemeindezentrum für unsere Dienste zu bauen. Durch die örtliche Distanz und die finanzielle Unabhängigkeit zu der Heimatgemeinde, in der Olaf S. das straffe Regiment führte, wurden wir sogar etwas unabhängiger von den Dynamiken zu Hause. Es tat uns allen gut, Freundschaften mit vielen unterschiedlichen Kirchen und Gemeinden zu knüpfen. Das belebte die ganze Arbeit.

Es dauerte eine Weile, bis Olaf S. wahrnahm, dass die Arbeit in Argentinien ohne seinen Einfluss wuchs und dass es scheinbar viele Spendengelder für diese Dienste gab, auf die er keinen Zugriff hatte. Aber nach fünf Jahren streckte er seinen langen Arm nach uns aus. Er lud sich selbst nach Argentinien ein und umgarnte uns mit seiner üblichen Taktik: »Eure Arbeit ist super! Ihr seid tolle Leute! Gott braucht euch in Deutschland. Übergebt die Gemeinde in einheimische Hände! Seid Gott gehorsam!«

Olafs Worte rumorten in unseren Gedanken. Wir liebten unsere Arbeit in Argentinien. Auch unsere Kinder fühlten sich dort wohl. Aber wir wollten das Richtige tun. Es ging schließlich nicht um uns, sondern um einen höheren Auftrag. Unsere Kinder waren noch schulpflichtig, und wir hielten es für gut, wenn sie in Deutschland ihren Abschluss machen könnten. Nach schweren inneren Kämpfen folgten wir dem Drängen von Olaf S. und packten erneut unsere Sachen, um in Deutschland die Gemeinde zu unterstützen. Wir merkten immer noch nicht, wie sehr wir manipuliert und kontrolliert wurden.

Die Landung in Deutschland war wie eine Landung im Schraubstock. Olaf S. verstand keinen Spaß mehr. Jetzt war Schluss mit lustig. Er wollte, dass wir das, was wir in Argentinien geleistet hatten, in Deutschland für ihn umsetzten. Vor allem die Spendengelder waren ihm wichtig. Die Finanzen der Gemeinde in Deutschland waren zurückgegangen. Wir sollten neue Geldquellen auftun. Der Druck war immens. Olaf S. trat nun mit Macht in unser Leben und versuchte, uns über vermeintliche Prophetien zu steuern.

Als wir physisch und mental nicht mehr mitkamen, kippte die Stimmung gänzlich. Olaf S. zog andere Seiten auf und zitierte uns in ein Treffen mit den Ältesten der Gemeinde. Wir seien nicht geistlich gesinnt und unser Leben gefalle Gott nicht. Wir sollten öffentlich vor der Gemeinde Buße tun über unseren Egoismus und

Hochmut. Das geschlossene System schob uns durch den Fleischwolf. Die Gemeinde wurde teils offen in den Mitgliederversammlungen und teils subtil angewiesen, wie man mit uns als Familie umzugehen hatte. Es war, als hätten wir plötzlich ein unsichtbares Schild um den Hals hängen, auf dem »Gott nicht wohlgefällig!« stand. Niemand wurde mehr gerne mit uns gesehen, weil wir ja in Ungnade gefallen waren. Sogar unsere Kinder wurden kritisch beäugt und beurteilt. Das war spürbar. Nach ihrem Schulabschluss zogen sie blitzschnell nacheinander aus und orientierten sich in Richtung Studium und Ausbildung. Wir hielten den Kontakt zu unseren Kindern nur, indem wir viel telefonierten.

Bis dahin konnte das Thema Gemeinde bei ihnen noch nicht angesprochen werden. So mussten sich die Kinder selbst Wege suchen, um die letzten Jahre der massiven Ablehnung ihres Umfeldes zu verarbeiten. Das belastete die Beziehung zu uns Eltern natürlich sehr. Wir waren zu gefangen in unseren eigenen Emotionen, als dass wir hätten sagen können, was vor sich ging und was unsere Kinder brauchten. Es war furchtbar! – Viele vor und auch nach uns mussten ähnliche Erfahrungen in dieser Gemeinde machen.

An dieser Stelle noch einige Interna, die für diese christliche Gruppe typisch waren: Es wurde z. B. erwartet, dass jeder sein Innerstes nach außen kehrte und bei einer zugewiesenen Person alle Sünden beichtete. Es gab allerdings kein Beichtgeheimnis beziehungsweise keine Schweigepflicht. Wenn es mit einer Person Probleme gab, konnte Olaf S. jederzeit erfahren, wie das Seelenleben dieser Person aussah. Olaf S. hatte das Recht, alles zu erfahren, und jeder hielt sich daran. Das erlaubte ihm, großen Druck auf Leute zu legen. Er hatte sie in der Hand. Sie standen quasi mit offenem Visier vor ihm und konnten sich nicht schützen.

Inzwischen haben meine Frau und ich verstanden: Solange man sich in einem geschlossenen System befindet, egal, wie fromm es ist, kann man nicht erkennen, was vor sich geht. Man macht mit und fügt sich – die meisten jedenfalls. Auch wir standen anderen früher nicht bei, die plötzlich »aus der Gunst des Pastors« gefallen waren und in der internen Versammlung an den Pranger gestellt wurden. Wir dachten alle, das sei geistlich richtig. Und wir waren froh, nicht selbst auf der Anklagebank zu sitzen, und so duckten wir uns weg.

Aber dann wurden wir selbst zu Geächteten, mit denen niemand etwas zu tun haben wollte. Jegliches Bemühen, sich zu erklären, wurde als Hochmut, Egoismus oder Faulheit ausgelegt. Unendliche Male taten wir öffentlich Buße und hofften, dass es besser werden würde – wurde es aber nicht. Wir wurden leiser und schließlich stumm. Es ging uns schlecht. Wir quälten uns zu den Veranstaltungen. Das Schlimmste war, dass wir plötzlich unserer eigenen Wahrnehmung nicht mehr trauten. Wenn uns alle als hochmütig und egoistisch wahrnahmen und vor allem, wenn Olaf S. als Pastor uns als »gottesfern« beschimpfte, dann musste das die Wahrheit sein. Das Leben wurde dunkel und eng. Wir dachten, das sei ein klares Indiz dafür, dass wir dämonischen Mächten auf den Leim gegangen waren, und so zerfleischten wir uns noch mehr. Olaf S. war davon überzeugt, dass meine Frau, Inge, teuflisch besessen sei und dass sie mich in ihren Bann gezogen hatte. Das tat er auch lauthals kund – wie immer. Verlorener konnte man sich fast nicht mehr fühlen. Wo war Gott in dem allem? Warum half er nicht?

Da es ein ungeschriebenes Gesetz war, keine persönlichen Kontakte außerhalb der Gemeinde zu pflegen, waren wir in Deutschland sehr isoliert. Die Kontakte, die wir in Argentinien hatten knüpfen können, waren weit weg. Kontakte zur eigenen Familie waren bei den meisten Mitgliedern spärlich. Denn Olaf S. sah es nicht gern, wenn wir zu viel Zeit mit Eltern oder Geschwistern verbrachten. Außerdem gab die wenige Freizeit das sowieso nicht her. Wir arbeiteten alle viel. Es gab immer etwas zu renovieren und zu putzen. Die Woche war eng strukturiert und alle Veranstaltungen waren für die Mitglieder Pflicht. War jemand bei einer Gemeindeversammlung oder beim Gottesdienst nicht anwesend, brauchte es einen triftigen Grund zur Entschuldigung. Verfügbarkeit zu jeder Zeit – das wurde kompromisslos erwartet. Finanzieren musste sich jeder selbst. Wer wenig Geld hatte, stand augenscheinlich nicht »im Segen«. Und persönliche Abgrenzung war ein No-Go. Wer das wagte, wurde gleich als »ungeistlich« abgestempelt.

Wir stürzten uns in die praktische Arbeit und versuchten, so gut es ging, am Ball zu bleiben. Niedermachende und verdammende innere Stimmen machten uns das Leben buchstäblich zur Hölle. Unser Alltag war geprägt von eiskalter Abwertung, vom Rückzug aller und von endlosen Selbstzweifeln.

Nach zwei Jahren suchten wir schließlich christliche Beratung außerhalb der Gemeinde. Darin wurde uns bewusst, wie viel Macht wir Olaf S. über unser Leben gegeben hatten. Wir verstanden, dass wir uns entscheiden konnten, ihm diese Macht auch wieder zu entziehen.

Die Szenarien, die sich ereigneten, als Olaf S. erfuhr, dass wir uns außerhalb der Gemeinde beratende Unterstützung gesucht hatten, lassen uns immer noch die Luft anhalten. Wir erlebten erschütternde Dynamiken der Einschüchterung und Kontrolle. Auf Anraten unseres Seelsorgers verließen wir die Gemeinde sofort – ohne weitere Erklärung, in einer Nacht- und Nebelaktion. Zuerst zogen wir zu meinen Eltern, die weit genug entfernt lebten und uns herzlich empfingen. Sie hatten schon lange gespürt, dass etwas nicht stimmte, waren mit ihren Bedenken aber bisher nicht an uns herangekommen. Jetzt waren sie ein erster Zufluchtsort. Zeitnah fand ich eine neue Arbeit, und wir konnten uns eine eigene Wohnung mieten.

Wir fühlten uns wie ein Vogel, der mit Karacho gegen eine Scheibe fliegt und erst mal am Boden liegen bleibt: emotional betäubt und gelähmt. Mithilfe unseres christlichen Beraters gelang es, nach und nach etwas Ordnung in unser inneres Chaos zu bringen. Als wir erkannten, dass nicht Gott uns so behandelt hatte, sondern ein frommer Mann, der seine Macht in Gottes Namen massiv missbrauchte, kam langsam wieder Licht in unser Dunkel. Wir studierten die Bibel ganz neu und erkannten, dass Olaf S. viele Bibelstellen völlig aus dem Zusammenhang gerissen hatte, um seine eigenen Thesen zu untermauern.

Eine Zeit der Wiederherstellung folgte – besonders in der Beziehung zu unseren Kindern, mit denen wir heute wieder in tiefer Verbundenheit leben. Wir konnten als Familie über das Geschehene reden, weinen und uns umarmen. Welch eine Gnade! Zaghaft knüpften wir neue Beziehungen und bauten Freundschaften zu anderen Ex-Gemeindegliedern wieder auf. Es war, als sei ein böser Zauber gelöst worden und wir könnten plötzlich klar auf die Dinge sehen, die innerhalb dieser Gemeinde geschehen waren. Es tat gut, auch die Geschichten anderer zu hören, die sehr ähnlich waren wie unsere.

Doch es dauerte Jahre, bis wir wieder Boden unter den Füßen hatten. Zweifel, Selbstvorwürfe, Verwirrung und Hoffnungslosigkeit zogen immer wieder wie eine erdrückende, schwarze Wolke über uns auf. Wir erfuhren von anderen, die in solchen Zeiten in stationäre psychiatrische Behandlung gehen mussten. So viele hatten an einem Ort, der auch viel Gutes in sich trug, gelitten. Die meisten von uns hatten dort Jesu Liebe erlebt und auch durch die Gemeinde Halt in ihrem Leben bekommen. Wir fragten uns: Wie kann es sein, dass bei so viel Gutem auch so viel Schräges passiert?

Nach unserem Ausstieg erlebten wir Gott neu und sind bis heute unendlich dankbar für seine Treue in unserem Leben und in dem Leben unserer Kinder.

Betroffenenbericht 3: Vom Regen in die Traufe

Aufgewachsen bin ich in der Kriegsenkelgeneration innerhalb eines konservativen pfingstlich-evangelikalen Gemeindeverbunds osteuropäischer Prägung mit Hauptsitz in Norddeutschland. Das Patriarchat war hier Gesetz: Die Autorität des Vaters wurde nicht hinterfragt und die der Pastoren und der Ältesten war sakrosankt, sowohl was das Leben innerhalb als auch außerhalb der Gemeinde betraf. Karten- und Glücksspiel, Kino, Diskothek und nichtchristliche Vereine waren verboten, die Kleiderwahl war vorgegeben, und es existierte eine rigide Sexualmoral, die ohne jede Erklärung und Auseinandersetzung einfach als Forderung im Raum stand. Darüber hinaus wurden diese Regeln streng überwacht, und bei groben Verstößen drohte die sogenannte »Gemeindezucht«, an deren Ende der Ausschluss stand.

Als Jugendlicher gab es irgendwann nur noch die Flucht aus diesem rigiden religiösen System, und ich kam auf meiner Suche nach Identität und Zugehörigkeit in Kontakt mit den Nachfolgern der Jesus-People-Bewegung, die neue, scheinbar freiere Gruppen mit flacher Hierarchie bildeten bis hin zu egalitären Kommunitäten und neuen, offeneren Gemeindeformen.

Nach längerem Suchen in verschiedenen Gemeindegruppen in Nord- und Süddeutschland landete ich schließlich in einer offenen christlich-charismatischen Gemeinschaft ohne konfessionelle Bindung, die von lockeren Gemeinschaftsevents geprägt und von einer jungen Familie geführt wurde. Es herrschte eine liebevolle Willkommenskultur und Akzeptanz, in der alle schnell miteinander warm wurden und Vertrauen fassten. In dieser Phase lernte ich auch meinen Mann kennen. Wir heirateten und bekamen Kinder.

In den zunehmend regelmäßiger stattfindenden Gebetstreffen und bei evangelistischen Einsätzen konnte jeder seine Gaben und

»geistlichen« Eindrücke einbringen. Lebensbegleitung und Seelsorge wurden angeboten, interessante und kreative Kinderprogramme etabliert. Es herrschte eine allgemein euphorisierte Atmosphäre: Wir fühlten uns alle als Teil einer auserwählten Gruppe, in der alles ebenbürtig und weitgehend gleichberechtigt zuzugehen schien.

Im Laufe der Zeit wurde jedoch die Erwartungshaltung an Teilnahme und Verbindlichkeit deutlich verschärft, und es bildete sich eine zunehmende pyramidenartige Hierarchie. Es wurde nicht nur erwartet, dass wir an jeder Veranstaltung teilnahmen, sondern wir hatten auch einen übergeordneten Leiter um Erlaubnis zu bitten, wenn wir mal aus triftigen Gründen nicht teilnehmen konnten – die Leiter entschieden aber, ob es denn triftig genug war, um sie und Gott nicht zu enttäuschen. Den Führungsanspruch begründete das oberste Leiterpaar mit selbst bezeugten »übernatürlichen« Berufungserlebnissen und durch Bestätigung anderer selbst ernannter »Apostel«.

Das Leiterpaar bestimmte auch, welche Leute als untergeordnete Leiter ein- und wieder abgesetzt wurden. Diese wiederum wurden immer mehr zu willfährigen Handlangern, die den Absolutheitsanspruch des Leiterpaares nach unten weitergaben und die Einhaltung aller Regeln überwachten. Außerdem sorgten sie dafür, dass die – teils sehr intimen – Geheimnisse aus den nun obligatorischen Seelsorge-Sessions nach oben weitergereicht und in Leiterrunden besprochen wurden – dies wurde dann als »Leben im Licht« verbrämt. Sich ständig wiederholende ganztägige Seminare und ganze Wochenenden füllende Konferenzen waren für alle Gemeindeglieder verbindlich. Durch tägliche Gebets- und Gruppenveranstaltungen, Putzdienste in der Gemeinde und bei übergeordneten Leitern privat zu Hause kamen nicht selten Arbeitszeiten von zwanzig Stunden und mehr pro Woche zustande, sodass auch das Familienleben nur in der Gemeinde stattfand.

Bei Weigerung, sich in dieses System einzureihen, wurden die betroffenen Personen je nach Befindlichkeit der Unter- und Oberleiter mit Schuldzuweisungen öffentlich in Mitarbeitertreffen oder gar im Gottesdienst als Personen gebrandmarkt, die sich ganz klar im Einfluss finsterer Mächte befänden. Und dafür wurden erstaunliche Beschreibungen gefunden.

Mit der Begründung, für jedes Mitglied geistliche Verantwortung vor Gott zu haben (vgl. Hebräer 13,17) wurde indirekt gefordert, alle Lebensentscheidungen durch Hauskreisleiter und deren übergeordnete Stellen absegnen zu lassen. Dies betraf insbesondere Partner- und Berufswahl, aber auch Familienplanung und Freizeitgestaltung. Die »besondere Berufung« in dieser Gemeinde und die bedingungslose Loyalität zu deren Leitern waren oberste Priorität, die obligat über die eigene Familie zu stellen war. Stellte sich ein Partner oder ein Kind in der eigenen Familie gegen diesen Anspruch, wurde den weiterhin loyalen Familienmitgliedern nahegelegt, sich im Zweifel von diesen zu trennen, weil sie sonst selbst ihrer Berufung nicht mehr nachkommen könnten. Dies endete oft darin, dass Ehepartner und Kinder »einknickten« und öffentlich Buße für ihre »Rebellion gegen die Leiter und Gott« taten oder unter Entziehung weiterer Kontakte aller ehemaligen Freunde leise und traumatisiert die Gemeinde durch die Hintertür verließen.

Bei jedem Gottesdienst, der oft als Personenkult des Führerpaars zelebriert wurde, gab es die Aufforderung zur öffentlichen Konfession der durch die Predigt »aufgedeckten« Sünden. Wer dieser Aufforderung nicht gleich nachkam, indem er zum Altarraum nach vorne ging, um dort von ausgesuchten Betern die Absolution und die Befreiung von bösen Geistern und Dämonen zu empfangen, wurde von der Bühne als »lauwarm«, »vom Herrn abgefallen«, »nicht bußbereit« etc. übers Mikrofon gerügt und/oder von Leitern am Platz aufgesucht und zur Umkehr »bewogen«.

Um in die Gemeinde aufgenommen zu werden, musste jede Person schriftlich bestätigen, dass sie sich freiwillig in Seelsorge und »geistliche Abdeckung« begibt und bereit ist (im internen Sprachgebrauch), »sich in ihr Leben hineinreden zu lassen«.

Eigene, v.a. differierende Meinungen wurden als »fleischlich« oder »in eigener Kraft« verteufelt, die Meinung der Leiter als »vom Geist gewirkt« verherrlicht. Wer als »gerettet« oder »wiedergeboren« galt, bestimmte das Führerpaar, aber ihre Kriterien dafür variierten ständig.

Interne Kritiker, die die Leitung mit dem Vorwurf geistlichen Missbrauchs konfrontierten, wurden *ex cathedra* öffentlich angeklagt. Die Anklagepunkte lauteten: »Antasten des Gesalbten« und »Gemeindespaltung«. Man beschuldigte sie und nannte sie namentlich, um sie dem »Teufel zu übergeben«. Ihnen wurde auch der Verlust ihres Seelenheils angedroht. Weitere Kontakte mit ihnen sollten tunlichst gemieden werden, um nicht von diesem »Ungeist« bzw. Geist der Spaltung infiziert zu werden.

Externe Kritik oder gar angebotene Supervision wurden ignoriert bzw. abgelehnt – mit der internen Begründung, nicht »unter ein fremdes Joch zu gehen« und damit »der direkten Weisung des Heiligen Geistes nicht mehr folgen zu können«.

Ich habe erlebt, wie durch jahrelange Indoktrination in einem toxischen Kult die eigene Identität durch die Gruppenidentität sukzessive ersetzt wird und ein Ausstieg nach Jahren erschwert bis fast unmöglich ist, v.a. wenn man auf sich allein gestellt ist und kein Unterstützungsnetzwerk hat, das den weiteren Weg begleiten kann. Das musste ich in jahrelanger Dekonstruktion eines falschen Evangeliums und eines Personenkults unter Verlust von lieben Freunden und Familie schmerzhaft lernen und bin immer noch in der Phase der Rekonstruktion eines gesunden Glaubens an die Freiheit, die mir tatsächlich in der biblischen Person Jesus begegnet.

Dabei geholfen haben mir Leidensgenossen, Freunde, Pastoren, Therapeuten und die schmerzhafte Erkenntnis, dass ich selbst Verantwortung für mein Leben und für die Wahl der Einflüsse habe, die ich an mich heranlasse.

Ich durfte erkennen: »Die der Geist des Herrn (der Freiheit) frei macht, sind frei« (vgl. Johannes 8,36). Darum möchte ich allen Betroffenen zurufen: Lasst euch nicht mehr unterjochen!

Betroffenenbericht 4: Wie Leitung aus dem Ruder lief

Zwei Mitarbeitende einer Gemeinde – ein Ehepaar, das sich im Folgenden als Person XY und Person XX bezeichnet – berichten über ihren langen Weg innerhalb ihrer Gemeinde, in der Unrecht und Missbrauch überhandnahmen. Fassungslos erlebten sie mit, was zunächst gut begann, dann immer mehr entgleiste und zuletzt gar nicht mehr tragbar war. Betroffen berichten sie nacheinander von ihren Erfahrungen.

Person XY:

In unserer Jugendzeit hatten wir das Gemeindeleben grundsätzlich als etwas sehr Positives erlebt. Da wir beide aus zerrütteten Elternhäusern kamen, war die Gemeinde für uns ein großes Stück Familienersatz. Wir erfuhren dort Geborgenheit, erhielten Anerkennung und Bedeutung. Die Gemeindestrukturen und -gepflogenheiten waren Geländer, an denen wir sicher entlanggehen konnten. Für uns galt der viel zitierte Grundsatz: »Innerhalb der Gemeinde stehst du unter dem Schutz Gottes.« Diesen Schutzraum wollten wir natürlich nicht verlassen.

Aufgrund dieser Umstände galt bei uns das »Gesetz der Rückerstattung«. Dankbar für die Möglichkeit, Teil der Gemeinde zu sein, war es für uns selbstverständlich, unsere Ressourcen an Zeit,

Kraft und Finanzen über viele Jahre der Gemeinde zur Verfügung zu stellen. So verbrachten wir unsere Freizeit innerhalb dieses Umfeldes. Beziehungen außerhalb der Gemeinde wurden mehr und mehr auf ein Minimum reduziert. Innerhalb unserer Jugendleitergruppe leisteten wir alle einen hohen persönlichen Einsatz, was uns entsprechend als normal erschien.

In unseren Herkunftsfamilien hatten wir nicht gelernt, schwierige Themen anzusprechen bzw. Konflikte gesund und konstruktiv auszutragen. Und auch in unserem Gemeindeleben waren wir es gewohnt, Dinge hinzunehmen und uns unterzuordnen. Denn die Begriffe Loyalität und Treue wurden von uns dementsprechend verstanden. Auch bei der Gemeindeleitung und den Ältesten erlebten wir keine Vorbilder in Sachen Konfliktbewältigung. Die Möglichkeit, eine Diskussion zu führen, bestand nicht. Schon früh erlebten wir die Ältesten und Mitarbeiter als fast schon hörig gegenüber dem Gemeindeleiter und seiner Familie. Besonders problematisch empfanden wir auch den Umstand, dass mehrere Familienmitglieder des Pastors im Laufe der Jahre ebenfalls in der Gemeinde und gemeindenahen Organisationen angestellt wurden und leitende Funktionen einnahmen – unabhängig von ihrer Eignung. Wir bekamen mit, wie für sie zunehmend andere (auch finanzielle) »Spielregeln« galten als für herkömmliche Mitarbeiter und somit ein immer größerer Graben entstand.

Die Person des Gemeindeleiters erlebte ich als ambivalent. Gegenüber seinen »Schafen« und Gottesdienstbesuchern war er äußerst mitfühlend, verständnisvoll, konnte geduldig zuhören und zeigte sich sehr emphatisch. Seinen Mitarbeitern gegenüber konnte er jedoch auch kälter und härter werden.

Je größer und bekannter die Gemeinde wurde, umso leistungsbetonter erlebten wir sie. Der Druck im Mitarbeiterkreis stieg an und mit ihm die Forderung einer gewissen Perfektion: Alles, was auf der Bühne dargeboten wurde, sollte eine größtmögliche Exzellenz ausstrahlen. Dazu wurde stets die Botschaft vermittelt: »Du gehörst dazu, wenn du tust, was wir sagen.«

Wir erlebten, dass der Gemeindeleiter und seine Familie nach Jahren eines überaus signifikanten Wachstums zunehmend ein Elitedenken entwickelten – mit einem großen Interesse an Außenwirkung und Ansehen der Gemeinde und der eigenen Person. Längst maß man sich nicht mehr mit anderen Gemeinden aus dem deutschsprachigen Raum, sondern blickte auf die internationale Szene. Zwischenzeitlich war ich in Vollzeit angestellt und bekam die Veränderungen aus nächster Nähe mit. Die Gemeinde war hierarchisch aufgebaut. Die Autoritätsansprüche des Leiters ließen keine gesunde Kommunikation zu, bei der es ein Geben und Nehmen, Ermutigen und Korrigieren auf beiden Seiten gegeben hätte. In der Regel sahen die Mitarbeiterrunden so aus, dass der Gemeindeleiter einen sehr hohen Redeanteil hatte, bei dem er neue Visionen und Offenbarungen kundtat und die Mitarbeiter diese nur noch bestätigen konnten. Dabei kam es mehrmals vor, dass er große strukturelle Veränderungen und Entscheidungen ohne Rücksprache mit dem Vorstand vornahm und sich auf Prophetien berief, die wir allerdings weder zu Gesicht noch zu Gehör bekamen. Noch problematischer war, dass diese Dinge anschließend als gemeinschaftliche Beschlüsse des gesamten Vorstands verkündet wurden. Kritische Rückfragen wurden scharf beantwortet, eventuell hatte man sogar mit entsprechenden Sanktionen zu rechnen (bspw. wurde man nicht mehr zum Predigen eingeteilt oder durfte die Pastorentreffen nicht mehr besuchen). In der Nähe des Gemeindeleiters war es nicht erlaubt, zu sagen, was man denkt oder dass man etwas anders sieht. Wir wurden dazu angehalten Kommunikation lediglich auf vertikaler Ebene zu praktizieren. Diejenigen, die sich tatsächlich trauten, etwas kritisch zu bemerken oder teilweise auch nur Rückfragen zu stellen, standen früher oder später auf der gemeindlichen Abschussliste: Sie wurden aus dem geistlichen Dienst gemobbt und hinterher als psychisch krank oder extrem rebellisch stigmatisiert.

In all den Jahren erlebte ich es fast nie, dass der Leiter eine demütige Haltung einnahm und sich auch etwas von uns Mitarbeitern sagen ließ oder sich für eigene Fehler entschuldigte. Oft ließ er uns spüren, dass er den besseren Durchblick hatte. Er war sich auch immer sicher, genau von Gott gehört zu haben, und dass andere auch etwas von Gott gehört hatten, war ihm nur dann wichtig, wenn es sich mit dem deckte, was er zuvor gesagt hatte. Gespeist wurde dieses »apostolische Bewusstsein« noch von einigen internationalen Beziehungen, von Gastrednern und Pastoren befreundeter Gemeinden, die das spezielle Mandat der gesamten Familie immer wieder bestätigten und bestärkten. Solche geistlichen Leiter waren auch persönliche Ratgeber für den Leiter, ohne wirklich Einblick in die Gemeinde zu haben – allein schon wegen der Entfernung.

Meine persönlichen Gesprächstermine, die ich mit dem Gemeindeleiter hatte, beschränkten sich oft auf Fragen, die Mitarbeiter betrafen, die in meinem Arbeitsfeld tätig waren. Ich fühlte mich dabei meistens ausgehorcht und kam mir anschließend wie ein Verräter vor, wenn der Leiter die vertraulichen Inhalte für seine Zwecke missbrauchte und manches Mal öffentlich machte. Selten erlebte ich diese Vieraugengespräche, die eigentlich Coachinggespräche hätten sein sollen, als motivierend oder gewinnbringend. Als besonders enttäuschend empfand ich den Mangel an echtem Interesse an meiner eigenen Person und Entwicklung. Ich sollte funktionieren und von Nutzen sein – das war's. Solange ich der Überzeugung war, diesen Einsatz für das Reich Gottes zu bringen, kam ich ganz gut damit klar. Erst als ich erkannte, dass der Gemeindeleiter die Gemeinde als sein persönliches Eigentum ansah, dass es also um sein Reich, seinen Ruf und seine Vorteile ging, verlor ich mehr und mehr die Freude am Dienst.

Vieraugengespräche waren im Übrigen eine gängige Praxis – mit der Konsequenz, dass der Leiter später seine Sicht der Dinge widerspruchslos als Fakten präsentieren konnte. Schließlich gab es keine Zeugen, und aufgrund des Machtgefälles und des Vertrauens in die geistliche Autorität des Leiters traute sich ohnehin niemand, seine Aussagen anzuzweifeln.

Person XX:

Für uns als Ehepaar war es zunächst herausfordernd, unsere unterschiedlichen Wahrnehmungen unter einen Hut zu bringen. Ich erlebte den Pastor nach wie vor als freundlich und emphatisch. Doch nach und nach erlebte auch ich befremdliche Situationen: Es klang mehr und mehr durch, dass sich der Leiter als jemand wahrnahm, der besondere göttliche Autorität erhalten hatte. Befremdlich erschien mir auch die starke Betonung von Zahlen und die Sprache, die für meine Begriffe sehr zu Übertreibungen neigte. Je älter ich wurde, desto mehr vermisste ich auch die leiseren, bescheideneren Töne.

Besonders schmerzhaft erlebten wir beide die Zeit unseres Ausstiegs. Wir gehören zu den sogenannten »Walkaways«. Nachdem wir den Pastor mit unseren Kritikpunkten konfrontiert hatten, eskalierte die Situation in ungeahntem Ausmaß. Wir erlebten Manipulation und eine Kälte und Härte, mit der gegen uns vorgegangen wurde, die wir nicht für möglich gehalten hätten. Wir befanden uns im Zwiespalt: Einerseits wollten wir gehen. Andererseits mussten wir gegen unser antrainiertes Verhalten ankämpfen. Wir waren so »programmiert« worden, dass wir es für etwas ganz Schlimmes hielten, »den Gesalbten des Herrn anzutasten« und die Gemeinde zu spalten. Das bescherte uns viele schlaflose Nächte. Gleichzeitig erlebten wir zahlreiche lügenhafte und somit entlarvende Aussagen des Leiters, die es uns wiederum leicht machten zu verstehen, dass es sich hier nicht um etwas »Geistliches« handelte, sondern um etwas zutiefst Menschliches: um bloßen Machterhalt, um persönliches Ansehen und Reputation der Gemeinde nach außen.

Nachdem wir schließlich »draußen« waren, sprach die Gemeindeleitung in öffentlichen Statements von Prophetien, die all das schon längst vorausgesagt hätten. So erklärten sie beispielsweise, »dass die Gemeinde nun gereinigt worden sei und somit die Sonne wieder scheine«.

Rückblickend beschämt uns unser eigenes passives Verhalten in so vielen Situationen: Immer wieder hatten wir instinktiv gewusst, dass Menschen so nicht miteinander umgehen sollten, und hatten es trotzdem nicht geschafft, dagegen aufzustehen. Trotz allem können wir viele gute Dinge mitnehmen, die wir lernen und erleben durften. Und wir versuchen, die schlechten Dinge nicht selbst zu wiederholen.

Ressourcen der De- und Rekonstruktion – Befragung Betroffener

Im Rahmen meiner Recherchen der letzten Jahre hatte ich die Möglichkeit, verschiedene Missbrauch-Überlebende zu befragen, was für sie in der Aufarbeitung ihrer notvollen Erfahrungen zu einer Ressource geworden war. Im Folgenden lasse ich einige Betroffene zu Wort kommen.

Person A:

Ich erlebe bei mir, dass quasi jeder Lebensimpuls, dem ich täglich ausgesetzt bin, dazu dienen kann, neue spirituelle Ressourcen aufzubauen.

Hilfreich in der ersten Zeit nach dem Ausstieg war es für mich:

1. sichere Menschen zu identifizieren (Literaturtipp: *Safe People: How to Find Relationships that are Good for You and Avoid Those That Aren't*),
2. Primärliteratur zu Hilfe zu nehmen: z. B. die Bibel (Hesekiel 34,11),
3. Bücher und Gedichte von Mystikern und Mystikerinnen zu lesen, z. B. Pierre Stutz: »Geborgen und frei« oder »Lass dich nicht im Stich: Die spirituelle Botschaft von Ärger, Zorn und Wut«.

Wer sich ein gutes Händchen für vertrauenswürdige, qualitativ gute Informationsquellen erhalten hat, findet im Internet viele Impulse, die helfen können, sich neu zu verorten: Gerade dieses eigene Erforschen und freie Assoziieren fand ich unglaublich bereichernd und wichtig. Die eigenen spirituellen Quellen, die ganz persönliche Intuition wieder freizulegen, funktioniert für manche Menschen leichter, wenn sie dies in der Stille und ohne Beobachtung tun können. Zu diesen Menschen gehöre ich. Erst viel später kam der Austausch mit anderen dazu.

In der Begleitung Betroffener erlebe ich, dass ihnen weitere Ressourcen sehr hilfreich sind: Dazu gehört die Vernetzung mit anderen Glaubenden oder Menschen, die selbst eine Ausstiegserfahrung hinter sich haben und bereits eine eigene Stabilität wieder aufgebaut haben – ein Austausch auf Augenhöhe in Form von Peerberatung. Natürlich hat auch die professionelle Begleitung ihren Platz mit Coaching, Spiritual Care oder Psychotherapie, ggf. mit theologischem Input und Online-Material über Gottesbilder etc. Einige Personen, mit denen zusammenzuarbeiten ich das Vorrecht hatte, haben sich in Richtung anderer Religionen aufgemacht und so ihre eigenen spirituellen Quellen gründlich hinterfragt. Impulse aus der Religionspädagogik und Religionsphilosophie halfen ihnen, sich neu zu verorten.

Menschlich hilfreich zum Aufbau eigener spiritueller Ressourcen finde ich eine Haltung des Gegenübers, die Desmond Tutu in seinem Buch *Das Wunder des Vergebens: Wie Opfer und Täter einander verzeihen*[281] so schön beschreibt:

Wem soll ich meine Geschichte erzählen?
Wer wird meine Wahrheit hören?
Wer kann mir den Raum schenken,
den meine Worte ausfüllen möchten?
Wer kann den Raum offenhalten für Worte,
die wie schneidende Scherben aus mir hervorbrechen,
und für Worte, die zögernd in die Welt stolpern,
unsicher, ob sie willkommen sind?
Kannst du diesen Raum für mich frei machen?
Kannst du deine Fragen, Ratschläge
und Wertungen im Zaum halten?
Kannst du mit mir auf die Wahrheit warten,
die sich hinter meiner Traurigkeit, meiner Angst,
meiner blockierten Erinnerung und meinem Schmerz verbirgt?
Kannst du einen Raum für mich schaffen,
in dem ich meine Geschichte erzählen kann?

Person B:

Dieses Thema beschäftigt mich mit am meisten: Woher bekomme ich geistliche Nahrung, die mich nicht wieder in eine Retraumatisierung führt, sondern mich stützt und mir Trost und Mut für eine absolut notwendige De- und Rekonstruktion meines Glaubens gibt?

Am allermeisten hat mir das Buch von Stephen Martin *The Heresy of Mind Control* geholfen: Der Autor argumentiert nicht nur anhand der acht Thesen von Robert J. Lifton, sondern deckt auch die oft dahinterliegende pervertierte geistliche Rechtfertigung der religiösen Missbraucher auf. Dabei setzt er (als Pastor) ihr biblische Wahrheiten der Haltung Gottes uns gegenüber entgegen, sodass ich für mich selbst auf meinem Weg zu »meinem Glauben« biblische Argumente habe, wenn mich die fehlleitenden »alten« (Un-)Wahrheiten wieder runterziehen wollen.

Weitere Bücher, die mir geholfen haben, sind z. B. von Pater Anselm Grün *Was der Seele guttut* und das Buch von Inge Tempelmann *Geistlicher Missbrauch*, u. a. auch durch die umfangreichen Literaturangaben, da diese mich befähigt haben, selbst zum Autor meines Schicksals und somit vom passiven Opfer zur aktiv handelnden Person zu werden.

Lesen war und ist für mich immer noch sehr wichtig, da ich da im Gegensatz zu Ton- und Bildträgern in meiner eigenen Fantasie und inneren Wahrnehmung bleibe und nicht der Interpretation des Vortragenden folgen bzw. sie filtern muss.

Neben dem Lesen hat mir ein Hinweis geholfen, [...] nämlich dass es hilfreich wäre, gerade wenn man religiösen Missbrauch innerhalb einer Freikirche erlebt hat, sich eine stärker traditionelle oder liturgisch orientierte Gemeinde zu suchen, da dort die Abläufe eher vorhersehbar sind – bei mir persönlich waren es teilweise einfache lutherische und katholische Fernsehgottesdienste, dann aber (wie auch noch immer) eine eher kleinere familiäre Gemeinde. Für andere Freunde war es hingegen hilfreich, in die Anonymität größerer Gemeinden abzutauchen.

Person(en) C – ein Ehepaar:
Zu unseren Ressourcen, die uns nach dem Ausstieg geholfen haben und die für uns immer noch wichtig sind, gehören:

- Laufen (Sport, vor allem für meinen Mann) und Fahrrad fahren (haben wir gemeinsam entdeckt)
- gute Begleitung und Beratung (sowohl geistlich als auch therapeutisch)
- Bücher: z. B. Tempelmann: *Geistlicher Missbrauch*; Kessler: *Machtfalle*; Johnson, VanVonderen: *Geistlicher Missbrauch. Die zerstörende Kraft der frommen Gewalt* sowie Literatur über Themen wie Gnade und Identität in Christus
- Bibelstudium – mit einer neuen Übersetzung, die ich vorher nicht so gelesen habe: der andere Wortlaut hilft mir immer noch, mich geistlich neu auszurichten und falsche Glaubenssätze aus missbräuchlichen Lehren zu korrigieren
- Spaziergänge, Verbindung zur Natur
- gutes Essen, das Leben genießen
- Freunde – alte Freundschaften mit ähnlich Betroffenen und auch neue Kontakte zu völlig anderen Leuten, die das missbräuchliche System gar nicht kennen
- Malen, Schreiben, Kreativität, Gartenarbeit
- Abstand zu engen religiösen Strukturen: wir tun uns immer noch schwer mit Gemeindezugehörigkeit und okay damit zu sein; kein Druck
- aber auch geistliche Gemeinschaft zu suchen, wo wir innerlich spüren, dass es uns guttut (z. B. einen Lobpreisgottesdienst zu besuchen)
- mir Abgrenzung zu erlauben – im Job, aber auch in Beziehungen: Ich muss nicht mit jedem klarkommen und muss nicht jeden in mein Leben hineinlassen. Ich darf auf mein

Bauchgefühl hören und mich fragen: Was bzw. wer tut mir gut oder auch nicht? Und dann kann ich mich entsprechend ohne schlechtes Gewissen abgrenzen

- Bibelstellen meditieren, um die Lügen und »Daumenschrauben« zu widerlegen, mit denen wir so fertiggemacht wurden. Es wurde bspw. gesagt: «Ihr wollt nur nicht sterben!«[282] und »Ihr nehmt euch selbst so wichtig! Deshalb versagt ihr als Leiter! Und deshalb bringt euer Leben keine geistliche Frucht. Ihr lebt nur in der Seele.« Dagegen habe ich jahrelang immer wieder das Wort von Jesus selbst gehalten: »Ich lebe und ihr sollt auch leben!«[283] Das hat mir sehr geholfen! Auch andere toxische Aussagen habe ich immer wieder mit Bibelstellen für mich persönlich widerlegt

Das hat uns bis hierhin geholfen. Und wir entwickeln uns noch.

Person D:

Die Ressourcenliste einer Person, die im katholischen Kontext religiösen Missbrauch erfuhr:

- kritischer und kontroverser Austausch mit Freunden, die Ähnliches erlebt haben und weiterhin am Glauben festgehalten haben, jenseits des üblichen Schwarz-Weiß-Denkens, z.B. über Themen wie Gebet, Gottesbild, kirchliche Lehre und Fragen wie: Wie betest du jetzt? Betest du überhaupt noch? Was ist denn tatsächlich »richtig« oder »falsch«? Was sagt die Kirche zu bestimmten Themen? Hält Gott mein Zweifeln aus?
- meine Familie, die mich unterstützt hat, indem sie mir zugehört, sich mit empört, Verständnis gezeigt und meinen »Umschwung« ausgehalten hat

- mein geistlicher Begleiter, der mir einen weiten Horizont eröffnet hat, indem er mir viel Freiraum gegeben, mir ein anderes Gottesbild angeboten und mich darin unterstützt hat, auf meine Intuition, meine Wahrnehmung und meine Gefühle zu achten (er war Priester mit einer psychologischen Ausbildung, was spürbar und sehr hilfreich war)
- im Gespräch mit Gott meine Wut und meinen Ärger herauszulassen, zu schreien und zu weinen und ihn zu beschimpfen – immer im Wissen darum, dass er diese starken Emotionen aushält und mich gut verstehen kann
- Abstand zu nehmen von all den geistlichen Übungen, in denen ich übertrieben habe, z. B. nicht mehr fasten, nicht mehr beichten, nicht mehr beten – teils radikal, teils phasenweise –, und darin meine Freiheit zu erleben, dass ich dadurch kein verstoßenes Kind Gottes werde, sondern unabhängig von meiner Leistung einen Wert habe (das war teils schwierig, weil ich mir diese Erlaubnis selbst geben musste)
- Natur, Bewegung, Sport
- Literatur zu geistlichem Missbrauch, die ich von einer katholischen Psychologin erhielt, insbesondere Erfahrungsberichte und Sachbücher; das war enorm hilfreich, da ich hier erfuhr, dass geistlicher Missbrauch ein Phänomen ist, das nicht mir allein passiert ist, sondern das andere Personen in anderen Gemeinschaften zu anderen Zeiten und an anderen Orten fast identisch erlebt haben wie ich
- Horizonterweiterung durch die eigene Erlaubnis, kritische Literatur zu lesen und mich mit Themen zu beschäftigen, die zum Leben dazugehören und die vorher tabu waren, z. B. Persönlichkeitsentwicklung, Sexualität, Beziehungsgestaltung, weltliche Literatur

Person(en) E – ein Ehepaar:

Wir haben gemerkt, dass uns die Erfahrung des religiösen Missbrauchs auf unser Fundament fallen ließ. Wir waren beide dankbar, dass wir ein Fundament hatten. Dazu gehörten vor allem zwei Säulen:

- Wir hatten bereits vor dem missbräuchlichen System ein gutes Netzwerk von Freunden und stabilen Beziehungen, die nicht zum System gehörten. Dieses Netzwerk haben wir als eine sehr wichtige Ressource erlebt, weil wir dort Zuflucht und offene Arme finden konnten. Allerdings mussten wir in manchen Fällen auch Scham überwinden, um diese Ressource annehmen zu können.
- Wir hatten nicht in dem missbräuchlichen System zum Glauben gefunden. Wir hatten beide aus unseren Elternhäusern ein stabiles Fundament im Glauben und viele tragende Impulse aus Theologie und Spiritualität. Dort konnten wir auch eine für uns lebbare Spiritualität wiederfinden.
- Zum Beispiel war es für uns sehr interessant zu erleben, dass uns moderner Lobpreis kaum ohne Anspannung möglich war. Aber wir haben alte, uns sehr gut bekannte Kirchenchoräle ganz neu entdeckt und ihre oft tiefgründigen Texte neu schätzen gelernt. Diese Lieder konnten wir sehr gut mitsingen.

Person F:

Was ist mir in der Aufarbeitung meiner religiös missbräuchlichen Erfahrungen in der Gemeinde zu einer Ressource geworden?

Bevor ich meinen Mann, einen Theologen, kennengelernt und geheiratet habe, war ich mit Gott intensiv im Gespräch über seine Vorstellungen für mein Leben. Nach dem Start in einen gemeinsamen Dienst musste ich als engagierte Pastorenfrau jedoch schmerzhaft erfahren, dass meine eigene Berufung auf wenig Interesse in den Gemeinden stieß. Stattdessen hatte ich es mit einer zum Teil unerfüllbaren Erwartungshaltung zu tun sowie mit Ablehnung und in einem Fall mit massiver öffentlicher Ausgrenzung – Erfahrungen, die mich irritierten, die ich nicht zuordnen konnte und die ich als sehr verletzend erlebte.

In dieser sehr schweren Zeit der Irritation, in der wir als Pastorenehepaar nicht nur die Gemeinde, sondern damit auch Glaubensgeschwister, Freunde und Freundinnen, mit denen wir jahrelang gemeinsam unterwegs waren, verloren, habe ich erfahren, dass sich Gott selbst zu seinen Töchtern und Söhnen stellt. Zusprüche Gottes, überraschend und sehr konkret, haben mich ermutigt, nicht aufzugeben. Das waren Bibelworte exakt im richtigen Moment oder ein Dialog mit ihm unter dem Regenschirm an einem unerwarteten Ort, der neue Perspektiven aufzeigte. Als wir ein vertrautes Gegenüber benötigten, klingelte es plötzlich an der Haustür am neuen Wohnort und ein Freund – weit gefahren – umarmte uns tröstend.

Ich habe meinen Mann gebeten: »Erzähl mir vom Himmel!« – um den Blick auf das eigentliche Ziel nicht zu verlieren und an unseren Berufungen festhalten zu können. Denn: »Wer das Ziel kennt, findet immer einen Weg«. Natürlich haben wir uns auch geprüft: Galater 5,22 war hilfreich, wir haben jeden Morgen gemeinsam die »Früchte des Geistes« rezitiert, um uns danach auszurichten und nicht bitter zu werden.

Hilfreich empfand ich den Blick von der Metaebene auf das Geschehene, um mich zu reflektieren und einseitige persönliche Schuldzuweisung abzuwenden. Denn Schwierigkeiten können auch durch die jeweiligen Persönlichkeiten und/oder durch die gegebenen Strukturen entstanden sein.

Es halfen mir Fragen wie: Welche Strukturen gibt es in einer Gemeinde und wie wirken sich diese innerhalb der Gemeinde aus?

Welche Kriterien werden für ehrenamtliche Vorstandsmitglieder zugrunde gelegt, damit sie die Gemeinde auch geistlich und praktisch leiten können? Wie leiten sie – auch im Blick auf die Personalverantwortung für einen Pastor? Ergänzen sich die Kompetenzen zum »Bau des Reiches Gottes« oder geht es den Gewählten mehr um ihr eigenes Ansehen und ihre Position? (Vgl. Mike Bickle: *Prophetie oder Profilneurose*, Verlag Projektion J, 1996.)

Dass es Spannungen zwischen Strukturen und Berufungen geben kann, wird in der Missionsgeschichte sichtbar, z. B. wenn Satzungen von Missionswerken mit Überzeugungen von Missionaren kollidieren (vgl. Ruth A. Tucker: *Bis an die Enden der Erde: Missionsgeschichte in Biografien*, Ernst Franz Verlag, 1996).

Die individuelle Persönlichkeit, die bisherigen Lebens- und Gotteserfahrungen und der eigene Umgang mit Schuld(zuweisungen) benötigt nach missbräuchlichen Erfahrungen in Gemeinden m. E. Begleitung durch unvoreingenommene, gut ausgebildete Fachleute, um die Erfahrungen einordnen zu können. Ich bin dankbar für viele gute Gespräche mit einer christlichen Therapeutin. Auch Fachliteratur zum Thema des geistlichen Missbrauchs war eine Ressource für mich.

Gemeinsam mit meinem Mann bin ich weiter auf dem Weg in Richtung Ziel: Unterwegs haben wir wunderbare Menschen getroffen und manche Hürde gemeistert. Ich habe im beruflichen, nicht religiösen Kontext Verantwortung für Menschen in Konflikt- und Krisensituationen übernommen, die oft keine Anlaufstelle haben und zurückmelden, dass sie sich verstanden fühlen und dankbar für die Begleitung sind. Sie kennen meinen Hintergrund nicht – aber sie spüren das Durchlebte.

Person G:
Persönlich stark geholfen hat mir das Buch *Verliebt in Dich* von Mike Bickle, weil er darin betont, dass Gott mich bedingungslos liebt und mein inneres Verlangen, ihm nahe zu sein, achtet und wertschätzt; ebenso das Buch *Free at last* von L. Pile – ich lese es mit Gewinn.

Abschlussgedanken

Wenn Machtbiografien unbearbeitet bleiben

Im Finale dieser Veröffentlichung bewegen mich verschiedene Beobachtungen, die ich im Laufe der Jahre gemacht habe: Phänomene, die zu Fallstricken werden können, wenn sie nicht beachtet werden.

Was geschieht, wenn Menschen mit Lebensgeschichten, die durch unguten Gebrauch von Macht und durch Vernachlässigung belastet und geprägt wurden, nie die Chance der Aufarbeitung in den Blick nehmen? Entweder weil die Angst vor dem Schmerz sie davon abhält oder weil sie vor lauter Verdrängung die Notwendigkeit der Bewältigung dieses Schmerzes gar nicht spüren? – was aber die Wirkmächtigkeit der unbewältigten Themen nicht eliminiert.

Wenn Machtbiografien nicht bearbeitet werden, sind weitere ungute Entwicklungen vorprogrammiert:

- Menschen werden die Last unverarbeiteter Erfahrungen mit der damit verbundenen inneren Verwundung weiter mit sich herumtragen und – ob sie es wahrnehmen oder nicht – eine nicht unerhebliche Einbuße an Lebensqualität erfahren.
- Sie stehen zudem aufgrund der unverarbeiteten Dynamiken in der Gefahr, entweder weiter in der Opferrolle zu bleiben oder ggf. selbst im großen oder kleinen Stil in ihren Kontexten Täterschaft zu leben. Damit wiederholen sie Szenarien, unter denen sie selbst gelitten haben.

Zu diesem Thema könnte sehr vieles gesagt werden. Nennen möchte ich jedoch an dieser Stelle zumindest einige Beobachtungen, die mir in diesen Tagen am Herzen liegen und mit deren Beschreibung ich gern zu einer Bewusstheit beitragen möchte.

Beobachtungen

Nicht aufgearbeitete Erfahrungen im Engagement gegen Missbrauch

Es ist so wertvoll, wenn Menschen sich für Aufklärung engagieren. Wenn sie Missbrauch die Stirn bieten und Gutes bewegen wollen. Gleichzeitig birgt dieser hochbrisante Kontext Gefahren, wenn die Akteure ihre eigenen inneren Baustellen unzureichend bearbeitet haben: Wenn es blinde Flecken gibt, aufgrund derer sie Situationen, mit denen sie konfrontiert werden, nur bedingt richtig einschätzen oder sich wenig angemessen verhalten können.

Um dies zu vermeiden, erscheint mir für alle Aufklärenden neben einem fundierten Fachwissen eine sorgfältige persönliche Vorbereitung und Reflektiertheit unabdingbar. Dazu gehört die Bearbeitung der eigenen Machtbiografie von Kindheit an:

- Was haben sie selbst erlebt?
- Welche Opfer- oder Tätertendenzen gab es in ihrem Lebenslauf?
- Haben sie diese bisher wahrgenommen und dann auch verantwortlich bearbeitet?
- Gibt es Selbstwertthemen, die sie dazu verleiten könnten, in einer Kompensation zu leben, indem sie z. B. die Balance ihrer Seele durch die Abwertung anderer und die Betonung ihrer eigenen Bedeutung zu erreichen versuchen?

Ohne diese Bewusstheit – gekoppelt mit einer regelmäßigen Reflexion der eigenen Arbeit und Motivation – kann es so leicht geschehen, dass man als Fachmensch in aktuellen Prozessen getriggert wird, in ungute Rollen und unreife Kompensationen gerät und innerlich ungeklärt unterwegs ist. Auf diese Weise ist es möglich, dass aufklärende Personen und Institutionen mitten in ihrem Engagement gegen Missbrauch Notvolles wiederholen: im Umgang mit anderen; in der Handhabung der Probleme, um die es geht – bspw. durch eine Bagatellisierung von Missbrauch, Rivalität und das Bestimmen wollen und Ausnutzen anderer. Und es ist leicht erkennbar, dass diese Parallelprozesse an ungute oder gar missbräuchliche Dynamiken fragwürdiger Systeme erinnern.

Aufklärung und Schulung brauchen mehr als Fachwissen. Sie brauchen Fachleute mit einem Bewusstsein für die eigene Machtbiografie und die Bereitschaft, sich auch im aufklärenden Prozess weiter zu reflektieren.

Dynamiken, die aus Unreflektiertheit und unaufgearbeiteten Themen entstehen, erschweren alle aufklärenden Bemühungen und verhindern ein gutes Miteinander. Es ist verheißungsvoll, wenn Fachwissen und eigene Entwicklung im Gleichschritt möglich sind. Ein Engagement ohne die Kontaminierung mit derartigen »Baustellen« wird leichter, effektiver und letztlich glaubwürdig sein können, denn es kann nur das, was gelebt wird, reproduzieren.

Im Übrigen bieten unverarbeitete Baustellen – im persönlichen Leben sowie im Leben von Institutionen – Angriffsflächen für vieles, was daran interessiert ist, Gutes zu sabotieren. Auch in diesem Zusammenhang ist die beschriebene Seelenhygiene m. E. sehr sinnvoll.

Daher lautet die Devise: Entwicklung zulassen, reflektiert unterwegs sein, Parallelprozesse vermeiden!

In der Bewältigung missbräuchlicher Dynamiken scheint es darüber hinaus um so viel mehr zu gehen als um menschliches Bemühen, Beraten und Fachsimpeln, was sicher seinen Wert hat. Es geht um persönliche Haltung und die innere Ausrichtung.

In Psalm 25,14 wird uns versprochen, dass der Herr diejenigen ins Vertrauen zieht, die ihn achten. Daraus lese ich, dass er gemeinsam mit denen, die ihm vertrauen, Leben auf dieser Erde gestalten will. Das ernst zu nehmen, beinhaltet eine Demut, der Gnade verheißen ist (vgl. 1. Petrus 5,5).

Resümee

Aufgaben der Zukunft

In diesem Kapitel möchte ich der Frage nachgehen, was die theologische und psychosoziale Fachwelt in Bezug auf Missbrauch im frommen Gewand interessieren könnte.

Aufgrund meiner Insiderperspektive und Berufserfahrung empfinde ich eine starke Motivation, mich dem Thema aus der Sicht von Menschen zu nähern, die religiösen Missbrauch erfahren haben – eine professionelle Haltung, die ich mit anderen Fachleuten teile. Initiativen, die diesen Blickwinkel im Umgang mit dem Thema einnehmen und Erkenntnisse in Handlungen umsetzen, sind wertvoll, wenn auch noch rar gesät.

In dieser Veröffentlichung habe ich bewusst einen Fokus darauf gelegt, die Hindernisse und Herausforderungen deutlich zu machen, mit denen als Opfer Betroffene in dieser Gesellschaft konfrontiert werden. Das tat ich aufgrund meines aufrichtigen Wunsches, dass Not gelindert und Verwundeten immer mehr adäquate Hilfe zuteil wird – sowohl in der psychosozialen Grundversorgung als auch in Kirchen und Gemeinden, in denen sie ggf. noch unterwegs sind.

Mein Fazit aus den Reflexionen meiner Recherchen beinhaltet die Überzeugung, dass das Sektenphänomen und die Thematik des religiösen Missbrauchs noch mehr Forschung brauchen. Die Spannung zwischen deklarierter Unbedenklichkeit und der Erfahrung, dass es Menschen gibt, die massiv Schaden genommen haben, braucht m. E. Aufmerksamkeit.

Darüber hinaus erscheint es mir wichtig, dass Verkündigung und Handeln in christlichen Kontexten mehr reflektiert werden, indem die Fragen gestellt werden: Ist Kirche noch mit den Kernanliegen Christi für die Menschen unterwegs? Und könnte sich die deutschsprachige Fachwelt für neue Herangehensweisen öffnen, die die Aufarbeitung von erlebtem religiösem Missbrauch erleichtern? In denen multiperspektivische Ansätze mit individuellen und systemischen Faktoren in den Blick genommen werden, die inzwischen von vielen Fachleuten international bestätigt worden sind?

Dass Kenntnislücken und die Vernachlässigung wichtiger Themen zu weiterer Verwundung führen können, ist ein ernst zu nehmendes Problem. Es sollte besonders auch für die psychosoziale Grundversorgung bzw. im Kontext von Aus- und Fortbildung von Fachleuten in den Blick genommen werden.

Resümierend möchte ich daher die Fragestellungen und Aspekte festhalten, die es m. E. verdienen, (weiter) forschend in den Blick genommen zu werden. Notwendig erscheinen mir folgende Aufgabenstellungen:

- eine ernsthafte Auseinandersetzung mit dem Zustand und den Dynamiken von Systemen und Beziehungskonstellationen, die Menschen mitten in christlichen Kontexten missbrauchen; ich möchte anregen, dabei nicht nur typische Übergriffigkeiten in den Blick zu nehmen, sondern auch die Unterlassungen und Vernachlässigungen, durch die Menschen in ihrem Leben und ihrer »spirituellen Not« allein gelassen werden
- die Erkundung der Dysfunktionalität solcher Systeme sowie ihrer schädigenden Dynamiken und damit die systemischen Aspekte, die im Missbrauch eine Rolle spielen
- ein Aufspüren der Hintergründe, weshalb die Empfehlung der Enquetestudie zur weiteren Forschung bisher so wenig in die Umsetzung kam – denn der Bedarf weiterer Forschung wurde hier explizit genannt

- die Klärung des tatsächlichen Bedarfs von Menschen, die religiösen Missbrauch erfahren haben (bzw. von Menschen mit Kulterfahrung) – ein tatsächliches Interesse der interdisziplinären Fachwelt
- die Suche nach Möglichkeiten, Interventionsmacht dazu einzusetzen, die Machenschaften religiös missbräuchlicher Systeme einzudämmen und den subtil oder auch offen gelebten Täterschutz zu konfrontieren
- ein In-den-Blick-Nehmen der Gefahren bei der Aufklärung; notwendige Voraussetzungen für das Fachpersonal; Anzeichen nicht bearbeiteter innerpsychischer Baustellen und mangelnder Reflektiertheit

Wertvolle weitere Fragestellungen des Diskurses rund um das Sektenphänomen und das des religiösen Missbrauchs könnten ferner lauten:

- Kann die Infragestellung des Täter-Opfer-Paradigmas bei Erwachsenen angesichts der erschütternden Berichte Betroffener weiter aufrechterhalten werden?
- Wo dient das Passungsverständnis mit seinen bisherigen Konsequenzen der Unterstützung von Menschen, die Missbrauch erlebt haben, und wo eher nicht? Und in welcher Weise könnte dieses Verständnis gesellschaftliche Verantwortung untergraben?
- Dürfen Antidiskriminierungsbestrebungen gegenüber Sekten, neureligiösen Gruppierungen und ähnlichen Systemen wichtiger sein als der Schutz von Menschen, die durch angemessene Aufklärung vor Schaden bewahrt werden bzw. zügig wieder den Absprung schaffen könnten? Unter welchen Umständen würden Menschen vor bestimmten Syste-

men gewarnt oder sie darin unterstützt werden, einen Ausstieg in Betracht zu ziehen?

- Welche Kenntnislücken sollten in der Begleitung Betroffener in Zukunft geschlossen und auch bei der Aus- und Fortbildung von Fachleuten in den Blick genommen werden?
- Was sollte christliche Verkündigung zum Inhalt haben, wenn sie die Glaubensentwicklung von Kindern, Jugendlichen und Erwachsenen im Blick hat, die sie erreichen möchte?
- Gibt es ggf. Vorgaben der »political correctness«, die Forschung erschweren würden? Vorgaben und Narrative, die nicht zu hinterfragen sind? Und wenn dem so wäre, welche sind es und warum?
- Was genau würde es Menschen, die religiösen Missbrauch erlebt haben, erleichtern, hilfreiche Aufklärung zu erhalten und passende Beratung zu finden?

Wenn zu diesen Fragen in Zukunft intensiv geforscht werden könnte, würde sich m. E. viel Gutes auf den Weg bringen lassen. Und Betroffene würden sehr davon profitieren, wenn sich das Professionsinteresse verschiedener fachlicher Communities an destruktiven spirituellen Erfahrungen von Menschen verändern und auf die Erkundung dieser Fragestellungen richten würde.

Zudem stehen christliche Verantwortungstragende vor der Aufgabe, die Anliegen Gottes mit Menschen und mit Kirche ernstlich zu reflektieren – soweit wir diese als Menschen verstehen und von den Aussagen Jesu im Neuen Testament und seinem Handeln ableiten können. Ist das, was sich aktuell zeigt und ereignet, das, was Christus sich vorstellte, als er unter höchstem Einsatz sein Leben investierte und christliche Gemeinschaft installierte? Können der Christenheit die Anliegen Jesu besonders angesichts des Missbrauchs im frommen Gewand gleichgültig sein?

Nachklang

In den vergangenen Jahren gab es innerhalb der Christenheit im deutschsprachigen Raum eine sehr kontroverse Diskussion zum Thema des Missbrauchs im frommen Gewand. Diese war zu erwarten, weil eine ehrliche Auseinandersetzung mit den Realitäten rund um dieses Phänomen erschüttert. Sie fordert dazu heraus, Stellung zu beziehen und Komfortzonen zu verlassen. Denn so viele Gesichter des Missbrauchs sind inzwischen »normal« geworden. Wir als Gesellschaft haben uns damit arrangiert.

Persönlich bin ich mit der Thematik seit nun fast drei Jahrzehnten unterwegs – öffentlich seit 2001 – und habe damit vieles erlebt: Gutes und weniger Gutes. Meine eigene Entwicklung in der Beschäftigung mit dieser Form der Unterdrückung führte mich dazu, dass ich zu neuen Standpunkten fand, weitere Schwerpunkte herausarbeiten konnte und neue Sehnsucht spürte.

In meinem Buch *Geistlicher Missbrauch*, das 2007 erschien, hatte ich vorwiegend die Menschen im Blick, die in der christlichen Szene zum Opfer geworden waren. Und sie sind immer noch mein Hauptfokus. Seit geraumer Zeit spüre ich in mir jedoch den Wunsch nach mehr Initiative gegen den Missbrauch selbst. Wäre es nicht überzeugend, wenn immer mehr Verantwortungstragende den Missbrauch im frommen Gewand, der in der christlichen Szene immer noch großflächig stattfindet, nicht mehr hinnähmen? Wenn sie sich zuständig fühlten und ihre wertvolle Interventionsmacht sinnvoll einsetzten, um missbräuchliche Systeme zu entlarven, ihnen ihre Machenschaften zu erschweren und Aufklärung zur Chefsache zu erklären? Wenn sie sich persönlich berühren ließen und aufgrund ihres Interesses und Wissens dieser Destruktivität mit wirksamem Ideenreichtum begegneten?

Eine der für mich berührendsten Veröffentlichungen der letzten Jahre war das Buch des amerikanischen Autors Eric Metaxas über das Leben von William Wilberforce, der als Christ und Mitglied des britischen Unterhauses vor ca. 200 Jahren seinen Einfluss geltend machte, um einem unfassbaren Unrecht die Stirn zu bieten: Im Schulterschluss mit einer Gruppe von tief engagierten und vielfach kompetenten Menschen gelang es ihm, den Sklavenhandel und schließlich auch die Sklaverei im britischen Herrschaftsbereich abzuschaffen – mit Auswirkungen auf viele Nationen, die es den Briten schließlich gleichtaten. Wilberforce und seine engagierten Mitstreiter hinterließen ein segensreiches Vermächtnis, an das nicht genug erinnert werden kann.

Der Lebenseinsatz dieser Menschen brachte schließlich die große Wende: Mit Gleichgesinnten an seiner Seite schritt Wilberforce vorwärts. Es war ein Weg mit unsäglichen Hindernissen und Rückschlägen, Verrat und Drohungen, mit Anfeindungen und dem ständigen Riskieren seiner Karriere. Er erlebte persönlich schwere Krankheit und Verluste, Unverständnis der damaligen Gesellschaft sowie großer Teile der christlichen Community, tiefe Enttäuschungen und Selbstzweifel. Doch Wilberforce hielt durch: Mit dem Rückenwind des Himmels und einer ernsthaften Gottesbeziehung; mit dem weisen bahnbrechenden Rat seines Mentors John Newton; mithilfe von loyalen Mitstreitern und Mitstreiterinnen, denen es um die gute Sache ging und die sich gegenseitig als Menschen in all ihren Verletzlichkeiten im Blick hatten; und mit persönlicher Demut, die ihn auszeichnete. Durch überzeugende brillante Reden im Unterhaus und bei vielen gesellschaftlichen Anlässen, durch Aufklärung in jeder nur denkbaren Form und durch Veröffentlichungen und Schriften nutzte die Antisklaverei-Bewegung jede Position und Situation, um Einfluss auszuüben.

> John Newton war ein ehemaliger Sklavenschiffskapitän, der zum Glauben gefunden hatte, seine Taten unendlich bereute und sich später als Geistlicher der anglikanischen Kirche lebenslang innerhalb der Antisklaverei-Bewegung engagierte. Er ist auch bekannt als Autor des Liedes »Amazing Grace«.

1792 beschloss das britische Unterhaus die Abschaffung des Sklavenhandels mit Wirkung zum 1. Januar 1796 – ein Beschluss, der den 82-jährigen John Newton in seinem letzten Lebensjahr noch erreichte. Vor den Verantwortlichen lag nun ein langes, gewaltiges Ringen, um den Beschluss in der Praxis durchzusetzen und dann auf die Befreiung der Sklaven hinzuarbeiten. Am 26. Juli 1833 – wenige Tage vor Wilberforce' Tod – wurde die Gesetzesvorlage zur Befreiung der Sklaven in den britischen Besitzungen verabschiedet.

Ein Zeitgenosse kommentierte betroffen:

»Wir müssen immer wieder unser Staunen darüber zum Ausdruck bringen, dass so viel Anstrengung notwendig ist, um eine solch schreiende Ungerechtigkeit zu beseitigen.«[284]

Wilberforce hat uns ein Vermächtnis hinterlassen: den Gedanken, der zuvor nicht selbstverständlich war, dass die Mächtigen die Pflicht haben, den Schwachen und Machtlosen zu helfen. Diese Überzeugung breitete sich seinerzeit unermüdlich durch die gesamte britische Gesellschaft aus[285] und zog auch international Kreise.

Trotz dieses Vermächtnisses sind leider wieder andere Zeiten angebrochen. Die Sklaverei – wenn heute auch in anderer Form – ist aktuell so groß wie nie zuvor, und ebenso verbreitet sind andere Formen der Unterdrückung in ihren vielfältigen Variationen.

Warum habe ich Sie mitgenommen auf die Reise in die Zeit von Wilberforce?

Um deutlich zu machen, dass auch wir heute Einsatz bringen müssen, um Unrecht zu beenden – und besonders die unsäglichen Phänomene mitten im christlichen Lager: entschlossen, demütig, engagiert und mit Respekt vor dem Leben und Leiden anderer.

Es braucht nach wie vor Einsatz, um Unrecht zu beenden – nicht in Feigenblatt-Projekten, sondern unter Nutzung aller Einflussmöglichkeiten.

Es geht um ein Unterwegssein in Demut und Ehrfurcht vor Gott, im Empfangen seiner Impulse und mit bewusstem Verzicht auf Dynamiken, die an jene in missbräuchlichen Systemen erinnern.

An dieser Stelle zu nennen ist auch noch Rachael Denhollander mit ihrer Geschichte, die sie in *Wie ich das Schweigen brach: Eine junge Frau kämpft für Gerechtigkeit* veröffentlichte. Sie wurde zu einer mutigen Stimme für Tausende von Betroffenen sexualisierter Gewalt. Es kostete sie Unglaubliches, den ersten Schritt mutig zu wagen, der nötig war, um den Täter zu stoppen. Über 250 durch ihn geschädigte junge Mädchen und Frauen traten als Zeuginnen auf. Fassungslos waren alle nicht nur über das Ausmaß der Gewalt, sondern auch über all das, was in den großen mächtigen Institutionen die Gewalt rund um den Täter ermöglichte und was nicht getan wurde, um den Missbrauch zu stoppen – obgleich es möglich gewesen wäre. Diese Geschichte hat auch für den deutschsprachigen Raum höchste Relevanz, und Rachael Denhollander gebührt unser ganzer Respekt und Dank.

Nach ihrem außergewöhnlichen und mutigen Einsatz sagte sie am Ende:

In dem Moment, als ich mich zum Gerichtssaal umwandte, war ich plötzlich überwältigt von dem Geschenk, das uns allen gegeben worden war. Von der Kraft, die wir gemeinsam gefunden hatten. Wir hatten noch viel mehr erreicht, als ich mir je erhofft hatte – und das war jeder einzelnen Stimme zu verdanken, die erhoben worden war.[286]

Sie hatte nach den Werten ihres Glaubens gehandelt.

Du aber tritt für die Leute ein, die sich selbst nicht verteidigen können! Schütze das Recht der Hilflosen! Sprich für sie und regiere gerecht! Hilf den Armen und Unterdrückten!
Sprüche 31,8-9 (Hfa)

Lernt wieder, Gutes zu tun! Sorgt für Recht und Gerechtigkeit, tretet den Gewalttätern entgegen und verhelft den Waisen und Witwen zu ihrem Recht!
Jesaja 1,17 (Hfa)

Beherzt das Arbeiten für eine bessere Zukunft in Angriff zu nehmen, darum geht es – so wie es Dietrich Bonhoeffer zum Ausdruck brachte:

Mag sein, dass der Jüngste Tag morgen anbricht,
dann wollen wir gern die Arbeit für eine bessere Zukunft aus der

Hand legen,
vorher aber nicht.
Dietrich Bonhoeffer

Und in einem Lied von Michael Jackson, in dem die Sehnsucht nach Heilung dieser Welt zum Ausdruck kommt, die Tausende nachempfinden, heißt es:

Heal the world. Make it a better place.
For you and for me and the entire human race.
There are people dying.
If you care enough for the living.
Make a better place for you and for me.[287]

Rachael Denhollander schlussfolgert:

Es gibt noch so viel zu tun. So viel Böses zu bekämpfen, so viel Heilung zu erreichen, so viele Verletzte zu lieben. […] Entscheiden wir uns immer wieder dafür, ungeachtet der Kosten das Richtige zu tun. Entscheiden wir uns dafür, mitten im Kampf an der geraden Linie festzuhalten und unseren Erfolg an der Treue zu unseren Entscheidungen zu messen. Die Dunkelheit ist da, und wir können sie nicht ignorieren. Aber was wir tun können, ist, uns von ihr zum Licht weisen zu lassen.[288]

Schließen möchte ich mit einer ergreifenden Episode aus dem Film *Jesus* aus der Reihe *Die Bibel* mit Jeremy Sisto in der Hauptrolle: dem Kampf Jesu im Garten Gethsemane kurz vor seiner Kreuzigung und Hinrichtung. Die Regie des Filmes ließ Jesus erschütternde Bilder vor Augen malen von dem, was in Zukunft kommen würde: Kreuzzüge, Religionskriege, die Hexenverbrennung zukünftiger Jahrhunderte – stellvertretend für all das Unrecht, was fromm gerechtfertigt im kleinen und großen Rahmen geschehen würde. Laut tönte der Feind Gottes und lachte Jesus aus. Das werde das Resultat sein, wenn er seinen Weg zum Kreuz fortsetze. Der finstere Hohn traf Jesus mitten ins Herz, weil er wusste, dass es stimmte. Genau das würde passieren! Ihm war klar, dass der unbeschreibliche Einsatz seines Lebens für die Erlösung der Welt bzw. derer, die seine Liebe und Amnestie annehmen würden, in den Jahrhunderten nach ihm von vielen missbraucht und für eigene Zwecke instrumentalisiert werden würde – von Menschen, die nichts verstanden haben.

Die Qual Jesu in diesen Minuten war offensichtlich. Dennoch entschied er sich zu diesem Weg nach Golgatha um derer willen, die ihm vertrauen und die Entlastung und Freiheit, die er ihnen erwirkte, annehmen würden.

Gott wusste von Anfang an um das Risiko des Missbrauchs im frommen Gewand, weil er den freien Willen der Menschen vor Augen hatte. Die Menschen würden sehr unterschiedlich mit dem umgehen, was Jesus um ihretwillen alles gekostet hatte. Gott begab sich in ihre Hände, machte sich verletzlich. Dennoch hielt dieses Wissen ihn nicht davon ab, sein Herz auch weiter für die Menschen schlagen zu lassen. Wir können davon ausgehen, dass sich daran nichts geändert hat. Ich ahne, dass es besonders für die schlägt, die »in seinem Namen« unter religiösen Vorzeichen bedrängt, verbogen, beschuldigt, verklagt, bedroht, beraubt und verletzt wurden – für die die gute Nachricht des Evangeliums zu einer schlechten wurde.

Danksagung

Nach vielen Jahren des Unterwegsseins in meinem Engagement rund um den Missbrauch im frommen Gewand bin ich dankbar.

Wenn ich auf meinen Weg zurückblicke, berühren mich immer noch besonders die Fügungen und Begegnungen der ersten Jahre:

Barbara Matthews und Julian Richards aus Swansea, euch traf ich in Großbritannien als erste Versteher und Orientierungsgeber in einer Zeit der Erschütterung.

Alan Stephenson aus Neuseeland: Unsere Wege kreuzten sich kurzfristig in Kanada, und du warst in jener Zeit – ohne es vielleicht ganz zu verstehen – jemand, der mir Leben gab.

Die Mitarbeiter des *Wellspring Retreat and Resource Centers* in Albany, Ohio, in der Vereinigten Staaten sowie die wertvollen Konferenzen und Fortbildungsangebote der *International Cultic Studies Association* schenkten in intensiven Zeiten der Recherche Raum zu verstehen.

Die Monate der Hospitation im Beratungszentrum des *Wellspring Retreat and Resource Centers* in den Jahren 1999 und 2000 bargen so viel wertvolles Input: inhaltlich und persönlich. Auch die Begegnungen mit den Patientinnen und Patienten, die aus missbräuchlichen Settings ausgestiegen waren, und mit dem Personal vor Ort hinterließen ihre Spuren in meinem Leben.

Auf dem weiteren Weg fanden sich Professoren, Supervisoren und Kollegen, deren Input mein Werden ebenfalls mitprägten, und Klientinnen und Klienten sowie Teilnehmende der von mir angebotenen Veranstaltungen, die mir Einblick in ihr Leben schenkten und durch die ich viel lernen durfte.

Dankbar bin ich auch für Verantwortungstragende unterschiedlicher Organisationen, die den Mut hatten, sich für ein Thema zu öffnen, das unangenehm ist und Mut braucht. Und für engagierte Menschen unterschiedlicher christlicher Kirchen, die das Thema verstanden haben und beherzt »in Angriff nahmen«. Mein Horizont wurde durch sie geweitet.

Besonders danken möchte ich den Personen, die mir auch für diese Veröffentlichung ihre innersten Gefühle und sehr persönliche Informationen anvertrauten, damit andere Unterstützung erfahren können. Ich kann sie hier nicht namentlich nennen, aber sie wissen, dass sie gemeint sind.

Dank auch an den SCM R. Brockhaus Verlag, der in einer Zeit, in der das Thema noch gänzlich in der Tabuzone steckte, seinerzeit nicht nur wagte, mein Manuskript zu veröffentlichen, sondern überzeugt dahinterstand, weil er die Notwendigkeit verstand.

Ich danke auch Imke Früh, der Lektorin dieses Relaunches, für ihre wertvollen Hinweise und ihre sorgfältige, engagierte und professionelle Bearbeitung »meines« Textes, die ich als Rückenwind erlebte.

In diesen Jahren ist manches geschehen: an Aufklärung und Aufarbeitung; Workshops, Vorträgen, Seminaren, Team- und Einzelberatungen, Veröffentlichungen unterschiedlicher Art. Dass viele Fachleute unterschiedlicher Hintergründe in diesen Jahren das Thema aufgriffen, macht mich ebenfalls dankbar.

Viele Betroffene aus dem In- und Ausland reagierten auf mein Buch, das die Leserschaft in mehreren Auflagen erreichte. Viele stellten Fragen, gaben Rückmeldungen und erzählten ihre eigenen Geschichten. Danke für alles Vertrauen, das darin zum Ausdruck gebracht wurde.

Mein finales und tiefstes Danke gilt meinem Gott, der mir in den Aufgaben rund um das Thema dieses Buches verlässlich beistand. Der mir an Wegkreuzungen Orientierung schenkte. Dessen Gegenwart mir den Rückhalt gab, den ich für mein Wirken und Sein brauchte.

Inge Tempelmann
April 2024

Ressourcenpool

In diesem »Pool« möchte ich noch einige Ressourcen zur Verfügung stellen, die für die Bearbeitung der Thematik des religiösen Missbrauchs hilfreich sein können:

Fragebogen[289]

Ist Ihr Glaube vergiftet bzw. sind Sie geistlich abhängig?
Wie würden Sie die folgenden Fragen beantworten (ja/nein)?

1. Hat sich Ihre Familie darüber beschwert, dass Sie zu häufig zu Gemeindeveranstaltungen gehen und sich zu wenig um sie kümmern?
2. Empfinden Sie extreme Schuldgefühle, wenn Sie einen Sonntag einmal nicht zum Gottesdienst gehen?
3. Haben Sie das Gefühl, dass Gott auf das achtet, was Sie tun? Und befürchten Sie, dass er sich vielleicht von Ihnen abwendet und Sie nicht mehr segnet, wenn Sie nicht genug tun?
4. Sagen Sie Ihren Kindern oft, was sie zu tun haben ohne Angabe der Gründe, da Sie wissen, dass Sie einfach recht haben?
5. Finden Sie selbst kaum noch Zeit für Vergnügungen früherer Jahre, weil Sie so damit beschäftigt sind, in christlichen Arbeitskreisen mitzuarbeiten und an kirchlichen Gruppen teilzunehmen?
6. Haben sich Menschen darüber beschwert, dass Sie so viele Bibelstellen in Ihren Gesprächen zitieren, dass es schwer ist, sich mit Ihnen zu unterhalten?

7. Spenden Sie Geld, weil Sie glauben, dass Gott Sie reich macht, wenn Sie geben?
8. Fällt es Ihnen schwer, Entscheidungen zu treffen, ohne mit Ihrem Pastor (geistlichem Berater) Rücksprache gehalten zu haben? Selbst wenn es sich um unwichtige Entscheidungen handelt?
9. Sehen Sie Ihren Pastor oder geistlichen Berater als mächtiger an als andere Menschen?
10. Hat Ihr Glaube Sie hineingeführt in ein isoliertes Leben, wo es Ihnen schwerfällt, mit Freunden und Familie in Beziehung zu stehen?
11. Haben Sie sich dabei entdeckt, dass Sie von Ihrem Pastor/geistlichem Berater für ein lebenslanges Problem eine schnelle Lösung (»quick fix«) erwarten?
12. Fühlen Sie sich extrem schuldig für die kleinsten Fehler oder Schwächen?
13. Haben Sie schon einmal gedacht, Gott würde von Ihnen verlangen, dass Sie sich selbst oder andere zerstören, um mit ihm zu leben?
14. Sind Sie der Meinung, dass Sie immer noch für etwas bestraft werden, das Sie als Kind getan haben?
15. Haben Sie den Eindruck, dass Gott Ihnen endlich vergeben wird, wenn Sie sich noch ein wenig mehr bemühen?
16. Hat Ihnen schon einmal jemand gesagt, dass ein Prediger Ihre Gedanken und Gefühle manipuliert?

Vorschlag: Sollte eine Frage mit »Ja« beantwortet worden sein, könnte es wichtig sein, sich in Ruhe fachkundige Beratung zu suchen.

Systeme im Vergleich (von Stephen Martin[290])

Was die Gemeinde tun kann –
Ein Aufruf zur Vermeidung von Extremen

Sekten, Kulte und Missbrauchssysteme sind oft die Reaktion auf das, worin die Gemeinde versagt hat.

Eine nachlässige Gemeinde	**Eine gute, ausgewogene Gemeinde**	**Kult/Sekte/Missbrauchsystem**
Keine Evangelisation	Evangelisation wird zus. mit anderen geistl. Gaben anerkannt (Mt 28,19-20; Eph 4; 1Kor 12; Röm 12)	Alle müssen ständig evangelisieren, rekrutieren, alle Mitglieder tun dasselbe
Keine Botschaft der Errettung	Angebot der Errettung, wirklichen Nöten wird begegnet, Ermutigung (Joh 3; 1Thess 2,7-12; 5,14)	Gibt vor, Nöten zu begegnen, während Mitgliedern immer das Gefühl vermittelt wird, verurteilt zu sein. (1Thess 5,9; Röm 8,1-4; 1Joh 5,18)
Bei Krankheit wird kein Gebet für Heilung angeboten	Gebet für Heilung wird angeboten; Gnade, Annahme und Barmherzigkeit, falls nicht geheilt (Jak 5,14-16; 2Kor 12,7-10)	Überbetonung von Heilung. Heilung muss immer geschehen, sonst ist es deine Schuld
Keine Kenntnis über den Gebrauch der Geistesgaben	Geistl. Gaben u. individuelle Unterschiede (darin) werden anerkannt (Röm 12; 1Kor 12; Eph 4)	Überbetonung der Geistesgaben. Alle müssen alle Gaben oder dieselbe Gabe haben

Geringschätzung der Bibel (Jes 8,20)	Die ganze Bibel wird als inspiriert respektiert, studiert u. angewandt (2Tim 2,15; 3,16; Apg 17,11)	Bestimmte Verse werden außerhalb des Kontextes betont u. missinterpretiert (2Petr 3,16)
Weltlich/ Säkular (Röm 12,2; 1Joh 2,15-17)	Lehre u. Halten der Gebote; Liebe und Gnade Gottes (Mt 22,36-40; Röm 13,8-10; Eph 2,8-10)	Rigide Regeln werden dem Gesetz Gottes hinzugefügt, Gesetzlichkeit (Kol 2,8-23; Luk 11,46)
Oder: Lehre gesetzl. Regeln, ohne die (tatsächlichen) Gebote Gottes zu erklären. (Luk 23,23; 11,42.46)		Oder: Sünde wird neu definiert und gerechtfertigt (Mt 15,1-9; Jud 4)
Betonung von Ritualen, Liturgie, Schrift, Tradition u. Struktur. Der Gottesdienst ist eher äußere Formalität als Ausdruck des Herzens (Jes 29,13-14) – nicht immer Zeichen einer nachlässigen Gemeinde	Freiheit im Gottesdienst, Anbetung von Herzen u. im Geist innerhalb einer Ordnung (1Kor 14,26.40; Joh 4,23-24) (Innerhalb einer Ausgewogenheit gibt es kein Falsch oder Richtig.)	Betonung von Emotion, Tanz, Lautstärke, »Freiheit im Geist«. Man neigt dazu, Emotionalität mit Heiligem Geist gleichzusetzen (nicht immer ein Zeichen für Sektierertum/Kult)
Wenn Mitglieder nicht mehr kommen, sind sie vergessen. Sie werden nicht besucht, nicht angerufen. Keine Fürsorge	Wenn Mitglieder nicht mehr kommen, werden sie besucht, und man begegnet ihnen mit Fürsorge und Betroffenheit (1Kor 12,24-26)	Wenn Mitglieder nicht mehr kommen, werden sie aggressiv als »Eigentum« verfolgt – durch aufdringliche Verhöre, Einmischungen, durch Aufbürden falscher Schuldgefühle oder durch Verleumdung als »Feinde«. (1Petr 4,15; 5,3)

114 Stephen D. Martin, M.Div., ehemaliger Berater und Lehrer im Wellspring Retreat and Resource Center in Albany, Ohio, USA, einem Rehabilitationszentrum für ehemalige Mitglieder von destruktiven Kulten und missbräuchlichen Gemeinden.

SPIR – Halbstrukturiertes klinisches Interview zur Erhebung einer "spirituellen Anamnese"

Das Akronym **SPIR** dient dazu, sich die vier Schritte bei der Erfassung spiritueller Bedürfnisse und Ressourcen zu vergegenwärtigen:

S pirituelle und Glaubens-Überzeugungen
P latz und Einfluss, den diese Überzeugungen im Leben des Patienten einnehmen
I ntegration in eine spirituelle, religiöse, kirchliche Gemeinschaft / Gruppe
R olle des Arztes: Wie soll der Arzt mit spirituellen Erwartungen und Problemen des Patienten umgehen?

Die folgenden Standardfragen sollen im Verlauf des Gesprächs dem Sprachgebrauch des Patienten angepasst werden. Zur Vermeidung von Missverständnissen sollte herausgefunden werden, ob dem Patienten Begriffe wie "spirituell" oder "religiös" bekannt sind und wie er sie verwendet. Ähnliches gilt für Kirche / Gemeinschaft / Gemeinde / Gruppe usw., je nachdem, wie der Patient über seine diesbezüglichen Bindungen zu sprechen in der Lage ist.

S:
- **Würden Sie sich im weitesten Sinne als gläubigen (religiösen/spirituellen) Menschen betrachten?**
- In wen oder in was setzen Sie Ihre Hoffnung?

Woraus schöpfen Sie Kraft?
Gibt es etwas, das Ihrem Leben einen Sinn verleiht? Welche Glaubensüberzeugungen sind für Sie wichtig?

P:
- **Sind die Überzeugungen, von denen Sie gesprochen haben, wichtig für Ihr Leben und für Ihre gegenwärtige Situation?**
- Welchen Einfluss haben diese Überzeugungen darauf, wie Sie mit sich selber umgehen und in welchem Maß Sie auf Ihre Gesundheit achten?

Wie haben Ihre spirituellen und Glaubens-Überzeugungen Ihr Verhalten während dieser Erkrankung bestimmt?
Welche Rolle spielen Ihre Überzeugungen dabei, dass Sie wieder gesund werden?

I:
- **Gehören Sie zu einer spirituellen oder religiösen Gemeinschaft (Gemeinde, Kirche, spirituelle Gruppe)?**
- Bedeutet dies eine Unterstützung für Sie? Inwiefern ?

Gibt es eine Person oder Gruppe von Leuten, die Ihnen wirklich viel bedeuten und die wichtig für Sie sind?

R:
- **Wie soll ich als Ihr Arzt / Seelsorger / Krankenschwester usw. mit diesen Fragen umgehen?**
- Wer ist Ihr wichtigster Gesprächspartner in Bezug auf spirituelle und Glaubens-Überzeugungen?

Welche Rolle sollen diese Überzeugungen in der ärztlichen Behandlung spielen?
Spirituelle und Glaubens-Fragen sind für Krank- und Gesundsein ein wichtiger Bereich. Haben Sie den Eindruck, dass wir über Ihre Überzeugungen so gesprochen haben, wie Sie es sich wünschen?
Möchten Sie etwas hinzufügen?

Frick, E., Riedner, C., Fegg, M. J., Hauf, S. & Borasio, G. D. (2006). A clinical interview assessing cancer patients' spiritual needs and preferences. European Journal of Cancer Care, 15:238-243.

Literaturhinweise, Referenzen und Quellen

Arterburn, Stephen/Felton, Jack: *Toxic Faith. Experiencing Healing from Painful Spiritual Abuse.* Colerado Springs CO, 2001.

Baar, Hanne (Hrsg.): *Gottesverwechslung.* Jana-Herzberg-Grafiken, Rottendorf, 1999.

Beattie, Melody: *Kraft zum Loslassen. Tägliche Meditationen für die innere Heilung.* München, 1991.

Benner, David G.: *Kraftvolle Seelsorge. Die wichtigsten Wege um Gott zu erfahren und Menschen zu begleiten.* Gießen, 2014.

Benz, Martin: *Wenn der Glaube nicht mehr passt. Ein Umzugshelfer.* Neukirchen-Vluyn, 2022.

Blue, Ken: *Geistlichen Missbrauch heilen.* Basel/Gießen, 1997.

Bonelli, Raphael M.: »Das psychotherapeutische Unbehagen mit der Religion.« In: Utsch, Michael/Bonelli, Raphael M./Pfeifer, Samuel: *Psychotherapie und Spiritualität. Mit existenziellen Konflikten und Transzendenzfragen professionell umgehen.* Berlin/Heidelberg, 2014.

Bonelli, Raphael M.: *Die Weisheit des Herzens. Wie wir werden, was wir sein wollen.* Wien, 2023.

Brisch, Karl Heinz: *Bindungsstörungen. Von der Bindungstheorie zur Therapie.* Stuttgart, 1999/2009.

Buckingham, Jamie: »The End of the Discipleship Era.« In: *Ministries Today.* January/February 1990.

Burks, Ron und Vicki: *Damaged Disciples. Casualties of Authoritarian Churches and the Shepherding Movement.* Grand Rapids MI, 1992.

Butenkemper, Stephanie: »Bedingungen und Strategien geistlichen Missbrauchs. Was ist mir da passiert?« In: *Herder Thema. Gefährliche Seelenführer. Geistiger und geistlicher Missbrauch* (11/2020), 14-17.

Canakakis, Jorges: *Ich begleite dich durch deine Trauer.* Stuttgart, 1990.

Chrnalogar, Mary Alice: *Twisted Scriptures. A Path to Freedom from Abusive Churches.* Chattanooga TN, 1998.

Denhollander, Rachael: *Wie ich mein Schweigen brach. Eine junge Frau kämpft für Gerechtigkeit.* Holzgerlingen, 2021.

Dietz, Thorsten: *Menschen mit Mission. Eine Landkarte der evangelikalen Welt*. Witten, 2022.

Enders, Ursula: *Traumatisierte Institutionen 2004*. Unter: https://www.zartbitter.de/0/Eltern_und_Fachleute/6030_traumatisierte_institutionen.pdf (zuletzt aufgerufen am 12. 03. 2024).

Enroth, Ronald: *Churches that Abuse*. Grand Rapids MI, 1992.

Enroth, Ronald: *Recovering from Churches that Abuse*. Grand Rapids MI, 1994.

Faix, Tobias/Hofmann, Martin/Künkler, Tobias: *Warum ich nicht mehr glaube. Wenn junge Erwachsene ihren Glauben verlieren*. Witten, 2014.

Ford, Wendy: *Recovery from Abusive Groups – Healing from the trauma of authoritarian leaders*. Palm Harbor FL, 1990.

Forward, Susan: *Vergiftete Kindheit. Elterliche Macht und ihre Folgen*. München, 1990.

Fowler, James W.: *Stufen des Glaubens. Die Psychologie der menschlichen Entwicklung und die Suche nach Sinn*. Gütersloh, 2000.

Frick, E., Weber, S. und Borasio, G. D. (2002): *SPIR – Halbstrukturiertes klinisches Interview zur Erhebung einer »spirituellen Anamnese«*. Unter: https://spiritualcare.de/downloads (zuletzt aufgerufen am 12. 03. 2024).

Friedrich-Killinger, Sonja: *Die Bindungsbeziehung zu Gott. Ein dynamischer Wirkfaktor in der Therapie?* Hamburg, 2014.

Fuchs, Katharina Anna: »Wenn Körper und Seele leiden. Eine psychologische Perspektive des geistlichen Missbrauchs.« In: Hörting, Gerhard (Hrsg.): *Grauzonen in Kirche und Gesellschaft. Geistiger Missbrauch*, 13-28, Wien, 2021.

Garret, Kenneth J.: *Spiritual Abuse in the Church: A Guide to Recognition and Recovery, A Dissertation Project*. Portland, 2017. Unter: https://www.gracechurchportland.org/wp-content/uploads/2017/04/3-27-17-spiritual-abuse-in-the-church-dissertation-final.pdf (zuletzt aufgerufen am 13. 03. 2024).

Garret, Kenneth J.: »When the Walking Wounded Walk into the Church.« In: Damgaard, Neil (Hrsg.): *Wounded Faith: Understanding and Healing from Spiritual Abuse*, 11-25, Bonita Springs FL, 2021.

Genn, Felix: Theologische Aspekte des »geistlichen Missbrauchs«. Dokumentation des Eröffnungsvortrags der Tagung »Gefährliche Seelenführer?« In: *Herder Thema. Gefährliche Seelenführer. Geistiger und geistlicher Missbrauch* (11/2020), 8-13.

Giambalvo, Carol: »Post-Cult Problems – An Exit Counselor's Perspective« In: Langone, Michael D. (editor): *Recovery from Cults – Help for victims of psychological and spiritual abuse.* New York/London, 1993.

Graulich, Peter: »Das Kirchenrecht als Prävention gegen geistigen Missbrauch.« In: Hörting, Gerhard, (Hg.): *Grauzonen in Kirche und Gesellschaft. Geistiger Missbrauch*, 103-120, Wien, 2021.

Haselbeck, Barbara u.a. (Hg.): *Erzählen als Widerstand. Berichte über spirituellen und sexuellen Missbrauch an erwachsenen Frauen in der katholischen Kirche.* Münster, 2020.

Hassan, Steven: *Combatting Cult Mind Control.* Rochester VT, 1990.

Herman, Judith: *Narben der Gewalt. Traumatische Erfahrungen verstehen und überwinden.* Paderborn, 2002.

Hoffmann, Stefan: »Geistlichen Missbrauch verhindern. Erfahrungsbericht und Präventionsempfehlungen.« In: *Herder Thema. Gefährliche Seelenführer. Geistiger und geistlicher Missbrauch* (11/2020), 18-20.

Jansson, Marianne/Lemmetyinnen, Rittaa: *Wenn Mauern fallen. Zwei Marienschwestern entdecken die Freiheit des Evangeliums.* Bielefeld, 1997.

Johnson, David/van Vonderen, Jeff: *Geistlicher Missbrauch. Die zerstörende Kraft der frommen Gewalt.* Aßlar, 1996.

Kaufmann, Kathrin/Illig, Laura/Jungbauer, Johannes: *Sektenkinder. Über das Aufwachsen in neureligiösen Bewegungen und das Leben danach.* Köln, 2020.

Kessler, Martina/Soldan, Wolfram: *Leitfaden zum Umgang mit religiösem Machtmissbrauch – Das Ampelsystem als Anwendungsbeispiel und Hilfestellung zur Selbsteinschätzung.* Unter: https://www.ead.de/fileadmin/user_upload/211202-2_EADE-1019-Leitfaden_Online.pdf (zuletzt aufgerufen am 13.03.2024).

Keul, Hildegund: »Prävention als Zeichen der Zeit. Die unerhörte Macht der Verwundbarkeit und der Heilsauftrag der Kirche.« In: Hallay-Witte, Mary/Janssen, Bettina (Hrsg.): *Schweigebruch. Vom sexuellen Missbrauch zur institutionellen Prävention.* Freiburg im Breisgau, 2015.

Klotz, Monika: *Transgenerational weitergegebene Traumata. Eine praktisch-theologische Untersuchung.* Münster, 2020.

Kluitmann, Katharina: »Was ist geistlicher Missbrauch? Grenzen, Formen, Alarmsignale, Hilfen.« In: *Ordenskorrespondenz 60* (2/2019), 184-192.

Kuhlemann, Frank-Michael: »Protestantische ›Traumatisierungen‹. Zur Situationsanalyse nationaler Mentalität in Deutschland 1918/19 und 1945/46.« In: Gailus, Manfred/Lehmann, Hartmut (Hrsg.): *Nationalprotestantische Mentalitäten. Konturen, Entwicklungslinien und Umbrüche eines Weltbildes.* Veröffentlichungen des Max-Planck-Instituts für Geschichte, Band 214, 453-66, Göttingen, 2005.

König, Hildegart: »Wenn Gottes Wort entweiht wird und sich zuletzt doch als heilsam erweist: Die Rolle der Heiligen Schrift in Missbrauchskontexten.« In: Haselbeck, Barbara, u. a. (Hrsg.): *Erzählen als Widerstand,* 241-246, Münster, 2020.

Landau, Tobias, Madeleine/Lalich, Janja: *Captive Hearts – Captive Minds. Freedom and Recovery*

from Cults and Abusive Relationships. Alameda, 1993.

Langone, Michael D. (Hrsg.): *Recovery from Cults – Help for victims of psychological and spiritual abuse.* New York/London, 1993.

Lifton, Robert: *Thought Reform and the Psychology of Totalism.* Chapel Hill, 1961.

Linn, Matthew/Linn, Sheila/Linn, Dennis: *Healing Spiritual Abuse and Religious Adiction.* New York/Mahwah NJ, 1994.

Linn, Matthew/Linn, Sheila/Linn, Dennis: *Don't Forgive Too Soon. Extending the Two Hands that Heal.* New York/Mahwah NJ, 1997.

Lob-Hüdepohl, Andreas: »Gewissenbildung und die Gefahr geistlichen Missbrauchs, ›Nachhilfe von außen‹!?« In: *Herder Thema. Gefährliche Seelenführer. Geistiger und geistlicher Missbrauch* (11/2020), 30-34.

Løvås, Edin: *Wölfe in Schafspelzen. Machtmenschen in der Gemeinde.* Moers, 1997.

Marshall, Tom: *Understanding Leadership. Fresh Perspektives on the Essentials of New Testament Leadership.* Chichester UK, 1991.

Martin, Stephen: *The Heresy of Mind Control. Recognizing Con Artists, Tyrants, and Spiritual Abusers in Leadership.* Nashville TN, 2012.

Matsakis, Aphrodite: *I Can't Get Over It. A Handbook for Trauma Survivors.* Oakland CA, 1996.

McIntyre, Valerie: *Wie Schafe im Wolfspelz. Wie unerkannte Nöte unsere Beziehungen zerstören können – und was man dagegen tun kann.* Lüdenscheid, 2000.

Melton, J. Gordon/Introvigne, Massimo (Hrsg.): *Gehirnwäsche und Sekten. Interdisziplinäre Annäherungen.* Marburg, 2000.

Mertes, Klaus: *Hilfe, die Schaden anrichtet. Geistlicher Missbrauch in der katholischen Kirche.* Unter: https://www.feinschwarz.net/hilfe-die-schaden-anrichtet-geistlicher-missbrauch-in-der-katholischen-kirche (zuletzt aufgerufen am 13.03.2024).

Mertes, Klaus, Vorwort in: Wagner, Doris: *Spiritueller Missbrauch in der katholischen Kirche*. Freiburg im Breisgau, 2019.

Mertes, Klaus: »Geistlicher Missbrauch. Theologische Anmerkungen.« In: *Stimmen der Zeit*. Februar 2019, 93-102.

Metaxas, Eric: *Wilberforce. Der Mann, der die Sklaverei abschaffte*. Holzgerlingen, 2012.

Oakley, Lisa/Kinmond, Kathryn: *Breaking the Silence on Spiritual Abuse*. Basingstoke, Hampshire UK, 2013.

Oakley, Lisa/Humphrey, Justin: *Understanding Spiritual Abuse in Christian Communities*. Unter: https://www.spiritualabuseresources.com/e-news-archive/2018-01-07-understanding-spiritual-abuse-in-christian-communities (zuletzt aufgerufen am 08.02.2024).

Oakley, Lisa/Humphrey, Justin: *Escaping the Maze of Spiritual Abuse. Creating Healthy Christian Cultures*. London, 2019.

Oertli, Adrian: »Im geschlossenen System.« In: *Psychoscope* (2/2015).

Pargament, K.I. (Ed.): »Searching for the sacred: Toward a nonreductionistic theory of spirituality.« In: Pargament, K.I., Exline, J.J., & Jones, J.W. (Eds.): *APA handbook of psychology, religion, and spirituality* (Vol. 1): Context, theory, and research (pp. 257–273). American Psychological Association, 2013. Unter: https://doi.org/10.1037/14045-014 (zuletzt aufgerufen am 18.03.2024).

Petzold, Hilarion (Hg.): *Integrative Therapie. Modelle, Theorien und Methoden für eine schulenübergreifende Psychotherapie*. Band 2: Klinische Theorie. Paderborn, 1992.

Pile, Lawrence A.: *Free at last! The Message of Galatians for Survivors of Cults and Spiritual Abuse*. Bloomington IN, 2019.

Pollack, Detlef: »Abbrechende Kontinuitätslinien im deutschen Protestantismus nach 1945.« In: Gailus, Manfred/Lehmann, Hartmut (Hg.): *Nationalprotestantische Mentalitäten. Konturen, Entwicklungslinien und Umbrüche eines Weltbildes. Veröffentlichungen des Max-Planck-Instituts für Geschichte*. Band 214. Göttingen, 2005, 453-466.

Rohmann, Dieter: »Kulte – Einstieg in den Ausstieg. Darstellung der therapeutischen Arbeit mit Kultmitgliedern bzw. -aussteigern anhand des Drei-Stufen-Modells.« In: *Report Psychologie 5* (6/2000). Unter: https://kulte.de/3-stufen-modell/ (zuletzt aufgerufen am 04.08.2022).

Rohmann, Dieter: »Von Experte zu Expertin – Therapeutische Begleitung und Beratung.« In: Kaufmann/Illig/Jungbauer: *Sektenkinder*. Köln, 2020.

Ryan, Juanita and Dale: *Recovery from Spiriual Abuse*. Downers Grove, 1992.

Sandherr-Klemp, Dorothee: »Un-sagbare Not. Ein Buchprojekt gegen Missbrauch und Missachtung.« In: Haselbeck, Barbara, u.a. (Hrsg.): *Erzählen als Widerstand*, 247-254, Münster, 2020.

Scazzero, Peter: *Glaubensriesen – Seelenzwerge. Geistliches Wachstum und emotionale Reife*. Gießen, 2008.

Scazzero, Geri mit Scazerro, Peter: *Jetzt ist Schluss! Mein Aufbruch in ein selbstbestimmtes Leben*. Gießen 2012.

Schaub, Walter: »Spiritueller Missbrauch – Eine theologisch-ethische Analyse.« In: Hörting, Gerhard (Hrsg.): *Grauzonen in Kirche und Gesellschaft. Geistiger Missbrauch*, 75-94, Wien, 2021.

Schleske, Martin: *Werk | Zeuge. In Resonanz mit Gott*. München, 2022.

Schmalenbach, Hanna-Maria: *Frausein zur Ehre Gottes. In jeder Kultur anders?* Cuxhaven, 2021.

Schmidt, Jana mit Kessler, Martina: *Sie predigten Wasser und tranken Wein. Mein Weg aus religiösem Missbrauch in die Freiheit*. Holzgerlingen, 2023.

Schmiedel, Michael A.: *Persönliche religiöse Konstruktsysteme und religiöse Lehren. Zur Passung individueller Entwürfe und religiöser Angebote am Beispiel selbst gewählter Mitgliedschaft in Religionsgemeinschaften*. Münster 2014.

Schulz, Hannah A.: »Perfide Konstrukte. Was ist geistlicher Missbrauch?« In: *Herder Korrespondenz 73* (10/2019), 36-38.

Schulz, Hannah A.: »Geistlicher Missbrauch – Ein Frauenthema?« In: *Euangel, Magazin für missionarische Pastoral* (2/2020). Unter: https://www.euangel.de/ausgabe-2-2020/perspektive-geschlecht/geistlicher-missbrauch-ein-frauenthema (zuletzt aufgerufen am 13.03.2024).

Schulz, Hannah A.: »Geistlicher Missbrauch als Idolatrie.« In: Hörting, Gerhard (Hrsg.): *Grauzonen in Kirche und Gesellschaft. Geistiger Missbrauch*, 61-74, Wien, 2021.

Schulz, Hannah, A.: *Durch Nebel hindurch. Aus ignatianischer Sicht geistlichen Missbrauch erkennen und überwinden.* Würzburg, 2022.

Schwarz, Christian A.: *Gott ist unkaputtbar. 12 Antworten auf die Relevanzkrise des Christentums.* Aßlar, 2020.

Schwarz, Christian A: *Anleitung für christliche Lebenskünstler.* Emmelsbüll, 1995.

Seamands, David: *Befreit vom kindischen Wesen – »...tat ich ab, was kindisch war«. Antwort auf Lebensfragen.* Marburg, 1992.

Sewer, Raffael: *Geistlicher Missbrauch: Eine qualitativ-empirische Untersuchung zu den Auswirkungen auf das Leben und den Glauben der Betroffenen in Freikirchen.* Masterthesis, 2020.

Siegenthaler, Doris: *Gesund leben. Körper und Seele ins Gleichgewicht bringen.* Aßlar, 2004.

Staudinger, v. J.: *Kommentar zum Bürgerlichen Gesetzbuch.* Berlin, 1996.

Sternberg, Thomas/Wissing, Hubert: »Machtmissbrauch im Namen Gottes. Geistlichen Missbrauch aufdecken und verhindern.« In: *Herder Thema. Gefährliche Seelenführer. Geistiger und geistlicher Missbrauch* (11/2020), 44-49.

Streib, Heinz (2000): »Seelsorge im Kontext fundamentalistisch-neureligiöser Gruppierungen.« In: Christoph Schneider-Harppbrecht (Hg.): *Zukunftsperspektiven für Seelsorge und Beratung.* Neukirchen-Vluyn, 2000. Unter: https://www.researchgate.net/profile/Heinz-Streib/publication/41460291_Seelsorge_im_Kontext_fundamentalistisch-neureligioser_Gruppierungen/links/54a5e5420cf256bf8bb4da7e/Seelsorge-im-Kontext-fundamentalistisch-neureligioeser-Gruppierungen.pdf (zuletzt aufgerufen am 13. 03. 2024).

Sweitzer, Eric K.: »Dealing with the Loss of Identity.« In: Damgaard, Neil (Hrsg.): *Wounded Faith: Understanding and Healing from Spiritual Abuse,* 44-49, Bonita Springs 2021.

Tempelmann, Inge: *Geistlicher Missbrauch. Auswege aus frommer Gewalt. Ein Handbuch für Betroffene und Berater.* Witten, 2007.

Tempelmann, Inge: »Geistlicher Missbrauch – Nichts gelernt? Die katholische Kirche und die (oder: eine neue) Missbrauchfrage.« In: *feinschwarz, Theologisches Feuilleton.* September 2020. Unter: https://www.feinschwarz.net/geistlicher-missbrauch-nichts-gelernt/ (zuletzt aufgerufen am 13.03.2023). Und in: *Das Gemeindereferentinnenmagazin 1/2021 #metoo, Facetten des Machtmissbrauchs in der Kirche.*

Tempelmann, Inge: »Religionssensibilität – Sensibilität für religiösen Missbrauch in Gemeinden, Kinder- und Jugendgruppen.« In: Albrecht, Heidi u. a. (Hrsg.): *#religionsundkultursensibel, Perspektiven für die Arbeit mit Kindern und Jugendlichen in evangelischen Kontexten*, 413-418, Leipzig, 2018.

Thaler Singer, Margaret & Lalich, Janja: *Sekten. Wie Menschen ihre Freiheit verlieren und wiedergewinnen können.* Heidelberg, 1997.

Tobias, J. L. & Lalich, J.: *Captive Hearts – Captive Minds. Freedom and Recovery from Cults and Abusive Relationships.* Alameda CA, 1993.

Utsch, Michael: »Die Bedeutung von Gottesbildern für die religiöse Entwicklung.« In: Gräb, Wilhelm/Cottin Jerome (Hrsg.): *Imaginationen der inneren Welt*, 103-121, Frankfurt, 2012.

Utsch, Michael: »Bewusstseinskontrolle.« In: *Evangelische Zentralstelle für Weltanschauungsfragen*, Materialdienst 1/2014.

VanVonderen, Jeff: *Sie wollen nur dein Bestes. Wie man Enttäuschungen und Verletzungen in der Gemeinde überwinden kann.* Aßlar, 1997.

Veeser, Wilfried: *Macht Religion Angst. Ms.* o. O., 2017.

Wagner, Doris: *Nicht mehr ich. Die wahre Geschichte einer jungen Ordensfrau.* München, 2016.

Wagner, Doris: *Spiritueller Missbrauch in der katholischen Kirche.* Freiburg im Breisgau, 2019.

Wijlens, Myriam: »Die Finsternis aufbrechen. Kirchenrechtliche Überlegungen zum geistlichen Missbrauch für kirchliches Leistungspersonal.« In: Hörting, Gerhard (Hrsg.): *Grauzonen in Kirche und Gesellschaft. Geistiger Missbrauch*, 121-144, Wien, 2021.

Wilbertz, Jutta (Hrsg.): *Zerbrochene Flügel. Geistlicher Missbrauch und zerstörerischer Glaube. Erfahrungsberichte.* Wuppertal, 2006.

Wilson Schaef, Anne: *Im Zeitalter der Sucht. Wege aus der Abhängigkeit.* München, 1991.

Winkler, Jenny: *Das Bedürfnis Freiheit? Möglichkeiten und Grenzen psychosozialer Beratung von Aussteiger*innen aus religiösen Bewegungen und weltanschaulichen Gemeinschaften.* Masterthesis, 2021.

Erwähnte Filmprojekte

Braveheart. 1995, Regie: Mel Gibson.

The Chosen. 2019, weiterhin laufende Produktion der Serienverfilmung des Lebens von Jesus aus der Sicht der Menschen, die bei ihm waren, 7 geplante Staffeln, Regie: Dallas Jenkins. Alle bisher erschienenen Staffeln der Serie können über die App *The Chosen* angeschaut werden, die in den gängigen App-Stores kostenlos erhältlich ist.

Jesus – aus der Reihe *Die Bibel.* 1999, Regie: Roger Young.

Romane zum Themenbereich des religiösen Missbrauchs und schwieriger Gemeindethemen

In den Romanen werden lebensnahe Geschichten erzählt, die eine weitere Möglichkeit der Auseinandersetzung mit dem Phänomen des Missbrauchs im frommen Gewand sowie anderer schwieriger Themen im christlichen Kontext eröffnen. Die meisten Romane enthalten auch Orientierungselemente zur Rekonstruktion von Glauben – und Ideen, wie er stattdessen gelebt werden könnte.

Aland, Ute: *Die Gottesversprecher. Roman nach wahren Begebenheiten.* Gießen, 2014.

Jacobson, Wayne/Coleman Dave: *Der Schrei der Wildgänse. Aufbrechen zu einem freien Leben in Christus jenseits von Religion und Tradition.* Xanten, 2012.

Randall, Arthur: *Die Enkelin des Hiob.* Aßlar, 1992.

Randall, Arthur: *Die Erbin des Hiob.* Aßlar, 2003.

Rivers, Francis: *So stark wie das Leben.* Lahr/Schwarzwald, 2003.

Weitere Literaturhinweise

Die folgende Liste enthält weitere Veröffentlichungen im Kontext der Bearbeitung und Bewältigung religiös missbräuchlicher Erfahrungen – zu den Themen Missbrauch, Trauma, De- und Rekonstruktion von Glauben:

Baumann, Matthias: *Kontrollzwang, Vertuschung, Gespräche – Was tun bei geistlichem Machtmissbrauch?* o. O., 2018.

Borrmann, Maike: *Therapeutische Herausforderungen in der Begleitung ehemaliger Mitglieder geschlossener weltanschaulicher Gemeinschaften.* Masterthesis, 2022.

Butenkemper, Stephanie: *Toxische Gemeinschaften: Geistlichen und emotionalen Missbrauch erkennnen, verhindern und heilen.* Freiburg im Breisgau, 2023.

Dietz, Thorsten/Faix ,Tobias: *Transformative Ethik. Wege zum Leben. Einführung in eine Ethik zum Selbstdenken.* Neukirchen-Vluyn, 2021.

Figley, Charles R. (ed.): *Trauma and Its Wake.* New York, 1985.

Fischer, Gottfried: *Neue Wege aus dem Trauma, Erste Hilfe bei schweren seelischen Belastungen.* Düsseldorf, 2003.

Juhre, Ralf: *Diktatur im Namen Jesu. Entmündigung und seelischer Missbrauch in der Gemeinde.* Bruchköbel, 2014.

Kessler, Volker und Martina: *Die Machtfalle. Machtmenschen – und wie man ihnen begegnet.* Gießen, 2017

Kessler, Martina (Hrsg.): *Religiösen Machtmissbrauch verhindern.* Gießen, 2021.

Martin, Paul R.: *Cult Proofing your Kids.* Grand Rapids MI, 1993.

Martin, Paul: »Dispelling the Myths: The Psychological Consequences of Cultic Involvement.« In: *Christian Research Journal 11*, No. 3, 12, 1989.

Pfeifer, Samuel: »Traumaverarbeitung und Spiritualität.« In: Utsch, Michael/Bonelli, Raphael M./Pfeifer, Samuel: *Psychotherapie und Spiritualität. Mit existenziellen Konflikten und Transzendenzfragen professionell umgehen*, 165-172, Berlin/Heidelberg, 2014.

Pfeifer Samuel: *Wenn der Glaube zum Konflikt wird. Wege der inneren Heilung.* Gießen, 2009.

Reithmeier, Lorenz (Hrsg.): *Religiöser Missbrauch. Ursachen – Auswirkungen – Heilung. (GGE Praxis).* Hannoversch Münden, 2006.

Rohmann, Dieter: *Mögliche Prädisposition einer Sekten-, Kultmitgliedschaft. Diplomarbeit.* Unter: https://psydok.psycharchives.de/jspui/bitstream/20.500.11780/148/1/Praedisposition.pdf (zuletzt aufgerufen am 13.03.2024).

Wagner, Doris/Schönborn, Christoph: *Schuld und Verantwortung. Ein Gespräch über Macht und Missbrauch in der Kirche.* Freiburg im Breisgau, 2019.

Yancey, Philip: *Warum ich heute noch glaube – Menschen, die mir halfen, die Gemeinde zu überleben.* Wuppertal, 2002.

Anmerkungen

1 Vgl. Schulz: Geistlicher Missbrauch – Ein Frauenthema?, 4.
2 Vgl. a. a. O., 3.
3 Die wesentlichen Klassiker waren seinerzeit Veröffentlichungen von R. M. Enroth (Churches that Abuse, Recovering from Churches that abuse), D. Johnson/J. VanVonderen (The Subtle Power of Spiritual Abuse) und Ken Blue (Healing Spiritual Abuse) – von Letzteren befinden sich die deutschen Übersetzungen im Literaturverzeichnis.
4 Benner, David G: Kraftvolle Seelsorge, 114-115.
5 Pargament, K. I. (Ed.): Searching for the sacred: Toward a nonreductionistic theory of spirituality, 257–273 (eigene Übersetzung).
6 Zunehmend ist von einem »spiritual turn« in der Psychotherapie im deutschsprachigen Raum die Rede. Der Begriff meint sowohl ein allgemeines religionssoziologisches Phänomen als auch eine Binnenveränderung der psychotherapeutischen Versorgungslandschaft. Es wird untersucht, ob es Indikatoren für einen Bedeutungszuwachs des Spirituellen bei den psychotherapeutischen Akteurinnen und Akteuren in Deutschland gibt. Vgl. https://link.springer.com/article/10.1007/s43638-021-00013-z#SnippetTab (zuletzt aufgerufen am: 08. 02. 2024).
7 Vgl. Freund, Henning: Religion und Spiritualität, Annäherung an zwei Begriffe im Bereich Religionspsychologie und Psychotherapie, Vorlesung, Marburg, 2015.
8 Wolfram Soldan in fachlichem Kontext.
9 Oakley, Lisa/Humphrey, Justin: Understanding Spiritual Abuse in Christian Communities; Oakley/Humphrey: Escaping the Maze of Spiritual Abuse: Creating Healthy Christian Culture, SPCK 2019; Oakley/Kinmond/Humphrey: Spiritual Abuse in Christan Faith Settings: Definition, policy and practice guidance, Journal of Adult Protection, 20 (3-4), 144-154, 2018; Oakley/Kinmond/Blundell: Responding well to Spiritual Abuse: Practice Implications for Counselling and Therapy, British Journal of Guidance and Counselling, 52 (1), 1-14, 2024.
10 Vgl. Oakley/Humphrey: Escaping the Maze of Spiritual Abuse.
11 Oakley/Kinmond: Breaking the Silence on Spiritual Abuse, 56 (eigene Übersetzung).
12 Ebd. (eigene Übersetzung).
13 A. a. O., 21-22 (eigene Übersetzung).
14 Vgl. a. a. O., 22.
15 Johnson/VanVonderen: Geistlicher Missbrauch, 23, 27.
16 Linn: Healing Spiritual Abuse, 12,13,15 (eigene Übersetzung).
17 Vgl. a. a. O., 15.

18 Vgl. Wagner, Doris: Spiritueller Missbrauch in der katholischen Kirche, 56.
19 Vgl. a. a. O., 48.
20 Vgl. a. a. O., 81-147.
21 Kluitmann: Was ist geistlicher Missbrauch, 184.
22 https://bistum-osnabrueck.de/geistlicher-missbrauch/ (zuletzt aufgerufen am 13. 03. 2024).
23 Schulz: Perfide Konstrukte, 37.
24 A. a. O., 38.
25 Mertes: Hilfe, die Schaden anrichtet, 1.
26 Vgl. Mertes: Geistlicher Missbrauch. Theologische Anmerkungen.
27 Mertes: Vorwort. In: Wagner: Spiritueller Missbrauch, 8.
28 Vgl. Schulz: Geistlicher Missbrauch als Idolatrie, 66-67.
29 Soldan/Kessler: Leitfaden, 5.
30 Pile: Free at last, xxi.
31 Vgl. a. a. O., xxii (with permission of Stephen Martin).
32 König: Wenn Gottes Wort, 241.
33 »Geistlicher Missbrauch«, DE'IGNIS Magazin Nr. 14 »Der missbrauchte Mensch« (12/1997), 24.
34 Vgl. Tempelmann: Geistlicher Missbrauch, 22; kommentiert in: Schaub, Spiritueller Missbrauch, 82.
35 Eine nähere Erklärung des Begriffs findet sich bei Valerie McIntre: Wie Schafe im Wolfspelz, 31.
36 Johnson/VanVonderen: Geistlicher Missbrauch, 28-29.
37 Vgl. Soldan/Kessler: Leitfaden, 9.
38 Wagner: Spiritueller Missbrauch, 60.
39 Vgl. a. a. O., 62-63.
40 Bonelli: Das psychotherapeutische Unbehagen, 50.
41 Ebd.
42 Vgl. ebd.
43 Vgl. Linn: Healing Spiritual Abuse & Religious Addiction, 11.
44 Ebd. Sheila F. Linn zitiert Anne Wilson Schaef: »My Journey to Understanding Addiction«, Presentation at Fishnet Northeast Conference on »Recovering Intimacy and the Good News of the Gospel«, June 24-28, 1990 (eigene Übersetzung).
45 Schaef: Im Zeitalter der Sucht, 28, 30.
46 A. a. O., 30-31.
47 Linn: Healing Spiritual Abuse & Religious Addiction, 11-12. Sheila F. Linn bezieht sich hier auf den Artikel »Religious Addiction and Abuse« von Peter McCall, O. F. M. Cap. (eigene Übersetzung).
48 Arterburn/Felton: Toxic Faith, 92 (eigene Übersetzung).
49 A. a. O., 95 (eigene Übersetzung).
50 Vgl. Linn: Healing Spiritual Abuse & Religious Addiction, 1.
51 A. a. O., 18 (eigene Übersetzung).
52 Vgl. Tempelmann: Religionssensibilität, 413.

[53] Fowler: Stufen des Glaubens, 23.
[54] Linn: Spiritual Abuse, 18.
[55] Vgl. Lukas 17,20-35.
[56] Vgl. Burks: Damaged Disciples. Vgl. Schaub: Spiritueller Missbrauch, 76. Oakley/Kinmond: Breaking the Silence, 8-10.
[57] Vgl. Chrnalogar: Twisted Scriptures, 22.
[58] Vgl. Buckingham, Jamie: The End of the Discipleship Era, 46.
[59] Vgl. Løvås: Wölfe in Schafspelzen, 46-47.
[60] Vgl. Fuchs: Wenn Körper und Seele leiden, 15.
[61] Graulich: Das Kirchenrecht, 113.
[62] Vgl. Soldan/Kessler: Leitfaden.
[63] Ebd.
[64] Bspw. Haselbeck, u. a.: Erzählen als Widerstand. Wilbertz: Zerbrochene Flügel. Schmidt: Sie predigten Wasser und tranken Wein. Sowie die Berichte in Kapitel 14 dieser Veröffentlichung.
[65] Vgl. Romane im Literaturverzeichnis.
[66] CD: Robert Critchley, Beautiful Tapestry – Father's love letter, Kingsway Music, Lottbridge Drove, Eastbourne, East Sussex, BN23 6NT, UK (eigene Übersetzung).
[67] Forward: Vergiftete Kindheit, 106. Susan Forward beschreibt in ihrem Buch ähnliche toxische Dynamiken in Familien.
[68] Blue: Geistlichen Missbrauch heilen, 29-30.
[69] Vgl. Watchman Nee: Spiritual Authority. New York, 1972, 71. Deutsch unter dem Titel: Vollmacht – Leben unter der Autorität Gottes. Schwengeler, 1991. Zitiert in Blue: Geistlichen Missbrauch heilen, 29-30.
[70] Vgl. Watchman Nee: The Body of Christ. New York, 1978, 20-21. Deutsch unter dem Titel: Vollmacht – Leben unter der Autorität Gottes. Schwengeler, 1991. Zitiert von Blue: Geistlichen Missbrauch heilen, 29-30.
[71] Vgl. Enroth: Churches that abuse, 117. Er kommentiert eine Auffassung des »Boston Movements«- zitiert in Blue: Geistlichen Missbrauch heilen, 30.
[72] Vgl. Derek Prince: Discipleship, Shepherding, Commitment. Derek Prince Publishers, 1976, 18 – zitiert in Blue: Geistlichen Missbrauch heilen, 30.
[73] Vgl. Blue, Geistlichen Missbrauch heilen, 29.
[74] Ebd.
[75] Natürlich gibt es auch ein unkonstruktives Hinter-dem-Rücken-Reden, ohne wirkliche Klärung zu wollen – das ist hier nicht gemeint. Ebenso wird hier keine Grundhaltung der Kritik und der Besserwisserei Leitern gegenüber befürwortet. Sondern es geht um die grundsätzliche Freiheit, seine Meinung und Bedenken äußern zu dürfen, ohne Sanktionen fürchten zu müssen.
[76] Vgl. Linn: Spiritual Abuse, 16-17.
[77] Chrnalogar: Twisted Scriptures, 71 (eigene Übersetzung).
[78] Johnson/VanVonderen: Geistlicher Missbrauch, 100.
[79] Blue: Geistlichen Missbrauch heilen, 48.

80 Vgl. a. a. O., 51.
81 Johnson/VanVonderen: Geistlicher Missbrauch, 103.
82 Quelle: Stephen D. Martin, M. Div., Mitarbeiter im Wellspring Retreat and Resource Center in Albany, Ohio, USA.
83 Vgl. Veeser: Macht Religion Angst.
84 Streib: Seelsorge, 139.
85 Utsch: Bewusstseinskontrolle.
86 Eine ausführlichere Darstellung dieser Hintergründe findet sich hier: Tempelmann: Religiöser Missbrauch, Masterarbeit, 27-29.
87 Vgl. a. a. O., 18.
88 Vgl. Keul: Prävention als Zeichen der Zeit, 273.
89 Ebd.
90 A. a. O., 275.
91 Vgl. a. a. O., 276.
92 Vgl. a. a. O., 276-277.
93 A. a. O., 277.
94 https://www.antidiskriminierungsstelle.de/SharedDocs/downloads/DE/publikationen/AGG/agg_gleichbehandlungsgesetz.pdf?__blob=publicationFile (zuletzt aufgerufen am 28. 02. 2024).
95 Das Gebet Jesu als zentrale Botschaft der Einheit – Johannes 17.
96 Matsakis: I can't get over it, 93 (eigene Übersetzung).
97 Vgl. Haslbeck: Erzählen als Widerstand, 29.
98 Matsakis: I can't get over it, 93 (eigene Übersetzung).
99 Enders: Traumatisierte Institutionen.
100 Klotz: Transgenerational weitergegebene Traumata, 126-129.
101 Pollack: Abbrechende Kontinuitätslinien, 455.
102 Vgl. Kuhlemann: Protestantische »Traumatisierungen«, 49.
103 Klotz: Transgenerational weitergegebene Traumata, 127.
104 Gailus: Protestantismus, Nationalsozialismus und Nachkriegsgeschichte, 23.
105 David Seamands: Befreit vom kindischen Wesen, 50.
106 Vgl. Sprüche 31,8 (Hfa).
107 Vgl. Sprüche 31,8 (ELB).
108 Vgl. Blue: Geistlichen Missbrauch heilen, 15.
109 Vgl. Linn: Don't Forgive Too Soon, 3-8.
110 Mit Impulsen des *Wellspring Retreat and Resource Center* in Albany, Ohio, USA.
111 Wager: Spiritueller Missbrauch, 184.
112 Bonhoeffer, Dietrich: Widerstand und Ergebung (DBW 8), Gütersloh, 2015, 436.
113 Schwarz: Gott ist unkaputtbar, 9.
114 Ebd.
115 A. a. O., 16.
116 A. a. O., 29.
117 Pfr. Paul Deitenbeck, Aussage einiger Predigten.

118 Vgl. Beattie: Kraft zum Loslassen, 20.
119 Dietz: Menschen mit Mission, 7.
120 Vgl. a. a. O., 7-8.
121 A. a. O., 8-9.
122 Das *Wellspring Retreat and Resource Center* war ein US-amerikanisches Beratungszentrum, das sich auf die Behandlung von Personen spezialisiert hatte, die in Beziehungen, religiös missbräuchlichen christlichen Settings, Kulten, Traumasituationen und durch destruktive therapeutische Allianzen missbraucht worden waren. In den USA war es seinerzeit die einzige stationäre Einrichtung dieser Art. Es wurde 1986 von Dr. Paul R. Martin und seiner Frau Barbara gegründet und befand sich viele Jahre im US-amerikanischen Bundesstaat Ohio.
123 Vgl. die Theorie der Bewusstseinskontrolle von Lifton (1963), Theorien der Konformität nach Asch (1956), des Locus of Control (Rotter, 1966), Theorie der Attribution (Weiner, 1974), der Kognitiven Dissonanz (Festinger et al., 1956), der Forced Compliance (Festinger & Carlsmith, 1959), der erlernten Hilflosigkeit (Seligman, 1975), der Gehorsamkeitsbereitschaft gegenüber Autoritäten (Milgram, 1974), der Deindividuation (Zimbardo, 1969), der Self Fulfilling Prophecy (Merton, 1948) und der selektiven Wahrnehmung (Hernandez-Peon, 1966). Vgl. https://kulte.de/ (zuletzt aufgerufen am 04.08.2022).
124 Vgl. Melton: Gehirnwäsche und Sekten, 23.
125 Örtli: Im geschlossenen System.
126 Ebd.
127 Ebd.
128 Martin, Heresy.
129 Haslbeck u. a.: Erzählen als Widerstand, 15.
130 Ebd.
131 Vgl. Kluitmann: Was ist Geistlicher Missbrauch?
132 König: Wenn Gottes Wort entweiht wird, 244.
133 Vgl. Rohmann: Mögliche Prädisposition einer Sekten-, Kultmitgliedschaft, 14-28.
134 Genn: Theologische Aspekte, 11.
135 Vgl. Butenkemper: Was ist mir da passiert?, 15.
136 Vgl. Fuchs: Wenn Körper und Seele leiden, 17.
137 Forward: Vergiftete Kindheit, 47.
138 Rohmann: Mögliche Prädisposition, 14.
139 Butenkemper: Was ist mir da passiert?, 15.
140 Hoffmann: Geistlichen Missbrauch verhindern, 18.
141 Vgl. Hannah Schulz: Wenn Ideale zu Idolen werden – aus einem fachlichen Kontext.
142 Vgl. Robert Lifton: Thought Reform and the Psychologiy of Totalism; Steven Hassan: Combatting Cult Mind Control; Steven Martin: The Heresy of Mind Control.

143 Hassan: Combatting Cult Mind Control, 53 ff. Die »diskriminierende« Bezeichnung Sekte sollte auf Empfehlung der Religionswissenschaft und der Enquetekommission nicht mehr verwendet werden. Vgl. dazu die Reflexion zum Thema Vermeidung von Diskriminierung versus tatsächliche Gefahr, die von bestimmten Gruppen ausgeht.
144 Lifton: Thought Reform and the Psychology of Totalism.
145 https://sciencefiles.org/2020/08/02/leben-wir-im-totalitarismus-die-acht-merkmale-ideologischen-totalismus-nach-robert-jay-lifton (zuletzt aufgerufen am 21.02.2024).
146 Singer/Lalich: Sekten, 94-100.
147 Vgl. a. a. O., 95.
148 Tobias/Lalich: Captive Hearts – Captive Minds, 189-190.
149 Johnson/VanVonderen: Geistlicher Missbrauch, 18.
150 Vgl. Sternberg/Wissing: Geistlichen Missbrauch aufdecken und verhindern, 49.
151 Vgl. »How to identify a dangerous religious group« im Internet unter https://uploads-ssl.webflow.com/56659db8f812aac41ca382e6/5b32ebc17f092c0ef2cd7246_How%20to%20identify%20a%20dangerous%20religious%20group.pdf (zuletzt aufgerufen am 28.02.2024).
152 Vgl. Lob-Hüdepohl: »Nachhilfe von außen!?«, 34.
153 Blue: Geistlichen Missbrauch heilen, 162.
154 A. a. O., 163.
155 A. a. O., 164.
156 A. a. O., 165.
157 Vgl. VanVonderen: Sie wollen nur dein Bestes, 27 ff.
158 https://www.duden.de/rechtschreibung/Macht (zuletzt aufgerufen am 22.02.2024).
159 Vgl. Dietmar Nowottka (2009) Vortrag: Zum Machtbegriff aus soziologischer Perspektive.
160 Vgl. Johnson/VanVonderen: Geistlicher Missbrauch, 27.
161 Nowottka: Zum Machtbegriff.
162 Vgl. Schwarz: Gott ist unkaputtbar, 29.
163 Marshall: Understanding Leadership, 84-85 (eigene Übersetzung).
164 Vgl. a. a. O., 87-88.
165 A. a. O., 89 (eigene Übersetzung).
166 Schleske: Werk|Zeuge, 448.
167 Scazzero: Jetzt ist Schluss.
168 Z. B. Scazerro: Glaubensriesen – Seelenzwerge.
169 Blue: Geistlichen Missbrauch heilen, 125.
170 Michael Schiffmann: Wachstum und Autorität in Gott, Ein sanftmütiger Geist. Audioset. Revival Verlag, Pattensen.
171 Dazu zwei Buchhinweise: Rivers: So stark wie das Leben. Arthur: Die Enkelin des Hiob.
172 Blue: Geistlichen Missbrauch heilen, 127.

173 Ebd.
174 Schleske: WerkZeuge, 29.
175 Løvås: Wölfe in Schafspelzen, 46-47.
176 Vgl. Wagner: Spiritueller Missbrauch, 182-183.
177 A. a. O., 183.
178 Vgl. Tempelmann: Nichts gelernt?
179 Wijlens: Die Finsternis aufbrechen.
180 Vgl. a. a. O., 121-122.
181 Vgl. a. a. O., 130-131.
182 Vgl. a. a. O., 132-133.
183 Vgl. a. a. O., 133-137.
184 »Heuristik bezeichnet Methoden, die mit begrenztem Wissen (unvollständigen Informationen) und wenig Zeit dennoch zu wahrscheinlichen Aussagen oder praktikablen Lösungen kommen.« Quelle: https://de.wikipedia.org/wiki/Heuristik (zuletzt aufgerufen am 14. 03. 2024).
185 Vgl. Thorn Leonhardt: Aufklärung oder Aufarbeitung. Nicht veröffentlichte Stellungnahme, 2022.
186 Vgl. ebd.
187 Wolfram Soldan in einem fachlichen Kontext.
188 Giambalvo: Post-Cult Problems, 149 (eigene Übersetzung).
189 Vgl. a. a. O., 151-152.
190 Matsakis: I Can't Get Over It, 16-18 (eigene Übersetzung).
191 Enroth: Recovering from Churches that Abuse, 39 (eigene Übersetzung).
192 Vgl. Matsakis: I Can't Get Over It, 14-15.
193 Vgl. ebd.
194 Vgl. Matsakis, I Can't Get Over, 21 ff.
195 Claudia Schedlich im Fortbildungskontext, Deutsches Institut für Psychotraumatologie (DIPT) Köln e.V. und Institut für Klinische Psychologie und Psychotherapie der Universität zu Köln.
196 Herman: Die Narben der Gewalt, 169-170.
197 Kaufmann/Illig/Jungbauer: Sektenkinder, 6.
198 A. a. O., 7.
199 Rohmann: Von Experte zu Expertin, 125.
200 Staudinger: Kommentar zum BGG.
201 Vgl. Matsakis: I Can't Get Over It – diverse Zitate, 85-91.
202 American Heritage Dictionary, 3rd edition, 1993 (eigene Übersetzung).
203 Matsakis: I Can't Get Over it, 93 (eigene Übersetzung).
204 Stronger Than Before T/M: Janny Grein © 1988 Mighty Wind Music / SpiritQuest Music Für D, A, CH: Universal Music Publishing, Berlin; (eigene Übersetzung).
205 Oakley/Kinmond: Breaking the Silence, 92 (eigene Übersetzung).
206 Frick, E. u. a., SPIR – halbstrukturiertes und klinisches Interview, www.spiritualcare.de (zuletzt aufgerufen am 06. 03. 2024).
207 Vgl. Giambalvo: Post-Cult Problems, 149.

208 Vgl. https://kulte.de/3-stufen-modell (zuletzt aufgerufen am 04.08.2022).
209 Ebd.
210 Vgl. Jansson/Lemmetyinen: Wenn Mauern fallen, 43-78.
211 Vgl. Burks: Damaged Disciples.
212 Vgl. https://kulte.de/ (zuletzt aufgerufen am 04.08.2022).
213 Ebd.
214 Streib: Seelsorge im Kontext fundamentalistisch-neureligiöser Gruppierungen, 139.
215 Vgl. Schmiedel: Persönliche religiöse Konstruktsysteme, 15 ff.
216 Winkler: Das Bedürfnis Freiheit?
217 Vgl. a.a.O, 63.
218 Vgl. Tempelmann: Religiöser Missbrauch, Masterarbeit, 53-55, 58-59.
219 Oakley/Kinmond: Breaking the Silence, 85.
220 Claudia Schedlich, Deutsches Institut für Psychotraumatologie, in einem fachlichen Kontext.
221 Vgl. Thorsten Dietz in der Sendung »Furcht und Zittern« – wer hat Angst vor Evangelikalen? Produktion des Zentrums Glaube und Gesellschaft der Schweizer Universität Fribourg. Dekonstruiert alles, das Gute aber behaltet! (Furcht & Zittern 3), https://www.youtube.com/watch?v=ApOA8fcxQ7c (zuletzt aufgerufen am 07.03.2024).
222 Vgl. Thorsten Dietz in: »Furcht & Zittern 3«.
223 König: Wenn Gottes Wort entweiht wird, 244.
224 Faix/Hofmann/Künkler: Warum ich nicht mehr glaube, 14.
225 Vgl. a.a.O., 15.
226 Vgl. a.a.O., 17.
227 Sewer: Geistlicher Missbrauch.
228 A.a.O., ii.
229 Vgl. Identitätsbegriff nach Hans-Peter Frey und Karl Hauser unter: https://de.wikipedia.org/wiki/Identit%C3%A4t (zuletzt aufgerufen am 19.03.2024).
230 Vgl. https://dorsch.hogrefe.com/stichwort/identitaet (zuletzt aufgerufen am 07.03.2024).
231 Sweitzer: Dealing with loss of Identity, 44 (eigene Übersetzung).
232 z.B. Petzold: Integrative Therapie. Modelle.
233 Vgl. https://quizlet.com/558732836/flashcards (zuletzt aufgerufen am 07.03.2024).
234 Fuchs: Wenn Körper und Seele leiden, 18.
235 Garret: Spiritual Abuse in the Church.
236 Vgl. Garret: When the walking wounded, 13.
237 Vgl. Beattie: Kraft zum Loslassen, 295.
238 Textpassage aus: Ulrich Schaffer: »... weil du einmalig bist«, © Verlag Ernst Kaufmann, Lahr.
239 Bonelli: Die Weisheit des Herzens, 146.
240 Vgl. Johnson/VanVonderen: Geistlicher Missbrauch, 80-81.

241 Vgl. Jansson/Lemmetyinen: Wenn Mauern fallen, 113.
242 Vgl. a. a. O., 175, 177.
243 A. a. O., 177.
244 Z. B. Wendel, Ulrich (mit einem Vorwort von Andreas Malessa): Priska, Junia & Co. Überraschende Einsichten über Frauen im Neuen Testament. Gießen, 2003. Werner, Elke: Frauen verändern die Welt. Wie Frauen heute Gottes Auftrag umsetzen. Biografien – Beispiele – Biblische Grundlagen, Gießen, 2005. Marilyn B. Smith/Ingrid Kern (Hrsg.), Ohne Unterschied. Frauen und Männer im Dienst für Gott. Gießen, 2000. Werner, Elke: Frauen verändern ihre Welt. Wege zu verantwortlicher Mitarbeit und Leiterschaft. Holzgerlingen, 1999.
245 Schmalenbach: Frau zu Ehre Gottes, 217-218.
246 Vgl. Benz: Wenn der Glaube nicht mehr passt, 60.
247 A. a. O., 61.
248 A. a. O., 74-75.
249 A. a. O., 86-87.
250 A. a. O., 98.
251 Vgl. Arturburn/Felton: Toxic Faith, 237.
252 König: Wenn Gottes Wort entweiht wird, 242.
253 Vgl. Utsch: Gottesbilder und religiöse Entwicklung. Vgl. Fowler: Stufen der Glaubensentwicklung.
254 Baar: Gottesverwechslung. Dieses Buch bietet eine Vielfalt von gemalten Bildern, die Zugang zu Eigenem ermöglichen.
255 Vgl. Schulz: Durch Nebel hindurch, 138.
256 Vgl. a. a. O., 109-110.
257 A. a. O., 110.
258 Vgl. ebd.
259 Vgl. Utsch: Gottesbilder und religiöse Entwicklung.
260 Die Serie »The Chosen« (mit sieben geplanten Staffeln) gibt es kostenlos über die App *The Chosen* – weltweit kostenlos verfügbar über bekannte App-Stores. »The Chosen« ist die erste Serienverfilmung des Lebens von Jesus aus Sicht der Menschen, die mit ihm unterwegs waren.
261 Friedrich-Killinger: Bindungsbeziehung zu Gott, 325.
262 A. a. O., 326.
263 Vgl. Brisch: Bindungsstörungen, 38.
264 Schleske: WerkZeuge, 493.
265 A. a. O., 464.
266 A. a. O., 492.
267 Z. B. Matthäus 20,20-28.
268 Vgl. Nowottka: Zum Machtbegriff.
269 Vgl. König: Wenn Gottes Wort entweiht wird, 243.
270 Canakakis: Ich begleite dich durch deine Trauer, 23-24.
271 A. a. O., 29.
272 A. a. O., 25.

273 Vgl. a. a. O., 26-27.
274 Tobias/Lalich: Captive Hearts – Captive Minds, 123 (eigene Übersetzung).
275 Vgl. Interpretation dieses Textes in »The Chosen«, Staffel 2, Episode 8.
276 Vgl. Tobias/Lalich: Captive Hearts, 111-113 (eigene Übersetzung).
277 Schleske: WerkZeuge, 493.
278 A. a. O., 436-437.
279 Schwarz: Anleitung für christliche Lebenskünstler.
280 Vgl. Siegenthaler: Gesund leben.
281 Desmond Tutu und Mpho Tutu: Das Wunder des Vergebens. Wie Opfer und Täter einander verzeihen (Originaltitel: The Book of Forgiving) Berlin: Ullstein, 2014, S. 92f.
282 Toxische Interpretation von Matthäus 10,39 oder Markus 8,35.
283 Johannes 14,19.
284 Vgl. Metaxas: Wilberforce, 295.
285 Vgl. a. a. O., 219.
286 Denhollander: Wie ich mein Schweigen brach, 448-449.
287 Heal The World T/M: Michael Jackson & Marty Paich © 1991 Mijac Music / Sony/ATV Songs LLC Für D, A, CH: Sony Music Publishing, Berlin.
288 A. a. O., 462.
289 Arterburn/Felton: Toxic Faith, 264; sowie »Praxis«, Heft 1/97, Nr. 68, Wenn Leiter ihre Macht missbrauchen, 23.
290 Stephen D. Martin, M. Div., ehemaliger Mitarbeiter im *Wellspring Retreat and Resource Center* in Albany, Ohio, USA (eigene Übersetzung).

Jana Schmidt, Martina Kessler

Sie predigten Wasser und tranken Wein

Mein Weg aus religiösem Missbrauch in die Freiheit

Jana ist auf der Suche nach Hilfe – für die Vergangenheitsbewältigung, für das Überwinden ihrer Sucht. Sie kommt zu einer christlichen Gemeinschaft, deren Leiter sie in ein neues Leben in Freiheit begleiten möchte. Doch bald gerät sie unter Druck und in eine wachsende Abhängigkeit.

Klappenbroschur, 13,5 × 21,5 cm, 224 Seiten

Nr. 396.161.000 | ISBN: 978-3-7751-6161-9

Saraj Stutz
Damit sich der Nebel lichtet
Toxische Beziehungsmuster hinter frommen Fassaden erkennen und heil werden
SCM
Hänssler

SCM
Hänssler